ŒUVRES CHOISIES DE PAUL DE KOCK

JEAN

Jean abandonne la place et se met à courir de toutes ses forces.

CHAPITRE PREMIER

L'ACCOUCHEMENT

Une heure après minuit venait de sonner à l'église de Saint-Paul; depuis longtemps le silence régnait dans les rues devenues désertes; les habitants du septième arrondissement dormaient, ou du moins étaient couchés, ce qui n'est pas absolument synonyme. Le quartier populeux de la rue Saint-Antoine n'était plus fréquenté que par quelques retardataires, ou par ces gens qui, par état, se mettent en course la nuit. Les uns marchaient au pas accéléré, passant volontiers de l'autre côté de la rue lorsqu'ils apercevaient quelqu'un venir contre eux; les autres s'arrêtaient devant chaque maison, et la lune, qui brillait alors, éclairait tout cela; elle éclairait encore bien autre chose, puisqu'il n'y en a qu'une pour les quatres parties du monde, et qu'il faut qu'elle serve de fanal aux habitants de l'Europe et de l'Asie, qu'elle se réfléchisse en même temps dans les eaux du Nil et dans celles du Tibre; que ses rayons éclairent les vastes plaines de l'Amérique

4° Y2 2233

et les déserts de l'Arabie; les bords riants du Rhône et les cataractes du Niagara; les ruines de Memphis et les édifices de Paris. On conviendra que c'est bien peu d'une lune pour tout cela.

M. François Durand, herboriste de la rue Saint-Paul, homme de quarante ans alors, qui faisait son état autant par goût que par intérêt, se flattant de connaître les simples mieux qu'aucun botaniste de la capitale, et se fâchant quand on l'appelait *grainetier*, était couché depuis onze heures, selon son invariable coutume, dont il ne s'était jamais écarté, même le jour de son mariage; et depuis douze ans, M. François Durand s'était engagé sous les drapeaux de l'hymen avec mademoiselle Félicité Legros, fille d'un marchand de drap de la Cité.

M. Durand était donc couché, et il reposait loin de son épouse, pour une raison que vous saurez bientôt; M. Durand dormait fort, parce que la connaissance des simples ne lui échauffait pas l'imagination au point de le priver de sommeil; et il y avait déjà quelques instants que sa domestique Catherine lui secouait le bras et criait à ses oreilles, lorsqu'il ouvrit enfin les yeux et releva à demi la tête de dessus son oreiller en disant :

— Qu'est-ce donc, Catherine?... Qu'est-ce que c'est?... Pourquoi ces cris?...

— Comment pourquoi, monsieur!... et voilà dix minutes que je vous dis que madame sent des douleurs... des douleurs qui augmentent à chaque instant, ce qui annonce que l'affaire va bientôt se décider...

M. Durand relève tout à fait la tête de dessus son oreiller, repousse un peu son bonnet de coton qui lui masquait les yeux, et murmure en regardant sa domestique avec surprise :

— Est-ce que ma femme est incommodée?

— Incommodée! s'écrie la bonne en continuant de secouer le bras de son maître pour qu'il ne se rendorme pas; incommodée!... Eh! bon Dieu! monsieur, est-ce que vous avez oublié que madame est grosse... qu'elle n'attend plus que le moment d'accoucher?

— Ah! c'est parbleu vrai, Catherine, dit M. Durand en se mettant sur son séant. C'est mon rêve qui fait que ça m'était sorti de la tête!... Figure-toi que je rêvais que j'étais dans une plaine, où je cueillais de la bardane, et que tout à coup...

— Ah! monsieur, il est bien question de votre rêve... Je vous dis que madame va accoucher; courez vite chercher l'accoucheur et la garde... Vous savez bien, madame Moka, rue des Nonaindières... Dépêchez-vous, monsieur... moi, je retourne auprès de madame, je ne puis la laisser seule...

En disant cela, la domestique sort de la pièce où couchait M. Durand depuis que son épouse approchait du terme de sa grossesse. Cette pièce servait de magasin, les murs étaient garnis de tablettes surchargées de plantes, de racines, tandis que d'autres séchaient, supendues à des cordes tendues en divers sens tout le long de la chambre. C'était sous ces aromates que M. Durand couchait provisoirement; aussi, quand il sortait de son lit, le prenait-on pour un sachet ambulant.

— Ça suffit, Catherine, j'y vais... j'y cours, a répondu l'herboriste en bâillant; puis il reste assis sur son lit en se disant :

— Tiens!... c'est singulier que ma femme accouche la nuit... D'après mes calculs, elle aurait dû accoucher le jour... mais dans ces choses-là, je conçois qu'on puisse se tromper... ce n'est pas comme sur les simples et leurs propriétés... celui qui me trouverait en défaut serait bien adroit... Je suis sûr que je connais les noms de plus de deux mille plants... Ah! bien plus que ça... et je les sais en latin, qui plus est!... Mais dans mon rêve c'était de la bardane, et tout à coup ce n'était plus ça, et je ne puis pas me rappeler en quelle plante elle se changeait...

Tout en pensant à son rêve, M. Durand a laissé retomber sa tête sur l'oreiller, ses yeux se referment, et bientôt il ronfle de nouveau, sans doute pour tâcher de savoir la fin de son rêve précédent.

Catherine est allée retrouver sa maîtresse. Madame Durand donnait de temps à autre des signes de souffrance, elle s'impatientait, elle se tourmentait, et pensait que l'accoucheur ne viendrait jamais à temps.

Madame Durand était d'autant plus inquiète, qu'elle n'avait pas encore été mère et qu'elle approchait de sa trente-cinquième année.

Depuis douze ans qu'elle était mariée, elle désirait avec ardeur avoir un enfant. Dans les premiers temps de son hymen, M. Durand avait répondu à son épouse que cela ne pressait pas, et qu'ils en auraient plus qu'ils n'en voudraient; ensuite comme les années s'écoulaient, et que la famille ne s'augmentait pas, M. Durand avait dit que le commerce allait mal, et qu'il fallait attendre que l'on eût une petite fortune assurée. Mais la fortune de l'herboriste s'augmentant chaque jour, parce que son commerce allait très bien, M. Durand, pour consoler sa femme, se contentait de lui dire :

— Ce n'est pas ma faute... c'est plutôt la vôtre; si nous étions au temps des patriarches, j'aurais le droit de vous répudier ou de prendre une seconde épouse, ou d'avoir des concubines, car la polygamie était permise du temps d'Abraham, d'Isaac et du grand Salomon.

A cela madame Félicité Durand répondait :

— Si nous vivions à Sparte ou à Lacédémone, vous m'auriez déjà amené un bel et beau garçon, afin de savoir s'il serait plus heureux que vous ; car chez les Grecs il n'était pas rare de voir une femme mariée se livrer aux caresses d'un beau jeune homme avec l'agrément de son mari. Les citoyens applaudissaient à cet acte de complaisance, et en attendaient des enfants bien faits et robustes qui fissent honneur à la république.

— Madame, nous ne sommes pas en Grèce, avait répondu M. Durand.

— Ni en Egypte, monsieur, lui avait répliqué sa femme. On assure pourtant que nous avons adopté beaucoup de modes des anciens.

Mais revenons à cette pauvre madame Durand que nous avons laissée en mal d'enfant.

— Eh bien ! Catherine, s'écrie-t-elle en voyant revenir sa bonne.

— Monsieur dormait comme un sourd, mais je l'ai réveillé... le v'là qui court chez la garde et chez l'accoucheur...

— Ah !... pourvu qu'il se dépêche... Ah ! Catherine, quelle douleur !... mais aussi quel plaisir j'aurai à embrasser mon enfant...

— Ah ! dam', je conçois ben... Après douze ans de ménage... ça commençait à être tardif... J'ai idée que ce sera un garçon, moi ; j'ai parié pour ça une once de tabac avec madame Moka, qui prétend que ce sera une fille.

— Fille ou garçon, je ne l'en aimerai pas moins.

— J'ai envie d'aller réveiller la voisine, madame Ledoux...

— Oh ! tout à l'heure, Catherine... mais je n'ai pas entendu fermer la porte de la rue... Es-tu sûre que M. Durand soit parti ?

— Pardi ! il doit être à présent rue des Nonaindières.

— Va donc voir, Catherine...

La domestique, pour satisfaire sa maîtresse, retourne dans le magasin, et, avant d'être près du lit, entend les ronflements de M. Durand. Catherine est une grosse fille de vingt-huit ans, vive et franche, qui, par un séjour de huit ans chez l'herboriste, a acquis chez lui une certaine considération. En s'apercevant que son maître s'est rendormi, elle ne se sent pas de colère ; elle court au lit et commence par jeter à terre les doubles couvertures sous lesquelles l'herboriste reposait. On était au mois de mars, il faisait froid ; Catherine espère que l'air un peu piquant, en frappant sur le corps de son maître, le réveillera plus promptement. Cet expédient lui montrait à la vérité M. Durand dans un fort *simple appareil*, mais dans les circonstances graves, il n'y a plus ni âge ni sexe.

Le moyen de Catherine a réussi. M. Durand, qui sent le vent de bise souffler sur son *abdomen* et sur ses *clunes*, se tourne et se retourne sans obtenir plus de chaleur ; enfin, il ouvre les yeux, et paraît fort surpris en se trouvant devant sa bonne et entièrement à découvert.

— Qu'est-ce que cela veut dire, Catherine? dit M. Durand en rabaissant d'un air grave un des pans de sa chemise.

— Quoi, monsieur !... Est-il possible que vous dormiez encore? quand je vous dis que madame est en mal d'enfant... quand on vous croit parti pour chercher l'accoucheur et la garde !...

— Ah !... Dieu !... vous avez raison, Catherine... C'est donc cela que je rêvais que j'étais à un baptême...

— Eh ! monsieur, avant d'être au baptême, il faut d'abord que madame soit tirée de là...

— C'est juste !... mais qui diable m'as mis comme cela *in naturalibus ?*

— Oh ! dam', je ne vous quitte plus que vous ne soyez parti... Tenez, monsieur, v'là votre pantalon... v'là vos bas...

— Allons, Catherine, puisque vous n avez pas peur que je m'habille devant vous...

— Peur !... Ah ben ! par exemple !... il est ben question de peur !... quand madame souffre.

M. Durand se décide alors à descendre de son lit, et, jetant de côté son bonnet de coton, laisse voir entièrement une petite tête, garnie de cheveux blonds qui descendaient presque sur ses yeux gris ; tout cela placé sur un corps ni grand ni petit, ni gras ni maigre, faisait de M. Durand un de ces hommes, comme on en voit beaucoup, et qu'il serait difficile de juger sans entendre.

— V'là vos bretelles...

— Il fait terriblement froid, cette nuit, Catherine...

— Allons, monsieur, un peu vite... Tenez, v'là vot' gilet...

— Et mes jarretières, Catherine ; vous ne me les aviez pas données.

— Mon Dieu ! quand vous iriez sans jarretières, à l'heure qu'il est !...

— Tenez, j'en vois une près de ces racines de fraisier, *fraga fragorum...*

— Pourvu que l'accoucheur soit chez lui... v'là votre habit, monsieur...

— Un instant, Catherine, et ma cravate...

— Ah ! monsieur, madame accouchera sans qu'on soit là...

— Non, Catherine, je suis sûr que nous avons le temps... Je suis presque médecin, moi, et quoique je n'aie pas encore eu d'enfants, je n'en sais pas moins comment ils se font... Ce ne sont probablement encore que des avant-coureurs...

— Allons, monsieur, vous v'là habillé... courez ben vite, je vous en prie...

— Et mon chapeau donc... Dieu! qu'il fait froid cette nuit...

— Courez, monsieur, ça fait que vous aurez plus chaud...

— Je vais encore mettre ce foulard autour de mon cou... Catherine, prenez garde à ce paquet de sauge, *salvia salviæ*, qui est tombé de sa case...

Pour toute réponse, Catherine pousse son maître hors de la chambre, descend devant lui l'escalier, ouvre la porte bâtarde de l'allée et la referme brusquement sur le nez de M. Durand, au moment où celui-ci veut remonter pour prendre son mouchoir qu'il a oublié.

Certaine enfin que son maître est parti, Catherine court frapper au second, chez madame Ledoux, et après l'avoir éveillée, redescend près de sa maîtresse.

Madame Ledoux est veuve d'un huissier, d'un ébéniste et d'un papetier; elle a eu de ses trois maris quatorze enfants, dont six sont mariés et établis; cependant madame Ledoux n'a encore que quarante-neuf ans; c'est une grande femme maigre, qui se tient fort droite, a toujours un tour bien frisé et une collerette artistement plissée; aussi madame Ledoux prétend-elle avoir déjà refusé plusieurs fois un quatrième mari.

Quand on a fait quatorze enfants, on doit avoir infiniment de prépondérance aux yeux des femmes enceintes; aussi madame Ledoux, qui se flattait de pouvoir au besoin remplacer une sage-femme, n'était nullement embarrassée en pareille circonstance : c'était un plaisir pour elle que d'être témoin de l'entrée dans le monde d'une innocente créature, et comme toutes les dames n'ont pas ce courage, quand un semblable événement arrivait dans le quartier, il était rare qu'on ne s'adressât pas d'abord à la veuve du papetier, de l'huissier et de l'ébéniste.

Aux premiers mots de Catherine, madame Ledoux a répondu :

— Me voilà... J'y suis, je passe une robe et je descends.

En effet, à peine la bonne a-t-elle rejoint sa maîtresse que l'on voit arriver madame Ledoux, qui, avec son bougeoir à la main, sa grande taille, sa camisole blanche et son bonnet à barbe, pourrait passer pour un esprit, si elle habitait un vieux château.

—Eh bien, ma voisine! est-ce que le moment serait venu?...

—Oh! oui, madame Ledoux, je crois bien que cette fois c'est pour tout de bon, répond madame Durand en faisant de légères grimaces que lui arrachaient les douleurs.

—Tant mieux, ma voisine... il vaut mieux accoucher la nuit que le jour, on a moins de bruit dans les oreilles. Je suis accouchée la nuit de mes trois premiers, de mon cinquième et de mes quatre derniers... Il est une heure; pourvu cependant que cela ne soit pas si long que pour madame Dupont, la charcutière chez qui j'étais samedi... ça lui a pris comme vous; mais seize heures en mal d'enfant, c'est fatigant!...

— Et l'accoucheur... la garde... personne n'est là...

— Eh bien, est-ce que je n'en sais pas autant que tout ce monde-là?... A mon huitième enfant... c'était un garçon, celui qui est mort d'une fièvre bilieuse... c'est dommage, un enfant superbe!... un nez à la grecque... c'était de l'ébéniste celui-là; je me trouvais seule comme vous, ma voisine... j'avais renvoyé ma bonne la veille, parce qu'elle me volait, et mon mari était en course et fort éloigné. Eh bien! je ne me suis pas troublée, j'ai fait moi-même tous mes petits préparatifs...

— Catherine, est-ce que M. Durand n'est pas revenu?

—Revenu! dit Catherine; oh! non, madame, il ne peut pas encore être revenu, mais je lui ai dit de courir, d'aller ben vite.

— Ah! madame Ledoux! que je souffre...

— Appuyez-vous sur moi, ma voisine, serrez-moi, ne craignez pas de me faire mal!... Oh! dans ces cas-là, je sais qu'il faut qu'on presse fortement quelque chose, il semble que cela soulage... A mon quatrième enfant, c'était une fille... c'était de l'huissier, celle-là, je me rappelle que je tenais dans ma main un gros bâton de sucre de pomme... J'avais empoigné cela au hasard... mais je le serrais tellement que l'on eut ensuite toutes les peines du monde à le décoller de ma main... Allons, Catherine, préparons tout ce qui est nécessaire.

Tout en babillant, madame Ledoux, pour qui un accouchement est une chose fort ordinaire, fait disposer ce qu'il faut en pareille circonstance; Catherine exécute ses ordres en courant de temps à autre près de sa maîtresse, et en poussant de grandes lamentations, parce que c'est la première fois qu'elle se trouve à une telle cérémonie. Madame Durand se désole de ne voir arriver ni l'accoucheur ni son mari, et la voisine cherche à la tranquilliser en lui citant toujours ses couches et celles dont elle a été témoin.

Il y a près de trois quarts d'heure que M. Durand est parti, et personne ne revient; l'accoucheur et la garde demeurent cependant à peu de distance. Madame Durand et Catherine s'impatientent, madame Ledoux les tranquillise.

— Mais si j'allais accoucher sans eux! s'écrie madame Durand.

— Eh bien, tant mieux, ma voisine, cela prouverait un accouchement facile... C'est ce qui m'est arrivé à mon dixième, c'était du papetier celui-là... un joli garçon vraiment : parbleu! vous le connaissez, c'est Jules, qui vient d'épouser la fille d'un limonadier du boulevard du Temple. Pour en revenir, j'avais été au spectacle la veille... à la Gaîté; je crois qu'on donnait *Huon de Bordeaux*, ou l'*Épreuve des Amants fidèles*... jolie pantomime à changements à vue, et dans laquelle on parlait ou on chantait... je ne m'en souviens plus... Je revins donc le soir du spectacle, légère comme une plume; je crois que j'aurais été au bal si mon mari, le papetier, avait voulu m'y mener; eh bien, en arrivant, je n'ai pas plutôt soupé... que... *crac!* il me prend des douleurs, et *crac!* six minutes après...

— Ah! madame Ledoux... quelle souffrance!...

— Du courage, ma voisine!... quand vous en aurez fait quatorze, comme moi, vous ne serez pas si effrayée.

Pendant que sa moitié souffrait et gémissait, M. Durand courait dans la rue en soufflant dans ses doigts. Après avoir fait deux cents pas, l'herboriste se rappelle qu'il n'a pas demandé s'il devait aller d'abord chez l'accoucheur ou chez la sage-femme; il s'arrête et se dispose à retourner chez lui, mais cependant il réfléchit que l'accoucheur doit être prévenu le premier; et reprenant son élan, il se dirige vers la rue Saint-Antoine en se disant :

— Diable... il fait extrêmement froid... Cette Catherine qui ne m'a pas laissé le temps de mettre mes jarretières... Si mes bas allaient tomber, je m'enrhumerais infailliblement... Je ne veux plus faire des enfants l'hiver... c'est-à-dire pour l'hiver... Aller seul dans la rue... au milieu de la nuit... ce n'est pas extrêmement prudent... J'aurais dû aller réveiller mon ami Bellequeue; puisqu'il est le parrain, il me semble qu'il pourrait bien faire les courses avec moi... Un parrain est un second père... Et cette femme qu'on a volée il y a huit jours dans la rue du Petit-Musc!... Mais on serait bien adroit si on me volait, je n'ai rien sur moi... pas même de montre... Me voici dans la rue Saint-Antoine... C'est étonnant comme une rue est différente la nuit... C'est tout au plus si je reconnais les maisons... Hum!..! hum! je crois que je m'enrhume déjà. Je prendrai en rentrant une infusion de violette, et j'y mettrai des feuilles d'oranger... *mœlus aurea.*

Tout en faisant ces réflexions, M. Durand arpentait la partie de la rue Saint-Antoine que la lune éclairait, se tenant toujours à une distance respectueuse du côté qui était dans l'obscurité. Encore quelques pas, et l'herboriste sera chez l'accoucheur dont il peut déjà apercevoir la maison, quoiqu'elle se trouve du côté de l'ombre, ce qui le contrarie un peu; mais en portant des regards craintifs vers les maisons voisines, M. Durand aperçoit un homme arrêté positivement en face de la demeure du docteur. A cet aspect, l'herboriste s'arrête subitement, puis fait quatre pas en arrière en cherchant son mouchoir dans sa poche, ne se souvenant plus qu'il n'en a pas pris; enfin il s'essuie le visage avec le foulard qu'il a passé autour de son cou, et les yeux toujours fixés sur l'homme qu'il aperçoit dans l'ombre, se dit :

— Il y a là quelqu'un... il y a là un homme... il y en a peut-être deux... Dans l'obscurité on ne peut pas bien compter... mais ils ne se sont pas mis à l'ombre sans dessein... Qu'est-ce que c'est que cet homme?... Si c'étaient des simples, je dirais tout de suite c'est cela... et voilà à quoi c'est bon... Ce diable d'homme!... Précisément devant la maison de l'accoucheur... Je suis sorti sans armes... Cette Catherine m'a tant pressé... Que faire!... je crois que je devrais aller d'abord chez madame Moka, la garde; je reviendrais ensuite ici... et peut-être cet homme ne serait-il plus là?... C'est singulier, il ne fait plus si froid que tout à l'heure...

Pendant que M. Durand fait ses réflexions en se tenant toujours dans le côté éclairé par la lune et à une honnête distance de l'objet de ses inquiétudes, l'homme arrêté devant la maison, et qui n'était autre qu'un ivrogne, regardait à terre en faisant tout son possible pour ne pas se laisser tomber sur le pavé. Avant de rentrer chez sa femme il avait voulu compter ce qui lui restait de sa paye, et plusieurs pièces de monnaie étaient tombées de sa main; le pauvre diable faisait de vains efforts pour les retrouver, en murmurant de temps à autre :

— Maudite nuit?... pourquoi ne met-on pas des lanternes du côté où il n'y a pas de lune?... J'ai perdu au moins quinze sous... J'aurais mieux fait de tout boire!... Il fait nuit comme dans un four sur ces guerdins de pavés... Ma femme va me rosser... mais ça m'est égal... je lui abandonne le côté où j'ai des durillons... Encore s'il passait un ami pour chercher avec moi... Oh!... oh!... ces canailles de jambes qui ne veulent pas me tenir ferme... Pas pus de sous que dans mon œil!.. ils seront tombés dans la ruelle de queuque pavé!...

Las de chercher inutilement, l'ivrogne abandonne enfin la place et s'éloigne en murmurant, mais sans avoir aperçu Durand. Celui-ci sent que la respiration lui revient en voyant l'homme s'éloigner lentement au lieu de venir à lui, et il se décide alors à s'approcher de la maison de l'accoucheur en se disant :

— Il n'a pas osé s'adresser à moi... ma contenance ferme l'a fait renoncer à ses mauvais desseins.,. Allons, allons, ce n'est pas moi qui reculerai devant un homme... Quand il s'agit d'avoir un héritier, je ne vois plus les périls... En avant!

Et M. Durand s'assure encore si l'homme ne revient pas, puis il court vers la maison du docteur, et saisissant la petite sonnette placée auprès de la porte, il la tire avec force, en tournant toujours la tête du côté par où l'homme s'est éloigné.

On ouvre une croisée au second et l'on demande ce qu'on veut :

— C'est moi, Durand, herboriste de la rue Saint-Paul, qui viens chercher M. le docteur accoucheur, pour ma femme qui a envie d'accoucher, répond notre homme d'une voix qu'il tâche de rendre ferme.

— M. le docteur est auprès d'un malade, mais dès qu'il rentrera, on l'enverra chez vous.

— Comment, auprès d'un malade! s'écrie Durand, mais il me semble que quand il s'agit d'un nouveau-né dont je suis le père...

L'herboriste ne finit pas sa phrase, car en ce moment il voit revenir vers lui la personne qui l'a si fort inquiété; l'ivrogne s'était arrêté un peu plus loin, indécis s'il retournerait chercher ses gros sous, lorsque la voix de M. Durand avait frappé ses oreilles. Il s'était persuadé que c'était à lui qu'il en voulait, et qu'ayant trouvé son argent, on l'appelait pour le lui rendre. Il revenait donc sur ses pas aussi vite que ses jambes le lui permettaient, en criant d'une voix enrouée :

— Me v'là, l'ami... me v'là... Attends un peu... c'est à moi c't'argent-là... Attends... j't'aurai bientôt rattrapé.

Durand, qui ne se soucie nullement d'être rattrapé, et qui prend pour des menaces les paroles de l'ivrogne, abandonne la place et se met à courir de toutes ses forces, poursuivi par l'ivrogne dont à chaque instant il s'éloigne davantage, mais qu'il s'imagine avoir sur les talons. Il arrive tout haletant rue des Nonaindières, il ne sait plus quel est le numéro de la maison de madame Moka, mais il se jette sur une porte qu'il croit reconnaître, empoigne le marteau à deux mains, frappe sept ou huit coups de suite, de manière à ébranler la maison et réveiller tout le quartier. Trouvant qu'on ne lui répond pas assez vite, il refrappe encore; plusieurs fenêtres s'ouvrent.

— Que voulez-vous?... Qu'y a-t-il donc? demandent plusieurs personnes avec inquiétude.

— La garde!... la garde!... la garde!... répond l'herboriste d'une voix étouffée par la terreur et en faisant toujours aller le marteau, quoiqu'on le prie de ne plus frapper.

— Mais où cela la garde?... chez qui? Qu'est-il arrivé?... Est-ce le feu?...

— La garde!... la garde!... Chez moi, la garde... herboriste... rue Saint-Paul...

M. Durand n'en peut pas dire davantage; il s'aperçoit que l'homme qu'il fuit vient de gagner du terrain et s'approche de lui. Il lâche aussitôt le marteau, se sauve par le haut de la rue, fait plusieurs détours en courant toujours et sans trop savoir comment, arrive enfin devant sa porte, l'ouvre avec un passe-partout que Catherine avait mis dans la poche de son gilet, et se jette dans son allée comme un homme qui vient d'échapper à une mort certaine.

Les douleurs de madame Durand ne faisaient qu'augmenter. En entendant refermer avec violence la porte de l'allée, elle s'écrie :

— Enfin les voilà!

Mais on ne voit entrer dans la chambre que M. Durand, pâle, effaré, le front couvert de sueur, son foulard défait, ses bas sur ses talons et qui est quelques minutes sans pouvoir reprendre sa respiration.

— Ah! mon ami... tu as bien couru, dit madame Durand qui éprouve un instant de trêve à sa douleur.

— Oui, oui... certes, j'ai couru, répond M. Durand en regardant autour de lui pour s'assurer qu'il est bien en sûreté.

— Nous avons pourtant trouvé le temps long! mon voisin, dit madame Ledoux.

— Et moi donc... Croyez-vous que j'étais à mon aise dans la rue...

— L'accoucheur va-t-il venir, mon ami?

— Oui, madame, oui... tout le monde va venir... Ouf! je n'en puis plus!

— Mais qu'avez-vous donc, monsieur? dit Catherine; vous avez l'air tout sans dessus dessous?

— Parbleu, on le serait à moins... J'ai été attaqué par un voleur... par deux ou trois voleurs. On m'a poursuivi assez longtemps.... Si je n'avais pas eu autant de force... pour courir, c'était fait de moi!

— Ah! mon Dieu!... mon pauvre ami!

— Vous pouvez vous flatter, madame, que cet enfant-là m'aura donné assez de peine.

— Eh bien! voisin, c'est comme à mon treizième; mon mari... c'était le papetier, venait de sortir comme vous pour aller chercher l'accoucheur; nous demeurions alors rue des Lions, et vous savez que la rue des Lions est mauvaise... oh! elle est très mauvaise; il était près de trois heures du matin, le temps était vilain, je me rappelle qu'il avait plu toute la soirée; en détournant le coin de la rue des Lions, mon mari entend marcher près de lui... Heureusement j'avais eu la précaution de lui faire prendre son rotin...

— Ah! mon Dieu! voilà que ça revient! s'écrie madame Durand dont les douleurs recommencent.

— Qui est-ce qui revient? dit vivement l'herboriste en regardant derrière lui.

— Pardi! monsieur, c'est madame qui souffre, dit Catherine, et c't'accoucheur qui ne vient pas!

Dans ce moment on entend frapper avec violence à la porte de l'allée. La domestique descend en courant, et, sans se donner le temps de prendre de la lumière, elle court ouvrir la porte, puis remonte aussitôt en criant aux personnes qui sont dans la rue:

— Entrez... entrez vite... suivez-moi... Oh! il est ben temps que vous arriviez...

Et la pauvre Catherine est déjà retournée près de sa maîtresse, à qui la douleur arrache des cris violents.

— N'ayez plus d'inquiétude, madame, lui dit-elle; v'là not' monde arrivé.

En effet, dans ce moment les pas de plusieurs personnes se faisaient entendre dans l'escalier: bientôt on ouvre brusquement la porte; et un caporal, accompagné de quatre fusiliers, entre dans la chambre en criant d'une voix terrible:

— Où sont les voleurs?

Au même instant la crise s'opère: madame Durand met au monde un petit garçon que madame Ledoux reçoit dans ses bras, en s'écriant:

— Il sera aussi fort que mon quatorzième!... Durand retombe sur sa chaise, examinant les soldats d'un air surpris, et balbutiant:

— Messieurs, c'est un garçon!...

— C'est un garçon!... répète Catherine.

Alors le caporal se retourne vers ses hommes qui se regardent tous avec étonnement, en répétant:

— Ah! c'est un garçon!

CHAPITRE II

LE BAPTÊME

Après le premier moment donné au trouble, à la joie, aux exclamations que causait la vue du nouveau personnage qui venait d'entrer dans le monde en présence d'un caporal et de quatre fusiliers, on commença à se regarder, à se questionner, chacun trouvant fort singulier ce qu'il voyait, et le caporal fut le premier à s'écrier:

— Ah çà! mon brave homme, c'est donc pour qu'elle soit témoin de la naissance de vot' fils que vous avez été chercher la garde?

— Mais, mon ami, à quoi donc avez-vous pensé? dit madame Durand.

— C't' idée de faire venir un régiment pour voir madame accoucher! murmure Catherine.

— Par exemple! s'écrie madame Ledoux, j'en ai fai quatorze, et j'en ai reçu plus de cent dans mes bras; mais voilà la première fois que je vois un accouchement aussi militaire!

M. Durand qui a eu le temps de se remettre de sa frayeur et de sa surprise, dit enfin:

— Je n'ai point été vous requérir, messieurs, et je ne comprends pas pourquoi vous êtes venus.

— Nous sommes venus à la requête de deux jeunes hommes de la rue des Nonaindières, qui sont accourus au *posse*, en nous engageant d'aller ben vite chez *l'herborisse* de la rue Saint-Paul, qui venait de réveiller tout le quartier en criant à la garde: voilà, mon bourgeois.

M. Durand se pince les lèvres au récit du caporal, Catherine se retourne pour ne point rire au nez de son maître, et madame Ledoux s'écrie:

— Il y a eu erreur manifeste, mon voisin, vous aurez sans le vouloir répandu l'alarme dans le quartier.

M. Durand feint de ne pas comprendre comment cette méprise a pu avoir lieu. Dans ce moment on entend dans l'allée la voix aigre de madame Moka, qui crie:

— Éclairez donc, Catherine, éclairez donc, voici M. le docteur...

— Il est bien temps! dit madame Ledoux.

L'accoucheur et la garde arrivaient en effet, lorsque tout était fini; encore madame Moka ne s'était-elle mise en route que pour aller s'assurer si le feu n'était point chez M. Durand.

Le plus pressé est de renvoyer les soldats; mais madame Durand ne veut pas qu'ils aient été témoins de la naissance de son fils sans boire à sa santé. Catherine est chargée de les faire entrer dans la boutique et de leur offrir le petit verre. M. Durand suit les soldats et leur propose à chacun une tasse d'infusion de violette ou de tilleul; mais les militaires préfèrent de l'eau-de-vie.

— A la santé du nouveau-né! dit le caporal en élevant son verre. Les soldats imitent leur chef;

M. Durand avale un grand verre d'eau sucrée en disant :

— A la santé de mon jeune fils... *primogenitus.*

— A la santé du petit primogenitus! répète le caporal, qui croit que ce nom est celui du nouveau-né.

Catherine fait des bonds de joie en s'écriant :

— Pardi! ce garçon-là sera un brave homme! ça lui portera bonheur d'avoir été salué tout de suite par des militaires.

Le caporal se retourne en passant ses doigts dans sa moustache, et sourit gracieusement à la bonne.

— Et à la santé de madame, est-ce que vous n'y boirez pas ben aussi? dit Catherine.

— Si fait, la belle fille, dit le caporal en tendant son petit verre; c'est trop juste : il faut boire à la santé de la maman!

M. Durand se hâte de se faire un second verre d'eau sucrée, pendant que Catherine emplit les petits verres des soldats, qui s'écrient en chœur :

— A la santé de l'accouchée!...

— A la santé de mon épouse... *mea uxor*, dit M. Durand en avalant un second verre d'eau.

— Ah! elle mérite ben ça, dit Catherine; c'te pauvre chère femme, elle a fièrement souffert!...

— Il me semble, dit le caporal en se tournant vers ses hommes, que nous ne devons pas oublier non plus le papa.

— C'est juste, il faut boire au papa, disent les soldats en tendant de nouveau leurs verres, que Catherine emplit encore, tandis que l'herboriste se décide à se faire un troisième verre d'eau sucrée.

— Allons, camarades, à la santé du papa! dit le caporal en élevant son verre.

Ses soldats l'imitent; M. Durand s'empresse de trinquer avec eux, et salue plus profondément en répondant :

— A ma santé, messieurs, *suum cuique.* J'y bois avec un grand plaisir.

Les militaires ont fait rubis sur l'ongle, et seraient disposés à boire encore à la santé d'un parent ou d'un ami; mais M. Durand, qui a eu un peu de peine à avaler son troisième verre d'eau sucrée, se hâte d'ouvrir la porte qui donne sur la rue, et congédie le caporal et son monde.

Pendant ce temps le calme s'est rétabli dans la chambre de l'accouchée; le docteur a donné ses ordres, madame Moka a pris son poste, Catherine a embrassé l'enfant qui est emmailloté et placé près de sa mère, pour qui cette vue est un dédommagement de toutes ses souffrances; madame Ledoux rentre chez elle, et M. Durand après avoir embrassé sa femme sur le front, retourne se coucher en se disant :

— Voilà une nuit qui a été bien périlleuse pour ma femme et pour moi!...

Il était à peine six heures du matin, lorsqu'un petit monsieur alla carillonner à la porte de l'herboriste; ce petit monsieur, qui était encore en veste du matin et en pantalon de laine, à pied et sans chapeau, était déjà coiffé et frisé comme pour aller au bal; ses cheveux, artistement crêpés sur le haut de la tête, formaient une bouffette au-dessus de chaque oreille, et par-derrière une queue un peu courte, mais très épaisse, était nouée avec un large ruban noir, et se balançait avec grâce sur le collet de la veste; tout cela était farci de poudre et de pommade, quoique ce ne fût déjà plus la mode d'être poudré, mais le monsieur dont nous venons de décrire la coiffure, avait ses raisons pour tenir à la poudre : il était perruquier-coiffeur, et il avait déclaré que tous les changements politiques de l'Europe ne parviendraient jamais à lui faire couper sa queue.

M. Bellequeue, c'était le nom du coiffeur (et il tenait à être bien nommé), était un homme de trente-six ans, d'une figure ronde et fraîche; son nez, quoique un peu gros, n'était point mal fait; ses yeux, quoique un peu petits, brillaient comme deux diamants, et sa bouche, quoique grande, était assez agréable et laissait voir de fort belles dents; joignez à cela des sourcils bien noirs, des joues colorées, une taille petite mais bien prise, une jambe bien faite, un embonpoint raisonnable, des manières aimables, et l'on aura le portrait de M. Bellequeue, qui avait dans le quartier la réputation d'être très galant, très amateur du beau sexe, et de coiffer avec autant de goût qu'au Palais-Royal.

Catherine a ouvert la boutique, et Bellequeue entre en s'écriant :

— Eh bien! ma chère, c'est donc fini... c'est donc terminé?... Je viens de savoir cela par le docteur qui était chez une de mes pratiques.

— Oui, monsieur Bellequeue, c'est fini, Dieu merci!... c'te pauvre dame!... Il paraît que ça fait ben souffrir?...

— Et nous avons un garçon?

— Oui, monsieur, un beau gros garçon, qui est gentil tout plein...

— A qui ressemble-t-il, Catherine?

— Dam', monsieur... on n' peut pas encore trop dire... quoique ça j' crois ben qu' c'est plutôt à madame qu'il ressemblera...

— Tant mieux, car Durand n'est pas beau... Je serais enchanté de l'embrasser, cet enfant... Je sens là... Oui, c'est drôle... ça me... D'ailleurs je

A la santé de l'accouchée.

suis son parrain... C'est mon filleul, ce garçon...

— Oui, monsieur, mais vous ne pouvez pas encore le voir ; il est sur le lit de madame qui, je crois, repose maintenant... Nous avons eu tant d'événements c' te nuit!... monsieur qui a fait venir le corps de garde ici pour voir madame accoucher.

— Bah!... des soldats?

— Oui, monsieur... avec leurs baïonnettes encore!

— Ah çà, à quoi pense donc Durand?... et les mœurs... car il faut toujours des mœurs... Catherine, je ne puis pas faire autrement que de t'embrasser pour commencer un si beau jour.

— Volontiers, monsieur.

M. Bellequeue embrasse Catherine sur les deux joues, puis monte lestement au magasin trouver M. Durand qui est en train de s'habiller.

— Bonjour, mon cher Durand... Eh bien! nous sommes donc papa?

— Oui, mon cher monsieur Bellequeue, nous le sommes.

— Mon coplimment bien sincère, mon ami.

— Je le reçois avec plaisir... Je sais, monsieur Bellequeue, tout l'attachement que vous portez à ma famille... aussi ai-je pensé, comme ma femme, devoir vous donner la préférence pour être parrain de mon enfant, quoique j'aie quelques parents qui auraient pu avoir droit... mais les amis avant tout...

— Croyez, mon cher Durand, que je suis sensible à cette action... Je veux être un second père pour votre fils... je veux qu'il m'aime autant que vous... A propos, qui donc ai-je pour commère?

— Une tante de ma femme, une teinturière retirée.

— De quel âge?

— Cinquante-cinq ans environ, une femme fort respectable.

Bellequeue se retourne en faisant une légère grimace et murmurant :

— Deux boîtes de dragées suffiront.

Et M. Durand, tout en achevant sa toilette, conte à son voisin les événements qui lui sont arrivés dans la nuit.

— Il fallait frapper chez moi, dit le coiffeur, j'aurais été avec vous... et vous savez que je suis une bonne lame... J'aurais pris ma canne à dard, et nous aurions attendu les coquins... Qu'est-ce que vous buvez là?

— C'est une infusion de tilleul... pour me remettre du saisissement d'hier... J'avais envie de prendre du vulnéraire, mais comme je ne suis pas tombé...

— Eh mais... il me semble que j'entends crier... c'est le nouveau-né, sans doute?...

— Il n'a fait que cela toute la nuit!...

— Il aura une voix charmante, cet enfant!... Allons donc l'embrasser... puisqu'il crie, la maman doit être éveillée...

M. Bellequeue entraîne l'herboriste, et ces messieurs arrivent dans la chambre de l'accouchée, qui est déjà coiffée d'un fort joli bonnet du matin; car, les douleurs passées, le premier soin de ces dames est de chercher à plaire. Madame Durand adresse un gracieux sourire au coiffeur, qui s'approche du lit en marchant sur ses pointes, et madame Moka lui présente l'enfant en disant :

— Voyez comme il est joli!

Bellequeue embrasse tendrement le nouveau-né, qui lui bave sur la figure, et le considère d'un air attendri, tandis que M. Durand s'avance, et dit d'un air grave en regardant son fils :

— C'est absolument mon menton et la forme de ma tête!

— Oui, dit Bellequeue, je crois qu'il y aura quelque chose.

Madame Moka reprend l'enfant en faisant une révérence au parrain; car madame Moka met de l'intention dans tout ce qu'elle fait, et de la prétention dans tout ce qu'elle dit. Mais quand on a eu l'honneur de garder un général et la femme d'un sénateur, on doit nécessairement avoir de très bonnes manières; et quoique madame Moka se trompe souvent dans l'emploi des verbes, et fasse cinq repas par jour en répétant qu'*elle n'est point sur sa bouche*, on s'aperçoit sur-le-champ que c'est une garde qui ne va que dans les bonnes maisons.

— A quand le baptême? dit Bellequeue.

— Demain, mon compère, si vous voulez bien.

— Comment donc, ma jolie commère, mais vous savez que je suis toujours prêt!...

— Mais, dit M. Durand, si nous attendions que la fièvre laiteuse soit passée?

— Oh! non, monsieur, je préfère que le baptême se fasse demain...

— Je suis rangée dans l'avis de madame, dit la garde. Le plus tôt qu'on *pusse* est le mieux? au moins ensuite si nous *vouliâmes* être tranquilles, je ne vois rien qui nous en *empêchasse*.

— Ecrivez vite à la nourrice, monsieur Durand... Vous savez, à Saint-Germain...

— Saint-Germain-en-Laye, n'est ce pas?

— Oui, mon ami, en Laye. N'oubliez pas non plus les billets de faire-part à la famille, aux amis, aux connaissances... D'ailleurs je vous ai donné une liste.

— Oui, madame. Ah! mon Dieu! que d'occupation... Mon cher monsieur Bellequeue... si vous aviez un moment à me donner pour m'aider à faire toutes ces lettres?...

— Volontiers; il est de bonne heure, et les petites-maîtresses que j'ai à coiffer ne se lèvent pas si matin.

— Passons alors à mon bureau...

M. Durand descend à sa boutique, dans laquelle son bureau est établi derrière un petit vitrage. Bellequeue va baiser la main de l'accouchée, donne un regard expressif à l'enfant, et suit l'herboriste en marchant encore sur ses pointes, habitude qu'il a contractée dans la rue en courant chez ses pratiques, chez lesquelles il ne veut pas arriver crotté; et madame Moka dit en le voyant s'éloigner :

— Il serait difficile qu'on *trouvisse* un parrain plus courtois.

L'herboriste se gratte la tête devant son bureau, et tourne sa plume dans ses doigts en disant :

— Comment tourne-t-on ces lettres-là?... comme c'est mon premier enfant, je n'ai pas encore l'habitude d'en écrire... Oh! s'il s'agissait d'une ordonnance pour une tisane pectorale ou laxative, ça serait déjà fait.

— Vous êtes donc un peu médecin, mon compère? dit Bellequeue en s'asseyant aussi devant le bureau.

— Oh! je suis versé dans la connaissance des

simples !... J'ai herborisé à Pantin, à Saint-Denis, à Fontenay, à Sèvres... Quand je vais à la campagne, je m'arrête à chaque pas... je regarde dans tous les coins.

— Vous avez dû voir bien des choses... Mais il s'agit de mon filleul... Il faut faire une circulaire qui serve pour tout le monde.

— C'est juste, une circulaire.

— Quoique je sois garçon, j'ai souvent aidé des maris de mes amis ; on commence toujours ainsi : J'ai l'honneur de vous faire part...

— C'est cela même ! m'y voilà ! Ce n'était que le début qui me manquait.

M. Durand prend une feuille de papier et écrit :

— J'ai l'honneur de vous faire part... que ma femme est heureusement accouchée de son premier... Est-ce bien ?

— Très bien, dit Bellequeue ; continuez.

— Le nouveau-né est un garçon...

— Parfaitement tourné !

— Il est né viable... et toute la famille se porte bien. Il me semble que ça n'est pas mal comme cela, et que ça dit tout.

— C'est dicté comme par un écrivain public !... Je vais vite vous en faire plusieurs copies.

Cette affaire terminée, Bellequeue quitte Durand en lui promettant de venir le revoir dans la journée ; et, comme le baptême du lendemain doit être suivi d'un repas de famille, on prépare tout dans la maison de l'herboriste pour célébrer dignement la naissance du petit Durand. Catherine est fort occupée à sa cuisine. M. Durand, forcé de rester à sa boutique, songe déjà à ce qu'il fera de son fils ; et tout en vendant de la camomille ou des feuilles de mûrier, voit son héritier revêtu de la toge de l'avocat, ou de l'habit de colonel. Madame Durand se représente son enfant déjà assez grand pour lui donner le bras, pour lui servir de cavalier à la promenade. Son fils sera joli garçon, bien fait, spirituel. Elle voit déjà tout cela en considérant le petit poupon qui ouvre à peine les yeux, et elle fait des projets... des projets !... Où n'en fait-on pas ? Mais ceux d'une mère sont les plus doux à former, et du moins ne sont pas toujours tracés sur le sable.

Au milieu du mouvement qui règne dans la maison, madame Moka va et vient sans cesse dans la chambre, souvent même elle descend à la cuisine ; et tout en disant qu'elle n'est point sur sa bouche, elle glisse cinq gros morceaux de sucre dans son café, et a soin de se verser toute la crême du lait. Puis, deux heures après elle prend un bouillon dans lequel elle trempe un pain mollet, et elle avale par là-dessus un grand verre d'un vieux vin de Beaune destiné à l'accouchée, et qu'elle trouve probablement à sa convenance tout en disant :

— Il me *fatûme* toujours bien peu de chose pour que *j'attendasse* le dîner... Quand je *garda* la femme du sénateur, je ne *prime* souvent rien dans la nuit.

Bellequeue est revenu dans l'après-midi. M. Durand est monté un moment près de sa femme, et ils sont tous deux fort inquiets du nom de baptême que portera leur fils ; l'arrivée du parrain doit naturellement décider la question.

— Comment vous appelez-vous, mon cher Bellequeue ? dit l'herboriste en le voyant entrer.

— Comment je m'appelle ?

— Oui, mon compère, c'est votre nom de baptême que nous n'avons pas encore songé à vous demander, dit l'accouchée, et dans ce moment je cherchais un joli nom pour mon fils.

— Ma chère commère, je m'appelle Jean Bellequeue, pour vous servir.

— Jean ? rien que Jean ?

— Pas davantage, mais il me semble qu'il n'est pas fort nécessaire d'avoir une douzaine de noms ; le principal est de faire honneur à celui qu'on porte, d'avoir des mœurs et d'être galant avec les dames.

Madame Durand ne répond rien, mais elle fait une légère grimace, parce que le nom de Jean ne lui semble ni pompeux ni distingué, et qu'elle aurait voulu pour son fils un nom à la fois sonore et gracieux. Quant à M. Durand, il murmure entre ses dents :

— Jean... *Joannes...* Oui, c'est un nom facile à prononcer... cependant j'aurais assez aimé un nom qui aurait dit quelque chose ou comme par exemple... *Géranium Rosarium Stramonium.*

— Ah ! mon voisin !... ces noms-là sentent le jus d'herbe en diable.

— Pas du tout, mon cher Bellequeue, ces noms-là embaument, au contraire, et je puis vous prouver...

— Eh, monsieur ! dit madame Durand, je ne veux pas de tout cela ! Est-ce qu'il y a un Géranium dans le calendrier ?

— Je ne présuppose pas qu'on en *trouvît*, dit madame Moka.

— Parlez-moi d'Edouard, de Stanislas, d'Eugène... c'est joli, c'est doux, c'est gracieux !

— Ma foi ! ma commère, vous appellerez votre fils comme vous voudrez ; quant à moi, je le nommerai Jean, parce que Jean est un nom qui en vaut bien un autre !

— Certainement, mon compère, je suis loin

de le trouver laid... il est seulement un peu court.

— C'est plus tôt dit.

— Nous verrons aussi le nom que lui donnera ma tante... je crois qu'elle se nomme Ursule.

— Je n'appellerai point mon fils Ursule, dit l'herboriste, j'aime mieux Jean...

— Mais nous déciderons tout cela demain... A quelle heure le baptême?

— A midi.

— Fort bien, je serai ponctuel.

— Vous savez que vous dînez avec nous?

— Oui, ma chère commère, je vous laisse et vais faire mes emplettes.

— Ah! point de folie, monsieur Bellequeue, point de folie, je vous en prie!...

— Soyez tranquille... ceci est mon affaire... A demain.

Bellequeue sort vivement sans vouloir écouter madame Durand, qui lui crie qu'elle se fâchera s'il fait de la dépense, et madame Moka dit : — Je serais bien étonnée qu'un tel parrain ne *fesse* pas bien les choses.

Après une nuit que l'on aurait passée fort tranquillement si le nouveau-né avait bien voulu se taire, ce qu'il ne jugea pas convenable de faire pendant cinq heures consécutives, le jour du baptême s'annonça par une jolie petite pluie ou grésil qui gelait en tombant, ce qui rendait le pavé excessivement glissant, mais heureusement la nourrice arriva à bon port. C'était une paysanne de vingt-quatre ans, fortement constituée, dont le mari louait des ânes aux amateurs de Saint-Germain, pendant que sa femme louait mieux que cela aux nouveau-nés de la capitale. En voyant la nourrice madame Moka déclare qu'il n'est pas probable que le nourrisson *pusse* jamais manquer, et madame Ledoux s'écrie qu'elle ressemble comme deux gouttes d'eau à la nourrice de son douzième qui était du papetier.

Quant à celui que cela regardait le plus, il est probable que sa nourrice lui plut aussi, car il se jeta avec avidité sur ce qu'elle lui présentait, et entourant de ses petites mains le globe qui lui promettait l'abondance, il y resta collé pendant une heure sans qu'il fût possible de le lui faire quitter, ce qui fit dire à madame Moka que l'enfant annonçait beaucoup de caractère.

La nourrice aurait pu repartir le même jour pour son pays, mais madame Durand ne voulait point se séparer si vite de son fils, et quoique en le mettant en nourrice à quatre lieues de la capitale, elle se promît de le voir souvent, il fut décidé que Suzon resterait au baptême et ne repartirait que le lendemain.

M. Durand s'est mis en noir de la tête aux pieds; il ne trouve rien qui l'emporte sur ce costume sous le quel il croit avoir l'air d'un docteur. Les parents invités pour la cérémonie ne tardent pas à arriver. D'abord, c'est la marraine, madame Grosbleu, qui va embrasser sa nièce en lui présentant le bonnet de baptême, qui est garni de fine dentelle; puis, embrasse son futur filleul, lequel loin de se prêter aux caresses de madame Grosbleu, fait des cris horribles, en remuant des pieds et des mains, et la tante s'écrie :

— Il est charmant! c'est tout ton portrait, ma chère Félicité.

L'accouchée sourit, et M. Durand, qui est à quelques pas, fait un profond salut à madame Grosbleu en murmurant :

— Oui, je crois qu'il sera bien!...

Bientôt arrivent M. et madame Renard, marchands bonnetiers de la rue du Temple, et cousins de M. Durand. M. Renard avait l'intention de faire voir qu'il était piqué de ne pas avoir été choisi pour parrain; mais son épouse lui a fait sentir que c'était de la dépense de moins, sans compter les époques de fête et de jour de l'an, auxquelles un filleul ne manque jamais à venir saluer son parrain. M. Renard, ayant compris qu'un filleul est une hypothèque indirecte placée sur notre bourse, ne conserve plus de rancune, et s'est promis d'avoir l'air très agréable.

Viennent ensuite M. Fourreau et mademoiselle Aglaé, sa sœur. M. Fourreau est un bourrelier de la rue Sainte-Avoie, et collatéral de madame Durand. C'est un homme qui tient très bien sa place à table, mais auquel il ne faut rien demander qui sorte du cercle de ses occupations journalières.

Mademoiselle Aglaé Fourreau, qui est sur le point d'attraper sa trentième année, et n'a pas encore rencontré un amoureux pour *le bon motif*, est douée d'une vivacité qu'elle s'attache à augmenter encore par une étourderie qui ne semble pas toujours naturelle ; mais mademoiselle Aglaé veut encore avoir l'air d'une enfant, et persuadée que la gaieté, l'enfantillage et la distraction sont l'apanage de la jeunesse, elle s'attache en prenant des années à conserver ce qui était excusable chez elle à dix-huit ans. Sa voix, qu'elle prend dans sa tête, fait l'effet d'un flageolet jouant toujours la même note, sans y apporter jamais ni un dièse, ni un bémol : elle rit de tout ce qu'on lui dit, souvent de ce qu'elle dit elle-même, et comme il lui arrive parfois de rire en apprenant une nouvelle fort triste, elle s'en excuse alors en rejetant cela sur sa distraction, qui lui fait penser à autre chose qu'à ce qu'on lui dit, ce qui est très agréable pour la personne qui lui parle. Du reste, mademoiselle Aglaé a été assez gentille à dix-huit ans, et elle pourrait l'être encore si elle riait moins souvent.

Deux voisins, dont l'un, qui se croit toujours malade, a sans cesse recours aux recettes de M. Durand, et est une de ses plus fortes pratiques, tandis que l'autre, grand amateur de dominos, vient souvent faire la partie de l'herboriste, achèvent de compléter la réunion qui vient rendre hommage à l'accouchée et admirer le marmot, devant lequel chacun répète la phrase d'usage :

— C'est un bel enfant !... Dieu ! qu'il est fort !... Il aura des yeux superbes !...

A tout cela, M. Durand fait de profonds saluts en se rengorgeant dans sa cravate et prononçant d'un air malin :

— Je n'en fais pas souvent... mais aussi je les fais supérieurement conformés.

M. Endolori, c'est le nom du voisin qui a toujours quelque maladie, s'approche de l'herboriste en lui disant :

— Est-ce que vous ne lui avez pas encore fait prendre une infusion de simples ?

— A qui ?

— A votre enfant.

— Je voulais qu'il bût une décoction de pariétaire, *helxine*, parce que cela prépare admirablement toutes les voies gastriques ; la garde a prétendu que c'était trop tôt... Ces femmes-là sont tellement routinières !... Mais ce matin, pendant que mon épouse dormait et que madame Moka déjeunait avec la nourrice, j'ai lestement débarbouillé le petit avec une eau de sureau, *sambuceus*, qui doit le préserver de tous maux au visage ; aussi, voyez quel teint brillant il a déjà !

— C'est vrai !... On croirait qu'il a le visage verni.

Dans ce moment madame Ledoux arrive en grande parure, criant à tue-tête :

— Ah ! mon Dieu ! quel train vous faites dans la chambre de l'accouchée !... Mais ça n'a pas le sens commun... et tant de monde autour d'elle !... et puis, on l'a fait causer, ça ne vaut rien... Comment cela va-t-il, ma voisine ? La nuit a-t-elle été bonne... Encore bien fatiguée, n'est-ce pas ?... Et l'enfant ? voyons l'enfant... Ah ! comme il sent le sureau... Est-ce qu'il a eu mal aux yeux ?...

— Ce n'est rien, dit M. Durand. C'est une petite expérience... une mesure de prévoyance que j'ai mise en usage...

— Comment, monsieur, dit madame Durand, vous avez lavé ce cher amour avec du sureau !... Cela n'a pas le sens commun !...

— Je vous dis, madame, que c'est pour son bien... Je connais l'emploi des simples, madame...

— Eh ! monsieur, mêlez-vous de vos simples et ne faites pas d'expériences sur mon fils !...

— Pour moi, j'en ai eu quatorze, mais je ne les ai jamais mis au sureau comme cela... Mon mari, l'huissier, a fait boire un peu de vin à mon premier, mais cela l'a fait tousser pendant une heure. A mon septième, mon mari, l'ébéniste, a voulu lui frotter les reins avec de l'eau-de-vie, afin qu'il se développât mieux, mais il était bossu quand il est mort ; enfin mon treizième, qui était du papetier, annonçant une vue très faible, nous lui fîmes porter des cataplasmes sur les yeux, et le pauvre petit est mort aveugle : ce sont les seuls essais que j'aie faits sur mes enfants... Mais il me semble que tout le monde est ici : qu'attend-on encore pour partir ?

— Et le parrain, ma chère amie ?

— Ah ! c'est juste !... le parrain.

— Et mon cousin, M. Mistigris, le professeur de danse ?...

— Je serais bien fâchée qu'il nous manquât ; c'est un homme si aimable, et qui a toujours sa pochette à la disposition de ses amis,.. et vous savez comme il joue les contredanses ! avec un goût ! un fini !...

— Oui ! oui !... ah ! ah ! ah !... C'est bien drôle ! dit Mlle Aglaé en riant aux éclats.

Et Mme Ledoux répond :

— Je crois que je l'ai entendu une fois jouer dans votre magasin... En effet, il a un bien beau coup d'archet !... Avant d'entrer, je croyais qu'il y avait au moins quatre aveugles chez vous.

— Je crois que le violon attaque les nerfs, dit tout bas M. Endolori à M. Durand.

— Oui, répond l'herboriste ; mais on prend quelques pincées de menthe, *menta mentæ ;* c'est un antispasmodique.

Un petit homme de quatre pieds sept pouces au plus interrompt la conversation en entrant dans la chambre avec la légèreté d'un zéphyr, se trouvant, par deux pas de basque, devant le lit de Mme Duraud. A cette entrée aérienne on a déjà reconnu M. Mistigris, professeur de danse, qui, quoique âgé alors de près de quarante ans, ne tient pas à terre, ayant le corps dans un mouvement continuel, et dont la physionomie a bien l'expression de son état, et annonce un homme qui a sans cesse des pirouettes devant les yeux.

— Nous parlions de vous, mon cher cousin, dit Mme Durand en présentant sa main à M. Mistigris, qui la baise en se tenant sur une jambe. Je craignais que vous ne vinssiez pas !

— Je vous avais promis d'être ici avec ma pochette à midi... me voilà. J'ai eu quelques leçons qui m'ont retardé ; mais j'ai dit : En deux temps j'y serai... Cependant le pavé est mauvais ; j'ai vu plus d'un particulier faire un écart sur le dos... Bonjour, Durand... où est donc l'enfant ?...

— Le voilà, monsieur, dit Mme Moka, attendez que je le *tinsse.*

— Comment le trouvez-vous, cousin? dit Mme Durand.

— Oh! ce n'est pas la figure qui m'inquiète!... Voyons ses jambes.

— Impossible maintenant; il est emmaillotté et habillé pour le baptême.

— C'est qu'en voyant ses jambes, je vous aurais tout de suite dit quel homme ce sera; car, il ne faut pas s'y tromper, cousine, les jambes sont le point de départ d'après lequel il faut juger chacun... Le mollet plus ou moins gros, bien ou mal placé, voilà des symptômes immanquables d'esprit ou de talent...

— Ah! ah! ah! comment! on a de l'esprit dans le mollet! dit Mlle Aglaé Fourreau en se dandinant.

— On y a tout, mademoiselle; j'y place même l'âme.

— Quant à l'âme, mon cousin, dit l'herboriste avec gravité, Hippocrate la loge dans le ventricule gauche du cœur, Erasistrate dans la membrane qui enveloppe le cerveau, et Strabon entre les deux sourcils.

— Eh bien, mon cousin, si ces messieurs mettent l'âme dans le ventre, dans le cerveau ou entre les sourcils, il me semble que je puis bien, moi, la placer dans le mollet; chacun son système.

— Encore une fois, messieurs, dit Mme Ledoux en élevant la voix pour couvrir celle de ces messieurs, vous faites trop de bruit, vous parlez trop haut; ma voisine aura mal à la tête, puis le poil comme je l'ai eu à mon sixième, qui était de l'ébéniste.

— Ah! *j'aperçusse* le parrain, dit Mme Moka.

A l'annonce du parrain, le calme se rétablit dans la chambre, les parents voulant examiner avec attention celui que l'on avait jugé digne de tenir le nouveau-né sur les fonts baptismaux, et chacun étant curieux de voir ce qu'il allait apporter à la marraine et à l'accouchée.

M. Bellequeue se présente en frac bleu, dont les boutons brillaient comme autant de petits miroirs, en gilet de piqué blanc et en culotte noire; car il est bon de faire observer que l'on portait encore des culottes en 1805, et que c'est à cette époque que se passaient les événements que nous avons l'avantage de vous raconter.

Bellequeue, coiffé avec un soin tout particulier, tient à la main son chapeau à trois cornes, et sous chacun de ses bras des boîtes de dragées; de plus deux petits paquets entourés de faveurs sont suspendus à ses doigts, et un beau bouquet est attaché à l'une des boîtes de bonbons.

Le parrain, quoique un peu embarrassé par tout ce qu'il porte, entre dans l'appartement en se donnant d'abord cet air grave que l'on affecte quelquefois pour tâcher de ne point avoir l'air bête, et qui ne trompe que les sots; mais revenant bientôt à sa physionomie habituelle, Bellequeue sourit à tout le monde; puis, s'avançant vers l'accouchée, lui présente quatre boîtes nouées avec de la faveur bleue et un petit paquet qui renferme quatre paires de gants.

— J'étais certaine que vous feriez des folies, dit Mme Durand, en lançant un regard en coulisse au coiffeur, qui tire de sa poche droite deux petits pots de confitures de Bar, et les lui présente en disant :

— Ceci est pour l'estomac...

— Encore!... Je vais me fâcher, mon compère!...

— Et ceci est pour la poitrine, dit Bellequeue en sortant de sa poche gauche une demi-bouteille de scubac.

— Ah! c'est par trop galant!...

— Voici votre commère, mon cher Bellequeue, dit l'herboriste en présentant Mme Grosbleu, qui fait une grave révérence au parrain.

Celui-ci présente alors à la marraine un bouquet assez beau, puis quatre boîtes qu'il s'est décidé à lui acheter ainsi que le petit paquet de gants; mais pendant que Mme Grosbleu admire les présents de son compère, Bellequeue s'approche de l'accouchée et trouve moyen de lui dire à demi-voix :

— Ses gants sont de Grenoble, les vôtres sont de Paris... Vos dragées sont à la vanille, vous avez beaucoup de pistaches, et elle n'a que des noisettes.

Mme Durand répond à tout cela par un regard malin, et Mme Moka s'écrie en mettant ses cinq doigts dans une des boîtes que Mme Grosbleu vient d'ouvrir :

— C'est un baptême *conséquent*, et je *doutasse* qu'on en *visse* de plus beau.

— A propos, ma chère tante, quel est donc votre prénom? dit Mme Durand.

— Jeanne, ma chère amie. Est-ce que tu ne te souviens plus qu'on me nommait toujours Jeannette?...

— Il s'ensuit de là que notre filleul doit nécessairement se nommer Jean, dit Bellequeue; cependant si la maman veut y ajouter un second nom...

— Eh bien! appelez-le Stanislas... j'aime beaucoup ce nom-là.

— Jean-Stanislas, c'est entendu... Il est l'heure de partir.

SCEAUX. IMP. CHARAIRE ET FILS

— Les deux fiacres sont à la porte, dit Catherine.

— Est-ce que tout le monde va me quitter? dit l'accouchée.

— Moi, je suis *inviolable* près de vous, madame, dit Mme Moka en suçant la grosse dragée qu'elle a eu soin d'attraper.

— Je crains que la voiture ne me donne des étourdissements, dit M. Endolori.

— Ah! un baptême, ce doit être bien gentil, dit Mlle Aglaé.

— Une minute, que je règle l'ordre et la marche, dit M. Mistigris, qui, après avoir admiré les jambes du parrain, était allé faire des entrechats dans la salle à manger. Que l'on donne la main aux dames... et que l'on marche en mesure...

Et M. Mistigris tirant sa pochette, sur laquelle il place une sourdine, se met à jouer *Une fièvre brûlante* de Richard en marchant à la queue de la société; son intention était même de se placer sur le siège d'une voiture, à côté du cocher, et de jouer une sauteuse aux chevaux pour tâcher de les faire trotter en mesure; mais comme il tombe de la neige, il se décide à entrer dans l'intérieur de la voiture où sont l'enfant avec sa nourrice, le parrain, la marraine, M. Renard et Mlle Aglaé; et pour charmer la société, il joue tout le long de la route des valses que l'enfant accompagne en criant.

Nous ne suivrons pas la société à la mairie et à l'église; on sait ce que c'est qu'un baptême, et celui-ci ne présente nul fait particulier, si ce n'est que M. Mistigris voulait jouer un menuet dans l'église, ce qu'on ne lui permit pas. Enfin, après avoir dûment constaté que le 15 mars 1805 il était né un fils à M. et Mme Durand, unis en légitime mariage, le nouveau-né fut nommé Jean-Stanislas; mais le premier nom, étant plus facile à prononcer, plut davantage à la nourrice, qui appela toujours l'enfant Jean; et celui-ci s'habitua à ne répondre qu'à ce nom, qui lui resta parce que Mme Durand s'aperçut que cela flattait le parrain. Or, nous ferons désormais comme la nourrice, et nous n'appellerons plus notre héros que Jean; trouvant comme M. Bellequeue que ce nom en vaut bien un autre, et que, s'il y a des Jean de toutes les façons, il doit nécessairement y en avoir de très aimables, de très spirituels, de très honnêtes et de très braves. Nous verrons par la suite dans quelle classe se trouva notre Jean.

On remonta dans les fiacres; M. Bellequeue tint constamment son chapeau à la main, même pour descendre de voiture, et le son de la pochette de M. Mistigris annonça le retour de la société.

Il était près de trois heures, et le déjeuner, ou plutôt le dîner était servi dans la chambre de l'accouchée, qui voulait être témoin de la fête, quoique Mme Moka lui eût dit qu'il était à craindre que cela n'*embarrassît* sa tête. Catherine s'était surpassée, et le fumet du premier service flattait agréablement l'odorat. Mme Durand avait désigné les places : ne se souciant pas que Bellequeue fût à côté de Mlle Aglaé, elle le mit entre la marraine et Mme Renard; Mlle Fourreau se vit forcée de rire avec M. Endolori et le joueur de dominos, qui était gai comme un double-six.

Pendant le premier service, on n'entendit que le cliquetis des assiettes, des fourchettes et le bruit des pieds de M. Mistigris, qui tout en mangeant faisait des battements sous la table. Au second service, la conversation s'engagea; tout en goûtant un mets nouveau, en dégustant le vieux bourgogne de l'herboriste, les compliments allaient leur train sur la beauté du nouveau-né et les vertus qu'il devait avoir s'il tenait de ses parents; mademoiselle Aglaé riait au nez de M. Endolori, qui lui conseillait de ne point trop manger d'anchois, parce que cela est irritant, et avait soin par prudence de ne point toucher aux champignons qui se trouvaient dans ce qu'on lui servait. Quant à Bellequeue, il buvait et mangeait presque autant que madame Moka, qui faisait disparaître avec dextérité tout ce qui se trouvait sur son assiette, et la présentait de nouveau à chaque plat qu'on servait en disant :

— C'est seulement pour que j'y *goûtasse*.

Madame Ledoux mangeait peu, parlant toujours des enfants qu'elle avait eus avec l'huissier, l'ébéniste et le papetier; M. Renard l'écoutait en faisant un air aimable; madame Renard ne disait rien, et calculait ce qu'avait pu coûter chaque plat; M. Fourreau ne faisait que tortiller, avaler et se verser; l'amateur de dominos ne boudait devant aucun plat, et M. Durand attendait avec impatience que l'on servit d'un plat d'œufs à la neige dans lesquels, à l'insu de Catherine, il avait jeté une infusion de simples qui devait, d'après son calcul, leur donner un goût excellent.

Les œufs à la neige sont enfin servis aux convives; l'herboriste ne dit rien, mais il sourit en voyant que chacun paraît surpris du goût qu'ils ont, et que l'on se regarde en se demandant ce que cela peut être.

— Je vais vous le dire, moi, s'écrie M. Durand, car je vois que vous chercheriez longtemps; c'est un choix de simples, d'herbes excellentes pour le sang, et à la fois aromatiques et fortifiantes, dont j'ai fait un petit extrait que j'ai mêlé en secret à ces œufs, afin de vous faire une surprise agréable; je suis certain qu'à la cour même, on ne mange rien de semblable... Hein! c'est délicieux, n'est-ce pas?...

Les convives se regardent en murmurant :

— Oui, c'est drôle... c'est un goût tout particulier...

— Oh! j'étais sûr de mon affaire... vous verrez que plus vous en mangerez et plus vous le trouverez excellent.

— C'est singulier! je ne m'y fais pas du tout, dit Bellequeue.

— Ni moi, dit M. Mistigris en passant un entrechat sous la table et en envoyant sa jambe gauche dans celles de madame Renard, qui ne sait pas ce que cela veut dire, parce que c'est le cinquième coup de pied qu'elle reçoit depuis le potage.

— Moi, je ne trouve pas que cela *sentisse* trop, dit madame Moka.

Les autres convives font comme Bellequeue, et n'achèvent pas leurs œufs à la neige. Mais M. Endolori, ayant entendu que c'était bon pour le sang, s'en fait servir une seconde fois, et en demande une troisième lorsque l'herboriste assure que c'est un plat qui peut préserver de beaucoup de maladies.

Heureusement M. Durand n'a point fait d'expériences sur le dessert, et l'on y oublie l'entremet aux simples en buvant à la santé du nouveau-né et de ses parents. Le champagne mousse dans les verres; mademoiselle Aglaé rit aux éclats parce que le bouchon est allé sur le nez de madame Renard; Bellequeue remplit les verres, et madame Moka après avoir lestement vidé le sien, boit celui de son voisin et s'écrie ensuite :

— Ah! Dieu! est-ce que je *m'eusse* trompée?

— Que fera-t-on de mon filleul? dit madame Grosbleu. As-tu déjà des projets, ma chère Félicité?

— Ma tante, je veux que ce soit un joli garçon, dit madame Durand ; quant à l'état, nous verrons sa vocation...

— Surtout ayez soin de lui faire apprendre à danser de bonne heure, dit M. Mistigris, c'est le moyen de développer son corps et son jugement

— Si on faisait de mon filleul un brave militaire? dit Bellequeue, qui avait servi et parlait toujours avec plaisir de ses campagnes. Eh! eh!... on avance vite maintenant!... Il faut le faire entrer au service à dix-huit ans, et je gage qu'à vingt il sera capitaine.

— Ah! monsieur Bellequeue!... vous allez tuer mon fils!...

— Non, ma chère commère, mais je dis que l'état militaire peut aujourd'hui mener très loin...

— Moi, je désire que mon fils soit un savant, dit M.Durand, je le mènerai herboriser à quatre ou cinq ans, et quand il connaîtra bien les simples, son affaire sera faite.

— Il faudra lui acheter un domino, dit le voisin, il n'y a rien qui apprenne plus vite à compter.

M. Endolori ne dit rien depuis quelques minutes, il ne fait que se remuer sur sa chaise ; il est pâle, il fait des grimaces, et les trois assiettées d'œufs aux simples qu'il a mangées semblent le mettre fort mal à son aise.

En attendant que le petit Jean soit un savant ou un héros, Bellequeue propose une rasade à sa santé ; mais M. Endolori ne boit pas ; il glisse quelques mots à l'oreille de l'herboriste, qui lui répond :

— Preuve que cela vous fait du bien.

M. Endolori, ne voulant pas montrer ces preuves-là à toute la société, se lève et sort de la chambre en se tenant en deux. Cependant la gaieté est devenue plus bruyante, Bellequeue veut chanter, Mistigris veut danser, mademoiselle Aglaé ne cesse pas de rire, et madame Moka fait du *gloria* pour la troisième fois.

Madame Durand avoue enfin qu'elle se sent un peu fatiguée, alors la société songe à se retirer. On fait ses adieux, on s'embrasse, et on sort par la boutique, dans laquelle M. Mistigris propose de danser la gavotte avec mademoiselle Fourreau. Mais comme il fait très froid dans la boutique, chacun préfère retourner chez soi. M. Endolori, qui vient enfin de reparaître et semble avoir beaucoup de peine à marcher, prie M. Durand de lui donner son bras pour gagner sa porte ; l'herboriste reconduit son voisin en lui assurant qu'il se portera parfaitement le lendemain, et rentre se livrer au repos en cherchant dans sa tête comment il s'y prendra pour donner à son fils l'amour des simples.

CHAPITRE III

VOYAGE EN COUCOU. — VISITE A LA NOURRICE.

Le lendemain de cette mémorable journée, le petit Jean, âgé de trois jours, quitta le foyer paternel pour celui de Suzon Jomard, chez laquelle il trouva trois petits camarades dont le plus âgé avait à peine six ans, sans compter celui qui venait d'être sevré. On voit que, tout en louant des ânes, le père Jomard n'oubliait pas de cultiver ses terres.

Madame Durand avait versé beaucoup de larmes en embrassant son fils, tandis que M. Durand

M. Mistigri, professeur de danse.

pérorait pour faire comprendre à son épouse que Saint-Germain n'est pas aux Grandes-Indes, et que, quoiqu'on n'y aille pas par un bateau à vapeur, il y a mille moyens de s'y transporter en peu de temps.

Une mère entend mal tout ce qui tend à lui prouver qu'elle a tort de pleurer son fils ; d'ailleurs, madame Durand n'avait pas pour habitude d'écouter très attentivement ce que disait son mari.

Suzon, bourrée de cadeaux et emportant une layette qui aurait pu servir à un petit duc (mais il est certain qu'un petit duc n'aurait pas été autrement fait que le petit Jean), Suzon reçut de la maman toutes les recommandations que peut inspirer la tendresse maternelle. On lui enjoignit surtout de ne jamais laisser crier l'enfant, ce qu'elle promit solennellement et ce qui ne l'empêcha pas de laisser crier M. Jean tout le long de la route.

M. Durand voulait aussi donner ses ordres à la nourrice, mais sa femme lui fit entendre qu'un homme ne doit se mêler d'un enfant que lorsqu'il a cessé de teter. L'herboriste se rendit à la justesse de cette remarque, cependant il remit en cachette à Suzon un paquet renfermant des fleurs de violettes, de mauves et de pavot, et lui recommanda d'en faire prendre une infusion à son fils toutes les fois qu'elle le verrait éternuer. Suzon le promit encore, et en arrivant chez elle, elle donna le paquet de fleurs et de graines à ses lapins, qui cependant n'avaient pas éternué.

Que tout cela ne vous fasse pas penser que Suzon était une méchante femme et une mauvaise nourrice. Bien au contraire, elle avait grand soin de ses nourrissons, auxquels elle s'attachait sincèrement ; mais elle ressemblait à la plupart des nourrices, qui pensent qu'elles savent beaucoup mieux élever un enfant que les gens de Paris, et qui, après avoir écouté bien tranquillement ce que leur disent les parents, n'en font jamais qu'à leur tête.

Les couches n'ayant nul résultat fâcheux, au bout de quinze jours madame Moka fut congédiée ; mais comme elle avait été très satisfaite du baptême et des repas qu'elle avait faits chez M. Durand, elle ne s'en alla pas sans annoncer qu'elle *revinsserait* souvent s'informer de la santé de madame.

Au bout de trois semaines, madame Durand, parfaitement rétablie, avait déjà recouvré ses couleurs. Quoique dans sa trente-cinquième année, l'épouse de l'herboriste était une petite brune, fort agréable, d'une fraîcheur et d'un embonpoint qui lui attiraient souvent des compliments de ses pratiques, surtout lorsque Bellequeue avait mis la main à sa coiffure, qu'il avait un tact particulier pour harmoniser avec sa physionomie.

Madame Durand voudrait déjà se rendre à Saint-Germain pour embrasser son fils, mais le docteur lui a défendu de sortir trop tôt ; on n'est qu'au mois d'avril, et le temps est froid. Madame Durand braverait les frimas de la Sibérie pour aller voir son enfant, mais son époux va chercher le voisin Bellequeue pour qu'il fasse entendre raison à sa femme. Bellequeue arrive toujours sur la pointe, et, après avoir salué sa commère de la manière la plus gracieuse, prononce qu'il serait imprudent d'aller déjà à la campagne, que d'ailleurs on a reçu des nouvelles du poupon, lesquelles annoncent qu'il est en parfaite santé, et que par conséquent il ne faut pas que la maman se rende malade pour son fils.

A cela madame Durand s'écrie en poussant un soupir :

— Ah ! monsieur Bellequeue !... vous n'êtes pas mère !...

— Non, mais je suis parrain ! répond le coiffeur, et je me flatte d'avoir pour mon filleul la tendresse la plus vive.

— Et moi, madame, dit l'herboriste, est-ce que je ne suis rien dans tout cela ? Il me semble pourtant...

— Si, monsieur !... mais vous êtes si froid !... vous ne sentez pas le bonheur d'avoir un fils !... vous ne pensez qu'à vos simples !... Ah ! Dieu ! il doit être déjà si grand, si beau, si aimable...

— Est-ce que vous croyez par hasard qu'il parle à trois semaines ?...

— Non, monsieur... je sais bien qu'il ne parle pas pour vous ; mais pour moi, c'est différent ; une mère comprend tout ce que veut dire son enfant !... Enfin, j'attendrai encore huit jours, puisqu'on le veut ; mais alors je n'écoute plus personne, et je pars pour Saint-Germain.

Et pour se dédommager du temps qu'il lui faut encore être sans voir son fils, madame Durand en parle depuis le matin jusqu'au soir ; avec Catherine, ce sont sans cesse des projets pour l'avenir de Jean, et avec toutes les personnes qui viennent dans sa boutique, c'est un mot sur la beauté de son enfant ; elle ne donnerait pas une once d'orge perlé, un cornet de graine de lin ou une feuille de poirée, sans dire :

— Vous savez que c'est un garçon ?... un garçon superbe... des yeux grands comme cela !... de petits trous dans les joues... un amour enfin, un véritable amour...

Beaucoup de gens, tout occupés de leur maladie ou de leurs malades, lui répondent à cela :

— Madame, faut-il que ça bouille longtemps ?... faut-il la faire épaisse ?... est-ce bon pour le rhume ?

Et M. Durand, qui craint que sa femme, en parlant de son héritier, ne donne du millet pour de l'orge et du coquelicot pour de la poirée, court au comptoir en disant :

— Prenez garde, ma chère Félicité... *Festina lentè*... Ne prenons pas une chose pour une autre : ceci est de la marjolaine, *amaracus*... ceci de la joubarbe, *sempervivum*... Certainement notre fils sera très beau garçon... c'est bon pour les coupures... et il aura, j'espère, une éducation parfaite... Laissez bouillir ceci cinq minutes seulement ; mais il ne faut pas pour cela donner à madame un émollient pour un astringent, et *vice versâ*.

Au bout des huit jours, un mal d'yeux qui survint à madame Durand la força de retarder son voyage ; une femme qui est encore bien ne se soucie pas de se mettre en voiture publique avec des yeux à la coque, et l'épouse de l'herboriste tenait essentiellement à ses yeux, ce qui est très excusable. D'ailleurs, Suzon écrivait, ou pour mieux dire, faisait écrire toutes les semaines aux parents du petit Jean, et leur annonçait que son nourrisson venait comme un champignon, qu'il était frais et dodu, et faisait l'admiration du pays par sa gentillesse et ses reparties. Il est probable que les reparties étaient en pantomime, parce

SCEAUX. IMP. CHARAIRE ET FILS.

qu'un enfant de six semaines n'a pas l'habitude de répondre *ad rem ;* mais si l'on prenait au pied de la lettre tout ce que vous mandent les nourrices, on croirait souvent qu'un enfant de quinze mois est en état de chanter au lutrin et de faire sa partie de piquet.

Enfin le mal d'yeux est passé, madame Durand se porte très bien, il y a un mois et vingt-cinq jours qu'elle est accouchée, rien ne s'oppose plus à ce qu'elle aille voir son enfant. Le jour est arrêté, et l'on n'a point prévenu Suzon de la visite que l'on compte lui faire, parce qu'on est bien aise de surprendre la nourrice. On est au mois de mai, la matinée est belle. Madame Durand a fait une toilette qui tient de la petite maîtresse et de l'amazone ; elle embrasse son époux qui ne va pas avec elle à Saint-Germain, parce qu'ils ne peuvent point s'absenter tous deux de leur boutique, et elle attend le compère Bellequeue qui a offert de lui servir de cavalier, enchanté lui-même de revoir son filleul.

La maman s'impatiente, parce qu'il est déjà neuf heures, et qu'on devrait être aux voitures ; M. Durand lui dit d'éviter les courants d'air, et lui donne une boîte de pâte de jujube pour son fils. Enfin, Bellequeue arrive, le chapeau à la main ; l'herboriste lui recommande son épouse ; Bellequeue jure de veiller sur elle de même que si c'était sa femme, en agitant en l'air sa canne comme s'il allait faire battre la retraite.

Madame Durand a pris le bras du coiffeur, ils gagnent les quais en se disant :

— Quel plaisir d'aller à la campagne !... de voir ce petit Jean, de respirer le bon air !... Nous allons passer une charmante journée !

Ils arrivent bientôt aux petites-voitures. Comme, en 1805, il y avait moins de concurrences, de Parisiennes, de Draisiennes et d'Accélérées, la maman et le parrain prirent tout bonnement un *coucou*, dans lequel le conducteur les fit presque monter de force, en leur assurant que la voiture était complète, et qu'il partait tout de suite.

Cependant, deux places du fond étaient seulement occupées par un jeune homme et une grisette, qui causaient tout bas, et parurent assez contrariés en voyant qu'il leur arrivait des compagnons de voyage, espérant peut-être qu'ils iraient en tête-à-tête à Saint-Germain. Le jeune homme se presse contre sa voisine pour faire une place à madame Durand, parce que le cocher a dit d'une voix de stentor :

— On tient trois sur chaque banquette... et même à la rigueur on tiendrait quatre, s'il y avait des enfants.

Mais madame Durand ne pouvait point passer pour un enfant ; elle se laisse aller dans le fond, ce qui force presque la grisette à se mettre sur les genoux de son voisin, mais le jeune homme ne s'en plaint pas. On place la barre de bois qui sert de dossier au second banc, et Bellequeue s'assied devant madame Durand, qui s'écrie :

— Eh bien ! partons-nous ?... pourquoi ne partons-nous pas ?

— Allons, cocher, mon ami, en route ! dit Bellequeue.

Mais le cocher était retourné courir après les passants, afin de compléter sa voiture, qui devait toujours partir tout de suite.

Cinq minutes s'écoulent, et point de cocher. Madame Durand ne cesse de répéter :

— Ah ! Dieu !... nous arriverons trop tard !... Je n'aurai pas le temps d'embrasser mon fils !

— Est-ce que ce drôle-là se moque de nous ? dit Bellequeue en avançant sa tête hors de la voiture.

— Y avait-il longtemps que vous attendiez, monsieur ? dit madame Durand à son voisin.

— Ma foi, madame, il y avait bien une demi-heure que nous étions dans la voiture, répond le jeune homme en souriant.

— Une demi-heure !... Ah ! c'est affreux... Descendons, mon cher Bellequeue.

— Le voilà enfin... calmez-vous.

En effet, le cocher arrivait avec un jeune homme qu'il avait arraché à un de ses camarades, et qu'il jeta presque dans la voiture à côté de Bellequeue en disant :

— Quand je vous disais que j'étais plein, et que je partais.

Le jeune homme, qu'à son accent et à sa tournure on reconnaissait sur-le-champ pour un Anglais, jetait autour de lui des regards surpris, n'étant pas encore revenu de la manière dont il avait été porté dans la voiture, et examinant avec humeur sa cravate dont un des bouts était resté dans les mains de l'autre cocher, tandis que Bellequeue disait au conducteur :

— Ah ça, j'espère que nous partons, maintenant ?

— Mais sans doute, mon bourgeois, sans doute...

— Dites donc, *coachman*, dit le jeune Anglais en remettant son chapeau sur sa tête, vous avez pas dit le prix à moi !...

— C'est égal... soyez tranquille, mon milord !... c'est toujours la même chose !... N'ayez donc pas peur, je suis bon enfant.

En disant cela, le cocher court après une nourrice qu'il voit entre plusieurs de ses camarades, tandis que Bellequeue lui crie d'une voix courroucée :

— Nous voulons partir tout de suite.

SCEAUX. IMP. CHARAIRE ET FILS.

— Monsieur, dit l'Anglais en s'adressant à Bellequeue, voulez-vous bien dire à moi combien coûtait la même chose?...

Bellequeue regarde l'Anglais, se creuse la tête pour comprendre, se tourne vers madame Durand, et dit enfin :

— Je n'ai pas bien entendu.

— Je demandai à vous combien la même chose que le *coachman* voulait faire payer?

— Ah! j'entends!... c'est le prix de la voiture que vous voulez dire...

— *Yes.*

— C'est vingt sous quand on marchande et vingt-cinq sous quand on ne dit rien.

— Est-ce que c'était le usage ici que les *coachmen* emportaient les voyageurs de force dans leur voiture?

— Est-ce qu'il vous a pris de force?

— *Yes*, il avait disputé moi à un autre, qui me avait saisi par le cravate en disant toujours que je serais bien content de son petite cheval ; heureusement que la cravate avait déchiré, sans quoi il étranglait moi quand celui-ci me emportait.

— Il est certain, dit Bellequeue, qu'ils ont une manière un peu vive de vous engager à monter dans leur voiture.

— Mais nous ne partons pas, dit madame Durand, il est dix heures passées,.. J'en ferai une maladie d'impatience..... Descendons, Bellequeue...

— Je vais d'abord aller rosser ce drôle-là, dit le coiffeur en brandissant sa canne hors de la voiture, dont il allait descendre quand le cocher arrive avec la nourrice qu'il amenait en triomphe, et qui, avec sa tête, fit retomber Bellequeue sur sa banquette.

La nourrice se plaça entre Bellequeue et l'Anglais, et le cocher lui passa son nourrisson en disant :

— Nous partons tout de suite, dans une seconde nous sommes passé la barrière.

— Morbleu, cocher, si vous ne partez pas sur-le-champ, dit Bellequeue avec colère, vous aurez affaire à moi.

— Calmez-vous donc, mon bourgeois, puisque nous v'là complets. J'espère que ça n'a pas été long.

Le conducteur se décide à fermer la voiture et à monter sur son siège, mais il ne part pas encore; il se contente de regarder à droite et à gauche en criant de toutes ses forces :

— Un lapin! un lapin pour Saint-Germain!

— Qu'est-ce que il avait donc à appeler ainsi des lapins? dit l'Anglais à la nourrice, qui lui répond :

— Eh bien! pardi, c'est tout naturel, c'est pour faire sa fournée!...

L'Anglais, qui ne comprend pas, se retourne et ne dit plus mot. Madame Durand, qui a examiné le poupon que porte la nourrice, dit tout bas à Bellequeue :

— Quelle différence de cet enfant à mon fils!

— Autant que d'une titus à une queue! lui répond le coiffeur.

Quant aux jeunes gens placés au fond, ils ne se mêlent de rien, ils ne parlent pas à leurs voisins, ils ont bien assez de choses à se dire entre eux.

Bellequeue, voyant que la voiture n'avance pas, va décidément prendre le conducteur au collet, lorsqu'un petit homme assez mal vêtu, et tenant sous son bras un paquet enveloppé dans un mouchoir rouge, monte sur le siège, et se place près du conducteur après avoir respectueusement salué la société. Le cocher se décide alors à se mettre en route, la voiture s'ébranle; mais elle ne va encore qu'au pas, et le cocher continue de crier :

— Encore un lapin pour Saint-Germain!... C'est le dernier, et nous filons.

— Comment, drôle! vous voulez encore prendre du monde? dit Bellequeue.

— Pourquoi pas? Est-ce qu'il ne faut pas que je gagne ma vie?

— Voulez-vous donc que votre cheval traîne neuf personnes?

— Tiens!... c'est le moins! il en a souvent mené douze.

— Et nous n'arriverons pas à Saint-Germain ce matin?

— Laissez donc! pus mon cheval est chargé, pus il va vite!... Un lapin!...

Heureusement une paysanne monte près du cocher; il fouette alors son cheval. Le coucou roule enfin sur la route de Saint-Germain, et madame Durand soupire en disant :

— C'est bien heureux!

Et ses jeunes voisins en poussent aussi, mais sans rien dire, et la nourrice dit à l'Anglais :

— Voyez-vous, il a trouvé ses deux lapins.

Et l'Anglais, croyant que la nourrice se moque de lui, tourne la tête avec humeur et n'ouvre plus la bouche.

La paysanne en lapin faisait la conversation avec le cocher, et la nourrice y prenait part quelquefois. Bellequeue jetait des regards en coulisse sur la grisette, puis les reportait sur madame Durand. Le petit homme, qui faisait le second lapin, avait dénoué le mouchoir rouge qu'il tenait d'abord sur son bras, et il en avait sorti une mauvaise culotte qu'il était en train de retourner;

car le petit homme était tailleur, et comme il portait la culotte à une de ses pratiques à Saint-Germain, il achevait en route de coudre les boutons. Il avait aussi sorti du paquet une tabatière, et il offrait du tabac à toutes les personnes qui étaient dans la voiture; mais en avançant son bras vers le fond pour présenter sa tabatière ouverte à madame Durand, un violent cahot le fit sauter, et le tabac vola dans les yeux de l'Anglais, qui ne prit pas la chose en bonne part, et après s'être frotté les yeux, saisit le petit tailleur au collet, voulant absolument boxer avec lui.

Bellequeue s'interposa pour rétablir la paix, tandis que le cocher criait aux oreilles de l'Anglais :

— Voulez-vous ben ne pas battre mon lapin! Est-il méchant le milord!

Enfin on finit par s'entendre; tout le monde éternua, parce que la voiture était comme une carotte de macouba, et l'on arriva à Nanterre en se disant :

— Dieu vous bénisse!

La voiture s'arrêta; le cocher descendit et donna la main à la paysanne ; le petit tailleur se sauva avec sa culotte, et disparut derrière une maison, craignant peut-être qu'il ne prît fantaisie à l'Anglais de recommencer la partie de coups de poing. Les gâteaux, produits indigènes du pays, arrivaient en abondance par toutes les portières.

— Descendons-nous? dit Bellequeue à madame Durand.

Celle-ci voyait avec peine que l'on s'arrêtât; mais le cheval avait bien besoin de reprendre haleine. Elle descendit en soupirant et en disant :

— Nous ne serons pas à Saint-Germain à une heure!

Cette fois les jeunes gens du fond quittèrent leur place et descendirent aussi; mais au lieu d'entrer à l'auberge, où les autres voyageurs prenaient des gâteaux et buvaient du ratafia, ils gravirent lestement une colline, et se perdirent dans une espèce de carrière qui était près du chemin.

Madame Durand accepta des gâteaux pour faire quelque chose. Bellequeue, après s'être assuré dans le seul miroir qui fût dans la salle que sa coiffure n'était pas trop froissée, alla tenir compagnie à sa commère. Une demi-heure se passa qui parut une journée à la maman de Jean. Enfin le cocher prononça le mot *En route*, et madame Durand fut une des premières à monter dans la voiture. La nourrice arriva, puis l'Anglais, qui tenait sur ses genoux une douzaine et demie de gâteaux de Nanterre. Le petit tailleur reparut, cousant encore un bouton à la culotte qu'il portait en écharpe; le malheureux sentait le vin et l'ail de manière à garantir toute une ville de la peste. La paysanne remonta aussi; il ne manquait plus que les jeunes gens du fond, et le cocher se mit à les siffler comme des barbets en criant de temps à autres :

— Mais où diable sont-ils donc fourrés?... ils n'étaient pas à l'auberge?

— Ils ont disparu par là-bas! dit Bellequeue d'un air malin.

— Certainement ils ne reviendront pas, dit madame Durand qui voudrait que l'on partît.

Mais en ce moment le jeune couple accourut gaiement et sauta en riant dans la voiture. Madame Durand remarqua que la grisette avait sa robe chiffonnée, et le monsieur les oreilles bien rouges. Bellequeue, tout en pinçant tendrement le genou de sa commère, lui dit :

— C'est fort ridicule de se faire attendre ainsi... car enfin il faut des mœurs... Je ne connais que cela.

Le reste de la route se fit assez agréablement, sauf le goût d'ail qui avait remplacé l'odeur du tabac. Arrivés à la montée un peu rude qui est avant la ville, beaucoup de voyageurs descendirent, parce que le cheval qui menait facilement douze personnes ne pouvait pas venir à bout d'en traîner neuf.

Le jeune homme et la grisette quittèrent la voiture, payèrent le cocher et s'éloignèrent en choisissant les chemins les moins fréquentés.

Pour eux tous les endroits étaient charmants pourvu qu'ils y fussent seuls. Nous avons tous éprouvé cela. Les déserts furent faits pour les amants; cependant les amants ne se font pas aux déserts.

Enfin madame Durand est à Saint-Germain; elle respire le même air que son fils. Elle s'empare du bras de Bellequeue, qui voudrait encore choisir les pavés; mais à Saint-Germain ils ne sont pas aussi beaux qu'à Paris, et madame Durand ne tient plus à terre.

On se dirige vers la demeure de Suzon; on se trompe plusieurs fois; on demande à tous ceux qu'on rencontre la maison de M. Jomard, loueur d'ânes, dont la femme est nourrice. Enfin on arrive dans une espèce de ruelle déserte, du côté de la route de Poissy, et on lit sur une porte charretière : *Jomard tient des ânes.*

Aussitôt madame Durand lâche le bras de Bellequeue et se précipite dans la cour de la maison où elle aperçoit quatre enfants se roulant sur du fumier avec des poules et des canards, tout en grignotant un morceau de pain dont il est difficile de reconnaître la couleur.

Bellequeue arrive marchant sur ses pointes,

c'était bien le cas ; il regarde à son tour les quatre enfants, dont le plus petit, qui a seize mois, marche déjà avec ses frères.

— Est-ce qu'il est là-dedans? dit le coiffeur.

— Eh non !... tout cela est trop âgé... Suzon ! madame Jomard !... Suzon, apportez-moi donc mon fils !... ce cher Stanislas !...

— Ce joli petit Jean ! dit Bellequeue.

La nourrice sort d'une petite salle basse dans un désordre qui n'avait rien de galant.

— Tiens ! c'est monsieur et madame ! s'écria-t-elle en renouant les cordons d'un jupon qui lui descendait à peine au mollet. Tiens ! c'te surprise !... Ah ben !... vous surprenez joliment vot' monde !

— Et mon fils, Suzon, apportez-moi donc mon fils !...

— Oh ! attendez, il est dans son berceau... Vous allez voir qu'il se porte ben...

Madame Durand suit Suzon dans la salle basse, où le berceau de son fils est placé près d'un grand lit dans lequel couche toute la famille Jomard, les parents à la tête, les enfants aux pieds. Le petit Jean dormait. Suzon le prend, et le donne à sa mère qui le couvre de baisers, et convient qu'il est en parfaite santé.

— Mais son petit bonnet est un peu noir, dit la maman.

— Ah ! madame ! il était tout blanc à c'matin ; mais, dam' ! les enfants, ça salit si vite... Eh ben ! le papa ne vient pas l'embrasser !...

— Ce n'est pas mon mari, c'est le parrain qui est venu avec moi...

— Ah ! j'savais ben que je le connaissais tout d'même.

Bellequeue arrive, madame Durand lui présente l'enfant en disant :

— Voyez comme il est beau !

Bellequeue s'avance et reçoit dans ses bras son filleul. Celui-ci, qui, n'est pas content d'avoir été réveillé, met ses petites mains dans les bouffettes bien poudrées de son parrain.

— Il est superbe ! dit Bellequeue en tâchant de sauver sa coiffure endommagée par son filleul.

— Je crois qu'il me ressemblera, dit madame Durand en prenant avec son enfant la route du jardin que lui indique Suzon. Pendant que la maman de Jean se livre aux douceurs de l'amour maternel, la nourrice conduit Bellequeue près de ses enfants, et veut aussi les lui faire admirer ; elle lui présente son dernier qui a seize mois et applique sur les joues du coiffeur ses deux petites mains pleines de terre, de fumier et d'autre chose ; pendant ce temps, le second garçon arrive par derrière et s'attache aux mollets de Bellequeue ; le troisième lui emporte son chapeau à cornes, le met sur sa tête, puis le jette dans un grenier ; enfin le plus âgé grimpe sur le dos du beau monsieur et s'amuse à battre la caisse avec sa queue.

Le pauvre parrain ne sait plus où il en est, il ne peut se dépêtrer des quatre enfants, il crie :

— Holà !... mon chapeau... ma queue... mon habit... Eh bien, petits drôles !... vous me décoiffez ! madame Jomard, faites donc finir vos enfants.

Mais Suzon rit aux éclats des petites gentillesses que font ses *gas*, et madame Durand, qui revient, ne peut s'empêcher de rire aussi en regardant Bellequeue qui n'est plus reconnaissable, parce que, le ruban de sa queue s'étant détaché, ses cheveux flottent sur ses épaules et reviennent en partie sur son visage noirci par les mains de l'enfant.

— Ah, mon Dieu, mon cher Bellequeue, vous avez l'air d'un homme des bois ! dit madame Durand. Le coiffeur, qui préfère avoir l'air d'un homme policé, envoie un des petits gas sur un tas de paille, et Suzon, prenant un fouet, qui sert également aux ânes et à ses enfants parvient à faire lâcher prise à ces derniers.

— Vous allez dîner avec nous, madame, dit la nourrice ; dam', j'étions pas prévenue, mais je vous ferons toujours de quoi manger.

— Volontiers, ma chère Suzon, ça fait que je ne quitterai pas mon fils.

Bellequeue, qui commence à avoir assez de la famille Jomard, préférerait aller dîner chez un traiteur de la ville, et il en fait la proposition à madame Durand ; mais celle-ci est décidée à rester ; du beurre, du lait et son fils, voilà tout ce qu'il lui faut, et le parrain est forcé de se conformer à ses désirs.

Pendant que Suzon prépare le dîner, en se désolant de ce que son mari est absent, ce qui le prive du plaisir de voir les parents de Jean, Bellequeue parvient à trouver dans la maison un petit morceau de miroir devant lequel, à l'aide d'un petit peigne qu'il a toujours sur lui, il tâche de réparer le désordre de sa coiffure. Pendant qu'il se debarbouille, madame Durand le force à sucer un bâton de sucre d'orge qui a été dans la bouche de son fils, en lui disant :

— N'est-ce pas que c'est bien bon ?... hein, bonbon, nanan !... Il a souri en le suçant... ce cher amour !...

— Nanan tout à fait ! dit Bellequeue en s'éloignant du sucre d'orge ; et ayant cherché en vain de la poudre à poudrer, il se décide à se mettre un œil de farine sur sa frisure.

— V'là le dîner, dit Suzon ; asseyez-vous, madame ; excusez si vous manquez de queuque chose ; mais, dam' ! c'est à la bonne franquette.

On se place. Bellequeue ne trouve qu'un tabouret dont les quatre pieds tiennent encore ; à ses côtés se mettent les quatre marmots qui ont si bien joué avec lui dans la cour; Suzon est en face: madame Durand veut, en dinant, tenir son fils sur ses bras.

On sert une soupe qui pourrait passer pour un flan aux légumes; les enfants s'en bourrent, et présentent de nouveau leurs assiettes en disant :

— J'en veux core !...

— Vous allez les étouffer, dit Bellequeue.

— Oh ! que non, monsieur ; ça les rend forts au contraire, voyez comme ils se portent !...

L'aîné, pour montrer sa force, va tirer le tabouret de son frère ; celui-ci tombe sur Bellequeue en lui envoyant une cuillerée de soupe dans son gilet. Le parrain se lève avec humeur, en disant :

— Madame Jomard, faites donc finir vos polissons !...

Mais Suzon est allée chercher un plat de pigeons, dans lequel elle a mis toute sa science ; et Bellequeue, après avoir essuyé son gilet, se remet à table et sert madame Durand, qui veut absolument que son fils suce de petits oignons, et les présente ensuite à Bellequeue en lui disant :

— Allons, mangez... votre filleul y a goûté !... C'est bien meilleur.

Le parrain n'a pas l'air de trouver cela meilleur ; mais il avale les oignons en faisant une légère grimace et en faisant tout son possible pour se garer de ses petits voisins, qui font souvent jouer leurs fourchettes sur son assiette.

— Madame Jomard, dit Bellequeue, il me semble que vous devriez apprendre à vos enfants à ne point ainsi dérober dans une assiette qui n'est point devant eux.

— Bah ! vous voyez ben que c'est pour s'amuser et vous faire des niches !

— Certainement, dit madame Durand.

— Des niches tant que vous voudrez ; mais voilà cinq oignons que ce petit drôle me mange.

Suzon sert une omelette au lard ; c'est le plat de dessert. La vue de ce mets met tellement les marmots en gaieté, qu'ils font un concert de cris en avançant tous leur assiette.

— Sont-ils contents ! dit Suzon pendant que les enfants se battent à qui sera servi le premier ; et une des assiettes vole sur les genoux de Bellequeue, repoussée par un des petits gas, tandis que les autres continuent de lui faire des niches.

Mais le repas finit enfin, et Bellequeue s'empresse de tirer sa montre en disant :

— N'oublions pas que nous sommes loin de Paris, que c'est votre première sortie le soir, et qu'il serait imprudent de revenir tard. Déjà cinq heures... Il faut partir, ma chère commère ; avant d'être aux voitures et d'arriver à Paris, il sera au moins huit heures.

— Déjà partir ! dit madame Durand, déjà quitter ce cher bijou !... C'est bien cruel... mais enfin je reviendrai... Entendez-vous, nourrice, je viendrai souvent le voir.

— Oui, madame, et vous le trouverez toujours en bon état. Allons, mes enfants, embrassez madame qui m'a donné de quoi vous acheter des joujoux.

Bellequeue sent que c'est une invitation qu'on lui adresse ; il tire sa bourse et donne aussi pour les petits espiègles qui l'ont tant amusé. Les marmots sautent après lui pour l'embrasser, et il voit le moment où son ruban de queue va encore être dénoué ; mais après avoir embrassé son filleul, il esquive les quatre petits Jomard, saute lestement dans la cour, enjambe par-dessus les canards, et va se placer sur la porte de la rue, d'où il appelle madame Durand. Celle-ci se décide enfin à s'éloigner de la demeure de la nourrice, non sans y jeter encore de tendres regards.

— C'est une bien bonne femme que cette Suzon !... c'est une excellente famille que ces Jomard ! dit madame Durand à son compagnon.

— Oui, excellente, répond Bellequeue en doublant le pas, de crainte qu'il ne prenne fantaisie à la maman de retourner embrasser son fils.

On arrive aux voitures. Madame Durand déclare qu'elle ne me montrera que dans celle qu'elle verra presque pleine, afin de ne pas attendre comme à Paris. On trouve bientôt un coucou, dans lequel il y a encore une place dans l'intérieur.

— Montez, dit Bellequeue, moi je me mettrai près du cocher, au moins nous partirons sur-le-champ.

Madame Durand monte ; Bellequeue se place en lapin, et l'on fait route pour Paris. Cette fois le chemin semble devoir se faire sans accident ; mais arrivés près de la barrière, le cheval s'abat, et Bellequeue, qui n'était pas préparé à cette chute, tombe sur la route et roule dans la poussière.

Heureusement il en est quitte pour quelques bosses à la tête ; ce qui ne lui serait pas arrivé, dit madame Durand, s'il avait eu son chapeau dessus. On parvient, non sans peine, à relever le cheval, qui enfin atteint sa destination. Madame Durand prend le bras de son compagnon, qui boite un peu, et regagne sa demeure en lui disant :

— Convenez, mon cher Bellequeue, que nous avons passé une journée bien agréable !

— Oui, excessivement agréable !... répond celui-ci en s'appuyant sur sa canne.

— Nous recommencerons, mon voisin; nous irons souvent voir cette bonne Suzon.

A cela, Bellequeue ne répondit rien; il se contenta de souhaiter le bonsoir à madame Durand, qui venait d'arriver à sa porte.

CHAPITRE IV

L'ENFANCE DE JEAN

Nous ne suivrons pas l'enfant dans tous ses développements, et ne rendrons pas compte de chaque dent qui lui poussa; nous ne retournerons pas non plus chez la nourrice avec madame Durand. Bellequeue fait comme nous, ne se souciant pas de passer encore une charmante journée avec la famille Jomard.

A dix-huit mois le petit Jean marchait tout seul: il savait déjà prononcer quelques gros jurons que le père Jomard lui avait appris; il se battait fort bien avec ses frères de lait; il lançait son croûton ou sa tartine au nez de celui qui le regardait de trop près, et il annonçait de la force et de la santé. On jugea qu'il n'avait plus rien à apprendre chez sa nourrice, et on le fit venir au foyer parternel.

M. Durand, qui n'avait pas revu son fils depuis le jour de sa naissance, le trouva excessivement grandi. Il le prit sur ses genoux, et l'enfant gigotta pour ne poins y rester; il lui mit dans la bouche un petit morceau de gomme arabique, et M. Jean le lui souffla au nez; l'herboriste posa alors son fils à terre en déclarant qu'il était fort comme un Turc, mais qu'il faudrait tâcher de lui assouplir le caractère.

Madame Durand dit que cela se ferait tout seul; que d'ailleurs il n'y avait pas de mal à ce qu'un homme eût du caractère, mais que son fils annonçait déjà les plus heureuses qualités, quoiqu'il ne sût dire encore que : *Bigre et Mâtin*.

Toute la famille vint voir le petit Jean et admirer sa jolie mine, qui en effet n'était point laide, lorsque M. Jean voulait bien ne pas faire la grimace ou tirer la langue à ceux qui le regardaient. Madame Ledoux prétendit qu'il avait quelque chose de son cinquième qu'elle avait eu de l'huissier; M. Renard lui trouva le nez fin; madame Grosbleu l'embrassa en versant des larmes d'attendrissement; mademoiselle Aglaé, en riant; M. Mistigris lui tâta le mollet, jura qu'il en ferait quelque chose, et qu'Alcibiade n'avait pas un plus beau cou-de-pied; enfin, madame Moka, qui était aussi accourue pour l'admirer resta émerveillée et s'écria :

— Je ne *crume* pas qu'il *s'eusse* formé si vite.

— Pardi ! disait Catherine, un enfant qui est venu devant un peleton de grenadiers, et qui ont tous bu à sa santé, est-ce qu'il ne devait pas ben venir?

Bellequeue, qui venait souvent voir son filleul depuis qu'il n'était plus en nourrice, disait aussi, en le caressant ou en jouant avec lui :

— Oui, ce sera un gaillard ! un luron comme son parrain !

Les premiers temps se passèrent assez bien; on excusait les cris, les trépignements, les tapes que distribuait l'enfant, parce qu'il était encore trop petit pour qu'on s'en fâchât. On riait quand il jurait; Bellequeue trouvait charmant que son filleul l'appelât vilain mâtin, et madame Durand riait comme une folle lorsque Jean donnait des croquignoles à M. son père. On montrait l'aimable enfant comme une merveille à toutes les personnes qui venaient à la boutique, et M. Jean mettait ses doigts dans l'œil de celui qui voulait l'embrasser, ou crachait au nez de celle qui lui tendait les bras; et chacun s'en allait en se disant :

— Il est bien gentil, en effet!

Jean atteignit ainsi sa sixième année, ne sachant que jouer, jurer, manger et dormir. A la vérité il n'y avait pas encore de temps de perdu, et au milieu de ses espiègleries, il était facile de voir que le petit Jean n'avait pas un mauvais cœur. Il avait une fois donné tout son déjeuner à un pauvre, et une autre fois il avait pleuré toute la journée, parce qu'en jouant avec un canif il avait blessé au doigt un de ses petits amis. Jean n'avait pas le fonds méchant; par ses reparties et les tours qu'il jouait, il annonçait aussi de l'esprit; on pouvait donc faire quelque chose de lui; mais il aurait fallu d'abord dompter son caractère, et ne pas ériger en qualités et en gentillesses ce qui ne méritait que des réprimandes ou des corrections.

Quand son fils eut six ans, M. Durand déclara qu'il voulait commencer à s'occuper de son éducation; c'est-à-dire à lui apprendre à connaître les simples, à herboriser et à distinguer toutes les graines qui étaient dans sa boutique. Le petit Jean aimait beaucoup mieux apprendre à se battre avec son parrain Bellequeue que d'étudier la botanique, et madame Durand trouvait qu'avant de connaître les simples il fallait au moins que son fils connût ses lettres; mais M. Durand était inflexible sur cet article : il fit asseoir son fils près de lui dans son comptoir, et commença à lui donner des leçons. Le petit Jean pleurait ou tré-

Aussitôt Mme Durand lâche le bras de Bellequeue. (Page 21, col. 2.)

pignait des pieds devant la camomille et le pourpier; le papa lui donna quelques légères corrections, et, lui montrant de la racine de patience, voulut à plusieurs reprises qu'il répètât avec lui le nom de cette plante. M. Jean jeta la patience au nez de son père, qui voulut alors administrer à son rejeton la flagellation scolastique, et dit gravement à son fils :

— Monsieur, ôtez votre culotte.

L'enfant, croyant qu'il s'agissait tout bonnement de faire une autre toilette, ôta sa petite culotte et revint gaiement, la voile au vent, danser devant son père; mais M. Durand, le saisissant dans ses bras, lui donna froidement une demi-douzaine de claques en lui disant :

— Celle-ci est pour vous apprendre à connaître la patience, *Lapathum;* celle-ci pour que vous nommiez avec moi la camomille, *Anthemis;* celle-ci pour le pourpier, *Portulaca* ; vous aurez une claque pour chacune ; de cette manière, mon cher ami, vous apprendrez la botanique *per fas et nefas.*

Le petit Jean, contraint de faire un cours de botanique *nefas*, jeta les hauts cris, sa mère accourut, et faillit se trouver mal en voyant comment M. Durand faisait étudier son fils; elle lui arracha l'enfant en l'appelant barbare et tyran. Heureusement Bellequeue arriva. Il s'efforçait toujours de rétablir la paix que son filleul troublait souvent : il entendit les deux parties, il donna raison à chacun, ce qui est le meilleur moyen d'arranger une affaire ; et comme Jean ne voulait pas encore mordre à la botanique, il proposa aux parents de l'envoyer le matin à l'école, afin qu'il apprît d'abord autre chose.

On se rendit à l'avis de M. Bellequeue. Il fut décidé que Jean irait à l'école depuis le matin jusqu'à cinq heures du soir. Madame Durand choisit celle qui était la plus près de sa demeure ; et après avoir recommandé son fils au maître, comme jadis elle l'avait recommandé à Suzon Jomard, elle conduisit le lendemain matin à l'école le petit Jean, qui avait le panier de provisions à la main et le grand carton pendu à son côté.

Jean se plut d'abord à l'école ; il était charmé de se trouver avec une foule de petits garçon de son âge, et de pouvoir s'y livrer à de nouveaux jeux. Dans le commencement, le travail ne l'ennuya point ; il apprenait avec une extrême facilité, et pouvait savoir en un quart d'heure ce que d'autres passaient une demi-journée à étudier. Mais bientôt sa vivacité, son étourderie, l'habitude de ne faire que ses volontés, lui firent négliger la grammaire pour ne s'occuper que d'espièglerie qu'il jouait à ses camarades. Chaque jour, Jean inventait quelque nouveau tour qui mettait le désordre dans la classe. Il cachait le rudiment de l'un, renversait l'encrier de l'autre, changeait les paniers, déchirait les cahiers, cassait les règles, et allait enfin jusqu'à arracher le battant de la sonnette du maître.

Comme madame Durand faisait souvent des cadeaux au maître d'école, celui-ci était indulgent pour Jean, et se contentait de dire à sa mère :

— C'est une mauvaise tête !... mais cela se corrigera !... Il a beaucoup de moyens !... A la vérité, il ne veut pas en faire usage, mais c'est égal ; il a infiniment de moyens.

Madame Durand embrassait son fils, lui glissait un pot de confiture ou une brioche, et rentrait chez elle en disant :

— Le maître a dit que notre fils était plein de moyens.

— Mais il écrit comme un chat et ne peut pas lire couramment, répondait M. Durand.

— C'est égal, monsieur, du moment qu'il a des moyens, cela suffit.

Le soir, Jean revenait souvent la culotte déchirée, n'ayant plus de casquette, et avec deux ou trois égratignures au visage. Alors M. Durand lui disait :

— Qui vous a mis la figure dans cet état, monsieur ?

— Papa, c'est en jouant.

— Et votre pantalon, qui l'a déchiré ?

— C'est en jouant.

— Et votre casquette, l'auriez-vous perdue ?

— C'est en jouant.

— Mon ami, puisque c'est en jouant, disait madame Durand, il ne faut pas le gronder. Voudriez-vous que cet enfant ne jouât pas et se tuât sur ses livres et ses exemples ?... Joue, mon fils, profite de cet âge heureux ! il passera assez vite.

Jean embrassait sa mère et courait chez son parrain, qui lui apprenait à faire *une*, *deux*, à parer quarte, à parer tierce et à bien s'effacer, puis ensuite jouait volontiers au ballon ou aux quilles avec son filleul, auquel il disait qu'un homme en sait toujours assez quand il fait bien des armes, et qu'il peut se présenter partout, dès qu'il est bien coiffé et se tient bien droit. Jean trouvait cela charmant, et préférait la société de Bellequeue à celle de son père, qui en revenait toujours à ses simples, et n'abordait son fils qu'avec un paquet de racines à la main.

Jean n'était point le seul mauvais sujet de sa classe, il y avait à son école un nommé Démar, qui était effronté, menteur et voleur, et un certain Gervais, qui était extrêmement paresseux, gourmand et poltron.

Ces messieurs s'étaient bientôt liés avec Jean, qui, du moins dans ses étourderies, était toujours franc et loyal ; préférant être battu à mettre sur le dos d'un autre une faute dont on ignorait quelquefois l'auteur, Jean n'hésitait pas à dire :

— C'est moi qui ai fait cela, de crainte que l'on n'accusât un de ses camarades.

Il n'en était pas ainsi de Démar, qui avait un an de plus que Jean. Elevé très sévèrement par ses parents, cet enfant contractait l'habitude du mensonge, et tâchait de faire subir à ses camarades la correction qu'il avait méritée. Lorsque Jean lui reprochait sa fausseté, Démar, qui avait de l'esprit, lui répondait par quelque plaisanterie ou lui apprenait un jeu nouveau. Jean n'avait point de rancune, et il se raccommodait avec son ami.

Gervais, qui était très gourmand, allait visiter le panier de Jean et lui prendre une partie de son déjeuner ; Jean se fâchait d'abord, mais Gervais se serait laissé battre sans le rendre ; il fallait bien lui pardonner, et celui-ci connaissant le courage de Jean implorait toujours sa protection lorsqu'il avait des querelles avec ses camarades.

Ces messieurs s'entendaient fort bien sur un point : c'était de ne pas aimer le travail et de ne faire que leur volonté. Ils quittaient ensemble l'école, et au lieu de retourner sur-le-champ chez leurs parents, ils allaient jouer à la fossette, ou au bouchon. Jean inventait des niches pour se moquer des passants. Il courait se jeter dans l'éventaire d'une marchande; il s'emplissait les mains de colle et allait tirer un monsieur par son habit; en hiver, il attachait une ficelle au marteau d'une porte cochère, et, caché dans une allée en face, frappait en tirant la ficelle, puis riait avec ses camarades aux dépens du portier qui ouvrait la porte, regardait de tous côtés et ne voyait personne.

Démar se permettait des espiègleries d'un autre genre : il volait quelquefois des pruneaux ou des noisettes chez les épiciers, puis les mangeait en cachette. Quant à Gervais, il se contentait d'emprunter des sous à Jean et ne les lui rendait jamais.

Jean grandissait et ne devenait pas plus docile; il savait lire et écrire passablement, mais c'était tout. Il ne voulait se mettre dans la tête ni latin, ni histoire, ni géographie. Son parrain allait souvent le chercher sur la place Royale, où il s'amusait à jouer aux noyaux au lieu de rentrer.

Bellequeue commençait à prendre des années, et à poser quelquefois le talon à terre; mais il n'en était pas moins coquet et moins soigné dans sa coiffure. Depuis un an, se trouvant suffisamment à son aise, il avait quitté sa boutique, et ne coiffait plus que quelques connaissances, et par amitié. En vieillissant, il s'attachait chaque jour davantage à son filleul. Jean annonçait devoir être grand, il avait des yeux spirituels, de beaux chevaux bruns, un front bien fait, une physionomie franche, quoiqu'il ne cherchât jamais à faire l'aimable, et Bellequeue, tout en passant sa main dans les cheveux de son filleul, lui disait :

— Oui, oui, tu seras un gaillard... un beau garçon... Ah! si ta mère avait voulu, on t'aurait laissé pousser tes cheveaux par derrière, et tu aurais eu une queue comme moi!... mais elle prétend que ce n'est plus la mode!... Je ne pardonnerai jamais à la Révolution d'avoir détruit les queues, les marteaux, les belles boucles à la chancelière, et les ninons pour les femmes.

Jean répondait à cela :

— N'est-ce pas, mon parrain, que pour devenir un homme comme vous, je n'ai pas besoin de connaître les Romains et les Grecs, de dire *musa*, la muse, *rosa*, la rose, et de savoir s'il y a des volcans en Italie et en Irlande?

— Il est certain, répondit Bellequeue, que je ne me suis jamais occupé positivement de tout cela, et je ne crois pas en avoir moins bien fait mon état. Je sais bien que tu ne seras pas coiffeur, que tu auras de la fortune, et que l'on voudrait que tu fusses un savant... Tiens-toi droit, mon garçon. Il est certain encore que si tu te fais médecin ou avocat, un peu de géographie te serait, je crois, nécessaire.

— Moi, mon parrain, je ne veux rien être du tout...

— Alors, mon garçon, je crois que tu en sauras toujours assez, pourvu que tu te mettes bien en garde, que tu connaisses deux ou trois bottes secrètes, afin de défendre le beau sexe quand l'occasion s'en présentera : voilà tout ce qu'il faut. Et des mœurs surtout!... Mais de la galanterie, des attentions pour les dames... Au reste cela viendra en son temps.

Madame Durand pensait à peu près comme Bellequeue. Son fils promettait d'être joli garçon et bien fait; que fallait-il de plus? L'herboriste ne pensait pas de même; il voyait Jean tel qu'il était, ne voulant rien apprendre, n'obéissant point, et prenant avec ses amis de très mauvaises manières.

M. Durand voulut encore essayer de faire connaître les simples à son fils; mais lorsque Jean avait passé une demi-heure dans le magasin, il était impossible de s'y reconnaître; les herbes étaient mêlées; les fleurs mises à la place des racines, les étiquettes arrachées; il fallait huit jours pour réparer le désordre que l'élève avait commis. Le papa essaya un autre moyen; il emmena son fils promener dans la campagne pour y herboriser avec lui. Mais au lieu de chercher des plantes, M. Jean grimpait aux arbres ou courait après les papillons; et M. Durand ayant un jour voulu recommencer la leçon *per nefas*, son fils, qui avait alors douze ans, se sauva à travers les champs, et revint seul à la maison.

— Décidément, dit M. Durand, ce garçon-là ne fera jamais rien... ou il faudra employer les mesures sévères... Il ne peut pas se mettre dans la tête une racine de guimauve, et il prend toujours le thym pour du serpolet!... Il n'y a rien à en espérer.

— Vous n'aimez pas votre fils, monsieur, répondait madame Durand, vous ne lui trouvez que des défauts!... Un garçon charmant!... qui a des yeux fendus en amande!... de belles dents! qui sera très grand! Je gage qu'il aura au moins cinq pieds six pouces! Vous devriez être fier d'avoir un fils comme celui-là.

Bellequeue disait alors, en tendant sa jambe ou en rajustant une boucle de cheveux :

— Moi, je crois que le garçon ira... Je sais bien qu'il n'est pas tout feu pour le travail!... Mais il fait très bien des armes... Il a le coup d'œil juste... Il se tient comme un ange... Vous verrez que ce sera un gaillard.

CHAPITRE V

BAL CHEZ UN MAITRE DE DANSE. — ADOLESCENCE DE JEAN

Jean avait treize ans, lorsqu'on jugea convenable de lui faire quitter l'école primaire, où depuis longtemps il repassait sa grammaire sans en retenir un mot. Cependant il lisait passablement, son écriture était presque déchiffrable ; madame Durand déclara que son fils avait terminé ses études, qu'il en savait suffisamment du côté de l'utile, et qu'il ne s'agissait plus que de lui donner des talents agréables pour compléter son éducation.

M. Durand ne voyait rien de plus agréable pour un homme que de savoir ce qu'il fallait mettre de son ou de graine de lin dans un remède, mais Jean avait déclaré très positivement qu'il ne voulait pas être herboriste : il fallut donc que le papa renonçât à l'espoir de voir son fils hériter de ses connaissances.

Madame Durand avait alors atteint sa quarante-huitième année, mais elle se mirait dans son fils. Jean devenait fort gentil ; et une mère, en renonçant elle-même à l'espoir de plaire, met toute sa coquetterie dans ses enfants ; elle est fière de leur beauté, et elle se fait souvent illusion sur leurs talents.

On ne pouvait guère se faire illusion sur ceux de Jean, qui n'était fort qu'au bouchon et au bilboquet ; mais, tout en faisant le diable, M. Jean chantait souvent, et l'on s'était aperçu qu'il avait la voix étendue et agréable. Madame Durand n'avait pas été la dernière à remarquer cela, et elle disait à tout le monde :

— Mon fils pourrait briller à l'Opéra, si je voulais le mettre au théâtre. L'avez-vous entendu chanter?... Ah ! quel beau timbre de voix !... il fredonnait ce matin : *Le bon roi Dagobert a mis sa culotte à l'envers ;* je me suis crue aux Bouffes.

Il fut décidé que Jean apprendrait la musique ; et comme il était temps aussi qu'il sut tenir sa place dans un bal et faire avec grâce la *boule et la chaîne anglaise*, on fit avertir M. Mistigris pour qu'il voulût bien faire un zéphyr de Jean.

M. Mistigris commençait à grisonner, ayant alors cinquante-trois ans bien sonnés; mais il prétendait que l'âge le rendait plus léger, et que chaque année il faisait les entrechats plus haut que l'année d'auparavant. D'après cela, pour peu que M. Mistigris fût devenu octogénaire, il aurait fini par sauter aussi haut qu'une maison.

Il y avait longtemps que M. Mistigris avait demandé à entreprendre l'éducation du petit cousin. Il accourut donc avec sa pochette, admira les jambes de Jean, lui dit de tendre le cou-de-pied, et celui-ci le lui envoya dans le nez; le pria de faire un plié, et Jean se laissa tomber à terre. Le professeur dit que le jeune homme avait de superbes dispositions, et promit qu'il danserait presque aussi vigoureusement que lui.

Le maître de violon en dit autant parce qu'il voulait gagner ses cachets, et l'on donna une pièce de cent sous au petit Jean pour les belles dispositions qu'il n'avait pas montrées.

Jean courut dépenser ses cent sous avec ses amis Démar et Gervais. En quittant l'école, il n'avait pas perdu de vue ses deux camarades, qui demeuraient dans son quartier. Dès qu'il pouvait s'échapper de chez ses parents, il allait rejoindre ces messieurs, qui avaient leur lieu ordinaire de rendez-vous avec plusieurs autres polissons de leur âge.

Jean était toujours le bienvenu, parce que Jean avait constamment de l'argent dans son gousset, sa mère et son parrain voulant qu'il eût de quoi s'acheter ce qui lui était agréable ; mais Jean n'était pas gourmand, et son argent passait bientôt entre les mains de ses amis, qui lui juraient une amitié à l'épreuve, et à quatorze ans on croit à de tels serments. Il y a même des gens qui y croient encore en devenant hommes; cela fait leur éloge : les personnes qui sont de bonne foi ne suspectent point celle des autres.

Démar n'avait jamais d'argent, parce que ses parents, étant fort mécontents de lui, le traitaient avec sévérité, et voulaient lui ôter les moyens de faire des sottises. Gervais, né de gens peu fortunés, ne pouvait que bien rarement en obtenir quelque générosité. On juge avec quelle joie ces messieurs voyaient arriver Jean qui était le richard de la société.

Démar dit à son ami :

— Tu es bien heureux, tu peux avoir tout ce que tu veux... Avec de l'argent, on s'amuse, on dîne bien, on va en voiture... Si nous étions riches tous les trois, il faudrait voyager ensemble. Comme nous nous amuserions !

— Il est certain, dit Gervais, que nous pourrions faire toutes nos volontés depuis le matin jusqu'au soir... Nous ne travaillerions jamais !... Nous irions courir n'importe où, et le soir on ne nous mettrait pas en pénitence au pain et à l'eau.

— Et moi, répondit Jean, ne veut-on pas maintenant me faire apprendre la musique et la danse !... C'est des bêtises que tout ça ! Est-ce que j'ai besoin d'avoir encore des maîtres qui vont m'ennuyer?... Ah ! je vais joliment me moquer d'eux pour les dégoûter de revenir... D'ailleurs, mon parrain dit que je fais bien des armes et que je me tiens bien droit... Est-ce que ce n'est pas assez?

— Tiens, Jean, reprit Démar qui paraissait réfléchir et méditer quelque projet, si j'étais à ta place... je demanderais une petite somme à mon parrain... Il t'aime, il ne te refuserait pas. Avec cela nous irions tous les trois nous amuser dans les environs de Paris... Nous trouverions de plus belles places qu'ici pour jouer au bouchon et à la balle.

— Nous pourrions enlever un cerf-volant; et pendant ce temps-là tes maîtres de musique et de danse ne t'ennuieraient pas.

Jean ne répondait rien; il voulait bien s'amuser et aller polissonner avec ses amis, mais il ne lui était pas encore venu dans l'idée de s'absenter pour quelque temps de la maison paternelle. Au milieu de ses étourderies, Jean aimait ses parents; et surtout sa mère, qui lui donnait chaque jour tant de preuves de tendresse. Il oublia donc bien vite la proposition de Démar.

Mais le maître de musique, qui tenait à recevoir son cachet, était exact à venir donner sa leçon. Son élève se montrait cependant très indocile; il ne voulait point solfier; il sifflait quand son maître lui donnait le *la;* il battait la retraite sur ses cuisses pendant qu'on lui chantait la gamme, et quand on lui plaçait le violon dans ses mains, il le laissait tomber à terre.

De telles gentillesses lassèrent enfin la patience du maître. Après quatre mois de leçons, pendant lesquelles Jean ne voulut pas même apprendre à jouer l'air des *Bossus*, le professeur déclara à monsieur et à madame Durand que leur fils ne voulait rien faire, et qu'il ne saurait jamais la musique.

— J'en étais sûr, dit l'herboriste. Quand on n'a pas su se connaître à faire un bain d'herbes émollientes, on ne doit pas pouvoir apprendre la musique : *emollit mores.*

— Ce maître-là ne sait ce qu'il dit! s'écrie madame Durand; il n'a pas su s'y prendre!... C'est un mauvais professeur; nous en donnerons un autre à mon fils. Au reste, vous voyez bien qu'il n'a pas besoin de connaître la musique pour chanter.

M. Mistigris n'était n'était guère plus heureux avec Jean, qui cependant s'amusait aux dépens de son cousin le danseur. Quand il s'agissait de faire un pas, il priait M. Mistigris de l'exécuter plusieurs fois devant lui, assurant que cela le lui apprendrait mieux. Le vieux maître à danser ne se faisait pas prier; il sautait, tournait, faisait des ronds de jambe et des entrechats devant son élève, qui assis tranquillement dans un fauteuil, s'amusait de voir M. Mistigris se mettre en nage. Jean applaudissait lorsqu'il était content; il criait bravos quand son professeur sautait bien haut. La leçon se passait presque toujours ainsi. Jean regardait et Mistigris dansait, de sorte qu'on aurait pu croire que c'était ce dernier qui recevait des leçons de Jean.

Mais cette manière d'enseigner ne dérouillait nullement les jambes de l'élève; et M. Mistigris dansait depuis plusieurs mois devant Jean, sans que celui-ci tînt ses pieds plus en dehors. Le professeur imagina un autre moyen pour donner à son élève le désir de bien danser.

M. Mistigris, suivant l'usage de quelques-uns de ses collègues, rassemblait ses élèves chez lui une fois par semaine; et quoiqu'il logeât au troisième d'une maison de la rue des Gravilliers, il se figurait donner des bals champêtres à l'instar de ceux de la Chaumière et du Wauxhall.

M. Mistigris dit donc un jour à madame Durand :

— Ma chère cousine, comme mon élève, votre fils, n'a pas encore une connaissance parfaite des figures, je crois qu'il serait nécessaire qu'il vînt quelquefois à mes petits bals; il y verra de mes élèves des deux sexes qui vont fort bien. Cela ne peut que lui donner le goût des jolies poses et l'amour des battements, sans lequel un jeune homme ne sait sur quel pied danser dans le monde.

— Vous avez parfaitement raison, dit madame Durand; mon fils ira à vos bals.

— C'est après-demain le jour; faites-moi l'amitié de l'y conduire... Vous verrez une charmante réunion, des gaillards qui sautent jusqu'au plafond et des demoiselles qui lèvent la jambe à la hauteur de mon épaule.

— Ça me fera grand plaisir.

— Vous savez le numéro?... D'ailleurs vous entendrez la musique d'en bas.

— A quelle heure cela commence-t-il?

— Oh! de bonne heure... dès qu'on est deux je forme un quadrille. Je compte sur vous; avec des amis, si cela vous fait plaisir.

Madame Durand prévient son fils qu'elle va le mener au bal. Comme Jean n'avait jamais été au bal, il ignorait si cela l'amuserait. M. Durand ne voulant point quitter sa boutique pour aller voir danser, on propose à Bellequeue d'être de la partie, et il accepte avec plaisir, parce qu'il a été grand amateur de danse.

Le jour de la réunion étant arrivé, madame Durand fait faire une belle toilette à son fils, qui préférerait à son habit à la mode et à son joli chapeau, la veste du matin avec laquelle il va faire le diable avec ses intimes amis; mais il n'y a pas cette fois moyen de s'esquiver. Madame Durand ne quitte pas son fils; elle ne le perd pas des yeux, et lui donne de petites tapes sur les joues en l'appelant *mauvais sujet*, mais d'un air qui veut dire : Tu es bien aimable.

Bellequeue ne se fait pas attendre. Sa toilette est soignée, sa coiffure exhale de loin la vanille et le jasmin; il a mis plus de poudre qu'à l'ordinaire, afin de mieux dissimuler les cheveux blancs qui commencent à arriver. Il tient d'une main son chapeau à trois cornes, de l'autre des gants serin tout neufs; il semble avoir encore toute la vigueur de sa jeunesse en présentant son bras à madame Durand.

On part, et l'on arrive rue des Gravilliers. Il est sept heures du soir, et il fait encore jour; mais madame Durand a oublié le numéro de la maison, heureusement on entend le son d'un instrument, et, en levant la tête, on aperçoit à la croisée d'un troisième, M. Mistigris qui joue, non pas de la pochette, mais du violon, en se tenant presque en dehors de la fenêtre, et criant les figures dans la rue comme s'il voulait faire danser les passants.

— C'est là, dit madame Durand, le voilà, je le reconnais.

— Diable! dit Bellequeue, il paraît que le bal est déjà en train, car il dit les figures... Mais où est donc la porte? Ce doit être cette allée... Entrons.

On entre dans une allée étroite, noire et très profonde, au bout de laquelle on cherche en tâtonnant à trouver l'escalier.

— Où allons-nous donc par ce casse-cou? dit Jean.

— Au bal, mon fils.

— Il est certain, dit Bellequeue, qu'il aurait dû mettre ici un lampion ou une lanterne pour les jours de danse... Mais il y a peut-être un portier... Appelons : holà!... portier!... portière!... Où est l'escalier qui mène au bal?

On ne reçoit pas de réponse. Bellequeue appelle encore, enfin une voix cassée, qui semble partir du premier, dit :

— Qu'est-ce que vous demandez?

— Nous demandons le bal de M. Mistigris.

— Montez au troisième.

— Mais nous ne trouvons pas l'escalier.

— Allez à droite, dans l'enfoncement.

— Infiniment obligé.

Et Bellequeue, qui marche en éclaireur, pousse bientôt un cri de joie en disant :

— Victoire! je tiens la rampe! Venez me prendre la main, je vous guiderai.

On suit Bellequeue. Arrivé au premier étage, on commence à distinguer un peu devant soi; au second on voit presque les marches, au troisième il fait jour, et on lit sur une porte : « *Mistigris donne des leçons de danses françaises et étrangères ; on trouve chez lui des chaussons. Sonnez fort, s'il vous plaît.*

Bellequeue met ses gants, rajuste sa cravate et sonne, tandis que madame Durand arrange sa collerette et frotte le bras de son fils qui a blanchi son habit dans l'escalier. Une bonne d'une cinquantaine d'années ouvre la porte, et introduit la société dans une antichambre d'où on entend dans le lointain le violon de Mistigris.

La bonne prend les chapeaux de ces messieurs et leur donne en échange des cartes sur lesquelles sont des numéros.

— Pourquoi faire ça? dit Jean.

— C'est pour qu'on retrouve plus facilement son chapeau, dit Bellequeue.

— Oh! il paraît que c'est tout à fait dans le grand genre.

— Désirez-vous des chaussons, messieurs? dit la bonne.

— Je n'ai pas encore faim, dit Jean.

— Ce n'est pas cela, mon fils, ce sont des chaussures commodes pour ceux qui dansent ou qui viendraient en bottes; mais vous êtes très bien, messieurs, d'ailleurs, pour la première fois la société aura de l'indulgence.

Bellequeue présente sa main à madame Durand, en disant à la bonne :

— De quel côté le bal?

La bonne marche devant eux dans un long couloir, au bout duquel on se trouve dans une vaste pièce qui n'est meublée que de banquettes, et dans laquelle on n'aperçoit que M. Mistigris qui continue de jouer du violon et de crier les figures en se tenant bien en dehors de sa croisée.

Bellequeue et madame Durand regardent dans tous les coins, et cherchent une autre porte, espérant découvrir les danseurs. M. Mistigris, les apercevant, quitte cependant sa croisée, et vient les recevoir en continuant de jouer du violon.

— Ah! vous voilà!... C'est bien aimable de vous être rappelé que c'est ce soir mon jour de bal... monsieur Bellequeue, je suis charmé de vous voir... Ah! voilà mon élève! Voyez-vous le gaillard, il s'étend déjà sur les banquettes... Il va joliment s'en donner!... *La poule!...*

Et, après avoir dit cela, M. Mistigris va se remettre contre sa croisée en raclant plus fort que jamais.

— Ah çà! mais où sont donc les danseurs, mon cousin?

— Ah! ils ne sont pas encore arrivés... mais

on va venir... Oh! on viendra ; il n'est pas tard.

— Et pourquoi donc criez-vous les figures en jouant du violon, quand vous êtes tout seul?

— Ah!... l'habitude ; et puis ça fait bien, c'est pour les passants... Ça donne envie de monter et d'apprendre à danser... Vous ne jouez pas de quelque instrument, monsieur Bellequeue?... J'ai un cor de chasse là.

— Non, je n'en sais pas jouer.

— C'est dommage! vous vous seriez mis à la fenêtre à côté de moi... Mais nous pouvons commencer... Rien n'empêche de former un quadrille, madame Durand avec son fils, monsieur Bellequeue et ma bonne... Oh! elle danse très bien ; elle fait mieux les figures que les ragoûts, elle est si habituée à faire des utilités... Holà! Nanette, ici... Il nous manque un quatrième... Vous allez voir comme elle s'en tire.

Mais madame Durand ne veut pas absolument danser, et Bellequeue ne se soucie pas d'étrenner ses gants serin avec la bonne. Dans ce moment on entend sonner : la figure de Mistigris s'épanouit. il crie à Nanette :

— Voilà du monde, allez donc ouvrir!

— Je croyais qu'il fallait danser, monsieur, dit la bonne, qui a déjà retourné le coin de son tablier pour faire la quatrième.

— Allez ouvrir, Nanette, vous danserez si on a besoin de vous.

Nanette paraît beaucoup aimer à danser, cependant elle va ouvrir, et bientôt on voit arriver un grand jeune homme en pantalon de nankin et en bas bleus, qui met d'abord ses pieds en dehors avant de saluer, et fait ensuite une profonde révérence à chaque personne de la société.

— C'est bien, c'est très bien, Charlot, dit Mistigris qui n'a pas quitté sa fenêtre ; un peu plus bas encore... C'est ça. Reposez bien votre tête sur vos épaules... Maintenant une petite scène d'Annette et Lubin avant le bal.

Le grand Charlot ôte son habit et met son mouchoir rouge en ceinture, paraissant se préparer à entrer en scène, tandis que Mistigris dit à madame Durand :

— C'est un jeune homme qui se destine à la pantomime, et je lui donne des leçons, parce que la pantomime est naturellement fille de la danse... La bonne, asseyez-vous là, vous représenterez la bergère.

La bonne, qui sert à tout, va se placer sur une banquette, le jeune homme court dans la salle en faisant des glissades ; il va ensuite se mettre à genoux à quelques pas de sa bergère et commence en pantomime une déclaration, lorsque Jean, qui croit que Charlot a ôté son habit pour jouer au cheval fondu, ôte aussi le sien, et s'élance lestement par-dessus la tête de M. Charlot, de manière à tomber entre lui et Nanette.

— Bravo! dit Bellequeue, je n'aurais pas mieux sauté à quinze ans.

Dans ce moment on entend sonner. La bergère est obligée d'aller ouvrir la porte, et M. Mistigris dit au jeune homme qui est resté à genoux :

— Mon ami, j'ai trop de monde aujourd'hui, le bal va s'ouvrir, la pantomime sera pour une autre fois.

Madame Durand remet à son fils son habit, et le supplie d'avoir une tenue décente. Dans ce moment quatre personnes entrent dans le salon. C'est une maman qui amène ses trois filles. M. Mistigris quitte sa croisée en s'écriant :

— Toute la famille Mouton!... Ah! c'est charmant! nous serons au grand complet.

Madame Mouton est une grande et grosse femme de cinquante ans, bourgeonnée comme un vigneron, et ayant la lèvre supérieure surmontée de petites moustaches brunes qui feraient honneur à un conscrit. Elle est coiffée d'un bonnet de gaze orné de roses, tandis que ses trois filles ont de simples capotes qui leur cachent presque la figure. Madame Mouton ne manque jamais d'assister aux leçons de danse de ses demoiselles, dont elle prend aussi sa part ; c'est une des plus infatigables danseuses des bals de M. Mistigris.

Pendant que la famille Mouton fait des révérences, que le grand Charlot y répond en saluant jusqu'à terre, que Bellequeue remet ses gants en disant :

— Ça commence à devenir animé ; et que la bonne murmure avec humeur :

— Allons, v'là toute la famille Mouton! on n'aura pas besoin d'une quatrième! Mistigris est allé chercher un tambourin qu'il place sur la croisée, auprès de lui, et il fait signe à Jean, qui va battre la caisse pour accompagner le violon. Jean ne s'amuse pas à battre en mesure, il ne cherche qu'à faire du bruit ; mais c'est tout ce que veut Mistigris, qui s'écrie en regardant par la fenêtre :

— On nous écoute dans la rue... Il y a deux personnes arrêtées... Ferme. Jean... *La chaîne des dames.*

On sonne de nouveau : ce sont trois jeunes clercs d'avoué qui viennent rire au bal de M. Mistigris, et tâcher d'y faire une connaissance honnête ; puis arrive une petite fille de sept ans, avec son papa ; puis deux demoiselles ou dames qui paraissent avoir l'habitude d'aller partout, et vont s'asseoir dans le salon, comme si elles se plaçaient au parterre de chez madame Saqui.

— Ça sera très nombreux, dit madame Durand

à Bellequeue. Je savais bien que mon cousin avait la vogue.

Bellequeue ne fait semblant de rien ; mais il va regarder dans une glace si sa coiffure n'est point abattue. Mistigris est dans le ravissement d'avoir tant de monde, et sa bonne vient lui dire à l'oreille :

— Monsieur, il y a de quoi former deux quadrilles en me faisant faire la quatrième.

— Allons, en place, en place ! crie le maître de danse, de sa croisée où il a établi son orchestre. Messieurs, invitez vos dames.

Deux des clercs invitent les jeunes filles qui sont venues sans papa et sans maman ; un troisième prend une des demoiselles Mouton, Bellequeue en invite une autre, et Charlot se place avec la petite fille de sept ans.

Mais il manque un vis-à-vis, et il ne reste plus en fait de cavalier que le papa de la petite fille, qui a la goutte, et M. Jean, qui a déclaré qu'il ne danserait pas. Alors madame Mouton se lève et dit :

— Je vais faire l'homme, moi, et elle se place avec une de ses filles en face du grand Charlot, tandis que Nanette murmure dans un coin de la salle :

— Quand cette madame Mouton est ici, il n'y a plus moyen de faire ni la dame ni le cavalier.

Le signal est donné, les danseurs partent. Madame Mouton, en se disant :

— N'oublions pas que je fais l'homme, s'élance avec tant de force, qu'au premier choc elle jette par terre la petite fille qui lui fait face ; mais celle-ci se relève en riant, et la figure va son train...

Bellequeue part ensuite ; il danse comme au temps où l'on portait de la poudre. Mistigris lui crie :

— On ne fait plus de passes, monsieur Bellequeue, ça n'est plus la mode...

— Ça m'est égal, dit Bellequeue, je veux en faire, c'est toujours joli.

A la seconde figure, Jean a crevé le tambourin ; Mistigris s'arrête, désespéré de cet accident. Allez toujours avec le violon, dit madame Mouton ; nous n'avons pas besoin du tambourin pour marquer la mesure. En effet, la maman la marquait à chaque pas de manière à faire sauter les banquettes ; mais M. Mistigris, qui est bien aise d'avoir un orchestre, court chercher un flageolet qu'il donne à Jean, en lui disant :

— Sais-tu souffler un peu là-dedans ?

— S'il ne faut que souffler, dit Jean, vous verrez comme je m'en acquitte.

On reprend la contredanse au son du violon et du sifflet de Jean, qui souffle de manière à se faire entendre des deux bouts de la rue. Tout en indiquant les figures, M. Mistigris donne quelques avis à ses élèves en criant à l'un : Arrondissez les bras !... A l'autre : De l'abandon en balançant... Un entrechat ici... Souriez à votre dame... souriez donc.

Madame Mouton et Bellequeue font leur profit des leçons du maître ; l'une sourit toujours, l'autre se donne tant d'abandon que la sueur coule de son front avec la poudre et la pommade. Enfin le quadrille finit. Il était temps pour Bellequeue et madame Mouton, qui semblaient jouter à qui ferait le plus de poussière.

Après la contredanse, Jean jette de côté le flageolet et fait la roue et la culbute dans le milieu du salon.

— Est-il enfant ! dit madame Durand, il joue encore comme à six ans !

— Preuve d'innocence et de candeur, dit Bellequeue.

— C'est vrai, dit madame Mouton, je faisais aussi très bien la culbute, je ne sais pas si je m'en souviendrais encore.

Comme personne n'est curieux de voir madame Mouton faire la culbute, on se contente d'applaudir Jean, en disant :

— Il fait bien chaud ici... Si l'on pouvait se rafraîchir :

Pour tout rafraîchissement, la bonne, qui a sans doute un bénéfice sur les chaussons, va, après le quadrille, demander si l'on veut changer de chaussure pour mieux danser, et M. Mistigris arrose la salle avec un entonnoir, en disant :

— Il n'y a rien qui rafraîchisse mieux que cela.

On forme une nouvelle contredanse, et cette fois madame Mouton fait la dame avec Nanette qui fait l'homme, parce que Jean ne voulant plus souffler dans le flageolet, c'est le grand Charlot qui le remplace à l'orchestre, et madame Mouton demande la *Petite laitière*, dont elle aime beaucoup la figure.

On danse plusieurs quadrilles dans lesquels madame Mouton s'est montrée infatigable ; Jean, qui ne s'amuse pas de voir danser, s'est étendu sur une banquette sur laquelle il dort profondément, et Mistigris dit à madame Durand :

— Envoyez-moi votre fils toutes les semaines : vous verrez combien il acquerra en assistant à mes bals. D'ailleurs cela forme un jeune homme, cela lui donne l'habitude des réunions et de la bonne société. J'ai quelquefois plus de monde que cela ; il m'est arrivé d'avoir vingt personnes à la fois... Mais alors on paye dix centimes par quadrille... Ce sont les profits de Nanette.

L'heure du départ est arrivée ; madame Mouton

Et s'élance lestement par dessus sur la tête de Charlot.

voudrait que l'on dansât encore une anglaise. Mais déjà deux des clercs sont partis avec les demoiselles qui ont bien voulu accepter leur bras, et madame Durand va réveiller son fils pour se mettre en route. On échange ses numéros contre ses chapeaux; Nanette éclaire jusqu'en bas, afin qu'on ne se perde pas dans l'allée; on se salue à la porte, et à dix heures et quart le bal du maître de danse est terminé.

Bellequeue est enchanté de sa soirée, quoiqu'elle lui annonce une courbature pour le lendemain, et madame Durand dit à son fils :

— Mon ami, vous êtes-vous amusé au bal ?

— Pas du tout, répond Jean.

— Comment! cela ne vous a pas donné envie de danser?

— Cela ne me donnait qu'envie de dormir.

— Parce que vous ne dansiez pas vous-même. Mais comme je veux que vous deveniez un beau danseur, comme votre parrain, vous irez toutes les semaines au bal de M. Mistigris.

Jean ne répond rien, et sa mère dit tout bas à Bellequeue :

— Vous voyez comme il est docile... Son père ne sait pas le prendre, il lui parle toujours latin!... Mais avec de la douceur j'en ferai tout ce que je voudrai. Du reste, vous conviendrez qu'il a été charmant ce soir.

— Charmant ! dit Bellequeue, il s'est conduit comme un homme de cinquante ans.

Le lendemain, Jean va se dédommager avec ses amis de la soirée passée chez son maître de danse.

— On veut que j'y retourne, leur dit-il, j'y retournerai... Mais je lui ôterai l'envie de m'avoir à ses bals. Avec leurs jambes tendues, leurs bras en rond, leurs dandinements, ils avaient tous l'air d'imbéciles !... Jusqu'à mon parrain qui sautait comme un cabri !... Ça me faisait de la peine pour lui ! Est-ce qu'un homme doit faire des bêtises comme ça ?

— Non, certainement, dit Démar. Il vaut mieux jouer à digdog, ou monter à un mât de cocagne.

Le jour du bal arriva. Madame Durand, qui n'aimait plus à sortir souvent, comptait sur Bellequeue pour conduire son fils ; mais Bellequeue se ressentait encore des entrechats qu'il avait battus chez M. Mistigris, et il ne pouvait pas se redresser. Jean avait quatorze ans passés ; il aurait pu aller seul, mais on craignait qu'alors il n'allât point chez son maître de danse ; Catherine était nécessaire à la maison, il fallut donc que M. Durand se décidât à conduire son fils.

Jean ne se souciait pas que son père vint avec lui, et il répétait sans cesse :

— J'irai bien tout seul.

Mais M. Durand avait pris son chapeau et son rotin, en disant :

— Monsieur mon fils, vous n'êtes pas assez sage pour que l'on se fie à vos promesses. *Experto credo Roberto*, c'est-à-dire, je vais aller avec vous.

On s'achemine en silence vers la demeure de M. Mistigris ; le papa Durand n'aimait à causer que de son état, Jean n'y entendait goutte : voilà pourquoi le père et le fils ne disaient mot.

Cette fois, M. Mistigris avait fait placer un bout de chandelle dans le fond de son allée, ce qui annonçait une soirée extraordinaire, et cela fit sourire Jean. On rencontra dans l'escalier la famille Mouton qui arrivait ; la maman s'arrêtait à chaque marche pour demander à ses filles si son bonnet était bien placé, parce que la vue du bout de chandelle lui promettait une brillante réunion.

Il y avait en effet dans la salle de danse trois dames et deux messieurs de plus que la dernière fois, et M. Mistigris avait loué un petit savoyard, qui était assis sur le bord de la croisée et battait du tambourin, même quand on ne dansait pas.

M. Durand est allé tendre la main à Mistigris en lui disant : — *Salutem tibi;* et Mistigris tend la jambe en lui répondant : — Ça va bien, je vous remercie.

Les dames se placent sur les banquettes, les hommes se promènent dans le salon, Mistigris accorde son violon en disant au petit Savoyard :

— Donne-moi le *la*.

Et le petit Savoyard lui répond ingénument :

— Je ne l'ai pas, monsieur, vous ne m'avez rien donné.

Mademoiselle Nanette va et vient de l'antichambre au salon, ôtant son tablier toutes les fois qu'elle revient dans la salle de bal, et le remettant pour aller ouvrir la porte.

Jean a refusé la flageolet que M. Mistigris lui a offert, il se promène dans la salle et semble attendre avec impatience que l'on se mette en place ; enfin le quadrille est formé, on dansera à seize, en comptant Nanette, qui est enchantée de figurer. Pendant que Mistigris joue le prélude du pantalon, Jean tire de sa poche une poignée de petites boules qu'il lance dans le milieu de la salle.

— Partez ! crie Mistigris, et les danseurs se mettent en mouvement ; mais des détonations éclatent de tous côtés ; on se recule, on se retourne avec effroi, et en se reculant, en se retournant, on marche de nouveau sur les pois fulminants que M. Jean a jetés à pleines mains dans la salle. Les demoiselles Mouton poussent des cris affreux, la maman se trouve mal en faisant éclater un pois, les petites filles pleurent, les dames crient au secours, le grand Charlot croit que la maison tombe, et les jeunes clercs rient aux éclats.

M. Mistigris cherche à rétablir le calme en s'écriant :

— C'est quelque méchanceté d'un confrère... c'est quelqu'un qui est jaloux de mon bal qui a fait cette mauvaise plaisanterie !

Et M. Durand, qui, en voulant secourir madame Mouton, a fait éclater des pois, cherche de tous côtés son fils et crie :

— Amenez-moi Jean, je vais fouiller dans ses poches.

Jean n'est plus là ; il a disparu au moment où la contredanse commençait ; Nanette sort par le couloir en criant :

— Monsieur Jean !... votre papa vous demande.

Mais M. Jean ne répond pas ; la bonne qui avance toujours s'aperçoit qu'il n'y a plus de lumière dans la pièce d'entrée qui sert de vestiaire.

— Qui est-ce qui a donc soufflé la chandelle ? dit Nanette en allant à tâtons ; c'est très ridicule... C'est...

Nanette n'achève pas ; quelques chose s'embarrasse dans ses jambes ; elle tombe en poussant un grand cri. Le cri de la bonne est entendu dans la salle de bal.

— Il se passe quelque chose dans le vestiaire, dit M. Mistigris ! Est-ce qu'il y aurait des voleurs introduits chez moi ?... C'est étonnant qu'ils aient choisi pour venir le jour où j'ai du monde.

Mais déjà tous les jeunes gens se précipitent dans le couloir pour savoir ce qui se passe dans la pièce d'entrée. M. Mistigris les suit, son archet à la main; plusieurs dames en font autant, la curiosité l'emportant sur la peur ; mais personne n'a pris de lumière, parce qu'on ne sait pas qu'il n'y en a plus dans l'antichambre.

Arrivé là, à peine a-t-on fait quelques pas dans l'obscurité, que l'on culbute comme Nanette ; le nombre des personnes augmente le désordre ; les uns crient, les autres rient. Au milieu de la confusion générale, M. Mistigris demande à grands cris de la lumière, et M. Durand, qui n'a pas suivi les curieux, arrive tenant d'une main un flambeau et de l'autre son rotin.

Dès que la scène est éclairée on veut savoir ce qui a pu occasionner la chute de tant de personnes, et l'on voit deux grandes ficelles qui sont attachées d'un bout à l'autre de la chambre à la hauteur de dix pouces environ.

— C'est une horreur ! s'écrie le maître de danse, qui en tombant s'est foulé le pied. C'est un tour abominable !... Me faire faire un faux pas avec tous mes élèves... Les pétards pouvaient encore s'excuser, mais ceci est un délit complet.

Un éclat de rire est la seule réponse que reçoit M. Mistigris, et l'on aperçoit alors la figure de Jean, qui, du carré dont il tient la porte entr'ouverte, s'amuse à considérer tous ceux que son expédient a fait culbuter.

— Voilà le coupable ! dit Mistigris en désignant Jean.

— Oui, certainement, c'est lui, dit M. Durand ; mais je vais venger la société que mon fils a jetée par terre... *Tu castigaberis* ! drôle !... Messieurs et mesdames, je vous enverrai du vulnéraire...

En disant cela, M. Durand a enjambé par-dessus les personnes qui sont encore à terre ; il court vers l'escalier, le redoutable rotin levé, prêt à châtier le coupable. Mais Jean n'a pas attendu son père ; il descend lestement l'escalier, enfile l'allée et retourne en courant près de sa mère. L'herboriste continue de poursuivre son fils, il court après lui dans la rue ; la canne en l'air, en s'écriant toujours :

— Attends-moi, drôle !

Mais Jean ne l'attendait pas ; et comme un garçon de quatorze ans court mieux qu'un homme de cinquante-quatre, le fils arriva longtemps avant le père.

En voyant son fils revenir seul, madame Durand lui demanda ce qui s'était passé, pourquoi il revenait de si bonne heure de chez M. Mistigris, et ce qu'il avait fait de son père. Jean répondit en riant que le bal avait été tout de travers, que les danseurs et les danseuses s'étaient amusé à faire la culbute dans l'antichambre, et qu'il avait perdu son père dans la rue.

Mais M. Durand arrive à son tour, essoufflé et furieux ; il entre dans la boutique la canne levée, il s'avance vers son fils, et celui-ci, sautant par-dessus le comptoir, échappe à la correction paternelle et court se refugier et s'enfermer dans sa chambre. Madame Durand, retient son époux par le pan de son habit en lui disant :

— Qu'avez-vous donc, monsieur? Au nom du ciel, parlez... et ne tenez pas ainsi votre rotin en menaçant votre fils... Vous me faites l'effet de *Brutus*, monsieur !

— Il n'est pas question de *Brutus*, madame, dit l'herboriste en se jetant sur une chaise. Votre fils est coupable... Il a fait ce soir des siennes... Il mérite une correction, *qui benè amat benè castigat*, et je veux lui prouver que je suis son père.

— Et qu'a-t-il donc fait, monsieur, pour vous mettre ainsi en fureur?

L'herboriste raconte ce qui s'est passé à la soirée de M. Mistigris.

— Et c'est pour cela que vous voulez battre votre fils ! dit madame Durand. Mais, monsieur, ce sont des espiègleries !

— Des espiègleries, madame ! Effrayer toute une société !

— Est-ce qu'on doit s'effrayer pour quelques pétards.

— Il y a deux dames qui se sont trouvées mal... Elles en feront peut-être une maladie.

— Ce sont des bégueules !

— Moi-même, madame, en écrasant sans le vouloir un de ces maudits pois, j'ai ressenti une commotion jusque dans la racine des cheveux.

— Si vous aviez été militaire, monsieur, vous n'auriez rien ressenti, et je suis bien sûre que M. Bellequeue aurait dansé au milieu des pétards sans en faire un entrechat de moins.

— Et les ficelles tendues pour faire tomber tout le monde, madame, et dix ou douze personnes des deux sexes faisant la culbute dans l'obscurité?

— C'est plus décent que s'il y avait eu de la lumière, monsieur.

— Et notre cousin Mistigris qui aura peut-être une entorse?

— Vous avez des remèdes pour tout, monsieur.

— Madame, vous avez beau dire, vous ne parviendrez pas à excuser mon fils à mes yeux. Le jeune homme n'est plus un enfant, il est temps de montrer de la fermeté. Je veux bien lui faire grâce des coups de canne en considération du principe : *Moneat antequam feriat*. Mais qu'il se tienne pour averti ! et qu'il garde quinze jours la chambre, où il sera nourri *cum pane et aquâ*. Voilà mon *ultimatum*.

Madame Durand n'insiste plus, mais elle va consoler son fils, et pendant les quinze jours suivants, que Jean est censé passer dans sa chambre, Catherine lui donne en secret la clef des champs, en lui portant tous les matins un poulet et une bouteille de bordeaux, ce qui, dit-elle, doit le faire grandir beaucoup plus vite que le pain et l'eau ordonnés par M. Durand.

CHAPITRE VI

L'ASSEMBLÉE DE FAMILLE ET QUEL EN FUT LE RÉSULTAT

La pénitence imposée par l'herboriste à son fils ne le rendit pas plus sage. Il est certain que le vin de Bordeaux et les poulets devaient plutôt lui donner du goût pour les repas particuliers, et que la facilité d'aller ensuite jouer toute la journée loin des yeux de son père avait fait de la correction un temps de vacance. Mais lorsqu'un père veut punir et qu'une mère veut pardonner, il est bien difficile de rendre un enfant obéissant; avant de former les autres, il faudrait souvent se corriger soi-même. C'est dans l'accord qui règne entre les parents, que les enfants puisent les meilleurs exemples et les plus douces leçons.

Jean avait près de seize ans, quand sa marraine, madame Grosbleu, mourut, laissant à son filleul toute sa fortune, qui montait à près de six mille francs de rente; madame Durand dit alors à son époux :

— Vous voyez que notre fils sera très à son aise, et qu'il est inutile de lui faire apprendre aucun état.

M. Durand répondit que si son fils ne faisait rien du matin au soir, il emploierait nécessairement son argent à des folies ; que d'ailleurs il fallait qu'un homme fit quelque chose, sans quoi il s'ennuyait et ennuyait les autres. M. Durand avait raison, et il n'avait jamais si bien parlé; mais madame Durand était persuadée que son fils ne pourrait jamais ennuyer personne, et elle s'écria :

— Jean se fera ce qu'il voudra, il a de l'esprit, il sera bel homme et il aura des écus; avec tout cela, monsieur, je crois qu'on peut remplir toutes les charges de l'État.

M. Durand prétendit que pour le plus simple emploi, il fallait au moins écrire lisiblement et mettre l'orthographe ; mais sa femme lui répondit que cela pouvait être de rigueur pour les petits emplois et non pas pour les grands.

— Du moins, madame, dit l'herboriste, n'apprenez pas à votre fils ce que sa marraine a fait pour lui ; s'il sait qu'il a déjà une fortune indépendante, il fera encore plus de sottises.

Comme Bellequeue fut aussi d'avis qu'il ne fallait pas dire au jeune homme qu'il était riche, la maman consentit à ne point l'en instruire ; mais, afin qu'il se ressentît déjà de cet accroissement de fortune, elle lui glissa en secret une bourse contenant vingt-cinq louis, en lui disant :

— C'est un petit cadeau que ta marraine t'a fait en mourant. Uses-en modérément... mais ne te refuse rien.

Jean mit une pièce d'or dans sa poche et alla retrouver ses bons amis Démar et Gervais ; il leur offrit de les régaler de tout ce qu'ils voudraient Les amis de cet âge ne se font jamais prier pour accepter quelque chose. On se rendit dans un café, où Démar donna à Jean des leçons de billard, pendant qu'on leur préparait un splendide déjeuner à la fourchette. Jean trouva le jeu de billard fort amusant et se promit d'y jouer souvent. Démar demanda à son ami pourquoi il les régalait si bien; Jean tira la pièce d'or de sa poche en disant :

— C'est un cadeau de ma marraine, j'en ai plein un tiroir comme cela.

— Il faudra manger tout le tiroir, dit Gervais pendant que Démar semblait réfléchir en considérant d'un œil avide la pièce d'or que Jean tenait encore dans sa main.

Mais le déjeuner arrivant fit cesser toute autre réflexion.

Jean avait demandé ce qu'il y avait de mei leur en mets et en vins; sa mère lui avait dit :

— Ne te refuse rien, et il suivait exactement ce conseil.

Les trois jeunes gens firent sauter les bouchons. Gervais ne s'était jamais trouvé à pareille fête, il était gris avant d'être au milieu du déjeuner, parce que des têtes de seize ans ne supportent pas de fréquentes rasades. Bientôt Jean fut dans le même état que Gervais ; Démar seul conservait un peu plus de raison, et il s'en servait pour tâcher de faire sentir à Jean tout le bonheur qui les attendait en quittant tous les trois des parents qui voulaient contrarier leur vocation pour le plaisir.

Quoique Jean ne fût nullement contrarié dans sa vocation, il approuvait tout ce que disait Démar; ces messieurs trinquaient à leur amitié, à leur sincère attachement; Gervais balbutiait et devenait à chaque instant plus attendri; le vin le rendait sensible, et il finit par pleurer en embrassant ses deux amis. Jean voulait encore paraître de sang-froid, mais il avait de la peine à tenir son verre, et Démar profita de ce moment pour proposer à ses amis de se lier par un serment dans lequel il serait dit qu'à l'avenir tout serait commun entre les trois amis, et qu'ils partageraient ensemble la bonne et la mauvaise fortune.

Démar et Gervais ne pouvaient que gagner à un tel engagement; cependant Jean fut un des premiers à lever la main et à serrer celle de chacun de ses amis; une nouvelle rasade scella ce pacte des adolescents.

Pauvre Jean!... te voilà engagé avec de bien mauvais sujets!... Où te conduiront de telles liaisons? Que l'on dise encore que les amitiés d'enfance, que les promesses de collège sont sacrées! Pour qu'un serment ait quelque valeur, ne faut-il pas que ceux qui l'ont prononcé sachent à quoi ils s'engagent? Est-ce dans l'âge des illusions, lorsqu'on ne connaît encore ni le monde, ni les hommes, ni soi-même, que l'on peut décider de son avenir? Et cependant, c'est au collège, c'est dans l'adolescence qu'on est prodigue de serments.

Tout en buvant et jurant, ces messieurs chantaient et faisaient un bruit qui renvoyait du café les gens honnêtes qui s'y trouvaient. Le maître de la maison, ne se souciant pas de perdre toutes ses pratiques pour trois écoliers qui se grisaient, présenta la carte à ces messieurs, en cherchant poliment à leur faire entendre, que pour se livrer à leur bruyante gaieté, ils seraient mieux dehors que chez lui, où cela troublait le paisible habitué qui venait prendre sa tasse de chocolat et lire le journal.

Pour toute réponse, Jean jeta sa pièce d'or sur le comptoir en disant :

— Qu'est-ce qu'il baragouine, le limonadier?

— Je crois qu'il veut que nous nous en allions, dit Démar.

— Vraiment!... Est-ce qu'il nous prend pour des *gamins!* Nous ne nous en irons pas.

— Il prétend que nous faisons trop de bruit, s'écrie Gervais.

— Oui, eh bien! en ce cas il faut crier plus fort.

Et ces messieurs entonnent un chœur avec accompagnement de fourchettes et de couteaux. Le limonadier se fâche, il s'approche de nouveau des jeunes gens et leur dit :

— Messieurs, je vous prie de vous retirer, ma maison n'est point un cabaret.

Les trois jeunes gens lui rient au nez et frappent sur la table de manière à casser le marbre qui la couvre. Alors le limonadier fait signe à un de ses garçons, qui court chercher la garde au poste voisin. Quatre fusiliers et un caporal arrivent bientôt dans le café. A leur vue, Gervais se cache sous la table, et Jean met sa serviette en turban en lançant des boulettes de mie de pain au nez du caporal.

Les soldats s'avancent. Jean et Démar ne veulent point sortir, tandis que Gervais que la peur a un peu dégrisé se faufile par-dessous les tables et gagne la porte. Cependant le caporal, qui s'ennuie de recevoir des boulettes, dit à ses soldats :

— Saisissez ces deux hommes.

Les deux hommes, qui avaient à peine trente-trois ans à eux deux, veulent faire résistance, et lancent quelques assiettes aux soldats. Mais leur force ne répond pas à leur courage, ils sont bientôt saisis et emmenés au corps de garde au milieu d'une foule de badauds que le bruit avait attirés.

Bellequeue rentrait paisiblement chez lui, le chapeau d'une main et la canne de l'autre, lorsque la vue de beaucoup de monde lui fit lever les yeux pour chercher la cause de ce rassemblement; il aperçoit son filleul marchant fièrement entre deux fusiliers. Bellequeue s'arrête, il ne veut point d'abord en croire ses yeux; mais c'est bien Jean que l'on conduit au corps de garde avec un autre garçon de son âge.

Bellequeue retrouve toute la vivacité de sa jeunesse; il suit les soldats, perce la foule, et pénètre dans le corps de garde presque aussitôt que les coupables. Là, Bellequeue court à Jean, se fait expliquer l'affaire, et soulagé en apprenant qu'il ne s'agit que de bruit et d'assiettes cassées, il supplie le commandant du poste de lui rendre son filleul.

Mais les jeunes gens se sont révoltés contre la force armée; le commandant prétend qu'ils doivent être punis. Bellequeue rejette leur faute sur l'ivresse causée par le vin, et le commandant prétend qu'alors il faut les punir pour s'être grisés. Il déclare enfin qu'il ne rendra les jeunes gens qu'à leurs pères. Bellequeue prétend qu'un parrain peut faire le père dans beaucoup d'occasions, le commandant est inflexible, et Bellequeue se décide à aller conter l'affaire au papa Durand.

Bellequeue arrive tout effaré à la boutique de l'herboriste. Il a mis son chapeau sur sa tête, ce qu'il ne fait que dans les cas extraordinaires.

— Je viens pour mon filleul, dit-il en entrant, il est au corps de garde.

— Au corps de garde! s'écrie madame Durand, ah! mon Dieu! mon fils s'est engagé!

Et Catherine est obligé de faire respirer du vinaigre à sa maîtresse, qui est sur le point de se trouver mal, tandis que l'herboriste s'écrie :

— Mon fils est au corps de garde!... Il aura insulté la sentinelle.

— Calmez-vous, dit Bellequeue, le fait n'est point grave; c'est pour un peu de bruit dans un café, après un déjeuner avec des amis... Les jeunes gens étaient gris... C'est une leçon pour eux, cela les dégoûtera du vin. Venez, mon cher Durand, venez dire que vous êtes le père, et l'on vous rendra votre fils.

— Allez donc! courez donc, monsieur! dit madame Durand.

— Une minute, madame, dit l'herboriste. Mon fils s'est fait mettre au corps de garde, ce n'est pas pour rien, et il mériterait que je l'y laissasse!... C'est gentil!... c'est aimable! à seize ans se faire mettre au corps de garde! cela promet. S'il avait étudié les simples, madame, il ne serait pas maintenant entre quatre fusiliers : *studia adolescentiam alunt, senectutem oblectant.*

Madame Durand sentit peut-être que son mari avait raison, mais elle le supplia de nouveau d'aller délivrer leur fils ; et M. Durand, qui au fond aimait aussi le coupable, se rendit enfin avec Bellequeue au corps de garde, où l'affaire s'arrangea. On rendit la liberté aux deux jeunes gens, quoique Démar ne fût pas réclamé par son père ; mais Bellequeue voulut bien répondre de lui pour obliger son filleul.

Jean était plus calme ; il ne disait mot en suivant son père, et s'attendait à un sermon sévère. Mais M. Durand gardait le silence, et en arrivant chez lui, il se contenta de conduire lui-même son fils dans sa chambre, de l'y enfermer et de garder la clef dans sa poche ; puis il descendit trouver sa femme et lui dit :

— Vous voyez, madame, que notre fils ne se conduit pas précisément comme un bijou. Si nous le laissons toujours maître de son temps, il se fera souvent mettre au corps de garde, et on finira par vouloir l'y garder ; il s'est lié d'ailleurs avec de très mauvais sujets. Il faut absolument prendre un parti, afin de mettre un terme à tout cela.

— Eh bien, monsieur, quel est votre avis? dit madame Durand.

— Mon avis?... Mon avis est de consulter nos parents, et de les réunir pour savoir avec eux par quel moyen nous pourrons rendre Jean plus sage.

L'aventure du corps de garde avait effrayé madame Durand ; elle consentit à l'assemblée de famille ; et le soir même l'herboriste écrivit à tous ceux qui avaient assisté au baptême de Jean, et qui existaient encore, pour qu'ils vinssent chez lui le lendemain l'éclairer de leurs lumières. Il ne devait donc y manquer que la marraine, l'amateur de dominos, qui était mort de la jaunisse pour avoir boudé cinq fois de suite, et M. Endolori, qui venait de rendre l'âme après avoir pris trois médecines à la fois, afin de se mieux porter.

En attendant la réunion du lendemain, M. Durand, qui se méfiait de la faiblesse de sa femme et de Catherine, voulut lui-même porter la nourriture à son prisonnier, qui cette fois fut mis rigoureusement au pain et à l'eau, ce qui sembla d'autant plus désagréable à Jean qu'il avait encore dans son tiroir beaucoup de ces pièces d'or avec lesquelles on fait de si bons déjeuners.

Les parents et les amis furent exacts à se rendre à l'invitation de M. Durand, et l'on vit arriver successivement M. et madame Renard, qui étaient toujours bonnetiers, mais qui, outre leurs bonnets de coton, vendaient maintenant de petits bonnets grecs, parce que depuis seize ans il s'était fait de grandes révolutions dans les modes comme dans les affaires, et que l'on avait vu souvent les mêmes personnes adopter les couleurs les plus opposées. Mais au milieu de tous ces bouleversements, les bonnets de coton avaient tenu bon. Il y a des choses qui ne périront jamais.

Puis M. et mademoiselle Fourreau ; car malgré sa gaieté, ses manières enfantines et sa voix de flageolet, mademoiselle Aglaé est restée fille, ce qui ne l'empêche pas d'être toujours la même quant au moral ; pour le physique, c'est différent, elle n'a plus rien d'un enfant.

Vient ensuite M. Mistigris, qui n'a plus voulu donner de leçon de danse à son petit cousin depuis la soirée aux pétards et aux culbutes. Puis madame Ledoux, qui n'a pas été oubliée, et qui, malgré ses soixante-cinq ans, parle toujours de ses quatorze enfants et de ses trois maris.

Madame Moka a aussi reçu une invitation, parce que s'étant intéressée à Jean, elle est toujours venue chez l'herboriste, et lui a envoyé beaucoup de pratiques. Enfin Bellequeue complète l'assemblée, et il s'est mis en noir, afin d'avoir plus de poids dans les délibérations.

Quand chacun est assis dans la chambre à coucher, qui sert de salon, M. Durand salue la société et dit :

— Mesdames et messieurs, vous savez pourquoi j'ai désiré vous réunir chez moi?

— Oui, nous le savons, dit Bellequeue.

— Moi, je ne le sais pas, dit M. Renard.

— Je crois que je l'ai oublié, dit M. Fourreau.

— Je ne pense pas que je le *susse*, répond madame Moka.

— Dites-le-nous encore, mon voisin ! s'écrie madame Ledoux, ça vaudra mieux : mon mari, l'huissier, me répétait toujours deux fois la même chose ; c'est une très bonne habitude.

— Ah ! ah ! ah !... c'est drôle ! dit mademoiselle Aglaé.

— C'est au sujet de notre fils Jean...

— Oui, dit madame Durand en interrompant son mari, c'est de mon fils que nous voulons vous parler... Il a eu seize ans le 15 mars dernier.

— Oh ! je me rappelle parfaitement sa naissance, il faisait même très froid ce jour-là, et vous aviez oublié votre bonnet de soie noire, monsieur Renard ; vous avez attrapé un rhume en revenant.

— Il faisait très glissant, dit M. Mistigris ; sans mon équilibre parfait, je me cassais le nez dans la rue Pastourelle.

— C'est maintenant un joli garçon que mon cousin, dit mademoiselle Aglaé ; il est plus grand que moi, hi ! hi ! hi !

— Il est bel homme, dit Bellequeue ; il se tient droit, ses cheveux sont très bien plantés.

— Oui, dit madame Ledoux, il ressemble beaucoup à mon onzième, qui était de... qui était du... Ah ! mon Dieu ! je ne me souviens plus bien si c'était du papetier ou de l'ébéniste. C'est étonnant comme la mémoire se perd !

— Messieurs et dames, reprend l'herboriste, nous nous éloignons de la question. Mon fils Jean a seize ans, et il est très fort, c'est vrai ; mais il ne sait rien et ne veut rien faire,..

— Oh ! monsieur, vous allez trop loin ! dit madame Durand. Il ne sait rien !... Demandez à son parrain s'il ne sait pas tenir un fleuret.

— Avec beaucoup de grâce, dit Bellequeue ; il fume aussi son cigare sans que ça l'étourdisse.

— Il ne sait pas danser, dit Mistigris en levant les épaules. J'ai passé quatre mois sans pouvoir lui mettre un *jeté-battu* dans la tête ; d'où je conclus qu'il a très peu de moyens.

— Peu de moyens ! s'écrie madame Durand en jetant au vieux maître de danse un regard courroucé. Mon cousin, vous ne pouvez plus à votre âge faire des élèves comme dans votre jeunesse.

— Ma cousine, dit Mistigris en se levant pour paraître plus grand, j'ai encore formé dernièrement deux garçons marchands de vins de la rue Sainte-Avoie ; allez à la Grande-Chaumière, regardez comme ils dansent !... Vous verrez si je ne sais plus enseigner.

Et pour prouver qu'il a encore tous ses moyens, Mistigris essaye une pirouette avant de se rasseoir, et va tomber sur les genoux de madame Moka en disant :

— J'ai rencontré un clou.

— J'ai eu un de mes garçons qui dansait bien joliment, dit madame Ledoux. C'était mon quatrième... ou mon second... ou mon dernier.

— Revenons à la question, dit l'herboriste, il faudrait tâcher de ne point en sortir...

— Ah ! ah ! ah ! c'est juste, dit mademoiselle Aglaé en riant ; si on en sort, on n'y sera plus. Hi ! hi ! hi !...

— Mon fils sait se battre et fumer... *concedo* ; il sait même jurer très énergiquement, et il paraît qu'il veut aussi apprendre à se griser.

— J'ai eu un de mes maris qui se grisait, dit madame Ledoux. Je ne sais plus si c'était l'huissier, ou le papetier, ou l'ébéniste !...

— Du reste, dit madame Durand, sur l'article des mœurs et du beau sexe, on peut bien dire que c'est l'innocence même. Il n'a jamais regardé une voisine ailleurs qu'au visage.

— Quant à cela, dit l'herboriste, je conviens qu'il n'y a rien à lui reprocher ; et...

— C'est étonnant ! dit madame Moka, on voit tant de ces jeunes gens qui se *pervertinssent* sans qu'on s'en *doutisse !*

— Revenons à nos graines, dit M. Durand. Mon fils a seize ans ; il ne fait rien du matin au soir que courir, vagabonder dans les rues et jouer avec des polissons : cela n'est pas honorable pour un père qui a passé sa vie à étudier les secrets de la nature, et je vous demande ce que nous pourrions faire pour le corriger.

— S'il savait danser, dit Mistigris, je lui aurais tout de suite trouvé un emploi. Je suis reçu dans de grandes maisons, chez des gens en place ; mais comment voulez-vous que je présente un jeune homme qui ne sait pas saluer ? On se moquerait de moi.

— S'il avait du goût pour la bonneterie, dit M. Renard, on pourrait le pousser dans les bas, dans les gilets de laine... Mais il faut savoir compter et être à cheval sur la règle décimale.

— Autrefois, dit Bellequeue, je vous proposais d'en faire un militaire ; mais les temps sont changés, nous sommes en paix, et je ne vois pas la nécessité de l'envoyer passer sa jeunesse dans une caserne.

— D'abord, dit M. Fourreau, moi, je crois que... si le jeune homme... on ne peut pas savoir... au reste, c'est très embarrassant.

— Monsieur a bien raison, dit madame Moka. Ce n'est pas que je *voulûme* dire que le mal *fusse* sans remède !

— J'ai eu un enfant qui m'a aussi donné bien du tourment, dit madame Ledoux ; c'était une de mes filles... non, c'était un de mes garçons... je ne sais plus lequel... c'était toujours d'un de mes trois maris... Je ne sais pas trop quelle sottise il avait commise, mais ce qu'il y a de certain, c'est que... je ne sais plus ce que nous en avons fait.

— C'est dommage, dit Mistigris, ça nous aurait mis sur la voie pour le petit cousin.

— Mais, dit mademoiselle Aglaé en minaudant, si on... hi! hi! hi!... si on le... ah! ah! ah!... si vous... oh! oh! oh!... ça serait bien plaisant... de le marier....

— Le marier! dit madame Durand, y pensez-vous? à seize ans!

— Ma foi, dit Bellequeue, s'il en avait seulement dix-huit, je ne serais pas éloigné de vous le conseiller.

— Mon fils est encore un enfant, dit l'herboriste avec gravité, il est incapable de comprendre les conséquences de l'hymen... il ne sait pas faire une tisane!... comment voudriez-vous qu'il tînt un ménage?

— Et d'ailleurs, dit madame Durand, quelle femme voudrait d'un mari si jeune?

— Ah! on ne sait pas, répond mademoiselle Aglaé en se dandinant. Quelquefois... hi! hi! hi!... on trouverait peut-être...

— Le mariage est inadmissible, dit l'herboriste, mais, je le répète, mon fils Jean doit faire autre chose que de jouer au bouchon, ou aux quilles, ou à la balle avec les mauvais sujets du quartier; passe quand il n'avait que huit ans!... mais à seize on n'est plus un enfant, et les choses ne peuvent pas rester *in statu quo*.

— Eh bien! monsieur, dit madame Durand avec impatience, trouvez-donc vous-même quelque occupation agréable pour ce cher enfant que vous traitez comme un nègre?... et que vous n'avez jamais aimé parce qu'il n'a point de goût pour la botanique!... Croyez-vous, monsieur, que je veuille l'envoyer aux Iles, aux Grandes-Indes, l'exiler du toit maternel... parce que, doué d'une imagination vive, d'un esprit pétulant, il n'a pas pu se tenir assis dans un comptoir? Répondez, monsieur, répondez donc, et ne restez pas vous-même *in sta cocu*.

C'était la première fois que madame Durand essayait de parler une autre langue que la sienne, mais sa mémoire l'avait mal servie; la citation loin de plaire à l'herboriste, sembla augmenter sa mauvaise humeur, et il s'écria :

— Madame, je vous prie de ne plus parler latin, vous faites des solécismes.

— Je ne sais pas ce que je fais, monsieur, mais je le dis devant ma famille et nos amis, c'est votre sévérité qui a fait prendre à mon fils l'étude en aversion.

— Dites, madame que c'est votre faiblesse qui l'a gâté, qui a détruit les bonnes qualités qu'il pouvait avoir, qui l'a rendu volontaire et désobéissant.

— Je me rappelle, monsieur, comment vous vouliez lui faire apprendre votre état, à cet enfant; c'était en lui donnant le fouet...

— S'il l'avait reçu plus souvent, madame, il saurait aujourd'hui ce que c'est qu'un herbier.

— Allons, monsieur Durand... ma chère commère, dit Bellequeue en allant du mari à la femme. Est-ce que nous allons nous quereller?... fi donc! un si joli ménage... l'exemple du quartier... Ce n'est probablement pas pour vous disputer que vous avez invité vos parents et vos amis à venir chez vous...

Les parents écoutaient tranquillement la querelle sans chercher à la terminer; madame Renard souriait, M. Renard regardait sa femme d'un air malin, mademoiselle Aglaé riait, M. Fourreau ouvrait de grands yeux, Mistigris regardait ses pieds et paraissait content que son petit cousin fut cause d'une dispute; madame Ledoux cherchait à se rappeler avec lequel de ses maris et pour lequel de ses enfants elle avait eu une querelle semblable, et madame Moka murmurait de temps à autre : — Ah, Dieu! *vis-je* souvent des époux se *querellasser*.

L'arrivée de Catherine change la scène; la domestique entre toute troublée dans la chambre, en s'écriant :

— Ah! mon Dieu, madame! ah! mon Dieu! M. Jean est parti.

— Parti! s'écrie madame Durand, et tout le monde se lève en désordre, tandis que l'herboriste prie la bonne de s'expliquer.

— Vous savez ben, monsieur, dit Catherine, que vous m'avez seulement ce matin donné la clef de la chambre de M. Jean, en me disant : Vous irez le chercher et nous l'amènerez quand il en sera temps. En attendant ça, moi j'ai voulu aller savoir si ce jeune homme n'avait besoin de rien, et s'il ne s'ennuyait pas trop dans sa chambre. Je viens donc d'y entrer, mais j'ai eu beau regarder partout... pas de M. Jean! Sa commode est ouverte, ses tiroirs sont vides, il aura fait un paquet de ses effets, et comme sa croisée donne sur le toit qui mène au grenier, c'est par là qu'il se sera sauvé.

— Mon fils nous a quittés! dit madame Durand, et elle retombe sans force sur sa chaise. Catherine et madame Moka la secourent; M. Durand se rend à la chambre de son fils, madame Ledoux va conter cette aventure à toutes les personnes qu'elle connaît, Bellequeue prend sa canne et son chapeau en s'écriant :

— Je vous réponds que je le retrouverai! et

Jean voulait paraître encore de sang-froid, mais il avait de la peine à tenir son verre.

les parents retournent tranquillement chez eux, se disant :

— Puisque Jean est parti, il est inutile de chercher plus longtemps ce qu'on pourrait faire de lui.

CHAPITRE VII

LES TROIS FUGITIFS

Ce n'est pas quand un jeune homme a atteint sa seizième année qu'il convient de le mettre en pénitence au pain et à l'eau, de le menacer de la férule, de le traiter enfin comme un enfant. Lorsque nous sommes d'âge à comprendre la raison, à sentir la conséquence d'une faute, les suites qu'elle peut avoir, c'est en attaquant notre raison, notre cœur, en cherchant à éclairer notre esprit, à rectifier notre jugement, que l'on peut seulement nous corriger. On me dira peut-être qu'il y a des jeunes gens qui n'ont point d'esprit, point de raison, et dont le cœur est fermé à tous les bons sentiments; alors ceux-là sont incorrigibles, et le pain et l'eau ne les rendront pas meilleurs.

Jean, habitué depuis son enfance à ne faire que ses volontés, fut d'abord tout surpris d'être réellement prisonnier dans sa chambre. A chaque instant il attendait la visite de sa mère ou de Catherine, mais ni sa mère ni Catherine ne venaient pas, et le soir il ne vit arriver que son père, qui lui apportait un repas de trappiste, et s'éloigna en se contentant de lui dire : *Suum cuique tribuito.* Et comme Jean n'entendait pas le latin, il pensa que cela voulait dire : Vous ne mangerez plus autre chose ; et dans sa colère, dès que son père eût refermé la porte, il donna un coup de pied dans le pot à l'eau, jeta le pain par la fenêtre, puis se coucha en disant :

— J'aimerais mieux ne jamais manger que de faire un tel repas.

Mais le lendemain matin, en s'éveillant, il sentit à son estomac qu'il n'avait pas soupé la veille ; alors le pain qu'il avait dédaigné lui revint à la mémoire ; il le chercha auprès de lui, puis se rappela qu'il l'avait jeté par la fenêtre et en eut des regrets ; c'est ainsi qu'il nous arrive de soupirer après ce que nous avons longtemps dédaigné ; mais on fait souvent cette faute-là dans le cours de la vie ; elle est donc bien excusable à seize ans.

Jean se promenait avec impatience dans sa chambre ; il secouait la porte, qui était bien fermée, et murmurait en jurant, car vous savez que c'était ce qu'il faisait de mieux :

— Est-ce qu'on va me laisser longtemps m'engourdir dans cette chambre... J'ai faim, sacrebleu ! Mon père n'a certainement pas l'intention de me laisser mourir de faim... Il est vrai que si je n'avais pas jeté le pain par la fenêtre, j'en aurais encore pour ce matin. Mais me mettre à un tel régime !... quand j'ai là vingt-quatre pièces d'or avec lesquelles je pourrais si bien me régaler moi et mes amis... Mes pauvres amis ! je ne les ai pas vus depuis notre aventure d'hier... Je suis sûr qu'ils sont inquiets de moi !...

Chaque instant augmentait l'impatience et l'appétit de Jean, il prenait son or, le comptait, puis frappait du pied avec colère. Enfin, il s'écrie en ouvrant brusquement sa fenêtre :

— Non, de par tous les diables ! je ne resterai pas ici... Si cela amuse mon père de me tenir en cage, cela ne m'amuse nullement d'y être.

Jean examine les toits. Il n'y a que trois pas de sa fenêtre à celle du grenier. Le chemin quoique court est périlleux, mais à seize ans on risque sa vie en riant : c'est pourtant l'âge où elle est le plus agréable !... et à soixante, on prend mille précautions pour ne pas mourir, même lorsqu'on est accablé d'infirmités !... Nous ne sommes donc guère plus raisonnables à soixante qu'à seize ?

Jean avait déjà son or dans sa poche et un pied sur les toits ; il se ravise, rentre dans sa chambre, ouvre sa commode et fait vivement un paquet assez volumineux de ses effets, en se disant :

— J'ai dans l'idée que je ne reviendrai ni demain, ni après ; il faut bien laisser à la colère de mon père le temps de s'apaiser ; il est prudent d'emporter ce dont je puis avoir besoin. D'ailleurs c'est à moi, c'est ma propriété, et j'en puis disposer.

Jean, ayant fait son paquet, le tient d'une main en franchissant le toit ; en deux enjambées il est dans le grenier ; puis sur l'escalier qui donnait dans l'allée. Il descend sans faire de bruit, il craint de rencontrer ses parents, mais ils étaient alors à l'assemblée qui se tenait pour délibérer sur son sort. Jean ne délibère pas, il sort lestement de l'allée et court à la Place-Royale retrouver ses bons amis.

Démar et Gervais étaient en effet fort impatients de revoir Jean ; on n'oublie pas aisément un ami qui nous a donné des déjeuners splendides, et qui peut nous en donner encore. La petite catastrophe qui avait suivi le banquet de la veille n'était rien aux yeux des camarades de Jean : ce n'était pas la première fois que ces messieurs se trouvaient dans les disputes, mais l'un s'en tirait toujours en payant d'effronterie et l'autre en jouant des jambes.

— Le voilà ! c'est lui, c'est Jean ! s'écrient en même temps Démar et Gervais.

— Oui, c'est moi, mes bons amis, et ce n'est pas sans peine ! dit Jean en essuyant la sueur qui coule de son front. J'ai couru !... couru ?... car j'avais peur qu'on ne s'aperçût de ma fuite ? Vous ne savez pas, vous autres, qu'on m'avait enfermé, mis au pain et à l'eau dans ma chambre, comme un mioche de six ans !

— C'est affreux ! c'est épouvantable ?... enfermer un homme de notre âge... car enfin nous sommes des hommes à présent ?...

— Je crois bien, j'ai cinq pieds trois pouces, moi !... J'espère que c'est respectable, ça !

— Et moi donc, dit Gervais, qui ai déjà un commencement de moustaches ?...

— Enfin, messieurs, j'ai pris mon parti, je me suis dit : Je ne suis point fait pour être esclave.

— Bravo ! c'est tapé, ça !...

— Je ne veux pas rester au pain et à l'eau puisque j'ai là de quoi faire des repas de noces.

— Parbleu ! il aurait fallu être bien jobard.

— Alors j'ai mis mon trésor dans ma poche, j'ai fait un paquet de mes effets, j'ai gagné par les toits la fenêtre du grenier, et me voilà, disposé à aller avec vous... ma foi !... au bout du monde.

— Ce cher Jean ! dit Démar en se jetant au

cou du fugitif, as-tu bien fait de te sauver!... et tu as pris tout ton argent?

— Oh! tout, c'est là, dans le gousset. Ha ça! vous viendrez avec moi?

— Nous sommes inséparables, c'est entendu.

— En ce cas, il faudrait partir au plus vite, car mon parrain Bellequeue pourrait fort bien courir après moi... Mais c'est que vous avez peut-être besoin de retourner chez vous, vous autres?

— Pourquoi faire? dit Démar, j'ai ma garde-robe sur moi, et il est inutile que j'aille dire adieu à mon père, puisqu'il m'a déjà mis deux fois à la porte en me priant de ne plus revenir.

— Moi, dit Gervais, j'ai encore été rossé ce matin... Ils m'appellent toujours paresseux!... Tiens, si j'aime mieux jouer, moi. J'ai bien encore chez moi un vieux pantalon et une veste, mais tant pis, je les laisse. D'ailleurs, puisque Jean a des effets et que tout est commun entre nous, ça servira à nous trois.

— C'est juste, dit Démar.

— En ce cas, messieurs, partons.

— Par quel chemin?

— N'importe, gagnons une barrière, puis la campagne... Ah! nous mangerons d'abord, et nous verrons après.

Les trois écoliers se mettent en marche. Ils gagnent les boulevards, puis les faubourgs, et sortent de Paris par la barrière de Ménilmontant. Jean mourait de faim, mais il ne voulait s'arrêter qu'en lieu de sûreté.

La barrière passée, on cherche une guinguette de belle apparence où l'on puisse faire un bon repas. Les guinguettes ne manquent pas à Ménilmontant. Les fuyards entrent dans celle dont la cuisine paraît le plus échauffée, et se font servir à dîner. Mais comme Jean se rappelle l'aventure de la veille, et qu'il ne se soucie pas de voir arriver la garde qui pourrait mettre obstacle à son désir de voyager, cette fois il boit très modérément, et il engage ses amis à l'imiter.

Le plus beau dîner chez un traiteur de Ménilmontant est bien moins cher qu'un déjeuner à la fourchette dans un café de Paris. Jean est fort étonné qu'une de ses pièces d'or ne saute pas pour le dîner, et, après avoir payé la carte, il s'écrie :

— Décidément, messieurs, nous avons de quoi nous amuser longtemps.

— Amusons-nous, dit Démar.

— Amusons-nous, répète Gervais.

On se remet en route, on gagne la campagne en riant, en courant, en jouant au palet ou au chat. De temps à autre Démar veut faire le raisonneur, et, s'arrêtant devant un joli site ou devant un beau point de vue, il s'écrie :

— Voyez, messieurs, comme tout cela est frais et champêtre!... Est-ce qu'on n'est pas cent fois mieux dans cette campagne que dans sa chambre?... Est-ce qu'il ne vaut pas mieux respirer le grand air que de travailler devant un bureau?... Est-ce qu'il n'est pas plus naturel d'être libre que d'être enfermé?

— Oui, certainement, dit Gervais, la liberté... le plaisir, de bons dîners... voilà comme on doit vivre.

— Sans doute, dit Jean, l'homme est né pour faire sa volonté... D'ailleurs, mon parrain m'a dit souvent que les voyages forment la jeunesse... Eh ben, quand nous serons assez formés, nous retournerons chez nous.

— Mais n'oublions pas, reprend Démar, le serment que nous avons fait : Amitié éternelle et communauté de biens.

— Oh! c'est juré! d'ailleurs, nous ne sommes pas des enfants!...

— Ni des girouettes.

— Ah! messieurs, dit Gervais, voilà une place superbe pour jouer au cheval fondu. Ça nous fera faire la digestion et nous donnera de l'appétit pour ce soir.

La partie est acceptée. Le jeu est mis en train; on court, on saute, mais, au bout d'un moment, Gervais s'aperçoit qu'en sautant par-dessus ses camarades il a déchiré tout un côté de son pantalon, dont l'étoffe était fort usée.

— Ah! mon Dieu! me voilà bien! s'écrie-t-il; regardez donc, messieurs, je me suis joliment arrangé... Je ne puis pas entrer comme ça dans un village... On se moquera de moi... Comment donc vais-je faire, moi qui n'en ai pas d'autre?

— Nigaud! est-ce que je n'ai pas mon paquet? dit Jean; tu vas choisir... Oh! j'en ai plus d'un, moi!

On va s'asseoir sous des arbres. Là, Jean défait son paquet et étale ses effets aux yeux de ses compagnons. Il y avait deux pantalons, l'un gris et déjà passé, l'autre bleu et tout neuf.

— Je vais prendre celui-là, dit Gervais en s'emparant du bleu, que Jean lui donne sans difficulté.

— Tiens! il n'est pas bête, dit Démar, il prend le plus beau; et moi, si je déchire le mien, il faudra que je me contente du gris, qui est tout taché.

— Qu'est-ce que ça te fait? dit Gervais, ça ne te regarde pas, puisque c'est à Jean.

— Ça me regarde autant que Jean, puisque nous avons tout mis en commun et que ce qui est à lui est à moi.

— Eh ben, si c'est à toi, c'est à moi aussi, répond Gervais.

— C'est égal, je ne veux pas que tu le mettes, dit Démar en arrachant le pantalon des mains de son camarade.

— Moi, je veux l'avoir.

— Tu ne l'auras pas.

— Je l'aurai.

Et ces messieurs se repoussent l'un et l'autre et finissent par se battre et se rouler sur le gazon pour le beau pantalon bleu.

Jean voyant que la querelle est sérieuse, court au milieu des combattants et parvient à les séparer en leur disant :

— Eh bien! messieurs, est-ce là cette amitié éternelle que nous nous sommes jurée? Et parce que tout est commun entre nous, je ne vois pas que ce soit une raison pour vous donner des coups de poing afin de savoir qui mettra le pantalon bleu. Tiens, mets-le, Gervais, puisque le tien est déchiré, et ne faites plus de bêtises comme ça ; nous aurions l'air de trois enfants.

Gervais met le pantalon en laissant échapper un sourire de triomphe. Démar n'ose plus rien dire, il tâche de cacher sa mauvaise humeur. Gervais ayant achevé sa toilette, on va se remettre en route; mais auparavant il montre à ses camarades son vieux pantalon déchiré en disant :

— Messieurs, que faut-il faire de cela?

— Parbleu! c'est bon à jeter, dit Démar.

— On pourrait peut-être le faire raccommoder par quelque servante d'auberge, dit Jean, alors il servirait encore.

— A coup sûr, ce n'est pas moi qui le mettrai, dit Démar.

— Ni moi, dit Gervais; allons, décidément, je vais l'accrocher à une de ces branches d'arbre, il servira d'épouvantail aux oiseaux.

Gervais monte à l'arbre, attache le vieux pantalon sur une branche assez élevée, puis descend et l'on se remet en route.

Il est nuit quand les jeunes voyageurs arrivent à Bagnolet; ils ont fait peu de chemin dans leur journée, parce qu'ils se sont souvent amusés et n'ont point suivi de route droite.

— Il faut coucher ici, dit Jean.

— Oui, et y faire un bon souper, dit Gervais, et demain après déjeuner nous nous remettrons en voyage.

— Mais qu'est-ce que c'est donc que cette ville-ci? je n'y vois pas de traiteur.

— C'est un village, imbécile.

— Ça n'est pas brillant comme à Ménilmontant!

— Messieurs, quand on voyage, il faut s'attendre à des hauts et des bas.

— Qu'est-ce que ça veut dire, ça?

— Ça veut dire qu'on ne trouve pas toujours de bonnes cuisines!

— Ah! messieurs, je sens le *fricot*... Il y a un traiteur par ici.

En effet, les voyageurs approchaient d'une auberge. Ils entrèrent d'un air délibéré dans la grande salle qui précédait la cuisine en criant :

— Peut-on souper et coucher ici?

L'hôte, sa femme et sa servante sortirent ensemble de la cuisine pour voir le monde qui leur arrivait, et parurent surpris de la jeunesse des trois voyageurs.

— Brave homme, pouvez-vous nous loger et nous donner à manger? dit Démar en prenant un ton important, qui allait assez mal avec sa veste et sa casquette.

— Ces messieurs ont fait une partie de campagne? dit l'hôte en souriant.

— Tiens! qu'est-ce que ça lui fait? dit Gervais.

— Oh! nous vous payerons bien, dit Jean en tapant sur son gousset. Les noyaux sont là!...

— En ce cas, messieurs, nous allons vous traiter de notre mieux... Nous ne couchons pas ordinairement, mais c'est égal, on vous fera des lits...

— Et surtout un bon souper! dit Gervais.

— Soyez tranquilles, vous serez contents.

Les jeunes gens s'asseyent devant une table sur laquelle il n'y a jamais eu de nappe, et pendant qu'on leur fait à souper, ils boivent un coup, et l'hôte vient causer avec eux.

— Vous êtes en vacance, n'est-ce pas, messieurs? leur dit-il.

— Oui, nous sommes en vacance, répond Jean en souriant, et se tournant vers ses camarades, il leur fait une de ces grimaces d'usage entre les ouvriers quand ils disent un mensonge à quelqu'un.

— Vous êtes venus vous promener par ici... Vous avez eu raison; les environs sont charmants, et il y a de fort jolies maisons de campagne dans notre village.

— Comment s'appelle-t-il, votre village?

— Bagnolet. Ah! vous ne saviez pas que vous étiez à Bagnolet?...

— Ça nous est bien égal!... d'être à Bagnole ou à Rognolet! dit Démar en haussant les épaules.

— Messieurs, reprend l'aubergiste, si vous voulez, demain, je vous ferai voir la maison où habitait jadis le cardinal Duperron, qui, aprè avoir bu vingt verres de vin, sauta dans son jardin l'étendue de vingt-deux semelles...

— Il sautait plus haut que moi, celui-là, dit Jean.

— En devenant vieux, il fit faire beaucoup de changements dans son jardin, mais il conserva toujours l'allée où il avait sauté les vingt-deux semelles. Je vous ferai voir encore...

— Dites donc, si vous pouviez nous faire voir des pipes, ça nous amuserait mieux.

— Comment! est-ce que vous fumez déjà?

— Un peu, mon neveu.

— On fume dans votre pension?

— Comme vous dites.

— Oh! j'ai toujours des pipes pour les charretiers qui s'arrêtent ici... Je vais vous en préparer.

— Est-il bavard et curieux, le cabaretier! dit Gervais.

— Messieurs, dit Démar, avez-vous remarqué que la servante est gentille?

— Eh bien! qu'est-ce que ça nous fait? dit Jean.

— Ça fait que c'est plus agréable, et puis enfin... on ne sait pas.

— Ah! il pense toujours à des bêtises, celui-là!...

— Attention, messieurs, dit Gervais, voilà le souper, c'est plus intéressant que la servante.

Le souper était composé de veau et de lapin, et les ragouts poivrés de manière à emporter la bouche. Mais les jeunes gens trouvèrent tout excellent et firent lestement disparaître les mets. Gervais voulait quelque friandise pour le dessert. Mais l'hôte n'avait en fait de friandise que du fromage de Géromé; il fallut s'en contenter. A la fin du repas, ces messieurs allumèrent leurs pipes et l'hôte les regarda fumer avec admiration en disant :

— Encore si jeunes! et déjà fumer comme des charretiers! Il faut qu'ils soient dans une bien bonne pension.

Les voyageurs avaient beaucoup bu; ils ne tardèrent pas à s'endormir sur leurs pipes; alors l'hôte leur conseilla de monter se coucher; et ils suivirent la servante, qui les conduisit à leur chambre.

On avait dressé trois lits dans une salle fort grande où se donnaient les repas de noces, quand il s'en faisait à l'auberge. Gervais commence par choisir le lit qui est le plus loin de la porte et de la fenêtre, et il s'assied dessus en disant :

— Je me couche là, moi.

— Eh bien! il n'est pas gêné, dit Démar, il choisit l'endroit où on est le mieux.

Et s'approchant de Gervais, Démar le prend par les pieds, le fait rouler dans la chambre, et prend sa place sur le lit. Gervais se relève, s'avance vers Démar et veut lui en faire autant, mais Démar l'attendait : il donne à Gervais un vigoureux coup de pied dans le côté. Gervais pousse des cris horribles; Jean est obligé de se relever pour aller mettre la paix.

— Aurez-vous bientôt fini de vous disputer? leur dit-il.

— C'est ce vilain sournois qui me prend mon lit, dit Gervais en pleurant et se frottant le côté.

— Pas plus ton lit que le mien, répond Démar en ricanant. Il veut toujours les meilleurs endroits... le lit où l'on a le moins de jour dans les yeux!... Mais je ne te céderai pas, j'y suis et j'y reste.

— Allons, Gervais, va te coucher là-bas, et ne crie plus... Est-ce que des amis doivent se battre comme ça à tous moments?...

Gervais va se coucher en murmurant; Jean regagne aussi son lit et s'endort en se disant :

— Ça ne peut pas être pour se disputer toujours qu'on met tout en commun... Et quand chacun est le maître... on n'a pas le droit d'être le maître d'un autre... C'est drôle qu'ils ne comprennent pas ça.

Jean a dormi fort tard. En s'éveillant, les fumées du vin et du tabac ne troublent plus son cerveau; il regarde autour de lui, il s'étonne de se trouver dans une salle d'auberge. Il se croyait encore dans sa chambre, chez ses parents. Pour la première fois il réfléchit aux suites de sa fuite; il pense à son père, à sa mère; à sa mère surtout, qui l'aime tant et qui sans doute est bien chagrine de son absence; c'est avec l'argent qu'elle lui a donné qu'il compte vivre loin de la maison paternelle... Quelque chose lui dit que c'est en faire un bien mauvais usage. Un soupir lui échappe, des larmes mouillent ses paupières; s'il était seul il retournerait maintenant près de sa mère, dût-il être encore mis au pain et à l'eau. Mais il ne peut se décider à quitter ses camarades, une mauvaise honte le retient; Démar et Gervais se moqueraient de lui... Combien de fautes dans lesquelles on persévère pour ne point essuyer les quolibets de gens méprisables, lorsqu'on devrait s'enorgueillir de ne point agir comme ces gens-là!

Démar et Gervais, qui étaient levés depuis longtemps, rentrent alors dans la chambre, et cela met fin aux réflexions de Jean. Celui-ci remarque un grand changement dans le costume de ses camarades : Démar a pris dans le paquet un joli habit, un gilet de casimir, le pantalon gris et du linge blanc. Gervais a pensé que pour aller avec le beau pantalon bleu, il lui fallait autre chose que sa veste et son col noir, il s'est emparé de la redingote qui restait dans le paquet, il a complété sa toilette avec un gilet et une cravate blanche; enfin il ne reste plus du volumineux paquet que Jean avait emporté que quelques chemises et des bas

— Tiens, comme vous voilà beaux! dit Jean en les examinant.

— Oui, nous avons pris dans le paquet ce qui nous convenait, dit Démar.

— Nous sommes bien mieux, n'est-ce pas?

— Parbleu! vous avez mis mes plus beaux habits.

— Ça ne te fait rien... puisque tout est commun entre nous, ce qui manque à l'un, l'autre doit le donner s'il l'a. Il me semble que c'est bien juste.

— Oh! oui! c'est très juste, reprend Jean en dissimulant une légère grimace que lui fait faire la vue de ses habits sur le dos de ses camarades.

— A propos, reprend Démar, et l'argent!... Comptons donc ce que nous possédons... On sait du moins à quoi s'en tenir.

Jean tire ses pièces d'or de son gilet et les compte sur une table.

— Moi, mon compte sera bientôt fait, dit Gervais, je n'ai pas le sou.

— Et moi j'avais vingt-quatre sous sur moi, dit Démar, les voilà... je les joins à la masse.

En disant cela, il jette sa monnaie sur l'argent de Jean.

— A présent, dit-il, il faut partager cela en trois parts égales, et prendre chacun la nôtre.

— A quoi bon? dit Jean.

— Est-ce que nous n'avons pas juré de partager la bonne comme la mauvaise fortune? L'argent c'est la bonne, partageons-le donc.

— Mais puisque nous ne nous séparons pas, je ne vois pas la nécessité de partager notre argent. Pourvu qu'il y en ait un qui paye, cela suffit.

— Au fait, dit Gervais, pourvu que Jean paye toujours, c'est tout ce que je demande, moi. Oh! je ne suis pas ridicule!

— Non, non! dit Démar, il faut partager, c'est tout naturel; ça n'empêchera pas Jean de payer quand il voudra.

— Et moi je ne partagerai point, dit Jean en remettant tout son argent dans ses poches. Que vous mettiez mes habits, je le veux bien; mais quant à cet or, si je le dépense avec vous, je veux au moins avoir le plaisir de le donner.

Jean a dit cela d'un ton très décidé. Quoique Démar ait dix-sept ans passés, il est beaucoup moins grand et moins fort que Jean; il ne juge donc pas à propos d'insister, et il n'est plus question de partage.

Gervais a songé à commander le déjeuner. La servante vient annoncer aux jeunes gens que le repas est prêt dans la salle où ils ont soupé la veille. Démar, pour se consoler de n'avoir pas une partie des fonds, veut absolument embrasser la servante; mais celle-ci le repousse en l'appelant petit bonhomme. Cette épithète, en faisant rire ses camarades, met Démar en courroux; il veut en venir à son honneur, retourne agacer la servante, et, au lieu d'un baiser, reçoit enfin un soufflet.

— Cela t'apprendra à tourmenter les filles! dit Jean en riant.

— Allons déjeuner, dit Gervais, ça lui fera oublier sa passion.

Les trois jeunes gens déjeunent copieusement. Jean paye sans marchander la carte de son hôte; puis les voyageurs se remettent en route en continuant de s'éloigner de Paris. Mais déjà l'union qui régnait entre eux la veille semble refroidie. Démar a encore de l'humeur; Gervais ne joue plus, de crainte de gâter sa belle toilette; et Jean pousse de temps à autre des soupirs en pensant à sa mère et à Paris.

CHAPITRE VIII

LE MONSTRE

Pendant quelques semaines, Jean parcourt avec ses camarades les environs de Paris, s'arrêtant quelquefois plusieurs jours dans un endroit qui leur plaît et où l'on fait bonne chère. Les jeunes voyageurs passent gaiement leur temps à courir, à jouer dans la campagne; mais ils n'oublient jamais de retourner à l'auberge aux heures des repas. Lorsque c'est fête dans un village, ils se livrent à tous les jeux que l'on réunit aux foires de campagne. Jean va tirer à l'oie: Démar joue aux petites loteries; Gervais tourne pour gagner des oublies ou des macarons; ils payent tout sans marchander. Grâce à la garde-robe de Jean, ils sont tous trois fort proprement mis; on les prend pour des jeunes gens de bonne famille qui emploient leurs vacances à courir la campagne. Les paysans les trouvent fort gentils parce qu'ils jurent, qu'ils fument et qu'ils boivent souvent avec eux; et les paysannes, qu'ils font quelquefois danser, ne leur donnent pas toujours des soufflets quand ils veulent les embrasser.

— A la bonne heure! dit Jean après avoir dansé dans un bal champêtre avec une grosse fille des champs, au moins on s'amuse en dansant comme ça!... Ce n'est pas comme au bal de mon cousin Mistigris, où il faut d'abord saluer sa dame, puis tenir ses pieds en dehors, et les faire aller en pointe ou en rond pour avoir de la grâce!... Ici, j'ai été prendre une grosse fille par la main, je l'ai menée à la danse, nous avons sauté à droite et à gauche sans nous embarrasser de nos voisins, et je dis que c'est bien plus amusant!...

— Certainement, dit Gervais. Est-ce qu'on doit

jamais se gêner pour se divertir!... Si je ne veux pas aller en mesure, moi, il me semble que je suis bien le maître.

— Messieurs, dit Démar, les cérémonies... les usages... les révérences, c'est bon pour les sots! Mais, voyez-vous, quand on a de l'esprit, on se met au-dessus de tout cela, parce qu'un homme doit faire voir qu'il est homme.

— C'est juste, dit Jean.

— C'est très bien parlé, dit Gervais.

Mais quand on fait trois repas par jour en se faisant servir ce qu'il y a de meilleur, quand on ne se refuse aucun plaisir et qu'on ne marchande jamais, on a bientôt vu le fond de sa bourse, même lorsqu'elle contenait vingt-quatre louis, Un matin, après avoir comme à l'ordinaire payé la dépense, Jean dit à ses compagnons :

— Messieurs, savez-vous qu'il n'y a plus que deux pièces d'or dans ma bourse?

— C'est bien singulier! dit Démar.

— C'est bien dommage! dit Gervais.

— Quand nous aurons dépensé ces deux derniers louis que ferons-nous?

— Dam'!... dit Gervais en se grattant l'oreille, je ne sais pas trop avec quoi nous payerons nos dîners.

— Eh bien! nous tâcherons de nous en procurer d'autres, dit Démar.

— Comment cela?

— Comment!... Ah! ma foi, nous verrons!... Ce qu'il y a de certain, c'est que je ne retournerai pas chez mon père...

— Ni moi chez mes parents, dit Gervais; on voudrait encore me faire travailler, mais *bernique*.

— D'ailleurs, messieurs, nous ne pouvons pas nous quitter, nous sommes inséparables.

— Certainement; et puis nous sommes bien mieux ensemble que chez nous.

Jean ne dit rien ; il semble réfléchir. On entre dans une petite ville ; c'était à Coulommiers que les jeunes voyageurs venaient d'arriver.

— Oh! c'est gentil ici, dit Démar.

— Oui, reprend Gervais, c'est une ville, ceci. On doit y manger de bons poissons, puisque voilà la rivière qui passe là... Oh! messieurs, voici un restaurateur presque aussi beau que ceux de Paris Entrons dîner.

— Mais, dit Jean, il faudrait tâcher maintenant de ménager notre argent, et ne pas commander sans savoir...

— Bah! bah! nous avons le temps!... Dînons d'abord, nous compterons après.

On entre chez le restaurateur de Coulommiers, qui présente aux jeunes gens une carte à l'instar de celles de Paris. Gervais s'extasie en lisant les différentes façons dont on accommode le mouton ou le veau et s'écrie : — Il faudra manger de ça... et de ça...

— Oui, dit Jean, et nous dépenserons un de nos louis...

— Eh ben, il nous en restera encore un...

— Mais après...

— Après, nous aurons bien dîné, c'est l'essentiel.

— Vous ne pensez qu'à manger.

— Et toi, tu n'es plus bon qu'à faire de la morale. Ce n'est pas la peine de te charger de la caisse pour grogner toutes les fois qu'il faut payer.

— Il me semble qu'elle était à moi la caisse.

— Non, elle était à nous, puisque nous avons tout mis en commun.

— Tout mis... c'est-à-dire que c'est moi qui ai tout mis, vous n'avez rien mis, vous autres.

— Tiens! ne vas-tu pas nous faire des reproches, à présent!... Tu fais un *fameux ami!*

Pour la première fois, on se querelle au moment du dîner; l'accord qui régnait lorsqu'on se croyait riche est déjà troublé parce que les fonds ont baissé. Mais le potage arrive, et Jean s'écrie : — Après tout! mangeons ce qui nous reste, si vous voulez, ça m'est égal.

Le dîner achevé, on va se promener dans la ville. Les jeunes gens apprennent que c'est le lendemain jour du *marché franc*, qui est presque une foire, et attire dans l'endroit beaucoup de monde des environs.

— Pardieu! dit Démar à ses camarades, ce serait bien le cas de tâcher de gagner de l'argent en faisant quelques farces aux paysans des environs.

— Quelle farce? dit Gervais.

— Je ne sais pas encore, mais il faut chercher.

— Cherchons, dit Jean; pour une farce, j'en suis.

Les jeunes gens retournent à l'auberge, où ils comptent coucher, et tout en soupant, chacun cherche pour le lendemain une manière amusante de gagner de l'argent.

— Si nous faisions des tour de cartes, dit Démar.

— Oh! les paysans y sont aussi malins que nous.

— Moi, dit Gervais, je sais me tenir sur mes mains et les pieds en l'air pendant trois minutes.

— On a déjà vu ça!

— Moi, j'avale de la filasse.

— C'est trop usé!

Moi, je m'ôte un centime placé sur le bout de mon nez en faisant tourner un gourdin.

— Ça n'est pas assez fort. Gervais, toi qui as un si bon estomac, est-ce que tu ne pourrais pas avaler un couteau?

— Oh! non, je ne fais pas ça.

— Essaie un peu.

— Non, c'est inutile, ça n'irait pas.

— Ah! messieurs, si nous avions seulement quelque curiosité à montrer, c'est ça qui serait excellent. Les payeans sont très curieux, nous gagnerions beaucoup d'argent.

— Diable! qu'est-ce que nous pourrions donc leur montrer qu'ils n'auraient jamais vu?...

— Ah, parbleu! je le sais bien, moi, dit Gervais en se frappant sur le derrière. Voilà ce qu'ils n'ont jamais vu.

— Oui, dit Démar, mais quand ils l'auraient vu, penses-tu qu'il s'en iraient sans nous rosser?

— Non, dit Jean, ça serait trop t'exposer. Ah! messieurs, une idée délicieuse... Montrons-leur un monstre comme on en voit tant sur boulevard du Temple à Paris.

— Un monstre! mais nous n'en avons pas.

— Est-ce que vous croyez que tous ceux qui en montrent en ont plus que nous? Il ne s'agit que d'en faire un; à nous trois, il me semble que nous pourrons bien arranger ça.

— Ma foi, il a raison, faisons un monstre, faisons une bête, enfin faisons une curiosité.

— Voyons, messieurs, qui est-ce qui fera la bête... Gervais, hein!

— Oui, il est déjà pas mal laid, ça servira.

— Je veux bien, moi.

— Démar appellera le monde à la porte, et moi je montrerai l'animal, je serai le cornac.

— C'est ça.

— Il s'agit de savoir maintenant ce que nous en ferons. Un géant?

— Oh! non, il faudrait des échasses et des jambes de carton.

— Un poisson?

— Il me faudrait un costume pour ça...

— Ah! si nous avions seulement des écailles d'huîtres pour en couvrir ta veste et ton pantalon, et puis une douzaine attachée sur tes cheveux, tu ferais un poisson superbe. Tu te mettrais par terre sur le ventre, et tu ferais semblant de nager?

— Oui, mais nous n'avons pas d'écailles; cherchons autre chose.

— Diable! c'est encore difficile de faire un monstre, surtout quand on n'a pas de costumes.

— Attendez, dit Jean en se frappant le front. Voyez-vous là-bas dans le coin cette grosse tête de carton qui aura été laissée dans cette auberge par quelque marchande de modes?

— Oui, après?

— Tu sais tenir la tête en bas, n'est-ce pas, Gervais?

— Oui, pendant un peu de temps, et en m'adossant contre quelque chose.

— C'est très bien, voilà notre monstre trouvé.

— Comment?

— Tu te tiens sens dessus dessous, nous cachons tes jambes avec la redingote, nous faisons de faux bras avec de la paille, et nous assujettissons en haut, dans le collet, cette tête que nous ornerons d'une perruque et d'un chapeau. Avec cela nous montrerons un homme qui a deux têtes, l'une en haut et l'autre en bas.

— Pas mal, vraiment.

— Oui, mais en regardant la tête d'en haut de près, si on reconnaît...

— On ne regarde les monstres que de loin. D'ailleurs, tu seras dans un endroit obscur, et puis il faut bien risquer quelque chose.

— Allons, c'est adopté, nous ferons voir un homme à deux têtes.

On juge nécessaire de faire sur-le-champ une répétition. Ces messieurs vont acheter dans la ville une vieille perruque, dont ils affublent leur tête de carton, à laquelle ils font des moutaches et des sourcils avec du bouchon brûlé; ils lui cachent le cou dans une cravate et attachent tout cela en haut de la redingote, dont ils emplissent les manches avec de la paille qu'ils prennent à un de leurs lits.

— Et des mains? dit Gervais.

— Ah! ma foi, il n'en aura pas; quand on a deux têtes on peut bien ne pas avoir de mains. Toi, Gervais, tu mettras seulement une veste; allons, vite sur la tête, que nous voyions le coup d'œil.

Gervais se place, enveloppe ses jambes dans la redingote dont les pans descendent jusqu'à la ceinture, où ils sont attachés par des épingles, et Jean et Démar s'écrient:

— C'est admirable! c'est vraiment curieux! nous gagnerons beaucoup d'argent avec toi.

— Oui, mais je ne veux pas rester comme ça trop longtemps.

— Sois tranquille, quand il n'y aura pas de curieux tu te relèveras; nous n'aurons pas continuellement du monde.

— Et une baraque pour montrer notre monstre?

— Avec quatre manches à balai et sept ou huit aunes de grosse toile, je me charge de la construire.

Les trois voyageurs se couchent, enchantés de leur projet, dont ils se promettent autant de plaisir que de profit. Le lendemain, après avoir déjeuné et payé la grosse tête, dont ils font, disent-ils, emplette pour leur petite sœur, ils se diri-

La partie est acceptée, le jeu est mis en train.

gent vers l'endroit où se tient le marché. Ils achètent plusieurs aunes de toile, ce qui leur coûte plus cher qu'ils ne croyaient, et Jean dit à ses camarades :

— Pourvu que nous fassions nos frais.

— Il faudra prendre très cher, dit Gervais.

— Il faut encore acheter de grands pieux qui doivent soutenir la maison de toile. Enfin les achats terminés, on cherche l'endroit où l'on s'établira.

— Ne nous mettons pas trop en vue, dit Démar. Je crois qu'il faut une permission du maire pour montrer une curiosité.

— Mais, si on ne nous voit pas, Gervais ne nous rapportera rien.

— Bah ! il n'y a pas de mal à faire voir un monstre qui n'est pas méchant. Tiens, voilà une place superbe, il faut y bâtir notre maison.

Les pieux sont plantés. La toile est coupée en plusieurs morceaux, puis étendue par-dessus. Enfin la baraque est achevée tant bien que mal. On peut y tenir à peu près dix personnes en se gênant beaucoup. Deux grands pieux, placés dans le fond, doivent servir de point d'appui à Gervais; on ne voit dans l'intérieur de la maison que par le jour qui pénètre à travers la toile, en sorte qu'on ne voit qu'à demi, mais les jeunes gens pensent que cela ne nuira pas à leur curiosité.

Gervais est affublé comme la veille, mais comme il ne veut pas se tenir la tête en bas une heure d'avance, il est convenu que Démar ne laissera entrer du monde qu'après avoir frappé dans ses mains pour avertir ses camarades de se mettre en mesure. Tout étant disposé, Démar sort de sa baraque en passant par-dessous la toile et armé d'une baguette, se met en devoir d'attirer les curieux, en disant :

Venez voir un être extraordinaire, surnaturel, un homme qui a deux têtes, l'une en haut et l'autre en bas du corps; entrez, messieurs et dames ; ce monstre est vivant, il parle, et ce qu'il y a de plus surprenant, c'est qu'il parle de préférence avec sa tête d'en bas. Entrez, ne vous gênez pas, il y a encore de la place, il n'en coûte que dix sous par personne, et les enfants au-dessous de deux ans ne payeront que demi-place.

Quelques curieux approchent de la baraque, mais personne n'entre. Démar crie plus fort en tapant la maison avec sa baguette, mais il n'a point de tableau sur lequel son monstre puisse frapper les yeux des passants, et ceux-ci s'éloignent en disant :

— Ah ! beau spectacle ! ma fine !... ils n'ont pas seulement une petite peinture à la porte.

— Il paraît que ça va mal, dit Jean à Gervais, qui est obligé de rester couché à terre, parce que ses pieds sont entortillés dans sa redingote.

— Entrez donc, messieurs, entrez donc, crie Démar à quelques paysans qui s'arrêtent pour l'écouter.

— Combien ça coûte-t-il pour voir ton monstre? dit l'un d'eux.

— Dix sous par personne, pas davantage.

— Dix sous ! ah ben ! le plus souvent !... Nous avons vu des singes, des serpents et des ours pour deux sous.

— Oui, mais un homme à deux têtes !

— Ça ne peut pas être plus beau qu'un ours.

Les paysans s'éloignent et Jean crie à travers la toile :

— Démar, baisse ton prix, tu vois bien que personne n'entre ; laisse-les voir Gervais pour cinq sous.

Démar aperçoit quelques curieux qui approchent. Il débite la phrase de rigueur et termine en disant :

— On verra aujourd'hui l'homme à deux têtes pour cinq sous, parce que nous avons beaucoup de monde ; mais demain si nous n'avons personne, on payera le double, parce qu'il faut bien que nous fassions nos frais, et que notre monstre nous coûte horriblement à nourrir.

Un vieux paysan et sa femme s'approchent de Démar et paraissent tentés d'entrer.

— Je n'ai jamais vu de monstre, dit l'homme ; je ne voudrais pourtant par mourir sans en voir un, ça doit être gentil.

— Un homme qui a deux têtes ! dit la femme c'est ben étonnant... et vous dites, monsieur que l'une est en haut et l'autre en bas ?

— Précisément.

— Celle d'en haut comment donc est-elle placée ?

— Tout comme les nôtres.

— Et celle d'en bas, à quel endroit est-elle.

— Ah ! c'est là l'extraordinaire ! entrez et vous le verrez.

— Entrons, ma femme...

— Ah ! un instant... est-il méchant, vot' monstre ?

— Il est doux comme un agneau, il chante même quand on le désire.

— Allons... eh ben... comben est-ce?

— Dix sous pour vous deux...

— C'est ben cher.

— C'est au plus juste.

— Paye-t-on avant d'avoir vu ?

— Oh ! c'est de rigueur.

— Eh ben, not' homme, qu'en dis-tu ?

— Oui, je voulons voir ça, ça nous amusera et j'en parlerons cheuz nous.

Le vieux paysan donne ses dix sous à Démar en disant :

— Par où donc entre-t-on, je ne vois pas de porte ?

— Par-dessous... On lève un peu la toile ; mais attendez que je donne le signal, sans ça notre monstre serait peut-être endormi, et alors vous ne verriez rien, parce que quand il dort, il cache ses têtes sous ses épaules, comme les serins.

Démar frappe dans ses mains. Aussitôt Jean fait mettre Gervais sens dessus dessous, et s'assure que la tête de carton est solide. Dans ce moment, le paysan et sa femme entrent par-dessous la toile et se frottent les yeux pour y voir clair.

— Ah ! mon Dieu ! ousque nous sommes donc? dit la femme, on n'y voit presque pas ?

— Voyez, messieurs et dames, voici l'homme à deux têtes qui est devant vous, dit Jean en se plaçant entre le public et Gervais.

— Ah ! je commence à y voir, dit le paysan ; tiens, ma femme, tiens, v'là le monstre...

— Ah ! Dieu ! mon homme, que sa tête d'en haut est laide... comme il a les yeux fisques !...

— Regardez celle d'en bas, dit Jean, c'est la plus jolie, c'est celle qu'il remue de préférence...

— Monsieur, faites-le donc parler un brin, s'il vous plait.

— Parle ! dit Jean en frappant sur le ventre de Gervais.

— J'étouffe, murmure celui-ci, qui commence à devenir pourpre.

— Qu'est-ce qu'il a dit, monsieur? demanda la paysanne.

— Il a dit que vous étiez belle femme.

— Tiens, il n'est pas trop bête, ce monstre!

— On nous a dit qu'il chantait, dit le paysan. Faites-lui donc chanter une petite chanson.

— Veux-tu chanter? dit Jean en se baissant vers Gervais; et celui-ci lui souffle dans l'oreille :

— Non, sacrebleu! je veux me relever... Renvoie-les tout de suite... je n'en puis plus.

— Allez-vous-en bien vite! dit Jean en repoussant le vieux paysan et sa femme, il vient de m'avouer qu'il avait envie de vous manger.

— Ah, mon Dieu! sauvons-nous, mon homme!...

Et les deux villageois se jettent à terre pour passer par-dessous la toile, et Jean les pousse par derrière pour les faire sortir plus vite, parce que Gervais a quitté la position perpendiculaire.

Le vieux paysan et sa femme sortent à quatre pattes de dessous la maison de toile. La femme a son bonnet de travers, le mari a la figure bouleversée; Démar, qui est alors entouré de jeunes villageois, aide le mari et la femme à se relever en leur disant :

— N'est-ce pas que c'est curieux, hein?... vous ne regrettez pas votre argent?

— Ah! oui, dit la paysanne en se relevant, il est gentil, votre spectacle!... Et votre monstre que vous disiez doux comme un agneau!... i nous a fait une fameuse peur!...

— C'est curieux! dit le mari, oh! oh! pour ça, jarni, c'est curieux... mais je n'y retournerais pas pour ben de l'argent!...

— Pourquoi donc cela?

— Pardi, demandez au cornac ce que vot' homme à deux têtes voulait faire de nous? Si nous ne nous étions pas sauvés ben vite, il nous mangeait, rien que ça!

Démar tâche de contenir son envie de rire en répondant :

— C'est singulier!... c'est qu'il était dans un de ses mauvais moments, mais c'est fort rare.

— Allons-nous-en, not' homme, je ne suis pas tranquille auprès de c'te maison de toile, dit la paysanne en prenant le bras de son mari; et le vieux couple s'éloigne en se disant :

— Jarni! j' pouvons nous vanter d'avoir eu fièrement peur pour nos dix sous!...

Les villageois qui se sont arrêtés devant la baraque ont entendu une partie de ce que viennent de dire ceux qui ont vu Gervais, et cela pique leur curiosité : ils se consultent pour entrer; mais ils ne veulent pas payer cinq sous. Comme ils sont quatre, Démar consent à les laisser entrer pour douze sous; les villageois payent, Démar donne le signal pour que Gervais se mette en position, et le public se glisse sous la toile.

Les villageois, en se relevant, commencent par murmurer du peu de clarté qui pénètre sous la toile.

— Pourquoi donc que tu n'as pas éclairé ton monstre? dit l'un d'eux à Jean. Est-ce que tu veux nous montrer des chats pour des tigres?

Jean se contente de faire ranger les quatre villageois le plus loin possible de Gervais, en disant :

— Voilà l'homme à deux têtes, messieurs; attachez-vous à la tête du bas, c'est la plus étonnante.

Les paysans examinent quelques instants Gervais d'un air soupçonneux; l'un d'eux dit à Jean :

— Pourquoi donc qu'il ne fait aller ni ses yeux ni sa bouche par en haut, ton homme?

— Il est venu au monde comme ça, messieurs, je n'en sais pas davantage...

— Ah çà, dites donc, vous autres, ça m'a l'air d'une frime, dit un second paysan en approchant de Gervais.

Jean cherche à le repousser en lui disant :

— N'approchez pas si près, messieurs, il est quelquefois méchant.

— Mes amis, j' crois qu'on nous vole not' argent... Ça n'a jamais été une tête, ça!...

Pendant ce colloque, Gervais, qui est fatigué d'être renversé, dit à demi-voix :

— Renvoie-les, Jean, renvoie-les... Je ne veux plus me tenir comme ça...

Mais les villageois ne sont pas disposés à s'en aller, et pendant que Jean fait son possible pour les empêcher de toucher la tête de carton, Gervais se laisse tomber lourdement tout de son long, et dans cette chute, la tête postiche se détache et roule avec la perruque aux pieds des villageois.

— Ah! voyez-vous la subtilité!... c'est une tête de carton, ce sont des fripons, s'écrient les villageois; et Jean, voyant que cela tourne mal, se glisse par-dessous la toile, pendant que les paysans roulent Gervais à terre en lui disant :

— Ah! méchant polisson! tu fais le monstre pour attraper not' argent : attends, nous allons t'apprendre à te faire deux têtes.

Gervais fait tout ce qu'il peut pour se débarrasser les pieds de dedans la redingote, mais avant d'y parvenir il est rossé par les villageois. Gervais pleure, crie : dans ce moment, Jean qui est sorti de dessous la baraque pour dire à Démar de venir à leur secours, et ne l'a pas trouvé, imagine un expédient pour sauver son camarade, il retire de terre les pieux qui soutenaient la baraque, elle tombe sur les paysans, et pendant qu'ils cherchent à se dépêtrer de dessous la toile, Jean apercevant la tête de Gervais, le tire par les épaules, l'aide à sortir, et se sauve avec lui du côté des champs.

CHAPITRE IX

UN AUTRE TOUR DE DÉMAR — LA FAMILLE DU LABOUREUR

On court bien dans l'âge où les barres, le ballon et les cerfs-volants sont nos plus douces récréations. Jean et Gervais étaient sortis de Coulommiers avant que les lourdauds villageois fussent parvenus à se débarrasser de la maison de toile.

Jean voulait s'arrêter, mais Gervais courait toujours; la peur lui donnait des ailes. En sortant d'un petit sentier, ils aperçurent quelqu'un qui courait aussi devant eux.

— Ah! mon Dieu!... c'est un de ceux qui m'ont battu, dit Gervais.

— Eh non, dit Jean, c'est Démar, je le reconnais bien.

C'etait en effet Démar, qui, au premier bruit qu'il avait entendu sous la toile; avait jugé prudent de s'éloigner sans attendre ses compagnons.

Les jeunes gens, s'étant rejoints, s'arrêtent enfin derrière des taillis pour reprendre haleine.

— Te voilà donc, dit Jean à Démar, tu nous as laissés dans l'embarras sans t'inquiéter comment nous en sortirions!...

— Pourquoi ne savez-vous pas bien jouer vos rôles?

— C'est Gervais qui ne voulait plus se tenir les pieds en l'air!

— Est-ce que vous croyez qu'on peut rester longtemps comme ça, et puis être rossé ensuite pour se remettre!... Ah! si jamais je refais le monstre!...

— Moi, je me suis sauvé le premier, parce qu'ayant reçu l'argent, je ne voulais pas le rendre.

— A propos, voyons la recette, combien avons-nous fait?

— Vingt-deux sous en tout.

— C'est gentil!... ce n'est pas seulement ce que nous a coûté la perruque que nous avions mise sur la grosse tête!...

— Quand je disais que nous ne ferions pas nos frais...

— Et la maison de toile qui est restée au pouvoir des paysans!

— C'est ta faute, Jean, avec ton idée de nous faire montrer une curiosité!

— Ma foi! messieurs, on ne réussit pas toujours; nous serons peut-être plus heureux une autre fois.

— Oui, mais ne comptez pas sur moi pour faire la bête! dit Gervais en se frottant les reins. Allons, remettons-nous en route, je ne veux pas rester si près du théâtre de nos exploits.

Les jeunes voyageurs se remettent en marche, et ne s'arrêtent que dans le petit village de Boissy-le-Châtel qu'ils aperçoivent devant eux. Après s'y être reposés quelque temps, ils jugent prudent de s'éloigner encore de Coulommiers. En chemin, on ne joue plus, car Gervais paraît souffrir, Démar est rêveur, et Jean se dit tout bas :

— Ah!... j'étais si bien avec mes parents!... Mon père m'avait enfermé, c'est vrai; mais, au fait, je méritais bien d'être puni pour m'être grisé... Et certainement ma mère ne m'aurait pas laissé longtemps au pain et à l'eau.

On arrive à la petite ville de Rebais, mais il ne s'agit plus de chercher le meilleur traiteur; l'entreprise du matin a encore allégé la bourse : Jean ne possède plus qu'une vingtaine de francs, et il déclare fermement qu'il veut que cela dure quinze jours. Démar lui rit au nez et Gervais répond :

— En ce cas, nous ne mangerons plus de perdrix!

Les jeunes gens entrent dans un méchant cabaret; ils soupent avec une omelette et du fromage, et vont se coucher dans une mansarde où on leur offre un mauvais lit pour eux trois; la nuit se passe à se disputer au lieu de dormir, parce que l'infortune donne de l'humeur, surtout lorsqu'on l'a méritée.

Le lendemain, après le déjeuner, Jean paye la dépense : malgré leur sagesse elle se monte, avec le coucher, à sept francs; et Jean dit à ses compagnons :

— Avec toute notre économie, et en dînant mal, les vingt francs n'iront pas loin.

— Alors il vaut autant bien dîner, dit Gervais.

Démar ne dit rien, il regarde un voyageur qui vient d'entrer dans la maison et qui tient sous son bras une grosse valise qu'il place sur un banc près d'une table, devant laquelle il s'assied. La figure de ce voyageur annonce la confiance et la bonhomie : à peine entré, il entame la conversation avec toutes les personnes qui sont près de lui, et commence par leur conter ses affaires.

— Allons-nous-en, dit Jean, que faisons-nous ici?

— Ma foi, je suis fatigué, dit Démar, rien ne nous presse... Restons encore, j'espère que ce ne sera pas pour rien...

— Comment?

Démar ne veut pas en dire davantage; il s'étend sur un banc en fumant une pipe; Jean et Gervais vont se promener dans un petit jardin qui est derrière la maison; quelques tables placées sous des arbres annonçaient que les voyageurs pouvaient venir s'y rafraîchir. Ils étaient depuis un quart d'heure dans le jardin, lorsque Démar vient les rejoindre. Sa figure a une expression singulière; il jette de fréquents regards derrière lui, et semble très agité.

— Que diable viens-tu donc de faire? dit Jean, qui est frappé du trouble de Démar.

— Une bonne espièglerie, répond Démar à voix basse et en regardant encore derrière lui.

— Qu'est-ce donc?

— Chut!... Parlez bas!... Oh! je n'ai pas perdu mon temps, moi!... Je viens de jouer un bon tour à cet imbécile de voyageur que vous avez vu... Mais je croyais qu'il y avait une porte de sortie dans le fond du jardin... Je n'en vois pas...

— Eh bien! nous sortirons par la maison... Venez...

— Non, non!... attendez!... dit Démar en arrêtant Jean, qui est prêt à retourner vers la maison, je ne voudrais pas repasser par là... Si cet imbécile s'était aperçu... Cependant il déjeune, et j'espère...

— Qu'as-tu donc? Pourquoi trembles-tu ainsi?.. Parle...

— Réjouissez-vous, nous sommes en fonds!... Nous allons nous amuser de nouveau et pendant longtemps!... Tenez, voyez-vous ce portefeuille!...

— Ah! mon Dieu! s'écrie Jean frappé d'une idée subite, achève; ce portefeuille..... à qui est-il?

— Il était à ce voyageur qui parlait à tout le monde. Après votre départ je me suis approché de lui... il m'a offert de boire un coup, j'ai accepté, alors nous avons causé... L'imbécile a voulu défaire sa valise pour me montrer les emplettes qu'il porte à sa femme. Il m'a dit qu'il venait de toucher mille écus à Coulommiers, puis il a tiré son portefeuille pour y chercher une adresse; après l'avoir refermé, il a cru le mettre dans sa poche et l'a laissé tomber sous le banc; aussitôt j'ai mis mon pied dessus, puis j'ai admiré les achats que contenait la valise, afin de le distraire; enfin j'ai ramassé le portefeuille sans qu'il s'en aperçut, et lui disant adieu, je l'ai laissé à table...

— Malheureux! c'est un vol, dit Jean en regardant Démar avec indignation.

— Non, ce n'est pas un vol... Pourquoi cet imbécile laisse-t-il tomber son portefeuille...

— Tu l'as vu tomber de ses mains, tu devais le lui rendre...

— Ah ben! par exemple! pas si bête, n'est-ce pas, Gervais?

— Dam'! répond Gervais, au fait... puisque ce portefeuille était à terre... il me semble que nous pouvons...

— Il faut le rendre, vous dis-je! Démar, si tu gardais cela, tu serais un malhonnête homme... cela te porterait malheur. Tu appelles une espièglerie prendre le portefeuille d'un voyageur!

— Je ne l'ai pas pris, je n'ai fait que le ramasser.

— Il faut reporter ce portefeuille.., Si cet homme s'apercevait qu'il ne l'a plus... si on le trouvait sur toi!... Oh! mon Dieu! nous serions arrêtés comme des voleurs...

— Bah! bah!... tu vois tout de suite les choses en noir. Je ne rendrai rien.

— Eh bien! je vais... O ciel! il n'est plus temps... Tiens, regarde... on vient nous arrêter.

Démar et Gervais se retournent, et à travers les arbres qui les cachent, aperçoivent trois gendarmes qui viennent d'entrer dans le jardin, et se sont arrêtés à l'entrée d'une allée, regardant autour d'eux et paraissant chercher quelque chose.

La tête de Méduse semble avoir pétrifié Démar; il devient blême et demeure immobile, incapable de faire un pas. Par un mouvement qui lui est habituel lorsqu'il a peur, Gervais s'est glissé sur-le-champ sous une table qui est près d'eux; mais Jean, qui frémit à l'idée d'être arrêté comme complice d'un vol, lorsque sa conscience ne lui reproche rien, et sans savoir ce que l'on pensera, sans calculer les suites de son action, s'élance par-dessus un mur qui n'a que quatre pieds de haut, saute dans la campagne; et prenant sa course, fait près d'une lieue sans s'arrêter et sans regarder derrière lui.

N'en pouvant plus, Jean s'arrête enfin; il regarde autour de lui : à gauche est une grande route, derrière et en face des champs, sur la droite un petit bois. Il écoute : tout est tranquille; quelques laboureurs qui travaillent à la terre, quelques villageoises qui cueillent des herbes, animent seuls ce tableau. Rien n'annonce qu'il soit poursuivi, et cependant le bruit de la charrue ou de la pioche le fait tressaillir; il croit reconnaître les pas des gendarmes qui courent après lui; il tremble, et il est innocent. Que serait-ce donc s'il était coupable!

Jean gagne le petit bois qui est sur la droite, et là s'assied au pied d'un bouquet d'arbres. Il réfléchit à ce que vient de faire Démar, et se dit :

— J'ai bien fait de les quitter : Démar est un

voleur, et je ne veux pas être l'ami d'un voleur; Gervais ne vaut pas mieux que lui, puisqu'il lui conseillait de garder le portefeuille. Ils sont sans doute arrêtés maintenant. Ces gendarmes les auront pris... S'ils allaient dire que c'est moi qui leur ai conseillé de voler ce voyageur... Démar en est bien capable!... Et peut-être me cherche-t-on pour m'arrêter aussi ; j'aurai beau dire que je voulais qu'on rendît cet argent, on ne me croira pas... Ah ! mon Dieu ! que dirait-on chez mes parents, si on me ramenait à Paris comme un voleur!... Ah! que je suis fâché de m'être fait l'ami de Démar et de Gervais !... Mon père disait que c'étaient de bien mauvais sujets... Il avait raison. Il les connaissait mieux que moi... et cependant je les voyais plus souvent que lui...

Tout en faisant ces réflexions, Jean s'est étendu sur le gazon. Peu à peu la fatigue engourdit ses membres, ses yeux se ferment ; il s'endort profondément.

Il est nuit lorsque Jean s'éveille; il a dormi longtemps dans le bois. Il se frotte les yeux ; ne distingue rien autour de lui ; il ne sait plus où il est. Enfin, en tâtonnant, il touche les arbres qui ont protégé son sommeil ; il se rappelle alors les événements de la journée ; il sent aussi qu'il n'a pas mangé depuis le matin, et il se lève en se disant :

— Il faut me remettre en route, car ne n'est pas en restant dans ce bois que je trouverai à souper.

Il ignore entièrement où il est, et ne se souvient même plus par quel côté il est entré dans le bois, et comment il pourra en sortir. Mais Jean n'est pas poltron : l'obscurité, l'isolement dans lequel il se trouve ne lui causent nulle frayeur ; il ne redoutait que la honte d'être arrêté comme complice d'un vol, et cette idée lui fait craindre encore de se retourner sans s'en douter près de l'endroit d'où il a fui le matin.

Cependant il ne veut point passer la nuit dans le bois : un estomac de seize ans et demi ne s'accommode pas d'une diète de douze heures. Jean se décide à marcher au hasard : il faudra bien qu'il sorte du bois qui ne lui a pas paru être considérable ; il s'avance tenant ses mains en avant pour écarter les branches qui s'opposeraient à son passage, et se dirige vers les endroits les moins sombres, espérant découvrir un sentier qui mènerait à une grande route.

Après avoir marché pendant quelque temps, il se trouve enfin dans un sentier battu ; il le suit, et n'a pas fait deux cents pas, lorsqu'une lumière frappe ses yeux.

Un sentiment de plaisir fait battre son cœur ; il se dirige en doublant le pas vers cette clarté, et se trouve bientôt sur la lisière du bois, et devant une petite chaumière dont une fenêtre donne sur le sentier qu'il a parcouru.

Jean s'arrête devant l'habitation.

— Je puis bien frapper là, se dit-il, c'est une maison de paysans ; ils ne me refuseront pas à souper et peut-être à coucher en les payant, et j'ai encore treize francs sur moi. J'aimerais mieux coucher là que dans un village ; j'y serais plus tranquille... Je ne craindrais pas de rencontrer ces gendarmes dont la vue m'a tant bouleversé... Il faut frapper.

Jean trouve la porte de la chaumière et frappe légèrement. Bientôt il entend marcher, et une voix enfantine lui crie :

— Est-ce toi, Jean ?

Le jeune voyageur éprouve un sentiment de surprise, un trouble indéfinissable en s'entendant nommer la nuit, dans un lieu inconnu, par les habitants de cette chaumière. Cependant la voix qui s'est fait entendre est si douce, que, cédant à un mouvement naturel, il répond presque aussitôt :

— Oui, c'est moi.

— On ouvre la porte : un petit garçon de sept à huit ans, d'une figure douce et naïve, paraît sur le seuil, et en voyant le jeune voyageur, s'écrie :

— Ah ! ce n'est pas Jean !...

Cependant notre voyageur a fait quelques pas et se trouve à l'entrée d'une chambre pauvrement meublée, et dans laquelle un villageois d'une cinquantaine d'années est assis près d'une table, ayant une de ses jambes posée sur un tabouret.

— Qui est-ce donc ? demande-t-il en tournant ses regards vers la porte.

— Monsieur, dit Jean en s'avançant, je me suis égaré dans le bois, je ne connais pas ce pays, et je cherchais une maison pour demander mon chemin, et à souper si cela se pouvait, car j'ai très faim... Mais je payerai, monsieur, oh ! j'ai de quoi payer.

Le villageois sourit en regardant Jean, dont la figure franche et la jeunesse inspirent l'intérêt.

— Quand vous n'auriez pas de quoi payer, lui dit-il, pensez-vous que je vous refuserais un morceau de pain ? Non, ce n'est pas mon habitude. Cependant je ne suis pas riche... mais ça n'empêche pas d'aimer à obliger.

— Oh ! non, nous ne sommes pas riches, dit le petit garçon, surtout depuis que notre vache est morte !

— Tais-toi, Jacques. Allons, entrez, jeune homme, asseyez-vous, reposez-vous... Je vais vous donner ce que j'ai ; mais tout à l'heure il nous arrivera des provisions : j'attends mon fils aîné, qui, en revenant de sa journée, doit nous en apporter. J'ai cru que c'était lui qui arrivait quand vous avez frappé.

— Il s'appelle donc Jean ?

— Oui.

— C'est comme moi, monsieur.

— Ah ! vous vous appelez comme mon fils, raison de plus pour que vous soupiez avec nous.

Jean va s'asseoir près de la table ; le petit Jacques place devant lui du pain bis et du fromage, et le regarde avec curiosité. Pendant que Jean mange avec appétit, le villageois lui adresse quelques questions.

— Est-ce que vous allez loin comme ça, jeune homme ?

— Je vais à Paris, monsieur.

— Treize lieues environ... Et vous venez de chez votre père ?

— Non... au contraire, je vais le retrouver.

— Ah ! vous étiez allé voir queuque parent ?

— Oui, monsieur...

— A Rebais peut-être ?

— Non ! s'écrie vivement Jean, je n'ai pas été dans cette ville-là !...

» Est-ce loin d'ici, monsieur ?

— Mais, non, à trois quarts de lieue au plus.

— Ah ! mon Dieu ! se dit Jean, je n'en suis pas plus éloigné !...

— Y a-t-il longtemps que vous avez quitté votre père ? reprend le villageois.

— Mais... il y a deux mois bientôt...

— Vous devez être bien impatient de le revoir !... Deux mois loin de ses parents, c'est long ! Je suis sûr qu'on vous attend tous les jours !...

Jean baisse les yeux, et répond en balbutiant :

— Oh ! oui... on m'attend.

— Papa, dit le petit garçon en courant près de son père, moi, je ne te quitterai jamais, n'est-ce pas ?

— Non, mon garçon, tu seras comme ton frère Jean, tu vivras toujours avec moi... Vous êtes les appuis de votre père.

— Je ne suis pas encore assez grand pour travailler aux champs ; mais bientôt je pourrai te faire la cuisine, tu verras que je ferai bien la soupe !... Puisque tu as mal à la jambe, il ne faut pas que tu te lèves.

Le villageois embrasse son fils, et Jean repose sur la table le pain qu'il tenait : son cœur est trop plein pour qu'il sente encore l'appétit.

— Eh ben ! vous ne mangez plus ? dit le villageois. Dam', ça n'est pas ben délicat... mais vous souperez tout à l'heure avec nous... Ah ! justement on frappe... c'est mon fils sans doute.

Le petit garçon court ouvrir et s'écrie avec joie :

— Oui, c'est mon frère Jean !

Un jeune homme de dix-huit ans, fort bien bâti, mais hâlé par le soleil, entre dans la chaumière, tenant d'une main des instruments de labourage, et de l'autre un panier. Il court embrasser son père, et tirant de sa veste une pièce de cinq francs et de la monnaie, il met tout dans les mains du vieillard, en lui disant :

— Voilà ce que j'ai gagné depuis cinq jours, on vient de me payer. Mais comme le bourgeois est content, il m'a promis de m'augmenter le prix de mes journées.

— Eh ben, tu ne gardes rien, Jean ? dit le villageois.

— Est-ce que j'ai besoin d'argent, moi, puisque je mange avec vous, le soir, et que le matin j'emporte pour ma journée ! Je voudrais gagner ben davantage, ça serait toujours pour vous, mon père.

— Oui, et puis nous pourrions bientôt ravoir une vache, dit le petit Jacques.

— Allons, soupons, mes enfants. Tiens, mon fils, voilà un jeune voyageur qui sera des nôtres,.. il retourne à Paris chez ses parents...

— Oh ! oui, monsieur, dit Jean en poussant un gros soupir, et je voudrais déjà être auprès d'eux ; mais treize lieues, ce n'est rien, je les ferai demain dans ma journée.

On met sur la table les provisions que le jeune laboureur vient d'apporter. Le père se place entre ses deux fils, et Jean est tout ému de l'amitié qui règne entre le villageois et ses enfants. Tout en mangeant, le fils aîné dit :

— J'ons passé à Rebais aujourd'hui et j'ons été témoin de l'arrestation d'un coquin.

Jean frémit, il est persuadé qu'il s'agit d'un de ses compagnons.

— Qu'avait-il fait ce coquin-là ? dit le villageois.

— Il paraît qu'il s'amusait à mettre le feu dans les fermes...

— Le misérable !

— Mais on était à sa poursuite, les gendarmes l'ont arrêté à Rebais... je l'ai vu emmener.

— Vous l'avez vu, dit Jean, comment était-il ?

— Mais... c'est un homme qui avait ben quarante ans, et une mauvaise figure !

— Et... on l'a arrêté...

— Oui, il paraît qu'il n'avait pas de complices.

Jean respire plus librement. Il lui serait pénible de penser que ses anciens compagnons sont entre les mains de la justice. Le souper s'achève.

— Si vous voulez coucher ici, dit le père de famille, vous aurez un lit un peu dur... mais dam' c'est celui de mes enfants que vous partagerez. J'étais plus à mon aise autrefois !... mais ben des malheurs sont venus fondre sur nous. D'abord j'ai perdu ma femme... ma bonne Marie, puis je suis devenu paralysé de cette jambe, ce qui m'empêche de travailler; ensuite notre vache est morte, et c'était pour nous une grande ressource! mais je ne puis pas me plaindre, puisque mes fils me restent... et vous voyez comme ils m'aiment... ils ne veulent jamais quitter leur père, n'est-ce pas, mes enfants!

— Oh! jamais! jamais! disent en même temps les deux fils du laboureur en enlaçant celui-ci dans leurs bras. Est-ce que ce n'est pas un devoir et un plaisir de rester avec toi?...

— Et qui donc te soutiendrait, dit le petit Jacques, à présent que tu peux à peine marcher, si nous te laissions tout seul?... Ça serait joli, qu'un autre que nous vînt donner le bras à not' père.

Des larmes coulent des yeux du villageois qui embrasse tendrement ses deux fils, et Jean ne cherche pas à retenir les pleurs que lui arrachent et ce tableau et le souvenir de ce qu'il a fait.

Le besoin du repos se fait sentir, les habitants de la chaumière se jettent chacun sur leur couchette. Jean partage celle du fils aîné du laboureur. Mais le sommeil ne vient pas fermer ses paupières; trop de pensées agitent et son cœur et son esprit; il se reproche sa fuite, il pense au chagrin que doivent éprouver ses parents, à la manière dont il a payé leur amour, leur faiblesse pour lui. Quelle différence entre sa conduite et celle des enfants du laboureur, entre les sentiments de ces villageois et ceux de ses anciens camarades! Toutes ces idées le troublent, l'agitent, mais en regardant le jeune paysan qui repose paisiblement à son côté, il se dit :

— Retournons près de ma mère, et je dormirai aussi tranquillement que lui.

Le jour paraît enfin, et les habitants de la chaumière sont matinals. On déjeune; le fils aîné prend la pioche, la bêche, embrasse son père, et va à ses travaux. Jean demande la route de Paris; avant de partir il voudrait donner tout ce qu'il possède au maître de la chaumière, et celui-ci ne consent à recevoir que fort peu de chose. Mais le petit Jacques se charge de mettre Jean sur la route qu'il faut prendre pour aller à Paris, et, arrivé à l'endroit où il n'a plus besoin de guide, Jean met son argent dans la main de Jacques en lui disant :

— Donne cela à ton père, ce sera pour vous aider à ravoir une vache.., moi je n'ai plus besoin de rien, je serai ce soir chez mes parents... Au moins je n'aurai pas fait que des sottises avec l'argent de ma mère.

Le petit garçon prend ce qu'on lui donne en faisant des bonds de joie, et retourne à sa chaumière en criant :

— Nous aurons une vache! c'est pour avoir une vache!

Jean, plus content de lui que la veille, se met gaiement en marche, demandant de temps à autre le chemin de Paris, afin de s'assurer s'il suit la bonne route. Il fait six lieues sans s'arrêter, puis il mange dans un cabaret les dix sous qu'il a gardés pour son voyage : il lui reste encore près de sept lieues à faire, mais il a du courage et de bonnes jambes. Cependant ce n'est pas sans peine qu'il atteint Paris; il y arrive enfin et reprend le chemin de son quartier.

Il est nuit depuis longtemps lorsque Jean se trouve dans la rue Saint-Paul. Il éprouve un trouble, un embarras qui redoublent lorsqu'il approche de la demeure de ses parents, et il s'arrête en se disant : — Si on allait me recevoir mal, me renvoyer? Il songe alors à son parrain Bellequeue qui a toujours été le médiateur entre lui et son père, et dont il connaît l'extrême indulgence. — Allons d'abord le trouver, se dit-il, il me pardonnera, il ira prévenir ma mère, et il apaisera la colère de mon père.

Enchanté de cette idée, Jean court frapper à la maison où loge son parrain.

CHAPITRE X

LA MAISON PATERNELLE — JEAN EST UN HOMME

Depuis que Bellequeue a quitté les beaux-arts (car on sait que maintenant on est artiste en tout) il a pris un joli logement et une petite bonne de dix-huit ans, ce dont par parenthèse madame Durand n'a point paru satisfaite. Bellequeue est resté garçon, et quoiqu'il conseille toujours à ses amis de se marier, il n'a pas jugé convenable de suivre lui-même les avis qu'il donne aux autres. Bellequeue, tout en marchant sur ses pointes et en faisant l'aimable près des belles, s'est amassé mille écus de rente; avec cela un garçon peut vivre très bien, même lorsqu'il a une jeune bonne. Bellequeue qui approchait de sa cinquante-troisième année, était bien conservé : son teint avait pris une nuance un peu plus foncée, surtout du côté du nez, mais il avait toujours les dents blanches et les lèvres vermeilles; sa coiffure, qu'il n'avait point changée, était constamment soignée, il ne se servait que de pommade superfine et de poudre parfumée; enfin il était dans sa mise d'une extrême propreté, et son chapeau à trois cornes était aussi luisant que sa chaussure frottée au cirage anglais. Bellequeue pouvait

Tiens, ma femme, v'là le monstre.

donc encore faire le galant sans paraître ridicule; mais s'il courtisait les dames du quartier Saint-Antoine, il n'en était pas moins rangé dans sa conduite, et ne rentrait jamais chez lui plus tard que onze heures; on assurait d'ailleurs que la petite bonne se permettait de le gronder lorsqu'il se dérangeait.

Cette jeune bonne qui se nommait Rose, était une brune assez piquante; ses yeux un peu petits étaient d'une extrême vivacité, et son nez, que les voisins nommaient en pied de marmite, mais que son maître assurait être à la Roxelane, donnait quelque chose de comique à sa figure déjà passablement éveillée. Mademoiselle Rose était mise plutôt en femme de chambre qu'en bonne; elle avait de jolis bonnets garnis et des tabliers de soie; sa taille était serrée dans un étroit corset, et elle mettait avec beaucoup de grâce une petite *tournure;* enfin les mauvaises langues du quartier, scandalisées du ton et de la toilette de mademoiselle Rose, assuraient qu'elle était entrée chez M. Bellequeue pour *tout faire*, et qu'elle s'était fait annoncer ainsi dans les *Petites-Affiches*. On avait plaisanté le vieux garçon, on avait été jusqu'à dire qu'un homme qui avait des mœurs ne devait point prendre une bonne de dix-huit ans, coquette comme mademoiselle Rose. Bellequeue n'avait point écouté tous ces propos, il avait pensé qu'à l'automne de sa vie, un homme doit pouvoir faire ses volontés, qu'on peut avoir des mœurs avec une bonne de dix-huit ans aussi bien qu'avec une gouvernante de cinquante; qu'il est plus agréable en entrant chez soi d'y trouver un joli visage qu'une vieille figure, qu'une domestique bien mise fait honneur à son maître; enfin, qu'il prenait une bonne pour lui et non pour ses voisins; bref, il avait gardé la jeune fille, et il avait bien fait.

Bellequeue venait de rentrer chez lui, il avait ôté son habit noisette, passé sa robe de chambre de basin, et commencé avec Rose une partie de dames, jeu auquel la jeune bonne était encore assez novice, ne concevant jamais qu'une dame couverte pût être prise; mais son maître avait de la patience, et il lui expliquait les coups. Il allait aller à dame, lorsqu'on sonna avec violence.

— Ah! mon Dieu! qui est-ce qui se permet de sonner comme cela? dit mademoiselle Rose.

— Il est certain que c'est un peu sans façon, dit Bellequeue; va voir, Rose... Ah! tu remarqueras que j'allais à dame, nous reprendrons le coup.

— Je vais joliment arranger les sonneurs, dit mademoiselle Rose en allant avec humeur ouvrir la porte.

Mais Rose n'a pas le temps de gronder; à peine a-t-elle ouvert la porte que Jean entre brusquement, et, renversant une chaise et une table qui se trouvent sur son passage, pénètre dans la chambre de Bellequeue, et lui saute au cou avant que celui-ci ait eu le temps de se reconnaître.

— C'est moi, mon parrain, s'écrie Jean.

— Ah! mon Dieu!... c'est lui!... c'est toi, mon cher Jean!... mauvais sujet! que je t'embrasse! Le voilà donc revenu! j'avais bien dit, moi, qu'il reviendrait... A la vérité, j'avais dit aussi que je te retrouverais, et je ne t'ai pas retrouvé! mais te voilà... L'enfant prodigue est de retour... Nous allons tuer le veau gras!... Embrasse-moi encore, mon garçon.

Bellequeue presse de nouveau son filleul dans ses bras et mademoiselle Rose regarde Jean avec complaisance, parce que depuis un an qu'elle est chez Bellequeue, elle a déjà eu occasion de le voir souvent.

Cependant Jean, qui est harassé de fatigue, s'est débarrassé des bras de son parrain pour se jeter sur une chaise en disant :

— Ouf! je n'en puis plus.

— En effet, tu m'as l'air bien fatigué mon garçon.

— Et comme M. Jean est couvert de poussière dit Rose.

— Tu viens donc de bien loin?

— J'ai fait treize lieues aujourd'hui.

— Treize lieues! ah! mon Dieu! c'est presque un tour de force... mais pas toujours sur tes pointes, j'espère.

— J'ai presque constamment couru!...

— Pauvre garçon... comme il est grandi... comme il est fort maintenant... N'est-ce pas, Rose?

— Certainement, M. Jean est un homme, à présent.

— Mais tu dois avoir besoin de prendre quelque chose?

— Je crois bien, je meurs de faim et de soif..

— Et tu ne dis rien... Rose, allons, vite... apportez tout de qu'il y a... ce qui reste du dîner... Je vais moi-même... Attends, tu auras de mon vin vieux... J'en ai une bouteille de montée.

Mademoiselle Rose court d'un côté, Bellequeue de l'autre; en un instant un couvert est mis, et chargé de viandes froides, de fruits et de bouteilles. Bellequeue veut lui-même verser à son filleul-il se met à table et trinque avec lui.

— A ta santé, Jean; à ton heureux retour!

— Merci, mon parrain. Mais parlez-moi de mes parents, de ma mère... On a été bien en colère contre moi, n'est-ce pas?... Je vois bien à présent que j'ai eu tort... Mais pour en être convaincu, il fallait que je fisse la sottise... Mes amis étaient de mauvais sujets. Je le sais maintenant... mais alors je ne le croyais pas.

— Du moment que tu conviens de tes torts, tout doit être fini, dit Bellequeue, buvons à l'oubli de ta faute.

— Oui, mon parrain.

— Prenez garde, monsieur, dit Rose en tirant son maître par le pan de son habit, vous allez vous faire mal, songez que vous avez déjà dîné.

— Oui, Rose, soyez tranquille... je me modérerai. Mais je suis si content de revoir ce cher Jean!... Ah! tu as eu tort!... grand tort, mon garçon... Tu es grandi de deux pouces, je crois... Si du moins, avant de partir, tu avais prévenu quelqu'un... Comme les voyages forment les jeunes gens!... Hein, Rose, il n'a plus du tout l'air d'un enfant?

— Et ma mère, elle se porte bien? dit Jean.

— Très bien, mon ami... Comme elle va être contente... comme elle va t'embrasser! nous parlions de toi tous les jours!

— Et mon père, croyez-vous qu'il me grondera beaucoup?... Vous le verrez le premier, n'est-ce pas, et vous lui parlerez pour moi?

Bellequeue ne répond rien, il échange un coup d'œil avec Rose, et son front se rembrunit.

- Vous ne me répondez pas, dit Jean. Est-ce que vous pensez que mon père ne voudra pas me recevoir, qu'il ne me pardonnera pas?

— Ce n'est pas cela, mon ami, dit Bellequeue avec embarras. Mais je ne pensais pas que tu ignorais... Depuis ton départ... il s'est passé bien des choses... Sais-tu qu'il y a deux mois demain que tu es parti?

— Eh bien! que s'est-il donc passé?

— Mon garçon... il faut dans ce monde s'attendre à tout!... c'est une maxime dont on doit se pénétrer, afin de ne s'étonner de rien.

— Mais enfin, mon père! que lui est-il donc arrivé?

— Il est mort, il y a un mois!...

— Il est mort! ah! mon Dieu!... c'est moi peut-être qui suis cause...

— Non... oh! non, mon garçon, calme-toi. Ton père t'aimait beaucoup, mais il avait pris ton absence bien plus philosophiquement que ta mère; il disait tous les jours :

— Mon fils sera malheureux, il mangera de la vache enragée, ça lui fera du bien, ça le corrigera, et j'espère qu'il reviendra plus docile. Mais il y a un mois un coup de sang l'a emporté en un instant, quoiqu'il bût tous les matins quelque chose pour éviter ces accidents-là!...

— Ah! je ne me pardonnerai jamais de n'avoir pas été près de lui à ses derniers moments; voilà la punition de ma faute!... mais elle est bien cruelle....

— Allons, Jean, calme-toi... C'est très bien de pleurer ton père, tu le dois certainement... N'est-ce pas, Rose? Eh bien! vous pleurez aussi, Rose?

— Oui, monsieur... Ça me fait de la peine de voir pleurer M. Jean.

— Je conçois cela; si je me laissais aller, je pleurerais aussi; mais je veux conserver ma fermeté. Il s'agit maintenant d'aller consoler madame Durand en lui ramenant son fils.

— Oui, vous avez raison, mon parrain, allons trouver ma mère.

Bellequeue remet son habit et sort avec Jean qui ne veut pas tarder à aller consoler sa mère. On arrive bientôt chez madame Durand. La boutique est fermée, car il est déjà tard; mais Catherine vient ouvrir, elle pousse un cri de joie en voyant son jeune maître, et quoiqu'on lui recommande de se taire, elle court à sa maîtresse en disant :

— Le voilà, madame! M. Jean est revenu, c'est M. Bellequeue qui le ramène.

Voyant qu'il n'y avait pas moyen de faire taire Catherine, Jean monte aussi vite qu'elle, et il est bientôt dans les bras de sa mère, qui l'embrasse bien tendrement.

— Le voilà, dit Bellequeue, je vous avais bien dit que je vous le ramènerais... Il est corrigé, oh! il sera sage maintenant; il me l'a promis.

Madame Durand n'avait pas besoin de cette assurance pour pardonner à son fils; mais Jean, en lui témoignant le chagrin qu'il éprouve de la mort de son père, ne lui cache pas les reproches qu'il se fait. Enfin, quand les premiers moments donnés à la tendresse, à la surprise, sont passés, on prie le fugitif de conter ses aventures, et quoiqu'il soit tard, M. Bellequeue reste pour entendre ce récit. Jean conte tout, hors le dernier tour de Démar, qui l'a déterminé à quitter ses compagnons; un reste d'amitié pour ses anciens camarades le porte à cacher une faute qui, si elle était connue, couvrirait de honte leurs parents.

— Nous nous sommes querellés, dit-il, et je les ai quittés... Depuis longtemps, d'ailleurs, je sentais que je devais revenir près de vous.

On n'en demande pas davantage à Jean; on le croit, on l'embrasse encore, et après avoir ainsi réinstallé son filleul dans la maison de ses parents, Bellequeue retourne chez lui, enchanté de sa soirée.

Le lendemain, de grand matin, Jean se rend seul au tombeau de son père, et sa mère, en le voyant revenir, l'embrasse en disant :

— Je savais bien, moi, que ce n'était pas un mauvais garçon.

Toute la famille est bientôt instruite du retour du jeune Durand. Mais personne ne vient en féliciter sa mère, parce que tous ses parents l'ayant blâmée de son extrême faiblesse, madame Durand s'est fâchée avec eux.

— Il fera bientôt quelque nouvelle escapade, disent les Renard.

— Il ne saura jamais un état, dit Fourreau.

— Il ne sera jamais aimable avec les demoiselles, dit la cousine Aglaé.

— Il ne dansera jamais bien, dit Mistigris.

Madame Durand s'inquiète peu de ce que disent ses parents. Son fils est revenu, c'est tout ce qu'elle désirait. Madame Moka vient voir le jeune étourdi; car, en son absence, elle a souvent tenu compagnie à madame Durand, acceptant un petit verre, pendant que la maman parlait de son fils, et lui répondant tout en savourant la liqueur :

— Il *revinssera*, madame, j'en *suimes* assurée.

Quant à madame Ledoux, elle n'est pas fâchée non plus de revoir Jean, pour chercher s'il ressemble à l'un de ses trois maris ou de ses quatorze enfants.

Pendant les premiers temps de son retour,

Jean est tranquille et reste souvent près de sa mère. La bonne madame Durand est même alarmée de l'extrême sagesse de son fils; elle craint qu'il ne tombe malade, et est la première à l'engager à se donner un peu de distraction. De son côté, Jean engage sa mère à quitter le commerce et à jouir d'un repos qu'elle a bien gagné. Comme son fils est décidé à ne point faire un herboriste, madame Durand consent à vendre son fonds. Grâce aux soins et aux démarches de Bellequeue, qui se charge de cette négociation, le fonds est bien vendu; l'herboriste avait fait de bonnes affaires et des économies; un an après la mort de son époux, madame Durand se retire du commerce avec six mille livres de rente.

Jean en ayant à peu près autant par ce que lui a laissé sa marraine, madame Durand dit à tout le monde :

— Mon fils aura un jour douze mille livres de rente; avec cela, sa figure et ses qualités, il peut épouser une duchesse.

Jean, qui a près de dix-huit ans, est en effet un assez joli garçon; mais si sa taille est bien prise, sa tournure n'est nullement distinguée; habitué à fréquenter les tabagies, à préférer les guinguettes aux salons, et la société d'une grisette à celle d'une dame du monde, Jean a des manières de mauvais ton; il n'est pas grossier, mais il est brusque; il ne sait ni faire une galanterie, ni adresser un compliment à une femme, mais il mêle souvent des jurons énergiques dans sa conversation; enfin, ne voulant faire aucun effort pour être aimable, Jean dit :

— Il faut qu'on me prenne comme je suis!

Et sa mère lui répond :

— Tu es très bien comme cela, mon garçon.

Jean, qui ne cherche pas à plaire et déteste les fats, ne conçoit pas que l'on reste longtemps devant un miroir. Bellequeue lui dit quelquefois :

— Mon ami, on peut soigner sa mise sans être fat; il n'y a pas de mal à avoir du goût, à placer ses cheveux avec grâce... Ce n'est pas être coquet que de tenir à ce que notre habit soit bien fait et notre pantalon bien taillé.

— Bah! répond Jean, pourvu qu'un homme soit propre, est-ce qu'il n'est pas toujours bien?

Enfin Jean, qui ne connaît rien en littérature, en musique et en peinture, qui n'a aucun talent d'agrément et aucune science utile, dit encore :

— Quand on a douze mille livres de rente, est-ce qu'on a besoin de savoir tout cela?

Et la bonne madame Durand lui répond :

— Non certainement, mon cher Jean, et tu as assez d'esprit pour parler de tout sans avoir rien appris.

En revanche, Jean est très fort au billard; il y passe une partie de ses journées; il boit sec sans se griser, et va souvent chez des traiteurs faire assaut avec des jeunes gens de son âge; quelquefois il emmène Bellequeue et lui fait fumer une pipe ou des cigares; il aime peu le spectacle, parce qu'il faut y rester trop longtemps à la même place; il ne sait pas ce que c'est que de faire la cour à une dame, mais il aime à rire près d'une grisette avec laquelle on est sur-le-champ sans façon.

Tout en allant dîner ou se promener avec son filleul, Bellequeue essaye de le rendre plus galant.

— Tu as une jolie voix, mon ami, lui dit-il, mais tu ne la conduis pas bien; tu ne sais que des chansons à boire, et tu les chantes avec rudesse... Tu portes mal ton chapeau; ta cravate est toujours mise avec négligence; tu te tiens droit, mais tu ne te donnes pas de grâce en marchant.

— La liberté, mon parrain, je ne connais que ça, dit Jean.

— Sans doute mon garçon, c'est très agréable de ne faire que ses volontés; mais ça n'empêche pas de boucler ses cheveux proprement, et on est aussi libre de chanter de jolies choses, de petits airs tendres, que des refrains à boire qui font trembler les vitres.

— Bah! mon cher parrain, de quoi a-t-on l'air en chantant de ces romances qui font dormir ceux qui les écoutent... On se donne un air mignard, on fait des yeux languissants...

— Mon ami, cela ne déplaît pas aux dames.

— J'en suis fâché, mais je ne saurai jamais faire tout cela... Je plairai tout naturellement, ou je ne plairai pas! Ça m'est bien égal.

— Si tu étais amoureux, tu ne dirais pas cela.

— Amoureux!... ah! je vous assure que je n'en serais pas plus bête. D'ailleurs, je l'ai déjà été trois ou quatre fois, croyez-vous que pour cela j'aie poussé de gros soupirs et fait de beaux compliments? Non, quand on me convient, je dis tout de suite à la personne :

— Savez-vous que vous êtes, sacredieu! jolie; foi d'honnête homme, vous me plaisez beaucoup. L'une se sauve, je ne cours pas après elle; une autre rit; c'est que je lui plais, alors nous sommes bientôt d'accord.

— Mon ami, c'est que tu as toujours adressé tes hommages à de petites ouvrières... à des grisettes.

— Est-ce que ce ne sont pas des femmes comme les autres?

— Si... c'est-à-dire ce sont des femmes qui n'exigent pas qu'on leur fasse une cour assidue.

— Ah! si elles exigeaient quelque chose, ça ne me plairait plus...

— Et tu crois que tu as été amoureux, mon cher Jean?

— Mais il me semble que oui.

— Pas du tout, ce n'est pas là de l'amour.

— Que ce soit ce que ça voudra, je ne veux pas faire l'aimable autrement.

Bellequeue, en rentrant chez lui, dit à Rose :

— Jean est un beau garçon, brave, honnête, bien taillé, c'est dommage qu'il ne veuille pas adoucir un peu la rudesse de son ton et de ses manières; alors il ne lui manquerait plus rien. S'il voulait seulement me prendre pour modèle dans la manière de saluer une dame, d'offrir son bras...

— M. Jean est très bien comme cela, répond Rose; sa franchise fait excuser son ton un peu vif; sa rudesse n'a rien de désagréable, il est très beau garçon et point fat, ça ne l'empêchera pas de plaire. Ah! s'il vous écoutait, on sait bien qu'il ferait le galantin, l'empressé avec toutes les femmes, qu'il serait toujours à sourire à l'une, à offrir son bras à l'autre...

— Ah! Rose, tu vas trop loin! je suis poli; je me présente avec grâce, mais voilà tout.

— Je sais très bien comment vous vous présentez, monsieur; vous connaissez toutes les femmes du quartier! car vous les saluez toutes. Il n'y a pas de mal que M. Jean reste comme il est!... Il deviendra assez tôt perfide et trompeur.

Bellequeue ne dit plus rien, mais il se retourne en souriant, et se regarde dans la glace en se disant :

— Elle devient terriblement jalouse!

CHAPITRE XI

LA PETITE BONNE — PROJETS DE BELLEQUEUE

Le temps s'écoulait; Jean avait passé ses dix-neuf ans. Il s'était lié avec plusieurs jeunes gens de son âge, mais il les regardait comme des connaissances plutôt que comme des amis; le souvenir de Démar et de Gervais lui faisait craindre de donner son amitié à des gens qui n'en auraient pas été dignes; dans ses compagnons de dîners, de jeux, de plaisirs, il voulait de bons enfants, sans façon, et ronds comme lui; mais il voulait des hommes d'honneur, incapables de faire une bassesse. Aussi Jean rompait souvent avec ses connaissances, parce que, parmi ces gens qui passent leur temps à s'amuser, il en est beaucoup qui ne sont pas délicats sur les moyens de se procurer de quoi satisfaire leurs penchants.

Cependant Jean était souvent encore dupe de son bon cœur. On lui empruntait de l'argent, et il ne savait pas refuser; il aimait à obliger, et quand on lui faisait le récit de quelque infortune nouvelle, il vidait sa bourse dans les mains de celui qu'il croyait malheureux.

Mais ceux qui lui empruntaient ne lui rendaient point; ceux auxquels il rappelait leur dette ne paraissaient plus, et souvent il rencontrait chez un traiteur ou dans un café, faisant sauter le champagne ou buvant du punch, l'infortuné dans les mains duquel il avait vidé sa bourse le matin. Alors Jean jurait après les hommes, et revenait trouver Bellequeue, auquel il contait les tours qu'on lui avait joués.

— Mon cher ami, lui répondait Bellequeue, je t'ai déjà dit que tu allais trop vite en toute chose, tu suis toujours ton premier mouvement, et dans le monde il ne faut guère céder qu'au second ou au troisième, sous peine d'être souvent dupe des apparences.

— Mon cher parrain, qu'est-ce que vous voulez dire avec tous vos mouvements? Un homme que je connais me dit qu'il a besoin d'argent; il m'en demande parce qu'il sait que j'en ai; je lui en donne parce que je le puis; il me semble que c'est naturel. J'ai quelque fortune : donc je puis obliger; j'ai affaire à un fripon, qui ne me rend rien, ou à un drôle qui s'est moqué de moi, pouvais-je deviner cela? Mais quand je rencontrerai l'un ou l'autre, je commencerai par le rosser pour lui apprendre à me voler mon argent.

— Alors on te mettra en prison pour avoir rossé un homme.

— Il faut donc se laisser escroquer, et trouver cela gentil?

— Non; mais il ne faut pas céder à son premier mouvement de colère, il faut remettre ses pièces entre les mains d'un huissier.

— Qu'est-ce que c'est que des pièces?

— Ce sont des titres qui prouvent qu'on te doit.

— Est-ce que j'ai des titres, moi? Est-ce que quand je prête cinq cents francs à une connaissance, je lui dis : Faites-moi bien vite un billet, car vous pourriez être un fripon, et ne plus vouloir me payer?

— Tu vois bien, mon garçon, que dans le monde toutes ces précautions sont nécessaires.

— Le monde!... le monde!... il est gentil, il est bien composé, ce monde-là!... Je serais bien fâché de me donner la moindre peine pour lui.

— Mon garçon, ces saluts, ces sourires, enfin tout cet échange de politesses que l'on fait journellement, ne veulent pas dire que l'on estime, que l'on considère ceux à qui on les adresse; mais cela signifie : Je suis aussi malin que vous, j'ai du savoir-vivre, de l'habitude, et vous ne m'attrapperez pas.

— C'est-à-dire qu'il faut apprendre à être aussi faux, aussi menteur que les autres. Je ne veux pas de votre savoir-vivre. Je veux toujours dire franchement ce que je pense, tourner le dos à ceux qui m'ennuient, et prouver à ceux qui mentent que je ne suis pas leur dupe. La liberté, mon parrain, je ne connais que ça.

— Je l'aime beaucoup aussi, mon ami; mais dans le monde, il y a des libertés qu'on ne doit pas se permettre... Il y a des convenances, vois-tu; par exemple, tu verras quelqu'un de mal coiffé, il ne faut pas pour cela lui rire au nez, ce serait malhonnête. Si l'envie de rire te prend, et que tu ne puisses pas te retourner, tu te mords doucement les lèvres en souriant, et cela te donne un air agréable qui ne peut fâcher personne.

— Laissez-moi donc tranquille, mon parrain, vous croyez que j'irai bonnement me mordre les lèvres, parce que je verrai une figure ridicule, et que j'aurai envie de lui rire au nez?

— C'est l'usage dans le monde, mon garçon.

— Au diable vos usages!... Je suis bien comme je suis, ma mère le trouve, ça suffit. Que ceux à qui je ne plais pas viennent me le dire... Je suis leur homme à l'épée, au pistolet, au bâton ou à coups de poing.

— Oh! je sais que tu es un brave, un luron.

— Eh bien, alors, allons fumer, mon parrain.

Jean, qui allait chez Bellequeue plusieurs fois dans la journée, ne trouvait pas toujours celui-ci chez lui, mais il trouvait mademoiselle Rose, qui lui faisait un accueil fort agréable; car nous savons que la brusquerie et les manières un peu libres du jeune homme ne déplaisaient pas à la petite bonne. Jean causait avec Rose, qui n'était point sotte, et souvent, tout en causant, il lui prenait la main; puis le bras, puis le menton, puis quelquefois autre chose encore; et mademoiselle Rose n'avait pas l'air d'y faire attention, parce que Jean agissait avec un air de franchise et de bonhomie qui ne permettait pas qu'on se fâchât.

Un matin que Jean n'a point trouvé son parrain chez lui, il s'assied près de la petite bonne et lui dit :

— Rose, on prétend que je suis brusque, impoli même, trouvez-vous cela?

— Non certainement, monsieur Jean, je vous ai toujours trouvé très honnête, au contraire. Dame, vous êtes jeune, vous êtes vif... c'est bien pardonnable... D'ailleurs je n'aime pas les gens lents, moi; ah, Dieu! c'est insupportable.

— Ils disent encore que je jure à tout propos.

— Ah! quel mensonge... et d'ailleurs quel est l'homme qui ne jure pas quelquefois... Dans les moments de vivacité, est-ce qu'on peut se retenir?... Je connais bien des femmes qui s'en acquittent mieux que des grenadiers!... Ah! par exemple, chez les femmes, c'est vilain; tenez, la femme du portier en face, quand elle parle de son mari, elle dit toujours : ce bigre-là... ce Jean-fesse... ce... Ah! quelle horreur; mais un homme, est-ce qu'on y fait attention seulement!

— On dit que je sens toujours la pipe à une lieue de loin.

— Eh bien! quel mal de sentir la pipe? ça prouve que vous fumez, voilà tout. Moi, j'aime assez cette odeur-là.

— Mon parrain prétend que je marche mal...

— Allons! ne voudrait-il pas vous faire marcher comme lui en choisissant les pavés, et se tortillant comme une anguille?

— Il dit que je ne suis pas assez soigné dans ma toilette.

— Est-ce parce que vous ne passez pas, comme lui, deux heures à vous mirer tous les matins? Vous êtes très bien mis... Je déteste les fats, moi.

— Il assure que je n'ai pas assez d'usage du monde, qu'il faut savoir y mentir, y faire bonne mine à ceux qu'on n'aime pas.

— Voilà de jolis conseils!... On veut gâter votre candeur, votre bon naturel... Ne l'écoutez pas, monsieur Jean, est-ce que vous n'êtes pas assez grand pour savoir vous conduire?

— Enfin, il dit que je ne sais pas faire la cour à une femme, que je ne suis pas galant, que je ne ferai jamais de conquête.

— Ah! ah! ah! comme si vous aviez besoin de lui plaire... Il me semble que vous êtes assez bien pour... enfin vous êtes d'âge à savoir... et puis ça se devine, ça.

Soit que mademoiselle Rose eût deviné qu'elle plaisait à Jean, soit que celui-ci eût voulu lui montrer comment il faisait la cour aux dames, la conversation s'était prolongée fort longtemps; et il y avait plus d'une heure que Jean était chez Bellequeue, lorsque celui-ci rentra; comme il avait une clef de la porte, il ne sonna point, et arriva jusqu'au peti salon, où Jean causait encore avec la petite bonne.

Bellequeue fit cette fois une grimace qui ne ressemblait pas à un sourire; il lui sembla que son filleul et la petite bonne causaient de bien près.

Cependant Jean va gaiement au-devant de son parrain en lui disant :

— Je vous attendais.

— C'est ce que je vois, dit Bellequeue en se pinçant les lèvres, et il y a longtemps que tu es ici.

SCEAUX. IMP. CHARAIRE ET FILS

— M. Jean ne faisait que d'arriver, s'écrie Rose.

— Bah ! laissez donc, dit Jean, il y a plus d'une heure que je suis là.

Rose rougit, et trouve alors que Jean est beaucoup trop franc, et qu'il lui manque en effet l'usage du monde.

— De quoi causais-tu donc avec Rose ? reprend Bellequeue au bout d'un moment.

— M. Jean me parlait de son voyage d'autrefois, dit Rose.

— Moi... je ne vous ai pas dit un mot de cela... je vous disais que vous étiez fort gentille, Rose.

— Ah ! c'était pour rire, monsieur.

— Non, c'était pour tout de bon... Enfin, mon parrain, je l'embrassais quand vous êtes arrivé.

— Non, monsieur, vous ne m'embrassiez pas.

— Ah ! par exemple, c'est trop fort !... Tenez, mon parrain, voilà comme je la tenais...

— C'est bon, dit Bellequeue en se mettant entre Jean et Rose. Je devine comment vous la teniez. Rose, allez à votre cuisine.

Rose sort en lançant en dessous un regard à Jean, pour l'engager à se taire, mais celui-ci n'y fait pas attention.

Bellequeue tâche de prendre un air imposant et s'approche de Jean.

— Mon cher ami, je vous ai toujours dit qu'il fallait des mœurs, et qu'il y avait certaines libertés qu'il n'était pas convenable de prendre.

— Qu'est-ce que j'ai donc pris, mon parrain ?

— J'ai chez moi pour bonne une jeune fille honnête et sage...

— Elle est bien gentille.

— Oh ! gentille... cela dépend du goût !... elle est très coquette, voilà ce qui est certain.

— Enfin, elle vous plaît comme cela, puisque vous la gardez.

— Je ne te dis pas qu'elle me plaît... Pourvu qu'elle fasse bien son ouvrage, c'est tout ce que je demande ; mais je ne veux pas que tu viennes l'embrasser et lui conter fleurette.

— Puisqu'elle ne vous plaît pas, qu'est-ce que cela vous fait qu'elle me plaise ?

— Parce qu'il faut des mœurs.

— Et les mœurs ne vous empêchent pas de l'embrasser toute la journée, si cela vous fait plaisir, n'est-ce pas ?

— Je te répète qu'elle est honnête et sage.

— Eh bien ! alors vous ne devez pas craindre qu'elle m'écoute.

— C'est égal, tu ne dois pas l'embrasser, cela n'est pas convenable.

— Ça me convenait pourtant beaucoup.

— Mon cher Jean, je t'ai déjà dit qu'il ne fallait pas toujours céder à son premier mouvement.

— Mon cher parrain, je vous ai déjà répondu que je me moquais des convenances et que j'aimais à faire mes volontés ; voulez-vous venir fumer ?

— Non, merci, je resterai chez moi.

Jean s'éloigne, et Bellequeue reste seul ; il réfléchit, et ne semble pas d'aussi bonne humeur que de coutume. Rose revient près de lui et il ne lui dit rien ; elle tourne et retourne dans la chambre, elle tousse, elle chantonne ; enfin elle s'approche de son maître, et lui dit d'un ton mielleux et en laissant voir ses dents, qui sont très blanches :

— Voulez-vous faire une partie de dames !

Rose connaît bien son maître ; déjà sa colère s'est évanouie, le sourire de la petite bonne a quelque chose de séduisant auquel Bellequeue ne peut pas résister ; cependant il tâche de prendre un air grave en répondant :

— Rose, je suis très mécontent de vous.

— Pourquoi donc cela, monsieur ?

— Parce que vous permettez à Jean de prendre avec vous des libertés... des familiarités.

— Il n'a rien pris, monsieur ; ne croyez-vous pas que M. Jean songe à moi !... lui, qui ne pense pas aux femmes... Attendez, vous êtes un peu décoiffé par là... que je vous refasse cette boucle.

— Je sais bien que Jean est un étourdi... qu'il rit et voilà tout... Suis-je mieux maintenant, Rose ?

— Oh ! vous êtes comme un cœur... il n'y a pas un cheveu qui passe l'autre.

— Malgré cela, quand mon filleul viendra et que je n'y serai pas, il faut lui dire...

— Je sais très bien ce qu'il faut lui dire, monsieur... Mais pourquoi donc avez-vous été si longtemps dehors ce matin, vous avez été sans doute chez la parfumeuse ?

— Oui, j'y suis entré un moment.

— C'est cela, je m'en doutais ! Quand monsieur est là, il n'en sort plus !...

— Rose, vous me tirez les cheveux !... vous me faites mal !

— Tant mieux !... je devrais vous les arracher tous, pour vous apprendre à faire moins le galant.

— Elle est charmante !... elle est très drôle ! se dit Bellequeue en se plaçant devant le damier. Malgré cela, je ne voudrais pas que mon filleul eût souvent des tête-à-tête avec elle.

Et tout en poussant les dames, Bellequeue réfléchit à ce qu'il pourrait faire pour que Jean ne pensât plus à Rose. Tout à coup une idée se présente, Bellequeue est enchanté, ravi ; il se lève brusquement et reprend son chapeau, laissant la petite bonne au milieu de la partie.

SCEAUX. IMP. CHARAIRE ET FILS

— Eh bien! vous me laissez là, monsieur? lui dit Rose.

— Oui, j'ai à parler d'affaire à quelqu'un.

— Vous n'avez pas achevé la partie.

— Nous l'achèverons une autre fois.

— C'est bien amusant de rester comme ça à moitié des choses...

— Ce soir, Rose, ce soir, je te ferai des coups de quatre.

En disant cela, Bellequeue sort, et se rend vivement chez madame Durand, où il savait bien alors ne pas trouver Jean.

— Ma chère commère, je viens vous parler d'affaire, dit Bellequeue en s'asseyant près de la veuve de l'herboriste; d'une affaire très importante et qui vous intéresse, puisqu'il s'agit de votre fils.

— De mon fils! dit madame Durand; parlez, mon cher monsieur Bellequeue, lui serait-il arrivé quelque chose?...

— Non, non, calmez-vous, il est maintenant à fumer ou à jouer au billard, peut-être fait-il les deux choses ensemble; vous voyez que cela n'a rien d'inquiétant, mais ce qui l'est, madame Durand, c'est l'avenir de Jean, c'est son sort futur, et voilà ce dont je veux vous parler!

— Comment! l'avenir de Jean vous inquiète? N'est-il pas riche, n'a-t-il pas une fortune assurée?

— Assurée, oui, s'il ne la dépense pas à droite et à gauche... Les cafés, les traiteurs, les parties de campagne, tout cela coûte, vous le savez.

— Mon fils est d'âge à s'amuser; il faut donc qu'il s'amuse.

— Vous avez parfaitement raison... Certainement je ne le blâme pas; mais mon filleul a trop bon cœur, il est trop obligeant; il prête à l'un, à l'autre; on ne lui rend jamais; quand il est au café, il paye pour ceux qui n'ont pas d'argent, et cela arrive trop souvent.

— Cela prouve sa sensibilité.

— Cela prouve aussi qu'il ne calcule pas; il ne faut pas se laisser gruger ainsi, on finit par se ruiner pour des gens qui se moquent de vous. D'ailleurs cette vie désœuvrée semble commencer à ennuyer Jean... Combien de fois ne vient-il pas le matin me dire en bâillant : Je ne sais que faire de moi aujourd'hui!

— C'est vrai, il bâille très souvent, je l'ai remarqué avec peine!... Auriez-vous inventé quelque jeu pour l'amuser, mon cher Bellequeue?

— Je n'ai rien inventé, mais j'ai trouvé ce qu'il fallait à Jean... c'est une femme.

— Comment?

— Sans doute, il faut le marier.

— Le marier!... vous croyez?

— Et pourquoi pas? Jean a vingt ans: par sa taille, ses traits mâles, il en paraît vingt-cinq.

— C'est vrai...

— On marie des jeunes gens plus tôt que cela. Je suis certain qu'il s'en trouvera très bien, cela achèvera de le rendre sage... Il ne courra plus autant les tapagies, les guinguettes; il ne prêtera plus son argent à tout le monde, parce qu'il le gardera pour ses enfants; enfin il ne bâillera pas aussi souvent parce qu'une femme nous donne nécessairement des distractions.

La bonne maman Durand réfléchit quelques instants, et dit enfin :

— Je crois que vous avez raison, mon cher Bellequeue; d'abord Jean ne peut faire qu'un excellent mari.

— Excellent, c'est mon avis.

— Mais alors il faudrait lui trouver une excellente femme!.

— J'ai son affaire!

— En vérité!

— Tout à l'heure, en jouant aux dames... avec... ma gouvernante, je pensais à mon cher filleul... car vous savez combien je l'aime... Cette idée de le marier me souriait depuis longtemps. Tout à coup je me suis rappelé la famille Chopard, et je suis dit : Voilà ce qu'il nous faut... voilà la femme de Jean!

— Comment! la famille Chopard?

— Permettez donc : vous savez que M. Chopard est un distillateur retiré, vous le connaissez?

— Peu, M. Durand, ne l'aimait pas.

— Ah! parce que Chopard, qui est un farceur, disait à ce pauvre Durand qu'il ne fallait pas autant d'esprit pour vendre des simples que des liqueurs!... Pure plaisanterie, Chopard est très fort sur les calembours. Du reste, c'est un parfait honnête homme, sa femme est fort gaie, fort rieuse!

— C'est une grosse bête.

— Ça ne fait rien, ce n'est pas sa femme que Jean épousera, c'est sa fille, mademoiselle Adélaïde Chopard, fille unique, belle femme, bien élevée!... qui faisait déjà de l'eau de noyau à huit ans, enfin qui sera, dit-on, une excellente femme de ménage, et aura soixante mille francs en mariage, sans compter l'avenir, qui est certain puisqu'elle est fille unique, et que les Chopard ont au moins dix mille livres de rente.

— Vraiment... vous êtes sûr?...

— Oh! je connais les Chopard depuis longtemps, j'y dînais deux fois la semaine avant d'avoir une gouvernante. Leur fille a dix-neuf ans, mais elle en paraît vingt-huit pour la force; cela irait fort bien avec Jean.

— Et croyez-vous qu'ils pensent à la marier?

Je veux que vous me disiez tout ! ou je vous tire les cheveux.

— Oui ; ils ont refusé dernièrement un riche marchand de vin, parce que mademoiselle Chopard n'a pas voulu aller demeurer à Picpus ; mais je suis certain qu'ils ne refuseraient pas mon filleul !

— Il faudrait qu'ils fussent bien difficiles ; et vous dites que la jeune personne est jolie ?

— Oh ! très-jolie !... une figure carrée, à la grecque, bien proportionnée, un peu forte peut-être, mais en prenant de l'âge ses joues fondront. Ce sera une très belle femme.

— Reste à savoir maintenant si Jean voudra se marier !

— Je crois que oui ; s'il voit que cela vous fait plaisir, je gage qu'il y consentira.

— Ce cher Jean !... je serais si contente de le voir heureux et bien marié !

— Il faut qu'il épouse mademoiselle Chopard... à moins toutefois que les jeunes gens ne se conviennent pas. Car les parents de la demoiselle ne veulent pas plus contraindre leur fille que vous ne voudriez forcer Jean.

— Ils ont bien raison. Il faut d'abord que les jeunes gens se conviennent.

— Oui, mais pour cela il faut qu'ils se voient. Voulez-vous que j'aille de votre part engager les Chopard à dîner ?

— N'est-ce pas aller un peu vite ?...

— Quand il s'agit de mariage, il faut aller vite ; sans quoi on n'en finirait aucun. D'ailleurs je tâterai d'abord les Chopard, puis je leur glisserai un mot de nos desseins...

— A l'insu de la demoiselle, je vous en prie!...

— C'est entendu!... J'aurais bien voulu commencer par y mener Jean; mais c'est le diable pour le faire aller en société, au lieu qu'ici il faudra bien qu'il y soit; mais ne lui parlez de rien avant qu'il ait vu la jeune personne...

— Non, car il serait capable de s'en aller avant l'arrivée des Chopard.

— Après tout, un dîner n'engage à rien, et si mademoiselle Adélaïde ne lui plaisait pas, j'en ai encore quatre à vous proposer.

— Arrangez tout comme vous l'entendrez, mon cher Bellequeue, je m'en rapporte à vous.

— C'est convenu, je vous réponds qu'avant peu mon filleul sera marié.

Bellequeue, très content du succès de son projet, dit adieu à madame Durand, et retourne chez lui en se disant :

— En mariant Jean avec mademoiselle Chopard je suis sûr qu'il ne viendra plus si souvent chez moi les matins, et qu'il ne pensera plus à conter fleurette à ma petite bonne.

— C'est ainsi que, dans presque toutes les actions de notre vie, nous songeons à nous avant d'obliger les autres.

CHAPITRE XII

LA FAMILLE CHOPARD

Le lendemain, après avoir terminé sa toilette et engagé Rose à aller causer avec sa voisine, Bellequeue se rend chez les Chopard, qui demeurent dans la rue de Berry. Les Chopard étaient de braves gens. Le mari aimait à faire des pointes, et riait pendant un quart d'heure d'un vieux bon mot qu'il avait déjà débité cent fois; sa femme riait de confiance dès que son mari ouvrait la bouche, et souvent il lui arrivait, après avoir ri aux larmes, de demander à son époux ce qu'il avait dit. Mademoiselle Adélaïde était idolâtrée de ses parents, qui n'avaient eu qu'elle. Bien différente de Jean, qui n'avait pas voulu essayer l'état de son père, la petite Chopard avait montré beaucoup de goût pour la distillation; étant toute jeune, elle faisait déjà des essais en cerises et en prunes à l'eau-de-vie, et ses parents émerveillés avaient voulu envoyer à l'exposition des produits de l'industrie un abricot confit par leur fille à l'âge de sept ans; mais l'abricot n'avait pas été reçu.

Cependant mademoiselle Adélaïde était un peu capricieuse, un peu boudeuse, souvent exigeante et toujours volontaire; mais aux yeux de ses parents, c'était une divinité. Elle avait commencé la musique et le dessin, mais n'y avait rien fait; elle avait voulu ensuite étudier l'astronomie, puis l'histoire, puis la botanique, puis la chimie; bref, elle avait commencé un peu de tout et ne savait rien, excepté la manière de faire d'excellent ratafia; mais les Chopard croyaient leur fille très savante et baissaient pavillon devant ses jugements. Mademoiselle Chopart avait atteint sa dix-neuvième année; elle était grande et assez bien faite; sa figure, quoique forte n'était pas désagréable; ses sourcils très prononcés lui donnaient l'air un peu dur; mais comme elle devait un jour être riche, beaucoup de jeunes gens lui avaient déjà fait la cour. Adélaïde se montrait difficile; elle était tellement habituée aux adulations, aux éloges, que les compliments de ses adorateurs la touchaient peu; et quand ses parents lui disaient :

— Veux-tu épouser celui-là? Elle répondait nonchalamment :

— Ah! ma foi non!... il m'a dit la même chose que les autres.

Bellequeue trouve monsieur et madame Chopard en tête-à-tête, et cela sert merveilleusement ses projets. Il parle de la charmante Adélaïde; parler à des parents de leur fille unique, c'est mettre un auteur sur le chapitre de ses pièces, un vieux soldat sur celui de ses batailles, une coquette sur celui de ses conquêtes, un amant sur celui de sa maîtresse; il n'y a plus de raison pour que cela finisse.

— Elle est étonnante, dit madame Chopard, elle sait tout, cette chère Adélaïde!... elle raisonne de tout avec une aisance extraordinaire.

— C'est vrai, dit M. Chopard, elle vous parle aussi bien astronomie que musique!... médecine que liqueur!... elle n'est empruntée pour rien.

— Dans la moindre des choses, monsieur Bellequeue, elle montre son étonnante sagacité... Dernièrement, dans une soirée où nous sommes allés, elle a joué sur-le-champ au vingt et un, et sans l'avoir jamais appris.

— C'est extraordinaire, dit Bellequeue.

— Enfin, reprend M. Chopard, elle a tant d'esprit que je n'en reviens pas, moi qui suis son père, et pourtant c'est de ma fabrique, cet esprit-là... hein?... Ah!... ah!... ah! il est bon, celui-là...

— Ah! ah! monsieur Chopard.. ne me faites pas rire comme cela, je vous en prie!... Il est vrai que notre fille a reçu une superbe éducation... oh! nous n'avons rien épargné...

— Elle a eu douze maîtres et maintenant c'est

elle qui est la maitresse... Oh! oh! pas mauvais, hein?...

Pendant que madame Chopard rit de la nouvelle pointe de son mari, Bellequeue reprend :

— Comment se fait-il que vous n'ayez pas encore marié cette belle demoiselle?

— Oh! ce ne sont pas les amoureux qui ont manqué?... Mais Adélaïde est difficile... Oh! elle est très difficile... C'est naturel. Vous concevez qu'une jeune personne qui sait tout ne peut vouloir pour mari que d'un savant... c'est-à-dire un homme en état de lui tenir tête.

— Diable! se dit Bellequeue, s'ils veulent un savant, je ne crois pas que Jean soit leur fait... C'est égal... essayons toujours.

Et il reprend en frappant sur le ventre de M. Chopard :

— Je connais quelqu'un qui serait bien ce qu'il faudrait pour votre fille.

— Bah!

— Ce n'est pas précisément un savant... mais c'est un gaillard en état de tenir tête à une femme... un beau garçon de vingt ans, fils unique, qui aura douze mille livres de rente.

— Eh mais, tout cela convient assez. Et quel est le jeune homme?

— C'est le fils de feu Durand, l'herboriste de la rue Saint-Paul.

— La fils de ce pauvre Durand qui aimait tant les simples?... Ah! vraiment, je l'ai vu tout petit.

— Mais on en parle comme d'un assez mauvais sujet, il me semble?

— Pure calomnie, madame Chopard. Jean Durand est un peu vif, un peu étourdi... il aime le plaisir, c'est de son âge; mais du reste il est franc comme mon diamant, et sensible camme une demoiselle. D'ailleurs c'est mon filleul, je ne l'ai presque jamais perdu de vue; je puis répondre de lui.

— S'il en est ainsi, on pourrait... D'ailleurs Adélaïde verrait tout de suite s'il lui convient... elle a un tact étonnant.

— Est-ce qu'elle se connait en hommes aussi?

— En tout, mon cher ami.

— Vous avez là une fille bien savante.

— Je vous assure que son mari sera bien adroit s'il lui apprend quelque chose!

— Ecoutez, je ne veux point prendre de détours, je suis chargé par madame Durand, de vous engager à venir, sans façon, dîner demain chez elle avec mademoiselle votre fille. Ne disons rien aux jeunes gens, ils verront mieux s'ils se plaisent. Madame Durand n'a point osé venir elle-même; mais entre parents qui désirent marier leurs enfants, on ne fait point de cérémonie. Acceptez-vous?

— Ma foi, oui, dit M. Chopard, nous irons dîner... Eh bien! si les jeunes gens ne se conviennent pas... ce n'est qu'un dîner de pris... et nous tâcherons de ne pas l'avoir sur le cœur... hein?... Ah! ah! ah!... Il est bon... sur le cœur!

— C'est charmant! dit Bellequeue. Je vais aller prévenir madame Durand qu'elle peut compter sur vous demain.

Au moment où Bellequeue allait sortir, mademoiselle Adélaïde entrait dans l'appartement tenant un petit bocal à la main. Elle court d'un air folâtre à son père en lui disant :

— Papa, papa, regardez donc mes prunes... c'est un nouvel essai que j'ai fait sans sucre... Voyez comme elles sont conservées... comme elles sont fermes... comme elles sont vertes!...

— Superbes! dit M. Chopard en passant le bocal à sa femme. Tiens, regarde, madame Chopard.

Madame Chopard s'extasie devant les reines-Claude. Bellequeue ne peut pas faire autrement que de payer aussi son tribut d'admiration.

— C'est de votre ouvrage, mademoiselle? dit-il.

— Oui, monsieur. Oh! ce n'est rien ça... je veux maintenant conserver des grappes de raisin entières...

— Des grappes de raisin!... dit Chopard. Elle est étonnante... elle finira par mettre tout à l'eau-de-vie!...

Et le papa ajoute à l'oreille de Bellequeue :

— Mon ami, vous conviendrez qu'une femme qui rend les prunes aussi fermes est un trésor dans un ménage...

— Un véritable trésor... nous tâcherons de vous l'enlever. Au revoir, mes chers amis; à demain.

Bellequeue fait un gracieux salut à mademoiselle Adélaïde, et s'éloigne pour prévenir madame Durand du succès de sa négociation. Quand le ci-devant coiffeur est parti, mademoiselle Chopard dit à ses parents :

— Est-ce que M. Bellequeue veut m'épouser?

— Non, ma fille, non, ce n'est pas lui, dit madame Chopard; mais demain tu verras quelqu'un qui...

— Chut! ma femme, il ne faut rien lui dire... il faut qu'elle voie le jeune Durand sans connaître ses intentions; il faut laisser faire le mystère et la sympathie, sans quoi le but est manqué

— C'est juste, monsieur Chopard, ne lui disons rien, à cette chère enfant; elle verra d'ailleurs, demain, le fils de madame Durand puisque nous dînons chez eux. Le hasard fera le reste.

— Eh bien! je parie que M. Durand veut m'épouser? dit mademoiselle Adélaïde en souriant.

— Oh ! pour le coup ! c'est extraordinaire, dit madame Chopard, nous ne lui avons rien dit !... Ma foi, elle devine tout, ce n'est pas notre faute.

— Elle tient de moi, madame Chopard, je devinais tout étant petit : aussi je me suis dit : Il faut me mettre distillateur puisque je suis devin... Hein ? Ho ! ho ! ho ...! il est gentil celui-là... Je le redirai demain à dîner.

De son côté, madame Durand, qui est bien aise de connaître les sentiments de son fils sur le mariage, attend le retour de Jean la veille du jour où doivent venir les Chopard, et lui dit :

— Mon ami, est-ce que que tu n'as pas quelquefois envie de t'établir ?

— De m'établir ! répond Jean, et quel état voulez-vous que je prenne ? je ne sais rien.

— Tu ne m'entends pas. Par établissement, on veut dire mariage, parce que, quand un homme est marié... on regarde son sort comme assuré.

— Ah ! c'est marié que vous voulez dire ?... Ma foi ! que le diable m'emporte si j'y ai encore pensé !... A mon âge, est-ce que je n'aurais pas l'air d'une fichue bête, si je me mariais ?

— Pourquoi donc cela ?... Tu as eu vingt ans il y a cinq mois, et puis tu as l'air si raisonnable !...

— Je ne le suis guère pourtant,

— Le mariage te rendrait plus posé, plus tranquille ; on a une femme, des enfants... Cela occupe.

— Au fait, ça m'amuserait peut-être !

— Et cela me ferait tant de plaisir de te voir dans ton ménage.

— Eh bien ! nous verrons... Vous n'aurez qu'à arranger ça avec mon parrain... Et pourvu qu'il n'y ait pas de cour à faire, pas de compliments à dire... et que la femme me plaise pourtant, eh bien ! ça m'est égal ! je me marierai.

— Tu es charmant ! Ah ! mon cher Jean, fais moi le plaisir de ne pas dîner dehors demain ; j'ai quelques personnes... des amis... je désire que tu y sois.

— Ah ! si vous avez de la société, et qu'il faille se tenir assis, et faire la conversation avec symétrie, vous savez que cela m'*embête !*

— Non, il n'y a point de cérémonie, ce sont des gens sans façons, fort gais. Tu diras ce que tu voudras... Ton parrain dînera avec nous.

— Allons ! à la bonne heure. Mais si les individus m'ennuient, je vous préviens que je file tout de suite.

Le jour du dîner est arrivé. A quatre heures, Bellequeue est chez madame Durand ; il a mis l'habit noir et les souliers à boucles. Jean lui dit en l'apercevant :

— Pourquoi diable tant de toilette pour venir dîner chez nous !... Vous êtes serré, pincé, vous avez l'air d'une aiguille !

— Mon ami, il faut toujours être soigné dans sa toilette quand on va en société.

— Est-ce que nous sommes de la société, nous autres ?

— Certainement, mon ami. D'ailleurs ta mère attend la famille Chopard.

— Qu'est-ce que c'est que ça, la famille Chopard ?... je ne connais pas ces gens-là, moi.

— Ce sont de très braves gens... riches... retirés du commerce...

— Ce n'est pas ça que je vous demande ; qu'est-ce que ça me fait qu'ils soient riches ou pauvres? Sont-ils gais, bons enfants ?

— Oh ! très gais ! Chopard est un boute-en-train !... très fort sur le rébus.

— Fume-t-il ?... joue-t-il au siam ?

— Oh ! pour fumer, il est probable qu'il n'est pas venu jusqu'à cinquante ans sans fumer... Enfin c'est un bon vivant, et sa femme rit presque autant que ta cousine Aglaé... Quant à leur fille...

— Ah ! il y a une fille ?

— Et une fille superbe... Tu m'en diras des nouvelles... Une femme étonnante pour le savoir et l'érudition... et des qualités précieuses... sachant faire toutes les liqueurs possibles !

— Ça n'est pas mauvais, cela.

— Nous aurons aussi madame Ledoux, dit madame Durand ; elle devient vieille, mais elle est si bonne femme !

— Ah ! oui, dit Jean, elle va encore nous parler de ses maris et de ses enfants !

— Non, depuis quelque temps, elle en parle moins, parce qu'elle s'embrouille toujours... elle commence à perdre la mémoire... Elle a bien soixante-dix ans, maintenant.

Avant que le monde arrive, Bellequeue veut mettre quelques papillotes aux cheveux de Jean, mais celui-ci n'y consent pas ; il déclare qu'il se trouve bien coiffé, et malgré tous les efforts de son parrain, ne veut pas refaire le nœud de sa cravate.

La famille Chopard ne tarde pas à arriver. Mademoiselle Adélaïde est en grande toilette : malgré ses sourcils un peu épais et sa figure carrée, elle a de l'éclat et peut passer pour belle femme. Pendant les premières salutations, mademoiselle Adélaïde, tout en baissant les yeux, a déjà regardé Jean. Quant à lui, il est resté dans un coin de la chambre, et n'a pas l'air de s'apercevoir qu'il arrive du monde ; il faut que sa mère l'appelle en lui disant :

— Mon fils, venez donc saluer M. et madame Chopard.

Jean s'avance, salue à demi, en prononçant brusquement un : Bien le bonjour, et retourne en sifflant regarder à la fenêtre, tandis que Bellequeue dit tout bas aux Chopard :

— N'est-ce pas qu'il est bel homme?

— Fort bel homme, répond le papa Chopard.

— Il paraît qu'il aime beaucoup la musique! dit madame Chopard, qui entend Jean siffler.

— Oh, infiniment, répond Bellequeue; il a une manière de siffler qui remplace la flûte.

Mademoiselle Adélaïde ne dit rien; elle regarde Jean par-ci par-là, d'un air indifférent, et attend qu'il vienne lui faire des compliments et lui dire des douceurs, comme tous ceux qui ont aspiré à sa main. Mais Jean continue de siffler et de rester à la fenêtre sans daigner tourner la tête; cela paraît fort singulier à mademoiselle Adélaïde.

Madame Durand et Bellequeue font ce qu'ils peuvent pour animer la conversation. M. Chopard lâche quelques pointes, sa femme rit, mais leur fille ne dit rien. Madame Ledoux arrive, et cela distrait un moment la société. Elle s'excuse d'être venue un peu tard et va embrasser Jean en disant :

— C'est un homme maintenant, c'est tout le portrait de... Vous savez bien, ma voisine! un de mes enfants qui était huissier, je crois, ou ébéniste. Non, j'en ai eu un papetier... Vraiment on finit par oublier... C'est égal, votre fils est tout son portrait.

Enfin Catherine vient annoncer que le dîner est servi. On attendait ce moment avec impatience, car Bellequeue faisait de vains efforts pour entretenir la conversation, et M. Chopard se creusait la tête pour faire un nouveau calembour.

— La main aux dames, crie Bellequeue en se levant, et aussitôt il prend celle de madame Chopard, et M. Chopard conduit madame Durand et madame Ledoux.

Mademoiselle Adélaïde reste seule dans la chambre avec Jean, et elle attend qu'il vienne lui offrir la main pour la conduire à table; mais Jean, en quittant la fenêtre, ne voyant plus que mademoiselle Chopard, se contente de lui dire :

— Eh bien! est-ce que vous n'allez pas dîner? Moi, j'ai une faim de loup! Et en disant cela, il court se mettre à table.

Mademoiselle Chopard est restée fort surprise de l'impolitesse de Jean; Bellequeue, qui a vu son filleul entrer seul dans la salle à manger, s'empresse d'aller chercher mademoiselle Adélaïde, à laquelle il dit :

— M. Durand est excessivement timide, je suis sûr qu'il n'a pas osé vous offrir la main.

— Ah! il est timide... Je n'aurais pas cru que c'était ça!

— Oh! c'est un garçon très singulier... Caractère extraordinaire... Vous verrez : il ne fait rien comme tout le monde.

Mademoiselle Adélaïde est placée à table à côté de Jean. Celui-ci lui parle peu, mais il ne la laisse manquer de rien, et se contente de lui dire de temps à autre :

— Trouvez-vous ça bon? Aimez-vous ça? Buvez donc, vous ne buvez pas.

A ces phrases laconiques, mademoiselle Adélaïde répond peu de chose encore; elle attend toujours que son voisin lui fasse des compliments, mais son voisin n'a pas seulement l'air d'y songer; et mademoiselle Adélaïde trouve que Bellequeue a raison, et que Jean ne fait rien comme tout le monde.

Le dîner met M. Chopard en train; il a déjà placé deux calembours sur les cornichons, et un sur le pain qu'il n'aime pas sans *levain*. Madame Chopard rit à se tenir les côtes; madame Durand tâche de rire aussi. Bellequeue boit et mange en homme qui ne songe pas à se marier; madame Ledoux demande toujours ce qu'on a dit. Jean chantonne en mangeant, et madame Chopard dit à Bellequeue :

— Il est très gai, ce jeune homme, il est excessivement gai.

Comme Jean n'oublie pas de verser à boire, et qu'il a soin de remplir le verre de M. Chopard, celui-ci dit à madame Durand :

— Votre fils me paraît être parfaitement élevé.

Au second service, Jean se rappelle ce que Bellequeue lui a dit de mademoiselle Chopard; alors il se tourne vers sa voisine et lui dit :

— Vous savez donc faire des liqueurs?

Mademoiselle Adélaïde se pince les lèvres et répond avec un peu d'humeur :

— Je sais bien faire autre chose, monsieur.

— Ah! au fait, une femme, il faut que ça s'occupe; ça ne peut pas, comme nous autres, courir dans les cafés... jouer au billard...

— Oh! je joue au billard aussi.

— Bah, vraiment!

— Nous en avons un à la campagne de mon père, j'ai fait souvent la partie du maire et de l'adjoint.

— Avec des queues à procédés?

— Avec toutes les queues possibles. Je faisais aussi de la musique... Je jouais du forté.

— Moi, on a voulu me mettre au violon.

— Mais la musique m'agaçait les nerfs.

— Oui, ça fait mal aux oreilles.

— J'ai appris le dessin... je copiais les modèles antiques, d'après la bosse.

— Est-ce qu'ils en ont tous?

— J'ai fait un Amour grec qu'on a trouvé très bien.

— Moi, je n'ai fait que des polichinelles, d'après la bosse aussi.

— J'avais du penchant pour la botanique... J'aimais à herboriser dans les champs.

— Ah! Dieu! herboriser, je m'en souviens, mon père me fouettait pour me faire nommer les plantes en latin... Je ne reconnaissais que les colimaçons.

— Mais j'ai laissé cela pour l'astronomie... Ah! c'est si beau l'astronomie, connaître le nom des étoiles, savoir quand Vénus paraît, quand Saturne se couche.

— Il doit se coucher quand il a envie de dormir.

— Le Chariot, la grande Ourse, l'étoile du Berger...

— Mangez donc de la crème, je vous réponds que ça vaut bien la grande Ourse.

— Mais tout cela ne vaut pas l'histoire!... C'est si intéressant l'histoire, si amusant!...

— Ma nourrice m'en racontait pour m'endormir.

— Ces Grecs, ces Romains, ces pères qui tuent leurs fils, ces fils qui tuent leur mère, ces frères qui se battent entre eux...

— Ils avaient donc tous le diable au corps!

— Cette Iphigénie qui aimait tant... Hector, et ce Tarquin qui a enlevé Hélène... Ah! c'est une chose bien amusante que ce siège de Troie!

— Ma fille est lancée, dit tout bas madame Chopard à Bellequeue. La voilà partie!... c'est fini, elle ne s'arrêtera plus!

Jean laisse parler mademoiselle Adélaïde et se remet à chantonner entre ses dents. Le papa Chopard fait sauter les bouchons, et boire madame Ledoux qui commence à avoir une pointe de gaieté. Madame Chopard rit des bons mots de son mari et applaudit aux phrases de sa fille. Madame Durand est enchantée de la tenue de son fils, qui a cependant les coudes sur la table, mais on est au dessert, et cela passe pour un aimable abandon. Enfin, mademoiselle Adélaïde semble se faire au ton singulier de Jean, parce que les femmes ont toujours un secret penchant pour les hommes qui ne font pas comme tout le monde.

On reste longtemps à table, M. Chopard s'y plaît, Jean lui tient tête pour trinquer. Bellequeue voit avec plaisir que l'affaire s'entame bien; les dames ne déparlent pas, et après le café madame Ledoux assure qu'elle a eu quatorze maris et trois enfants de chacun.

Madame Chopard, qui trouve que sa fille a une voix superbe, amène la conversation sur le chant; M. Chopard dit que c'était une très bonne habitude de chanter au dessert, parce que cela faisait rester à table plus longtemps; Bellequeue est aussi de cet avis, et il commence le concert en chantant: *Femmes, voulez-vous éprouver*, romance qu'il chante avec beaucoup de moelleux et qu'il accompagne de tendres sourires aux dames, et Jean s'écrie après le second couplet:

— Ah! mon parrain!... vous chantez ça comme si vous n'aviez mangé que du miel depuis quinze jours!...

— Il est vrai que c'est doucereux, dit M. Chopard; moi, je suis pour le gai, le vif... comme *Rendez-moi mon écuelle de bois*, ou *Dans un verger Colinette*, ça sera toujours beau, cela...

M. Chopard chante plusieurs couplets, que Jean accompagne en sifflant et en frappant sur la table avec son couteau. On engage ensuite mademoiselle Adélaïde à chanter, elle ne se fait pas prier, elle commence un air... puis un autre, parce qu'elle ne se souvient jamais de la fin; après avoir commencé quatre chansons sans les finir et fait une roulade dans chaque, elle déclare qu'elle tâchera de savoir la fin une autre fois, et madame Chopard s'écrie:

— Voilà ce que c'est que de trop savoir, ça embrouille; ma fille a au moins trois cents airs dans la tête, et, quand il faut chanter, elle ne peut jamais en trouver un entier... Elle sait vraiment trop de choses!

C'est au tour de Jean; on le prie de chanter et il entonne un refrain à boire.

— C'est gentil, dit Bellequeue, mais pour ces dames nous voudrions quelque chose d'autre qu'une chanson de table.

Alors Jean commence la *Béquille du père Barnaba*, mais madame Chopard l'interrompt après le second couplet en s'écriant:

— Je la connais; mon mari me l'a chantée... autrefois... Et la maman ajoute à l'oreille de madame Durand que cela choquerait l'oreille d'Adélaïde.

Jean commence alors: *Rien, père Cyprien*; et madame Chopard l'interrompt encore en s'écriant:

— Ah! nous connaissons aussi celle-là!...

— Mais, sacrebleu! dit Jean, si vous ne me laissez rien finir, pourquoi me priez-vous de chanter?

— C'est juste, dit mademoiselle Adélaïde, il faut laisser finir monsieur.

Pour empêcher que l'humeur ne s'en mêle, Bellequeue prie Jean de leur chanter une ronde de *Béranger*. La ronde est chantée, on fait chorus, on trinque, et cela remet tout le monde de bonne humeur. Bellequeue, craignant que Jean ne voulût ensuite chanter quelque gaudriole, est le premier à faire apercevoir qu'il est tard. Les Chopard se lèvent, et prennent congé de madame Durand en l'engageant, ainsi que Jean, à venir bientôt les voir.

CHAPITRE XIII

TÊTE A TÊTE DES FUTURS. — JEAN EST FIANCÉ

En rentrant chez eux, les Chopard ne manquent point de demander à leur fille ce qu'elle pense de Jean, car c'était ordinairement d'après l'avis de mademoiselle Adélaïde que le papa et la maman prononçaient. Mademoiselle Chopard a trouvé que Jean n'était point un homme comme un autre; elle avoue qu'il est un peu original dans ses manières, mais elle a causé avec lui et elle prétend qu'il cause fort bien; et qu'il parle souvent sans être jamais embarrassé.

— C'est un savant, dit madame Chopard, je l'avais deviné à son air original; ma fille, il a dû trouver à qui parler avec toi!

— Mais... oui... nous avons approfondi plusieurs sujets.

— Quant à moi, dit M. Chopard, j'ai trouvé au jeune homme des manières rondes, franches... Oh! il n'a pas l'air d'un suffisant!... Il boit sec! j'aime cela, moi; je ne voudrais pas qu'on appelât mon gendre Boileau... Hein?... il est bon, j'espère, celui-là... Boit-l'eau! ah! ah! ah!...

Le fait est que la personne de Jean n'avait pas déplu à mademoiselle Adélaïde, et que, surprise de ne recevoir de lui aucun compliment, elle en avait éprouvé en secret un dépit qui, chez les femmes, est souvent le commencement d'un tendre sentiment.

De son côté, madame Durand questionne son fils et cherche à savoir ce qu'il pense de mademoiselle Chopard. Jean paraît assez indifférent pour mademoiselle Adélaïde, il ne la trouve ni très bien, ni très mal, mais sa personne ne semble pas lui déplaire, ce qui est déjà beaucoup, et Bellequeue, qui connaît les goûts de son filleul, ne manque pas de lui répéter :

— Avec cette femme-là, mon ami, un mari n'aura rien à faire depuis le matin jusqu'au soir; elle tiendrait parfaitement son ménage... et ferait encore des fruits à l'eau-de-vie et toutes les liqueurs possibles.

Rien à faire, cela plaisait beaucoup à Jean, qui ne se connaissait à rien; il regarde son parrain en souriant, et lui dit :

— Ma foi!... si cela vous fait tant de plaisir, ainsi qu'à ma mère, que je sois marié... eh bien! autant mademoiselle Chopard qu'une autre

Madame Durand embrasse son fils, et Bellequeue court chez les Chopard, savoir ce que l'on dit de son filleul. Il n'était pas aussi tranquille de ce côté, il craignait que les manières peu galantes de Jean n'eussent déplu à mademoiselle Adélaïde. C'est donc avec une certaine inquiétude qu'il se présente chez l'ancien distillateur, qu'il trouve seul et auquel il demande sur-le-champ ce qu'il pense de Jean.

— Comment donc! s'écrie M. Chopard, mais c'est un charmant garçon!... un original, mais un savant!...

— Bah! vraiment, vous trouvez? dit Bellequeue, qui craint d'avoir mal entendu.

— Parbleu!... faites donc l'ignorant... Ma fille s'est bien aperçue tout de suite de la chose... Je vous répète que c'est un savant... Ma fille l'a dit, elle s'y connaît...

— Oh! je ne vous dis pas que non... mais avec nous, voyez-vous, il aura apparemment caché son jeu!...

— C'est possible, mais on n'en fait point accroire à ma fille... et quand elle a affirmé une chose...

— Qui diable vous contredit?... Ainsi il ne lui déplaît pas?...

— Bien au contraire; cependant il faut que le jeune homme vienne nous voir... qu'il cause avec Adélaïde...

— C'est juste, c'est très juste; je vous l'amènerai demain soir.

— C'est cela, ils causeront, ils jaseront... nous n'aurons l'air de rien, nous autres, parce qu'enfin, quand il s'agit de se marier, il faut bien faire d'abord connaissance avant de serrer le nœud... Serrer le nœud... oh! oh! oh!... pas mauvais, hein!...

— Très joli!... A demain donc, mon cher Chopard, je crois d'après cela que notre affaire s'arrangera...

— Ma foi, je le crois aussi... Nous aurons un nœud frais... Oh!... qu'il est bon!... ah! ah!... un nœud frais... Il est à la coque, celui-là!...

Bellequeue s'éloigne enchanté, il rentre chez lui rayonnant, et mademoiselle Rose s'aperçoit qu'il se passe quelque chose. Les jeunes filles sont curieuses, d'ailleurs la jeune bonne exerçait sur son maître une certaine autorité, elle voulait savoir tout ce qu'il faisait; elle s'empresse donc de lui demander ce qui le rend si joyeux.

— Oh! ce n'est rien, répond Bellequeue d'un air malin.

— Vous mentez, dit mademoiselle Rose, je

vois cela à votre nez! Mais ce n'est pas moi que vous tromperez!... Je veux savoir ce que vous avez pour être si content... Je veux que vous me disiez tout!... ou je vous tire les cheveux!

Cette colère fait sourire Bellequeue, qui se retourne en se disant :

— Dieu!... est-elle jalouse.... C'est pis qu'une Africaine!... Si elle me rencontrait avec une femme, je suis sûr qu'elle se porterait à des excès.

— Eh bien! monsieur, dit Rose, êtes-vous enfin décidé à me répondre?

— Ma chère amie, j'allais tout te dire... mais tu es si pétulante...

— Je suis ce que je suis... finissons...

— Eh bien, je viens d'arranger une affaire... et c'est cela qui me fait plaisir.

— Qu'est-ce que c'est que cette affaire?

— C'est... un mariage pour mon filleul.

— Un mariage pour M. Jean!... et c'est lui que vous mariez?

— Sans doute.

— Un jeune homme de vingt ans!...

— Vingt ans et demi bientôt.

— C'est égal... cela n'a pas le sens commun!... et il faut avoir perdu la tête pour songer à marier un jeune homme qui ne songe encore qu'à s'amuser.

Mademoiselle Rose se pinçait les lèvres et paraissait de fort mauvaise humeur; de son côté, Bellequeue prend un ton sévère en lui répondant :

— Mademoiselle, mêlez-vous de vos affaires.. et ne vous permettez plus des réflexions aussi.. inconvenantes... je vous en prie.

Rose se tait et retourne à sa cuisine. Pendant toute la journée elle ne dit plus rien; mais ce jour-là le poulet est brûlé, les côtelettes sont en charbon, la soupe a pris au fond et la liaison a tourné. Bellequeue fait un fort mauvais dîner, mais il se dit :

— Pauvre Rose! je lui ai parlé trop sévèrement... Cela lui aura fait tant de peine qu'elle en a négligé sa cuisine.

Remettant à un autre moment de calmer mademoiselle Rose, et tout à l'affaire qu'il a à cœur de terminer, Bellequeue, après son dîner, reprend son chapeau, et, au lieu de faire sa partie de dames avec sa bonne, se rend chez madame Durand, à laquelle il apprend les dispositions favorables de la famille Chopard.

Madame Durand n'est nullement surprise que son fils ait plu, et elle répond à Bellequeue :

— Je savais bien que mon Jean n'avait qu'à se présenter pour tourner les têtes!... Mademoiselle Chopard doit se trouver très flattée qu'il veuille bien la prendre pour femme!...

— Sans doute, dit Bellequeue, mon filleul est bel homme... assurément; mais vous conviendrez que... pour les sciences... je ne m'attendais pas à ce qu'on le trouvât savant!

— Et pourquoi donc cela? s'écrie madame Durand, est-ce que vous aviez pris mon fils pour un sot jusqu'à présent?

— Non, ma chère commère, ce n'est pas cela... mais...

— Eh bien! vous voilà comme son père, qui disait qu'il ne savait rien!... Et moi, j'ai toujours trouvé qu'il savait tout!... Est-ce qu'un garçon d'esprit a besoin d'apprendre une chose pour la savoir?... Belle malice, vraiment!... c'est bon pour les imbéciles, ce ne serait plus la peine d'avoir de l'esprit s'il fallait faire comme tout le monde.

— Vous avez raison assurément, mais...

— Mais, mon cher Bellequeue, je vous dis que mon fils séduirait une princesse s'il en avait la fantaisie.

— Je n'en doute pas, ma chère commère, mais tenons-nous-en à mademoiselle Adélaïde Chopard, qui n'est pas une princesse, c'est vrai, mais qui rendra, j'en suis certain, mon filleul excessivement heureux.

— Oh! je n'en doute pas, et ce mariage me convient beaucoup!

— En ce cas, veuillez donc prévenir Jean, pour qu'il vienne avec nous demain soir chez les Chopard.

— Soyez tranquille, il y viendra.

Bellequeue quitte madame Durand en se disant :

— Mon filleul est un savant, je le veux bien, moi, puisqu'ils le veulent tous!... Le principal est que ce mariage se fasse... alors je serai plus tranquille, je ne courrai plus toute la journée pour les autres... je pourrai tout à mon aise jouer aux dames avec Rose, qui, n'ayant point sujet d'être jalouse, ne laissera plus brûler mon dîner.

Madame Durand fait entendre à son fils qu'ils doivent une visite à la famille Chopard, et que mademoiselle Adélaïde aura beaucoup de plaisir à causer avec lui, parce qu'elle s'est aperçue qu'il était très instruit.

— Alors il est facile de lui faire prendre des serins pour des aigles, dit Jean, et cela me ferait penser que cette demoiselle, qui met tout à l'eau-de-vie, n'est au fond qu'une bête... Vous savez bien que je ne sais rien, ma mère, que fumer, jurer, boire et jouer au billard.

Je gage que c'est le sac de cette dame, s'écria Jean.

— Tu es trop modeste, mon ami, tu ne connais pas toi-même tous tes talents.

— Oh! ça! pour des talents, j'avoue que je ne m'en connais pas un seul!

— Enfin, tu viendras chez les Chopard, n'est-ce pas?

Le mot *visite* avait toujours fait fuir Jean, qui, étranger à toutes les convenances ainsi qu'aux usages du monde, se déplaisait dans un salon où il ne pouvait pas se conduire comme dans une tabagie; cependant, vaincu par les sollicitations de sa mère, et s'étant aperçu d'ailleurs qu'avec les Chopard on pouvait être fort à son aise, Jean consent à aller chez eux le lendemain soir.

Les Chopard attendaient madame Durand et son fils; on avait invité quelques amis pour faire la partie de vingt et un, les bougies avaient remplacé la chandelle, les housses des fauteuils et du canapé avaient été enlevées et laissaient briller un vieux satin bleu broché, qui depuis une quinzaine d'années n'avait vu le jour que six fois; on avait fait de la toilette; mademoiselle Adélaïde avait mis beaucoup de temps à sa coiffure, éprouvant pour la première fois un désir très vif de plaire, et pour la première fois aussi, craignant de ne point y réussir; enfin M. Chopard avait rangé sur une console une douzaine de petits bocaux contenant les produits chimiques de mademoiselle sa fille, qu'il ne manquait jamais de mettre en évidence lorsqu'un épouseur se présentait.

Trois voisins étaient déjà arrivés, et mademoiselle Adélaïde faisait la moue, parce qu'il était sept heures du soir, et que M. Jean ne venait point, lorsque enfin la sonnette se fit entendre, et bientôt après la voix de Bellequeue qui donnait la main à madame Durand. La porte du salon s'ouvre... une cuisinière va pour annoncer, mais Jean la retient par son tablier en disant :

— Nous nous annoncerons bien nous-mêmes. Est-ce que vous croyez qu'on ne nous reconnaîtra pas?

Et faisant faire un demi-tour à gauche à la domestique, il pénètre dans le salon, ayant encore son chapeau sur la tête, et va frapper sur l'épaule du père Chopard en lui disant :

— Comment ça va, mon vieux?

M. Chopard se retourne, et aperçoit Jean qui a une redingotte, des bottes crottées, une cravate de couleur et point de gants, tous les efforts de sa mère et de Bellequeue n'ayant pu parvenir à le faire changer de toilette. Mais comme mademoiselle Adélaïde a trouvé M. Jean savant et original, le papa Chopard ne se formalise pas du peu de frais que le jeune homme a faits pour venir chez lui, il lui presse cordialement la main en s'écriant :

— Bonsoir, professeur!...

Puis se tournant vers ses amis, M. Chopard leur dit à l'oreille :

— Remarquez la mise négligée de ce jeune homme, c'est une suite de son originalité... Les savants ne s'occupent jamais de leur toilette... c'est au-dessous d'eux.

— Alors, dit un des voisins à un autre, voilà un jeune homme qui doit être très instruit.

Mademoiselle Adélaïde ne paraît pas satisfaite du négligé de Jean, cependant elle s'est levée et attend qu'il vienne lui présenter ses hommages; mais Jean n'y songe pas, il s'est arrêté devant les bocaux et s'écrie en frappant sur le ventre de M. Chopard :

— Est-ce que nous allons avaler tout ça ce soir?... Sacrebleu! mais alors il faudra revenir en fiacre!...

— Et peut-être ventre à terre, dit M. Chopard. Oh! oh! oh!... ventre à terre!... en voilà encore un soigné!...

Bellequeue, qui s'aperçoit que mademoiselle Adélaïde se mord les lèvres avec colère en attendant que Jean aille la saluer, va doucement tirer son filleul par sa redingote en lui disant à l'oreille :

— Va donc dire bonsoir à mademoiselle Chopard.

— Ah! c'est juste! répond Jean tout haut; le diable m'emporte si je ne l'avais pas oubliée!

Et se retournant vers le canapé sur lequel mademoiselle Adélaïde est replacée, Jean va se jeter lourdement à côté d'elle en s'écriant :

— Eh ben! princesse, qu'est-ce que nous disons ce soir?

Mademoiselle Adélaïde, tout étourdie de s'entendre appeler princesse par un homme qu'elle voit pour la seconde fois, est un moment sans pouvoir trouver de réponse, et M. Chopard, qui a entendu Jean, dit tout bas à sa femme :

— Il a appelé notre fille princesse!... c'est un genre de cour!...

— N'ayons l'air de rien, dit madame Chopard; mais éloignons-nous du canapé, afin qu'ils puissent causer plus librement.

— Oui, dit Bellequeue, si nous ne les entendons pas, je crois que ça vaudra mieux.

Les parents se dirigent alors vers une table sur laquelle on forme un vingt et un, et le canapé étant à l'autre extrémité du salon, les jeunes gens sont presque en tête-à-tête et peuvent causer sans être entendus par la société.

Mademoiselle Adélaïde, troublée par le ton et les manières de Jean, a perdu son assurance habituelle; elle ne peut même plus faire la coquette, et ne sachant que dire, baisse les yeux en poussant un léger soupir.

— Est-ce que votre dîner vous fait mal? lui dit Jean en la regardant de très près.

— Non, certainement, monsieur, répond vivement mademoiselle Chopard, est-ce qu'on ne soupire que quand on a trop mangé?

— Ma foi!... je croyais... Ah! il est vrai qu'il m'arrive aussi quelquefois de respirer longuement... quand je m'ennuie, par exemple.

— Mais, monsieur, je ne m'ennuie pas, moi, je vous prie de le croire.

— Quand vous vous ennuieriez à côté de moi, que vous connaissez à peine, qu'est-ce qu'il y aurait là d'extraordinaire?

— Monsieur, quand on est bien élevé, on ne s'ennuie jamais en société.

— C'est donc parce que j'ai été mal élevé que je m'y ennuie si souvent.

— Ah! vous dites cela pour rire!

— Non!... que le tonnerre m'écrase si ce n'est pas vrai!..

— Ça va bien, dit tout bas M. Chopard à Bellequeue après avoir jeté un regard sur le canapé. Les voilà qui s'animent... je suis sûr qu'ils approfondissent un sujet.

— Ils se conviennent d'une manière extraordi

naire! répond Bellequeue, qui, dans sa joie, demande encore des cartes, quoiqu'il en ait déjà vingt-quatre, et ne s'aperçoit pas qu'il a crevé.

Après un moment de silence, Jean, qui aime à aller au fait, dit à mademoiselle Chopard :

— A propos, je crois qu'on a envie de nous marier?

Mademoiselle Adélaïde devient violette comme une aubergine, et balbutie :

— Mais, monsieur... en vérité... je ne sais pas cela, moi.

— Ah! vous ne le savez pas!... Ma foi, je pensais qu'on vous en avait parlé comme à moi ; mais c'est égal, à présent que je vous l'ai dit, vous le savez, et nous pouvons causer de cela, car enfin, si nous nous marions, il faut bien nous connaître un peu... Qu'en pensez-vous?...

— Moi, monsieur... je pense... je ne sais pas... vraiment... vous me dites tout cela si vite...

— Il me semble qu'il n'est pas nécessaire d'être trois heures pour se dire une chose si simple!... On se convient ou l'on ne se convient pas.

— Mais on ne peut pas le dire tout de suite...

— Oh! que si! Moi, je serais bien aise de savoir à quoi m'en tenir, parce que je vous avoue que je ne songeais pas du tout à me marier... C'est ma mère, c'est mon parrain, qui ne cessent de me corner aux oreilles que ça me fera du bien, que ça me rendra plus sage, plus posé!... Il me semble que je ne suis pas mal posé maintenant ; mais enfin, si on le veut, je me marierai... Et vous?

Une déclaration si singulière bouleverse toutes les idées de mademoiselle Adélaïde; habituée à s'entendre dire : « Je vous adore, je ne puis être heureux qu'avec vous, » par tous ceux qui ont aspiré à sa main, elle attend toujours que Jean en vienne à ce chapitre, et ne trouve point de réponse pour ce qu'il vient de lui dire.

Ennuyé de voir mademoiselle Chopard garder le silence et faire des mines en roulant les yeux à droite et à gauche, Jean lui serre familièrement le genou, en lui disant :

— Est-ce que je vous ai parlé chinois?

Mademoiselle Adélaïde retire vivement son genou et se recule en disant :

— Eh bien! monsieur, à quoi pensez-vous donc?... En vérité, je ne suis pas habituée à ce qu'on prenne avec moi de telles libertés, et tout ce que vous me dites me paraît bien singulier... Ce n'est jamais comme cela qu'on m'a fait la cour!...

Jean regarde la demoiselle et part d'un éclat de rire qui augmente la confusion de mademoiselle Chopard, tandis que monsieur son père dit à madame Durand :

— Votre fils a pris feu comme du phosphore!.. Voyez-vous comme il en conte à ma fille!... Vingt et un d'emblée... ça se paye double... J'avais joué deux liards, c'est un joli coup.

Lorsque Jean a cessé de rire, il se rapproche de mademoiselle Adélaïde et lui dit :

— Est-ce que vous avez cru que je venais ici pour vous faire la cour?... Ce n'est pas ça du tout!... je viens pour vous épouser si ça vous arrange; du reste, il ne faut pas vous gêner; si je ne vous plais pas, n'en parlons plus. Ce sont nos parents qui ont eu cette idée-là, mais nous ne ferons toujours que ce que nous voudrons.

— Mais, monsieur... pour s'épouser, est-ce qu'il ne faut pas d'abord être amoureux l'un de l'autre?

— Je ne crois pas que cela soit absolument nécessaire... Quant à moi, je vous mentirais si je vous disais que je suis amoureux!...

— C'est très galant!...

— Aimez-vous mieux que je vous le dise et que je ne le pense pas.

— Je veux que vous le soyez... Il me semble que cela n'est pas difficile...

— Oh! c'est très difficile pour moi! Quant à être galant, à faire la cour, je n'y entends rien; aussi je vais rondement au fait, et je n'aime pas les mijaurées ni les prudes... Vous voyez comme je suis... Eh bien, vous réfléchirez au projet des parents; rien ne presse, donnez-vous le temps. Maintenant, je vais goûter un peu de ce qu'il y a dans vos bocaux, parce que je ne suis pas fâché d'apprécier vos talents en distillation.

En disant cela, Jean se lève, s'approche de la console, prend un bocal rempli de cerises, et s'écrie :

— Papa Chopard, est-ce qu'il n'y aurait pas moyen de goûter cela?... Vous n'avez sans doute pas mis tous ces bocaux en évidence pour que nous n'en ayons que la vue?

— Non certainement, dit M. Chopard en quittant la table de vingt et un, après avoir dit bas à ses voisins : « Continuation de l'originalité du jeune homme ; et appelant sa domestique, il fait apporter des verres et ouvre le bocal en disant à Jean :

— Vous allez m'en dire des nouvelles!... Il n'y a rien de tel que les fruits à l'eau-de-vie ; le plus sage a beau jurer qu'il n'en prendra pas... Cela fait oublier tous les serments qu'on fit... Oh! oh! oh!... il est fameux celui-là... les serments confits... Madame Chopard, tu tâcheras de t'en souvenir.

Madame Chopard rit aux larmes, et tous les joueurs quittent la table de vingt et un, parce qu'ils aiment autant goûter les cerises que de dire : Je m'y tiens ou j'ai crevé ; ce qui est cependant fort récréatif, surtout quand on joue le vingt et un à deux liards.

Après les cerises, Jean propose de goûter d'un autre bocal, puis d'un troisième, et comme à chaque nouvelle dégustation la société adresse force compliments à mademoiselle Adélaïde, les Chopard sont dans l'enchantement et feraient volontiers sauter toutes leurs liqueurs ; mais madame Durand, qui craint que cela ne fasse mal à son fils, demande à continuer le vingt et un.

On reprend la partie, Jean se promène dans le salon, regarde jouer, chante ou siffle entre ses dents, et mademoiselle Adélaïde, toujours assise sur le canapé, le regarde de temps à autre en se disant :

— Dieu ! quel singulier jeune homme !... Qui est-ce qui croirait qu'il est amoureux de moi et désire m'épouser?... Car certainement il est amoureux de moi, quoiqu'il n'en veuille pas convenir !.. D'ailleurs M. Bellequeue l'a dit à papa.

S'apercevant que c'est en vain qu'elle attend que Jean revienne causer avec elle, mademoiselle Adélaïde se décide à aller causer avec lui ; elle se lève, reprend un ton gai, rit aux éclats au moindre mot que dit Jean, et finit par se laisser pincer les genoux et tâter le mollet sans se fâcher, parce qu'il faut bien passer quelque chose à un original.

L'heure de se séparer arrive. Les parents sont enchantés, on se quitte de très bonne humeur. En route, madame Durand demande encore à son fils s'il a été content de mademoiselle Adélaïde, et Jean, qui a trouvé très ferme tout ce qu'il s'est permis de tâter, répond que la jeune personne paraît bien en état de se marier.

Les Chopard ont aussi interrogé leur fille pour savoir si le jeune Durand est toujours de son goût, et quoique Jean n'ait point été galant avec mademoiselle Adélaïde, quoiqu'il ne lui ait parlé que fort cavalièrement et se soit conduit de même, mademoiselle Adélaïde répond à ses parents :

— Oui, certainement, il me plaît beaucoup, et je suis très disposée à être sa femme.

Et la jeune personne rentre dans sa chambre en se disant :

— Il ne m'a fait aucun compliment, mais c'est égal, il me plaît... D'ailleurs, il est amoureux de moi, et s'il ne veut pas me le dire, c'est par entêtement.

Bellequeue, qui craint toujours que Jean ne change d'avis, pense qu'il faut profiter de ses bonnes dispositions pour le mettre dans l'impossibilité de refuser la main de mademoiselle Adélaïde, il ne cesse de courir de chez les Chopard chez madame Durand, et de chez celle-ci chez l'ex-distillateur. Toutes les fois qu'il aperçoit mademoiselle Adélaïde il lui crie :

— Mon filleul ne parle plus que de vous... il ne pense qu'à vous ; votre image le poursuit même quand il joue au billard, et vous êtes cause qu'il fait *fausse queue*.

— A Jean, Bellequeue dit :

— Tu as fait naître une terrible passion dans le cœur de mademoiselle Chopard, elle ne rêve qu'à toi, cette nuit encore elle t'a vu en tourtereau.

Jean rit ; mademoiselle Adélaïde soupire ; et les Chopard disent à Bellequeue :

— Si le jeune homme est si amoureux, pourquoi donc ne vient-il pas nous voir ?

— Singularité de caractère, dit Bellequeue, il ne peut point se résoudre à faire l'amour comme tout le monde.

Cependant, à force de courir chez l'un et chez l'autre, Bellequeue parvient à réunir encore Jean et mademoiselle Chopard. Celle-ci rougit beaucoup en voyant le jeune Durand ; les parents se regardent d'un air satisfait, et Bellequeue poussant son filleul qui reste tranquillement au milieu de la chambre, lui dit à l'oreille :

— Prends la main de la demoiselle, c'est l'usage lorsqu'on a des vues honnêtes.

— Allons, dit Jean, si c'est l'usage, je le veux bien, moi. Et s'avançant vers mademoiselle Adélaïde il lui prend la main et la lui secoue comme à un ancien ami ; aussitôt Bellequeue frappe sur le ventre de M. Chopard en s'écriant :

— C'est fini ! les voilà fiancés !...

— Les voilà fiancés, ces chers enfants ! dit madame Durand en embrassant madame Chopard.

Tandis que M. Chopard s'écrie :

— Voilà un nœud... d'amour... Oh ! oh ! oh !... il est coulant celui-là... Ah ! *coulant !* encore un fameux !...

Jean tient toujours la main de mademoiselle Adélaïde, qui ne songe nullement à la retirer ; le papa Chopard est allé chercher un bocal d'abricots pour célébrer les fiançailles. Jean quitte la main de mademoiselle Adélaïde pour les abricots : on boit, on trinque, on rit, on chante ; la soirée se passe très gaiement ! on s'embrasse en se quittant, et tout le long du chemin Bellequeue répète à Jean :

— Tu es fiancé, il n'y a plus à t'en dédire... Tu peux déjà regarder mademoiselle Chopard comme ta femme.

— Soit, dit Jean, mais le diable m'emporte si je m'attendais à être fiancé pour avoir donné une poignée de main à la demoiselle.

Le souvenir des fiançailles n'empêche pas Jean de dormir. Quant à Bellequeue il rentre chez lui enchanté et s'écrie en passant sa robe de chambre :

— C'est fini ; il n'y a plus à reculer... ils sont fiancés...

— Qui cela? dit mademoiselle Rose.

— Et parbleu, mon filleul, Jean Durand, avec mademoiselle Adélaïde Chopard !...

— Beau mariage qu'il a fait là !... murmure mademoiselle Rose en prenant sa chandelle.

— Rose... une partie de dames... une seule partie... Je suis sûr que je ferai de beaux coups ce soir... crie Bellequeue à sa petite bonne.

Mais celle-ci, sans écouter son maître, rentre dans sa chambre dont elle ferme la porte en disant :

— Jouez tout seul... je crois que ça m'amusera autant.

CHAPITRE XIV

ÉVÉNEMENT NOCTURNE — LE SOUVENIR D'UNE OLIE FEMME

Depuis huit jours Jean était fiancé à mademoiselle Chopard. On avait fixé l'époque du mariage à six semaines après, parce que mademoiselle Adélaïde, certaine maintenant que Jean sera son mari, n'est pas fâchée d'avoir le temps de faire avec lui plus ample connaissance, se flattant toujours qu'elle parviendra à le rendre amoureux, galant et soumis à ses volontés.

Jean ne s'était point informé de l'époque fixée pour son hymen, peu lui importait que ce fût tôt ou tard. Il allait chez les Chopard, parce qu'il y était aussi libre, aussi à son aise que chez lui; mais il causait avec mademoiselle Adélaïde comme avec toute autre personne, et rien n'annonçait qu'il deviendrait plus empressé et plus galant. Mademoiselle Adélaïde, au contraire, éprouvait chaque jour un penchant plus vif pour le jeune Durand, et tout en se dépitant en secret de ce qu'il ne se montrait pas plus amoureux, se sentait plus éprise de lui.

Les Chopard, persuadés qu'on ne pouvait pas voir leur fille sans en être enthousiasmé, ne doutaient point des sentiments de Jean, et attribuaient son peu d'empressement près d'elle à la singularité de son caractère. Toutes les fois que le jeune homme venait les voir, ils ne manquaient pas de faire passer en revue les bocaux, en s'étendant sur les talents de leur fille. Jean trouvait cela bon, et madame Chopard courait dire tout bas à sa fille :

— Ton prétendu a mangé de tes pêches à l'eau-de-vie avec le plus grand plaisir... Ce garçon-là t'aime sincèrement, ma chère enfant

Mademoiselle Adélaïde ne répondait rien, mais elle soupirait, et pensait que M. Jean ne l'aimait pas tant que les pêches.

Jean revenait un soir de chez les Chopard ; il n'était que dix heures, mais les rues du Marais étaient déjà désertes. En entrant dans la rue des Trois-Pavillons, des voix de femmes frappent son oreille, on crie au voleur, et au même instant un homme passe en courant tout près de Jean, tenant encore à sa main un châle avec lequel il s'enfuit. Mais Jean l'a déjà atteint; il le saisit au collet, lui arrache le châle des mains, et veut l'entraîner avec lui, lorsque le voleur lui dit :

— Par pitié, ne me perdez pas!

La voix de cet homme n'est pas inconnue à Jean, sa main a involontairement lâché le collet du voleur, celui-ci s'enfuit, et Jean court alors près des deux dames qui avaient appelé du secours.

Ces dames, dont la mise était élégante et la tournure distinguée, se tenaient en tremblant contre le mur; elles n'avaient plus la force de marcher, et en voyant venir Jean vers elles, un cri d'effroi leur échappe, parce qu'elles croient que c'est encore un voleur qui vient les attaquer.

Jean rassure les dames et leur présente le châle qu'il a repris au voleur en leur disant :

— Est-ce là tout ce que le coquin vous emportait?... Sacrebleu ! je suis bien fâché de l'avoir laissé se sauver... Mais sa voix.. il m'a semblé... ma foi?... Je l'ai lâché sans savoir ce que je faisais.

Les dames se confondent en remerciement; le châle volé était un beau cachemire, et valait bien la peine qu'on remerciât Jean.

— Il m'a aussi emporté mon sac, dit une de ces dames, mais c'est une perte bien légère, il n'y avait dedans que ma bourse contenant peu d'argent, un mouchoir et un souvenir... qui est ce que je regrette le plus.

Jean veut courir après le voleur pour lui reprendre le sac, mais les dames s'y opposent, elles le supplient de ne point se donner une peine inutile, et d'avoir seulement la bonté de les conduire jusqu'à une place de fiacre.

Jean offre le bras à ces dames, on l'accepte, et chemin faisant on lui conte comment l'événement est arrivé. Les dames sortaient d'une maison de la rue des Trois-Pavillons, elles n'avaient point voulu qu'on les reconduisît, ne pensant pas qu'à dix heures du soir deux femmes courussent quelque danger dans un quartier qui n'est point désert. D'ailleurs, leur intention était de prendre une voiture à la place la plus proche ; mais à peine avaient-elles faire vingt pas dans la rue, qu'un homme s'était approché d'elles, leur avait brusquement arraché un châle et un ridicule, et s'était enfui aussitôt.

Les deux dames, auxquelles Jean servait de cavalier, parlaient chacune à leur tour et quelquefois toutes deux ensemble, comme c'est l'usage lorsqu'il vient de nous arriver un événement dont nous sommes encore troublés. L'une de ces dames paraissait avoir une quarantaine d'années, l'autre devait être encore fort jeune. Toutes deux accablaient Jean de remerciments, puis se disaient réciproquement :

— C'est votre faute, ma chère, si nous avons été attaquées!...

— C'est plutôt la vôtre, ma bonne amie... Il y a trois quarts d'heure que je voulais m'en aller...

— Que voulez-vous! nous venons si rarement au Marais voir madame de Sainte-Luce, et puis cela lui faisait tant de plaisir que nous fissions son boston... Mais elle voulait nous envoyer chercher un fiacre, vous n'avez pas voulu...

— Sa bonne est si vieille!... presque aussi impotente que sa maîtresse! Je ne voulais pas qu'elle prît cette peine.

— Heureusement nous en sommes quittes à bon marché!...

— Grâce à monsieur!...

— Mais j'ai bien peur!...

— Et moi donc!... Cependant j'ai crié bien fort... La perte du châle n'était pas un grand malheur! mais je craignais tant que ce misérable ne revînt sur nous, et qu'il ne nous tuât!...

— Ah! monsieur, nous vous devons peut-être la vie!

A tout cela Jean répondait :

— Parbleu! ce que j'ai fait est tout naturel!... Je regrette seulement d'avoir lâché le coquin sans lui avoir fait rendre le sac! Du reste, je vous assure qu'il ne songeait pas à retourner sur vous quand je l'ai arrêté, il se sauvait au contraire à toutes jambes, et je crois qu'il est bien loin maintenant.

Mais on est arrivé à une place de fiacres, les dames en prennent un; Jean leur offre de les accompagner jusque chez elles, si elles ont encore quelque frayeur; mais elles le remercient avec beaucoup de grâce, et le prient de nouveau de recevoir les expressions de leur reconnaissance. Pour s'y dérober, Jean leur souhaite le bonsoir, et s'éloigne de la voiture, qui ne tarde pas à partir.

Jean, qui était retourné sur ses pas pour conduire les dames, reprend le chemin de chez lui en songeant à cette aventure. Ce n'est point des dames qu'il s'occupe, c'est du voleur dont la voix retentit encore à son oreille, et lui rappelle celle d'un de ses deux camarades de pension.

— Serait-il bien possible que ce fût en effet Démar! se dit Jean en retournant lentement dans la rue qu'il vient de parcourir. Démar voleur!... L'action qu'il venait de faire lorsque je l'ai quitté n'annonçait que trop son penchant pour ce crime!... Le malheureux!... Peut-être a-t-il aussi entraîné ce pauvre Gervais à commettre de pareilles infamies!... Où en serais-je maintenant si je ne les avais pas quittés!... Et tout devait être commun entre nous! Mais quelle folie de faire des serments à quinze ans!... Il serait peut-être plus sage de n'en faire jamais.

Tout en se livrant à ses pensées, Jean se retrouvait dans la rue des Trois-Pavillons, et à l'endroit même où il avait arrêté le voleur. Quelque chose brille à ses pieds, il se baisse et aperçoit un joli petit ridicule de soie avec des glands et une chaîne en acier.

— Je gage que c'est le sac de cette dame! s'écrie Jean en ramassant le ridicule. Comment se fait-il que nous ne l'ayons pas vu en passant là tout à l'heure... Ah! parbleu! elles parlaient tant!... elles m'étourdissaient avec leurs remerciments!... Nous aurions bien mieux fait de regarder à nos pieds. C'est égal, prenons le sac, et s'il renferme une adresse, ces dames n'auront rien perdu.

Jean ouvre le sac et trouve dedans un mouchoir, une bourse contenant vingt-cinq francs et un joli souvenir garni d'acier.

— C'est bien le sac volé à ces dames, se dit-il en mettant le ridicule dans sa poche; il renferme exactement tout ce qu'on a dit. Est-ce à la vieille... est-ce à la jeune qu'il appartient?... Je ne m'en souviens plus; elles parlaient presque toutes les deux à la fois... Je crois pourtant qu'il est à la jeune, car c'est aussi à elle qu'était le châle, et le coquin qui les a attaquées aura saisi tout cela à la fois.

Jean arrive chez lui; cet événement l'a retardé, il est plus de onze heures. Madame Durand est couchée. Jean rentre sur-le-champ dans son appartement, et sortant le sac de sa poche, il en tire de nouveau le souvenir, qu'il peut maintenant examiner à son aise.

Le souvenir est couvert de maroquin violet, les quatre coins sont revêtus d'acier, et dessus est une plaque sur laquelle est simplement gravé : *Souvenir*.

— C'est gentil, dit Jean, c'est tout bonnement un joujou comme il en faut aux petites-maîtresses!... Et ces dames m'ont fait l'effet d'être ce qu'on appelle du grand genre!... Mais il ne faut pas que mademoiselle Chopard se flatte d'avoir de ces jolies inutilités!... Je ne la mettrai pas sur ce pied-là. A quoi cela peut-il servir?... Qu'un homme ait un portefeuille, à la bonne heure; mais une femme, est-ce que cela a besoin de prendre des notes comme un courtier marron? Au reste, je vais voir si le souvenir renferme des choses importantes. Il faut bien que je le visite pour tâcher de découvrir le nom et l'adresse de celle à qui il appartient, puisqu'il n'y a rien dessus. Allons, parcourons le souvenir de la petite maîtresse. Qui sait?... ça m'amusera peut-être!... On ne se doutait pas sans doute qu'un étranger lirait un jour ce qui est écrit là-dedans.

Jean place une lumière sur une table, s'assied auprès, allume un cigare qu'il met dans sa bouche, et ouvrant le souvenir, en commence la lecture, qu'il interrompt parfois pour faire ses réflexions :

« Madame Derval m'attend à déjeuner la semaine prochaine, je lui ai promis d'y aller; voilà au moins dix fois qu'elle m'invite... elle ne se rebute pas. Il faudra pourtant que j'y aille pour en finir. Je n'aime point madame Derval, elle est coquette, médisante; elle a un esprit caustique qui déchire en feignant de ne vouloir que plaisanter; mais dans le monde, si on ne voyait que les gens qu'on aime!... »

— Que ces gens du monde sont bêtes! se dit Jean, toujours faire des choses qui ne leur plaisent pas, et cela, parce que c'est l'usage!... Comme je m'en moquerais, moi! Et qu'a-t-elle besoin d'aller déjeuner chez sa madame Derval, si elle ne peut pas la souffrir!... Mais que sait-on, elle l'appelle peut-être sa bonne amie!... Continuons :

« Jeudi, bal chez madame de Brémont. N'oublions pas de commander une garniture en roses panachées; celle de Clotilde était charmante, madame Julien était fort bien coiffée avec sa toque ponceau; il m'en faut une pareille. Faire prendre mes bracelets dont j'ai fait changer le tour. On porte des croix à présent, mon peigne n'est plus à la mode... »

— Ah! mon Dieu!... en voilà-t-il sur l'article des colifichets!... Ces dames sont terribles avec leur toilette... Je me doutais bien que celle-ci était coquette! elles le sont toutes! Mais, mademoiselle Chopard, si vous m'étourdissez avec des envies de bijoux, de croix et de peignes, je vous prierai d'aller faire du ratafia. Si les tablettes ne parlent que de parure, ça ne m'amusera guère! Voyons encore cependant :

« Que cet enfant était gentil et intéressant!... Il s'appelle Adolphe, il n'a que six ans, sa mère est veuve et malade depuis trois mois!... Pauvres gens!... faubourg Saint-Martin, n° 238, dans les mansardes. J'irai demain matin. »

— Pour une coquette, voilà qui n'est pas mal! elle est bonne au moins... cela me raccommode un peu avec elle.

« Le bal de madame de Brémont était charmant... Je n'ai pas manqué une contre-danse... M. Valcourt m'a invitée trop souvent, cela se remarquait... Je crois vraiment qu'il est amoureux de moi!... On a trouvé ma toilette charmante... J'ai promis de donner aussi un bal, pour faire plaisir aux petites Saint-Amand... Ces pauvres petites! elles aiment tant la danse!... J'inviterai leur cousine, puis la famille Dormeuil, puis les Saint-Léon; pour des hommes, on n'en manque pas!... On ne jouera point à l'écarté, parce que je veux que ces dames dansent. »

— Ah çà! mais elle dit toujours je veux, et ne parle jamais de son mari... Est-ce qu'elle n'en a pas... Ce ne serait pas une raison!... Ah! ceci n'est plus de la même écriture... ce sont des vers, je crois... une chanson peut-être :

Quand on vous voit, aimable Caroline,
Comment ne pas être amoureux?
Vos doux regards, votre grâce divine,
Font naître les plus tendres feux.
Mais avec l'heureux don de plaire.
Avec tant d'esprit et d'attraits,
Faut-il donc être si sévère
Pour les malheureux qu'on a faits?

— Ah! mon Dieu! que c'est beau... c'est au moins une déclaration, je n'en saurai jamais faire comme cela, moi... C'est dommage, je suis sûr que ma fiancée se mettrait elle-même à l'eau-de-vie pour qu'on lui en fasse autant!... il y a encore quelque chose d'écrit là-dessous... mais le crayon est presque effacé... *A madame Dorville, par son plus sincère adorateur...*

« Madame Dorville, c'est sans doute le nom de la propriétaire du souvenir... Caroline Dorville... c'est cela... il faut trouver l'adresse maintenant... il n'est pas dit que cela sera là-dedans... mais puisqu'on l'appelle madame, elle est donc mariée... et elle se laisse faire des vers et des déclarations!... C'est pas mal! je ne suis pas jaloux de mademoiselle Adélaïde; mais, quand elle sera ma femme, je ne crois pas que je serai d'humeur à laisser un freluquet lui adresser des devises dans ce genre-là. »

Jean lâche une bouffée de fumée et reprend sa lecture :

« Que ces pauvres gens ont semblé heureux de ma visite!... J'ai rendu à l'espérance, à la vie peut-être, cette pauvre mère qui, à vingt-cinq ans, mourait de chagrin et de misère dans un grenier... Son fils sautait de joie. Sa mère me baisait les mains et embrassait son enfant, en lui disant de me bénir!... Et il n'a fallu que quelques louis pour mettre fin aux souffrances de ces infortunés... Ah! je ne m'en tiendrai pas là, j'irai les revoir, je trouverai du travail ou une place pour cette jeune femme. Quand je songe qu'il y a beaucoup de gens dans la situation où j'ai trouvé cette pauvre mère, je rougis de dépenser de l'argent en futilités, en colifichets!... Pour un rien j'aurais jeté au feu cette belle garniture qui m'a coûté trois fois plus que je n'ai donné à ces infortunés! »

— C'est très bien cela... voilà qui me fait oublier son goût pour la toilette... Si elle a des défauts, au moins elle a des qualités, et cela compense. Il y a tant de gens chez lesquels la balance ne peut pas s'établir.

« Samedi, je dîne chez madame Saint-Léon... Un thé lundi chez madame Dorfeuil. Faire retenir une loge à l'Opéra pour vendredi. Mon nécessaire à prendre au magasin de *Monbro*. Trois romances nouvelles de *Panseron*, chez Frère, passage des Panoramas... On les a chantées chez madame de La Roche, elles sont charmantes. Un nouvel air varié pour le piano, par *Hérold*... C'est un peu difficile, mais ce qui est facile n'est trop souvent joué que par les écoliers. Madame de Rémond vient de faire faire son portrait, il est d'une ressemblance parfaite, cette miniature est ravissante; l'adresse du peintre, M. *Maricot*, rue Meslay, n° 28. Demander à Constance l'adresse de sa couturière. Les étoffes bleu pâle sont en faveur... Demander à Célestine quelle est sa marchande de modes... »

— Allons! nous voilà retombés dans les bêtises!... A l'autre page, elle était tout sentiment, elle faisait des réflexions fort raisonnables sur la coquetterie, et maintenant là voilà qui ne songe plus qu'aux plaisirs et à la parure!... Ah! c'est bien le souvenir d'une femme!... mais tout cela ne m'apprend pas son adresse. Voyons encore.

« Ne pas oublier d'envoyer un piano à ma campagne, et faire dire à mon jardinier de renouveler toutes mes corbeilles... »

— Ah! nous avons une campagne! Diable! c'est tout à fait dans le bon style...

« Que ces hommes sont singuliers! ils me disent sans cesse que je ne resterai point veuve encore une année!... Et pourquoi donc cela?... Certes, je ne pense pas à me remarier... Je suis libre, je suis heureuse. Ah! si j'avais eu un enfant, il ne me manquerait rien!... »

— Ah! nous sommes veuve... J'aurais dû le deviner; mais il ne me semble pas qu'on regrette beaucoup le défunt... Voyons la suite des réflexions de la veuve :

« Ils me font la cour... même ceux que des liens indissolubles attachent à d'autres... Les premiers me font quelquefois rire, les derniers me donnent presque de la colère. Si je pouvais avoir une faiblesse, me supposent-ils donc capable de former une liaison avec quelqu'un qui est déjà engagé!... mais ils ont tant d'amour-propre... Ils croient que l'on ne pourra résister à leur grâce, à leur esprit, à leurs séductions!... et malheureusement ils réussissent quelquefois! Je ne verrai plus madame de P... J'aimais beaucoup sa société, mais son mari devient vraiment insupportable, et je tremble à chaque instant que sa femme ne s'aperçoive de son ridicule amour. »

— Il y a des choses qui ne sont pas mal là-dedans! Tout le monde lui fait donc la cour à cette belle Caroline... Il y a peut-être aussi de l'illusion de sa part! il y a des femmes qui croient qu'on est amoureux d'elles, parce qu'on leur avance une chaise! Ah! sacredié! si tous les hommes me ressemblaient...

« Hortense va venir habiter Paris avec son mari, elle me charge de lui trouver un logement. Il y en a un fort joli, m'a-t-on dit, dans la rue du Sentier, et un autre rue Richer, près du faubourg Poissonnière, presque en face de chez moi... J'irai d'abord voir ce dernier. »

— Ah! voilà mon affaire!... C'est bien heureux! rue Richer, près du faubourg Poissonnière, et le nom avec cela, c'est tout ce qu'il faut pour trouver la maîtresse de ce souvenir. Demain j'irai le porter à madame Caroline Dorville... A présent que j'ai lu ces tablettes, je ne serai pas fâché de la revoir... Ce soir, il faisait sombre et je l'ai à peine regardée... Au total, ce doit être une femme... jolie... élégante... et bonne enfant au fond.

Jean replace le souvenir dans le ridicule, et se couche en songeant à ce qu'il vient de lire dans les tablettes.

CHAPITRE XV

LA DAME AU SOUVENIR

En s'éveillant, le lendemain de l'aventure nocturne, Jean avait déjà oublié les deux dames et ce qu'il avait lu dans le petit souvenir. Il pensait à son prochain mariage avec mademoiselle Adélaïde, aux changements que cela pourrait apporter dans sa manière de vivre, puis il s'écriait :

— Après tout, j'espère bien faire toujours ce qui me conviendra, et fumer chez moi toute la journée, si cela me plaît!... Oh! je veux mettre ma femme sur un bon pied... D'ailleurs, mon parrain dit qu'elle m'adore, et une femme qui

Madame Dorville, ça n'est pas ici.

adore son mari doit s'habituer à l'odeur de la pipe.

Jean se retourne, et un doux parfum de jasmin et d'orange frappe son odorat. Il en cherche la cause, et aperçoit, sur une chaise près de son lit, le petit sac de soie d'où s'exhalait cette douce odeur.

— Ah! c'est le ridicule de cette petite-maîtresse! dit Jean en se levant. Il faut toujours que ces dames mettent des parfums dans ce qui les approche... Ça sent assez bon quoique ça... C'est comme la crème de fleur d'orange du papa Chopard. A propos, il faut que j'aille reporter ce sac... Si je l'envoyais... Cette dame va peut-être croire que je viens moi-même pour me faire encore remercier!... Dieu sait qu'il n'y a rien qui m'ennuie plus que les remerciements... Cependant si je donne cela à quelqu'un, saura-t-on trouver cette dame?... On pourrait remettre ce sac à un autre qui le garderait... Non, j'irai moi-même... Après tout, je n'ai pas l'air d'aller demander une récompense honnête!... et puisque je n'ai rien à faire du matin au soir, je puis aussi bien me promener du côté de la rue Richer qu'ailleurs.

Jean ne juge pas nécessaire de raconter à sa mère son aventure de la veille; après avoir déjeuné, il met le petit sac de soie et tout ce qu'il contient dans sa poche ; puis sort pour chercher la demeure de madame Caroline Dorville. Arrivé rue Richer, Jean demande madame Dorville dans la première porte cochère, et le portier lui répond :

— Madame Dorville! je ne connais pas ça... Ça n'est pas ici.

Jean va s'éloigner, le portier le rappelle en lui disant :

— Dites donc, monsieur?... Qu'est-ce qu'elle est cette dame-là? Qu'est-ce qu'elle fait?

— Avez-vous une madame Dorville dans votre maison? répond Jean d'un ton brusque.

— Non, monsieur... mais...

— Mais alors, qu'avez-vous besoin de savoir ce qu'elle fait ou ce qu'elle ne fait pas?

Et Jean sort de la maison, laissant le portier retourner à sa loge en murmurant :

— Il est bon, celui-là... il ne veut rien dire, et il demande queuque chose!... Est-ce qu'il croit qu'on se fatiguera à lui répondre sans vouloir s'instruire?

Jean entre dans une autre maison. Là, il trouve une portière qui lui fait la même réponse et les mêmes questions, et à laquelle il tourne encore les talons en se disant :

— Il paraît que la curiosité tient à l'état. Mais tout cela ne m'apprend pas où demeure cette dame; est-ce qu'il faudra que je fasse toutes les portes de la rue?... Il paraît que madame Dorville n'est pas très connue dans le quartier... Cela fait son éloge, et je me défie de ces femmes que tout le monde connaît.

Mais à la troisième porte où Jean s'adresse, le portier lui répond :

— C'est ici, monsieur, montez au second.

Jean monte un bel escalier, et sonne aussi fort que s'il allait chez son parrain, en se disant :

— Cette dame n'est peut-être pas encore levée; il n'est que dix heures et demie, une petite-maîtresse n'est pas visible de si bonne heure...

Une jeune bonne ouvre; Jean demande avec le ton sans façon qui lui est ordinaire :

— Madame Caroline Dorville... est-ce ici?

— Oui, monsieur.

— Y est-elle?

— Oui, monsieur.

— Est-elle levée?

La domestique regarde Jean, et semble surprise de ses manières, cependant elle lui répond encore :

— Oui, monsieur, madame est levée.

— Je voudrais lui parler...

— Votre nom, monsieur, s'il vous plaît?

— Mon nom ne lui apprendra rien du tout, elle ne me connaît pas; mais qu'est-ce que ça fait? est-ce qu'on ne peut pas parler à votre maîtresse sans dire d'abord son nom?... Dieu, que de cérémonies!

— Mais, monsieur...

— Allez lui dire que c'est quelqu'un qui a quelque chose à lui remettre...

La domestique fait entrer Jean dans un joli salon, et s'éloigne en lui disant qu'elle va prévenir sa maîtresse. Jean se jette sur un beau canapé de satin cramoisi et regarde autour de lui. Le salon est décoré avec élégance, on y voit de fort beaux tableaux, et un piano ainsi qu'une harpe.

— Grand genre tout à fait, se dit Jean; femme à la mode... coquette... minaudière sans doute. Quoique mademoiselle Chopard ne soit pas très jolie et qu'elle se blouse lorsqu'elle veut faire de l'esprit, j'aime mieux une femme comme cela que ces petites maîtresses devant lesquelles il faut prendre garde à tout ce qu'on dit, de peur d'offenser le tympan de ces dames. Cela n'aime que la parure, les compliments... les robes à frou-frou!... les...

Ici Jean se rappelle le souvenir et les visites que la jeune dame avait faites dans un grenier du faubourg Saint-Martin; alors il pensa qu'on pouvait être petite maîtresse et avoir des qualités, et se dit :

— Cela ne me va guère de censurer les autres, moi qui ne sais que faire de ma personne du matin jusqu'au soir.

Dans ce moment on ouvre une porte du salon, et une dame, qui peut avoir de vingt à vingt et un ans, s'avance vers Jean. Cette jeune femme est d'une taille un peu au-dessus de la moyenne; ses formes élégantes et bien prises, la grâce de ses mouvements, donnent quelque chose de séduisant à sa tournure. Sa figure est noble et douce, ses grands yeux bruns ont un éclat qui vous attire sans vous éblouir et sans vous forcer de baisser les vôtres; au contraire, leur aimable expression donne le désir de les regarder encore, et ces yeux-là sont de ceux qu'on aime surtout à rencontrer.

Un nez à la grecque, point trop grand, une bouche pas trop petite, des couleurs un peu prononcées et des sourcils bien dessinés complétaient l'ensemble d'une figure ovale, que relevait un front haut, orné d'une belle chevelure d'un châtain clair, dont les boucles arrangées avec goût, formaient de grosses touffes sur chaque côté de cette charmante physionomie.

Cette dame s'est approchée de Jean, qui s'est levé à son aspect.

D'un air fort poli, quoique un peu froid, elle lui demande ce qu'il lui veut; mais Jean, au lieu de répondre sur-le-champ à cette question ! examine quelques instants la jeune dame, et s'écrie enfin :

— Que le diable m'emporte si je vous aurais reconnue ! Il est vrai qu'hier il faisait nuit... et vous aviez de ces grands chapeaux sous lesquels il est impossible de retrouver un visage... Vous ne me reconnaissez pas non plus sans doute?...

La jeune femme regarde Jean, et cherche à se rappeler ses traits en balbutiant :

— Votre voix ne m'est pas inconnue, monsieur, mais je ne sais...

— Mon Dieu, madame, c'est moi qui hier au soir, dans la rue des Trois-Pavillons, ai arrêté un coquin qui vous emportait un châle.

— Quoi ! c'est vous, monsieur ! Ah ! pardonnez si je ne vous remettais pas.

— Il n'y a aucun mal, madame; et il est probable que vous n'auriez plus entendu parler de moi, si je n'avais en vous quittant retrouvé aussi ce petit sac, qui est, à ce que j'ai pensé, celui que le voleur vous avait enlevé, et qu'il aura jeté par peur au moment où je l'ai saisi au collet.

— Quoi ! monsieur, vous avez eu aussi la bonté...

— Il n'y a pas de bonté là-dedans, madame; ce sac est à vous, je vous le rapporte, c'est tout simple. Maintenant j'ai bien l'honneur...

Jean saluait et se disposait à s'éloigner; madame Dorville le retient. Depuis qu'elle a reconnu dans le monsieur qui s'exprime si cavalièrement celui qui la veille a été son protecteur, sa réserve a fait place à un air aimable, gracieux, et ce n'est plus avec une froide politesse qu'elle engage Jean à s'asseoir un moment et à ne point s'éloigner aussi vite.

Jean est peu habitué à se soumettre aux désirs d'une dame. Cependant le ton de celle-ci est si doux, son air est si engageant en le priant de se reposer, que Jean s'arrête, demeure un instant debout sans trop savoir ce qu'il veut faire, puis enfin va s'asseoir près de madame Dorville.

La jolie femme, qui joint à ses grâces et à ses attraits beaucoup d'esprit et d'usage du monde, a vu d'un coup d'œil que Jean n'a aucune habitude de la société; loin de chercher à augmenter l'embarras qu'elle aperçoit dans les manières du monsieur qui est devant elle, elle feint de ne point le remarquer, afin de le mettre plus à son aise. En effet, malgré son assurance habituelle, Jean, qui ne s'est jamais trouvé en pareille compagnie, a de la peine à s'exprimer, et se tient fort gauchement assis auprès de la petite-maîtresse.

— Vous avez donc aussi retrouvé ce sac, monsieur? dit la jeune femme qui s'aperçoit qu'il faut qu'elle commence à parler si elle veut que la conversation s'engage...

— Oui, madame... oui, en vous quittant... Après vous avoir laissée dans le sapin, j'ai repris la rue où je vous avais rencontrée ; j'ai vu quelque chose briller à mes pieds... et j'ai ramassé cela. J'ai regardé ce qu'il y avait dedans... c'était bien ce que vous aviez dit, et...

— Et vous avez eu la complaisance de me l'apporter vous-même. Vraiment, monsieur, je vous en ai mille obligations.

— Oh! pas du tout, madame, il n'y a pas grande complaisance là-dedans... D'abord je n'ai rien qui m'occupe; je flâne toute la journée en mangeant le bien de mon père et de ma tante... je ne sais que faire du matin au soir, ce qui est quelquefois bigrement sciant!...

Ici la jeune dame comprime une légère grimace, et recule un peu sa chaise de celle de Jean.

— J'ai mieux aimé vous rapporter ce sac moi-même que de le confier à quelque imbécile qui se serait trompé ou ne vous aurait pas trouvée...

— Mais, monsieur, comment donc avez-vous su mon nom et mon adresse?

Cette question embarrasse un moment Jean, qui répond enfin :

— Comment j'ai su... votre nom ?

— Oui, car vous avez bien demandé madame Dorville... Caroline Dorville même... Ainsi vous savez jusqu'à mon nom de baptême, et cependant je ne me rappelle pas vous avoir dit hier rien de cela.

— C'est vrai, madame... Oh ! ce n'est pas vous qui me l'avez appris... mais comme il fallait que je le susse pour vous rendre ce qui vous appartenait... ma foi, madame, après avoir regardé dans le sac pour m'assurer s'il ne renfermait pas quelque adresse, n'en ayant pas trouvé, j'ai visité votre souvenir... et j'ai lu ce qu'il y avait dedans...

La jeune femme rougit et baisse les yeux. Jean s'en aperçoit et s'écrie :

— Cela vous fâche peut-être, madame ; mais je n'avais pas d'autres moyens pour obtenir quelques renseignements...

Un léger sourire reparaît sur les traits de Caroline, qui répond à Jean d'un air affectueux :

— Je ne vous en veux nullement, monsieur ; vous avez fait ce que la circonstance exigeait... J'avoue seulement, que je ne m'attendais pas à ce que quelques pensées... quelques notes prises au hasard seraient connues d'un étranger... et... convenez que c'est fort drôle, monsieur.

La jolie femme ne peut s'empêcher de sourire ; et Jean, qui croit qu'elle pense à ce qu'il a lu, lui répond :

— Mais, oui, il y a des choses assez drôles en effet.

Il se fait un moment de silence. La jeune femme semble réfléchir, peut-être cherche-t-elle à se rappeler tout ce qui est tracé sur son souvenir. Quant à Jean, il se contente de regarder madame Dorville, puis il porte les yeux vers les tableaux, et par habitude chantonne entre ses dents. La jeune dame regarde un moment à la dérobée, et un léger sourire paraît de nouveau sur ses lèvres. Jean murmure en regardant un tableau qui est en face de lui :

— C'est bien, ça... c'est fièrement bien... Qu'est-ce que c'est que ça?... C'est un particulier qui se trouve mal dans une église?...

— C'est *la Mort du Tasse*, monsieur.

— Ah ! c'est la mort du Tasse... Je ne connais pas ce gaillard-là... Il est tout en noir. Il paraît que c'est un médecin de l'endroit.

Madame Dorville se mord les lèvres, et regarde Jean d'un air surpris; mais celui-ci ne s'en aperçoit pas, et continuant ses remarques sur les tableaux, s'écrie :

— Ah ! voilà qui est plus gai... On danse là-dedans, c'est sans doute une fête... Mais au costume de tous ces gens-là, je présume que ça se passe dans le carnaval...

— Ce sont les noces de *Thétis et Pélée*.

— Thétis et Pélée?... Quel fichu nom pour des époux !

— Ce sont des dieux...

— Ah ! ce sont des dieux... Eh bien! il y en a qui sont bien laids... Le *Pelé*, c'est probablement ce gros qui est là-bas et qui n'a pas de cheveux sur ta tête... Et c't'autre qui s'est déguisé en diable, qui a mis une queue rouge et des cornes, c'est sans doute le premier garçon de la noce qui vient faire des farces !

— C'est la Discorde, monsieur.

— Ah ! c'est la Discorde...

— Vous ne connaissez donc pas le jugement de Pâris ?

— Le jugement de Pâris? Non... Je connais dans mon quartier un Pâris qui est marchand de vin; mais je ne crois pas qu'il ait jamais été juge dans aucune affaire.

La jolie femme n'y tient plus; elle rit aux éclats, et Jean se tournant vers elle lui dit tranquillement :

— Est-ce que c'est moi qui vous fais rire, madame ?

Madame Dorville regarde un moment Jean, puis lui répond enfin :

— Oui, monsieur.

— Ah !... j'ai donc dit quelque bêtise ?...

— Je ne dis pas cela, monsieur ; mais... tenez, monsieur, excusez-moi si je suis un peu franche...

— Vous excuser ! je vous en remercierai au contraire... Il n'y a rien que j'aime comme la franchise, ça met tout de suite à l'aise... et vous devez voir, madame, que je suis point un homme à cérémonie. Que vouliez-vous me dire, madame ?

— Que je suis étonnée, monsieur, de votre ignorance sur des choses... que tout le monde sait... et cela me surprend d'autant plus que vous m'avez dit que vous ne faisiez rien... c'est-à-dire que vous n'avez pas d'état qui prenne tout votre temps.

— Non, madame. Je me nomme Jean Durand ; je suis fils unique. Mon père était herboriste dans la rue Saint-Paul... et fort estimé dans le quartier, je m'en flatte... il parlait latin, et connaissait à fond la propriété des simples. On voulait faire de moi un savant; mais, ma foi, je ne mordais à rien... Ça m'ennuyait de rester assis sur les bancs de l'école ; j'aimais mieux courir dans la rue... J'ai toujours aimé être libre comme les pierrots... Bref, mon père me fouettait pour que j'apprisse la botanique ; mais ma mère m'embrassait, me donnait de l'argent, et me disait toujours que j'en savais assez. Mon pauvre père est mort... sans être fort content de moi; c'est ce qui me contrarie. Je n'ai plus que ma mère, qui depuis longtemps a quitté le commerce. J'ai douze mille livres de rente, et je les mange comme je peux en me promenant avec l'un, avec l'autre, en fumant, en jouant au billard. Maintenant, madame, vous me connaissez comme si nous vivions ensemble depuis dix ans.

La franchise de Jean plaît à Caroline, qui lui répond :

— Vous avez suivi vos penchants... Chacun est maître de ne faire que ce qui lui plaît.

— Oui, madame, et il me plaisait de ne rien faire.

— Vous avez préféré une vie... libre... aux plaisirs que l'on goûte dans le monde, dans la société, où, avec une fortune suffisante, vous auriez pu occuper un rang agréable...

— Comment ! est-ce que vous croyez que je ne peux pas aller en société quand ça me fait plaisir ?

— Oh ! je ne dis pas cela, monsieur... mais c'est vous qui m'avez fait entendre que les usages, les coutumes du monde vous ennuyaient.

— Ah ! que voulez-vous !... je trouve si incommode de rester assis pendant des heures pour causer de choses insignifiantes... d'être obligé de faire de la toilette... de se lever à chaque instant pour saluer... de prendre garde de jurer... Est ce que tout cela vous amuse, vous, madame?

La jeune femme sourit encore de la question et répond à Jean :

— Tout dépend, monsieur, de la direction que l'on donne à nos penchants. Dans l'enfance, nous aimons les plaisirs. On m'en a fait goûter dans l'étude de la musique, du dessin, de l'histoire ; la conversation de personnes qui encourageaient mes faibles talents était une récréation pour moi, et j'ai trouvé des charmes dans la société, où je jouissais de l'esprit des autres et tâchais d'acquérir de nouvelles connaissances qui pussent me mettre à même de n'être pas trop déplacée dans le monde avec lequel je devais vivre.

Jean secoue la tête et murmure :

— C'est juste... comme vous dites, tout dépend... de la direction des penchants... Mais... je crois que nous aurons de l'eau aujourd'hui !...

La jolie femme se mord encore les lèvres, tandis que Jean regarde au plafond et ne sait plus trop que faire de sa personne. On reste quelques instants sans rien se dire ; enfin madame Dorville se lève et fait à Jean un salut gracieux en lui disant :

— Je serai toujours reconnaissante, monsieur, du service que vous m'avez rendu, ainsi qu'à mon amie. Lorsque vous passerez dans mon quartier, j'espère que vous voudrez bien vous reposer un instant chez moi.

Jean a compris que ce compliment veut dire qu'il est temps qu'il s'en aille; il se lève, salue le mieux qu'il lui est possible, en balbutiant :

— Madame... certainement... ce sera avec plaisir... d'ailleurs... pour moi, je puis... Ne vous dérangez donc pas... je trouverai bien la porte...

Au milieu de ces phrases, Jean qui, malgré lui, se sentait très embarrassé, se dirigeait vers la cuisine, et allait, au lieu de sortir, entrer dans un buffet ; mais la bonne, qui se trouve là, s'empresse de lui montrer le chemin et lui ouvre la porte. Jean salue de nouveau, ôte et remet trois fois son chapeau, et respire à son aise quand la porte du carré est enfin refermée sur lui.

— Sacredié ! que c'est bête d'être embarrassé comme cela devant une femme ! se dit Jean en retournant dans son quartier. Je vous demande un peu pourquoi?... car enfin qu'une femme soit coiffée en bonnet ou en cheveux... qu'elle ait une robe de soie ou de toile, est-ce que ce n'est pas toujours une femme ? Et pourtant, malgré moi, je me sentais tout bête auprès de cette madame Dorville, qui est fort polie et fort aimable... c'est-à-dire aimable... de ces manières un peu minaudières... mais non, quoique ça ! pas trop de prétentions... Un air assez bon enfant, malgré sa belle toilette, et cependant elle est jolie, ah ! elle est très jolie... c'est une justice à lui rendre... Une figure douce... des yeux bleus... bruns, je crois... je n'ai pas trop remarqué la couleur... mais je sais qu'ils sont charmants... Mademoiselle Chopard a de grands yeux à fleur de tête, mais, à côté de ceux de cette dame, ça me fait l'effet d'un œil de verre auprès d'un œil naturel. Par exemple, je ne crois pas que cette dame pense comme mademoiselle Adélaïde, et qu'elle me trouve savant !... Ça ne me fait pas du tout cet effet-là ; il est certain que pour me trouver savant, il faut ne se connaître qu'en noyaux de pêches. Cette dame a aussi une voix fort agréable... il me semble qu'on peut causer plus longtemps avec quelqu'un qui a la voix aussi douce, ça ne fatigue pas à entendre... Ce n'est pas la voix de mademoiselle Chopard; celle-là pourrait commander les manœuvres d'un régiment dans la plaine des Sablons... C'est une voix... Je ne sais trop comment... C'est drôle qu'il y ait des voix qui se fassent mieux écouter en ne disant cependant que des choses toutes simples !...

Jean était déjà arrivé chez lui, car, tout en pensant à la dame au souvenir, il ne s'était pas aperçu de la longueur du chemin.

CHAPITRE XVI

CAROLINE

Pendant que Jean fait ses réflexions sur la personne avec laquelle il vient de se trouver, mettons-nous à même de faire aussi les nôtres; c'est toujours une connaissance agréable que celle d'une jolie femme, surtout lorsqu'à ses charmes elle semble joindre des qualités et de l'esprit.

Caroline était fille d'un riche négociant nommé Grandpré, qui, tout entier à son commerce, n'avait que peu d'instants à donner à sa femme et à sa fille, quoiqu'il les aimât l'une et l'autre fort raisonnablement ; mais madame Grandpré chérissait sa Caroline, et ayant eu elle-même une bonne éducation, elle put surveiller avec soin celle de sa fille.

Caroline eut des maîtres de musique, de dessin, de langues étrangères; les leçons de sa mère, les caresses dont elle récompensait ses progrès, et une grande facilité pour l'étude, lui firent surmonter rapidement les difficultés qui, dans les arts comme dans les sciences, ne sont franchies qu'avec peine. Caroline devint bonne musicienne, elle chantait agréablement, s'accompagnait très bien avec la harpe ou le piano, et dessinait avec goût. Sa mère était fière de ses talents et disait souvent à son époux :

— Notre fille est charmante, elle a mille talents, et de plus elle est bonne et modeste.

—Tant mieux, tant mieux, répondait M. Grandpré, je lui ferai faire un riche mariage; il faut qu'elle trouve au moins trente mille livres de rentes.

On voit que pour M. Grandpré, comme pour la plus grande partie du genre humain, l'argent était tout. Madame Grandpré ne pensait pas absolument de même; elle trouvait que sa Caroline était assez jolie pour inspirer de l'amour, et elle aurait voulu que le futur aux trente mille livres de rentes, qui ne pouvait tarder à se présenter, fût un beau jeune homme capable de faire éprouver aussi un tendre sentiment à sa fille.

Quant à Caroline, n'ayant alors que quinze ans et ne quittant point sa mère, elle ne pensait encore que vaguement au mariage, et osait à peine songer à l'amour, qu'elle ne connaissait que de nom. Allant souvent avec ses parents en société, au bal, en soirée, sans doute quelques jeunes gens galants lui avaient déjà adressé de ces propos flatteurs qui font rougir de plaisir la moins coquette et commencent à faire penser l'innocence, qui se doute qu'il y a encore des choses plus douces à entendre. Mais se livrant avec candeur aux plaisirs de son âge, Caroline mêlait encore sa mère à tous ses projets de bonheur.

A cette époque, une faillite considérable, dans laquelle M. Grandpré se trouva enveloppé, ruina presque entièrement cette famille; c'est-à-dire qu'il ne leur resta de toute leur fortune, que près de trois mille livres de rente. Avec cela il y a des gens qui se trouveraient riches, il y en a d'autres qui se trouvent ruinés; tout dépend de la position que l'on occupe dans le monde.

M. Grandpré ne put supporter ce revers : habitué aux grandes affaires, aux spéculations, à tous les avantages que donne l'opulence, il ne se fit pas à l'idée de redevenir un homme tout simple, de ne plus faire sensation à la Bourse, de n'avoir plus tous les matins des commis à gronder, des lettres à signer et des ordres à donner. Les gens qui n'ont point par eux-mêmes un mérite réel ne peuvent supporter les revers de fortune; ils sentent leur faiblesse, ils sentent que, privés de cet or qui leur donnait de l'aplomb, du jargon, de la confiance, ils ne seront plus rien, et retomberont à terre comme ces ballons que le vent ne soutient plus.

Six semaines après cette faillite, M. Grandpré mourut de la révolution qu'elle lui avait causée.

Restée pour consolation à sa mère, Caroline redoubla de soins, de zèle, de tendresse. Elle lui disait chaque jour :

— Maman, puisque nous avons encore mille écus de rente, nous ne sommes pas pauvres... Cependant, si tu trouves que ce n'est pas assez, eh bien! je travaillerai, je ferai usage de mes talents, je donnerai des leçons de musique. Tu m'as dis cent fois que c'était une ressource contre l'adversité, et qu'il n'y avait que les sots qui pussent rougir d'en faire usage.

Madame Grandpré embrassait sa fille et lui répondait :

— Nous avons bien suffisamment de quoi vivre, ma Caroline, sans qu'il faille que tu cherches des ressources dans tes talents. Si cela était nécessaire, je n'en rougirais pas!... Grâce au ciel! le préjugé qui pesait jadis sur les artistes est allé rejoindre tous ceux dont le temps et la raison ont fait justice. Mais, avec mille écus, nous pouvons exister encore honorablement; sans doute, il faudra quelques réformes dans notre toilette, de l'économie dans nos plaisirs... Si je regrette la fortune, c'est pour toi, ma fille, que je croyais appelée à tenir un rang dans le monde, où tu étais si bien faite pour briller!...

— Moi, ne serai-je pas toujours heureuse avec vous! et puis-je jamais connaître l'ennui avec les talents que je vous dois?... Ah! je crois bien, maman, que c'est là la véritable richesse, puisqu'elle charme nos loisirs, nous reste dans l'adversité, et nous fournit même les moyens de pourvoir à notre existence.

La mère et la fille s'arrangèrent donc pour vivre avec ce qui leur restait. Caroline ne mentait point en disant qu'elle se trouvait aussi heureuse que lorsqu'ils étaient dans l'opulence. A seize ans, il faut si peu de chose pour le bonheur!... Une promenade, de la musique avec quelques amis que l'on avait conservés, une partie de spectacle, c'étaient de grands plaisirs pour Caroline. A la vérité, pour aller en société, on mettait une robe beaucoup plus simple; pour sortir, on portait longtemps le même chapeau, mais quand on est jolie, on ne l'est pas moins avec une parure modeste qu'avec une toilette recherchée; quelquefois même on plaît davantage. Caroline entendait toujours un murmure flatteur lorsqu'elle entrait dans un salon, ou lorsqu'elle figurait dans une contredanse. Les mots : Qu'elle est bien! Qu'elle a de grâces! arrivaient souvent à ses oreilles; et sans être coquette, on sait toujours à qui de telles choses sont adressées. Pouvait-elle donc regretter quelque chose, lorsqu'elle pouvait lire dans tous les yeux qu'il ne lui manquait rien?

Madame Grandpré était moins philosophe que sa fille, parce qu'elle n'était plus dans l'âge des illusions, ou plutôt parce qu'en vieillissant, il nous en faut beaucoup pour être médiocrement heureux. Il lui était pénible d'aller à pied après avoir eu cabriolet, d'être logée au troisième, dans un simple appartement, après avoir habité au premier dans un logement complet, et de n'avoir qu'une bonne, après avoir eu quatre domestiques. Elle soupirait en montant son escalier, et de temps à autre il lui échappait quelques exclamations qui prouvaient à Caroline que sa mère regrettait sa fortune. Caroline courait alors dans les bras de sa mère et cherchait à la distraire. Madame Grandpré assurait à sa fille qu'elle s'était trompée sur le motif de ses soupirs; mais Caroline voyait bien que sa mère cherchait à s'abuser elle-même. Enfin madame Grandpré, qui du temps de sa fortune voulait d'abord dans le mari de sa fille un jeune et beau garçon fait pour inspirer de l'amour, se disait maintenant :

— Ah! elle ne trouvera pas un époux qui lui apportera trente mille livres de rente!... C'est ainsi que nous changeons avec les événements, et l'on dit que nous sommes des girouettes! Mais qu'il n'arrive aucun changement dans notre situation, dans notre fortune, dans celle de nos amis, et l'on verra si nous changeons de sentiments.

Caroline allait encore souvent dans le monde avec sa mère; celle-ci espérait que sa fille y trouverait un bon parti, et que ses rares talents, ses grâces, son esprit, feraient passer sur son peu de fortune. Madame Grandpré ne se trompait pas. Quoiqu'on recherche généralement les dots avant les filles, celles qui joignent aux charmes de la figure des talents, de l'esprit, et cette douceur, cette modestie que l'on aime surtout dans une jeune personne, celles-là trouvent aussi des époux. Il serait trop malheureux que l'argent seul fît les mariages, et que les vertus, les grâces, ne fussent comptées pour rien dans un engagement destiné à nous faire connaître les plus doux sentiments de la nature.

M. Dorville rencontra dans le monde mademoiselle Grandpré; il fut d'abord séduit par sa charmante figure, il fut ensuite captivé par des talents avec lesquels Caroline semblait chercher seulement à se rendre agréable à ses amis, sans songer à en tirer vanité. M. Dorville fut étonné de retrouver réuni tant de grâces, de mérite et de modestie; cependant il voulut étudier quelque temps le caractère de Caroline pour s'assurer si ce qui le séduisait dans le monde reposait sur ces qualités solides qui seules nous rendent heureux dans notre intérieur.

Le résultat des observations de M. Dorville fut toujours à l'avantage de Caroline, et il résolut d'en faire sa femme. M. Dorville était un homme de cinquante ans, ancien officier de marine, d'un abord sévère, ayant une physionomie peu aimable, mais une tournure noble et imposante. Il avait quatorze mille livres de rente et une décoration qu'il avait bien gagnée.

A cinquante ans, lorsqu'on a de l'esprit, on ne file point le sentiment avec une jeune personne de seize ; on peut lui plaire, lui convenir pour mari, mais on ne doit pas se flatter de lui inspirer une vive passion. M. Dorville, qui n'était ni un sot, ni un fat, ne se fit pas illusion sur tout cela ; il alla droit à madame Grandpré, et commença par où finissent les amants honnêtes, par demander la main de la demoiselle.

Madame Grandpré fut très flattée de cette demande. M. Dorville portait un nom honorable et il avait quatorze mille livres de rente; c'était un fort bon parti pour sa fille, c'était plus qu'alors on n'osait espérer. Il est vrai que M. Dorville avait cinquante ans sonnés et qu'il n'était pas joli garçon ; mais depuis qu'elle avait perdu sa fortune madame Grandpré ne tenait plus à ces bagatelles-là. Cependant elle ne promit rien à M. Dorville, elle ne voulait pas contraindre sa fille ; mais elle lui laissa voir combien elle serait charmée de le nommer son gendre.

Lorsque Caroline apprit par sa mère que celui qui demandait sa main était M. Dorville, elle fit une légère grimace et ne parut nullement enchantée de sa recherche. Madame Grandpré appuya sur tous les avantages de cette union, qui assurait le sort de Caroline, et sur la réputation d'honneur, de probité de M. Dorville. Tout cela était fort beau sans doute; mais à seize ans la fille la plus sage pense quelquefois à l'amour, à l'hymen, et dans les rêves de sa jeune imagination, l'honneur et la probité ne suffisent pas pour captiver son cœur. Caroline répondit à sa mère qu'elle ne désirait pas se marier et qu'elle se trouvait parfaitement heureuse près d'elle, avec ce qui leur restait.

Madame Grandpré n'insista pas; mais Caroline s'aperçut bientôt que sa mère était souvent triste, mécontente, boudeuse ; elle en conclut qu'elle éprouvait du chagrin de ce qu'elle refusait la main de M. Dorville; et toujours bonne, toujours prête à sacrifier ses désirs à ceux des autres, Caroline dit à sa mère, qu'après y avoir bien réfléchi, elle acceptait l'époux qui se présentait. Un mois après elle était madame Dorville.

Madame Grandpré habitait avec sa fille et son gendre. Si Caroline n'éprouvait point près de son époux ces doux épanchements, fruit d'un amour réciproque, du moins avait-elle pour lui une sincère amitié, et elle jouissait de nouveau de tous les avantages que donne la fortune. Madame

Grandpré fut pendant deux ans témoin d'une union où la différence d'âge n'avait jamais amené une querelle, et elle mourut tranquille sur l'avenir de sa fille.

Mais un an après, M. Dorville, dont la chasse était le goût dominant, y fut victime de la maladresse d'un de ses amis, et reçut une balle destinée à un lièvre. Caroline se trouva donc veuve à dix-neuf ans, et entièrement maîtresse d'elle-même, avec environ dix-sept mille livres de revenu.

Le mariage donne à la jeunesse un rang et de l'assurance dans le monde. Une veuve de dix-neuf ans y tient une place que ne peut occuper une demoiselle de vingt-neuf. Avec sa fortune, sa beauté et ses talents, la jeune veuve de M. Dorville ne pouvait manquer de trouver de nombreux adorateurs et des aspirants à la succession du défunt; mais après avoir passé son printemps à faire les volontés des autres, Caroline se promit de suivre enfin ses penchants et de ne plus engager sa liberté sans avoir consulté son cœur.

Nous connaissons à présent Caroline; ajoutons à ces détails qu'elle a maintenant près de vingt et un ans, que l'habitude du monde, que sa position dans la société lui ont donné cet aplomb, cette aimable confiance, qui laissent plus de liberté à l'esprit, plus de gaieté au caractère, et permettent à la beauté de faire usage de tous les avantages qu'elle a reçus de la nature. Caroline n'était point devenue coquette, mais elle n'était pas fâchée de plaire; elle ne faisait point de frais pour s'attirer des hommages, mais elle ne les repoussait pas; enfin c'était une de ces femmes charmantes qui font les délices de la société, et sur le compte desquelles les autres femmes s'étonnent de ne pouvoir médire.

Après avoir reçu la visite de Jean, le premier soin de Caroline fut de feuilleter son souvenir, elle savait bien qu'il ne contenait rien dont elle pût rougir, mais elle voulait savoir ce qu'elle y avait mis qui avait pu apprendre son nom et son adresse.

Caroline souriait en relisant quelques passages sur les modes, les toilettes, et se disait :

— Tout cela a dû paraître bien futile à ce •eune homme... qui n'a rien du tout d'un homme à la mode... qui n'en a même pas assez. C'est dommage qu'avec un heureux naturel... une figure qui n'est pas mal, il n'ait aucune éducation! Mais quelles manières!... quelle tenue!... quelle ignorance des choses les plus simples!...

Caroline trouve les vers qui lui ont été adressés et se dit :

— C'est cela qui lui a fait connaître mon nom... C'est M. Valcourt qui s'est permis d'écrire dans mon souvenir un jour que je l'avais oublié sur mon guéridon. Ce monsieur n'aura pas compris grand'chose à ces vers... Il a compris cependant que cela s'adressait à la maîtresse du souvenir... Et mon adresse... Ah! c'est cela... cette note sur un logement pour Hortense... Ce n'est pas trop maladroit!... Malgré son ignorance... je ne le crois pas sans esprit!... Le pauvre garçon!... il ne savait comment s'en aller! Si je ne m'étais pas levée, il serait resté là jusqu'à demain!...

Dans ce moment la bonne annonce madame Beaumont, et une dame d'une quarantaine d'années entre dans le salon de madame Dorville, qui court au-devant d'elle en s'écriant :

— Ah! je suis bien contente de vous voir.

— Ma chère amie, je viens savoir si vous êtes remise de notre frayeur d'hier... Quant à moi, je vous avoue que j'ai très mal dormi cette nuit; j'avais cependant fait coucher ma femme de chambre dans mon appartement, et regardé cinq ou six fois sous mon lit et dans mes armoires; mais c'est égal, je croyais voir partout des voleurs, et j'ai rêvé qu'il m'en tombait trois par ma cheminée!

— Moi, j'ai fort bien dormi, je vous assure. Mais vous ne savez pas la suite de notre aventure?...

— Comment! il y a une suite?

— Tenez... regardez : voilà mon sac... ma bourse, mon souvenir; je n'ai plus rien perdu.

— Ah! mon Dieu! Qu'est-ce que cela veut dire?

— On vient de me rapporter tout cela...

— Qui... le voleur?

— Oh! non, pas! mais ce monsieur qui, hier au soir, a arraché mon châle au voleur et nous a reconduites jusqu'à une voiture.

— Eh bien?

— Eh bien! il a retrouvé aussi mon sac en repassant dans la rue, et il vient de venir me le rapporter.

— Oh! c'est bien singulier... Ma chère amie, est-ce que ce ne serait pas un mouchard, que cet homme-là?

— Oh! quelle idée!... un tout jeune homme!... à qui nous avons, à qui j'ai du moins tant d'obligations!... Ah! si vous aviez causé avec lui, comme je viens de le faire, vous n'auriez pas cette idée.

— Vous l'avez donc vu?

— Certainement, il est venu lui-même, et il n'a voulu remettre ce sac qu'à moi.

— Comment est-il au jour, cet homme-là? Moi, j'étais si troublée hier que je n'ai pas songé à le regarder.

— Mais il n'est pas mal...

Mademoiselle Rose regarde son maître d'un air malin, et lui demande ce qu'il fait là.

— Il m'a paru grand.

— Oui... assez grand...

— Un air commun, à ce que j'ai pu voir.

— Non, pas précisément l'air... mais la mise... le ton... Oh ! il sentait la pipe à quinze pas !...

— Ah ! quelle horreur !... et vous avez pu causer avec lui !...

— Ma chère, est-ce que cette odeur pouvait diminuer quelque chose au service qu'il m'avait rendu ?

— Non ! oh ! certainement ! mais je hais tant la pipe, moi !... c'est corps de garde tout à fait.

— Du reste, ce jeune homme est fort original... il n'a aucun usage du monde... il ne sait ni entrer dans un salon, ni en sortir, mais il a une franchise qui plaît. Il m'a sur-le-champ conté toutes ses affaires : il se nomme Jean Durand ; son père, qui était dans le commerce, est mort ; il demeure avec sa mère et possède douze mille livres de rente.

— Douze mille livres de rente et ne pas savoir se présenter en société ! c'est impardonnable...

— Il m'a avoué qu'il n'avait jamais voulu rien faire, rien apprendre ..

— Il doit être bien gentil dans un salon, ce monsieur-là...

— Vous pensez bien qu'il ne s'y plaît pas ! il ne sait que fumer, jurer et jouer au billard !...

— Ah ! mon Dieu ! mais il doit être fort grossier dans ses propos, ce garçon-là !

— Non, il a été très poli... sauf quelques jurons qui lui sont échappés...

— Ah ! ça me ferait mal aux nerfs !

— Cependant après le service qu'il m'avait rendu, après la peine qu'il avait prise de venir encore me rapporter ce sac, j'ai cru devoir l'engager à monter lorsqu'il passerait dans le quartier ; mais je suis bien persuadée qu'il ne reviendra pas et qu'il ne se plairait nullement chez moi.

— C'est fort heureux pour vous, ma bonne amie ; que feriez-vous d'un pareil homme ?... Il nous a rendu un grand service hier, c'est vrai, oh ! hier il m'a fait l'effet d'un prince !... Mais nous l'avons remercié, et on ne peut pas pour cela se lier avec des gens qui nous conviennent point.

Caroline ne répond rien ; de nouvelles visites lui surviennent, et on ne s'occupe plus de M. Jean.

CHAPITRE XVII

SECONDE VISITE CHEZ MADAME DORVILLE

Jean a trouvé chez lui Bellequeue, qui vient de la part des Chopard l'engager à passer la soirée chez eux.

— Il faut y aller, mon cher ami, ajoute Bellequeue ; car enfin tu es fiancé avec la superbe Adélaïde, et tu lui dois des prévenances... des petits soins...

— Ah ! mon parrain, je vous ai déjà dit que je ne savais pas être galant ; j'épouserai la superbe Adélaïde, c'est très bien ; mais je ne serai pas aux petits soins pour elle, parce que ce n'est pas dans mon caractère, et que d'ailleurs...

— D'ailleurs !...

— D'ailleurs... je ne sais pas... enfin cela m'ennuierait de faire l'amoureux avec elle.

— Toujours farceur !... ah ! coquin, tu caches ton jeu !

— Je ne cache rien du tout, je vous assure.

— Si fait... oh ! les Chopard le disent bien, et Adélaïde elle-même prétend que tu es un peu en dedans, que tu caches tout... c'est égal, tu lui plais ainsi, elle t'adore, c'est l'essentiel... tu auras là une fière femme !... Et comme tu seras toujours monté en liqueurs... A quoi penses-tu donc, mon ami !

— A rien, mon parrain.

— Ça m'arrive quelquefois aussi. Allons, à ce soir, chez Chopard.

Jean pense toute la journée à madame Dorville, au petit souvenir, à la visite qu'il a faite à la jolie femme, à la conversation qu'il a eue avec elle, et de temps à autre il se dit :

— Comme dans le monde... dans ce qu'on appelle la bonne société, on passe son temps à causer de niaiseries... de choses indifférentes !... ce doit être fort ennuyant... cependant, je ne me suis pas ennuyé ce matin chez cette dame ; je ne sais comment cela s'est fait, mais le temps a passé vite... oh ! j'y suis resté un quart d'heure au plus... J'y serais resté encore, si elle ne s'était pas levée... mais il me paraît que ce n'est pas du bon ton de faire de longues visites.

Le soir, Jean se rend machinalement chez les Chopard ; mademoiselle Adélaïde lui fait de tendres reproches sur ce qu'il a été trois jours sans venir la voir ; elle lui donne même une petite tape sur le bras. Jean se laisse taper et ne répond rien. Mademoiselle Adélaïde le pince, et il n'en n'en dit pas davantage : mais il pousse un léger soupir en tenant ses yeux fixés vers le parquet, et mademoiselle Adélaïde se dit :

— Il est pris, c'est fini... le voilà amoureux. Je savais bien que cela viendrait...

Le soupir de Jean a rendu mademoiselle Chopard d'une gaieté folle, les parents en concluent que les jeunes gens sont très satisfaits l'un de l'autre, et Bellequeue, qui est toujours là pour tâcher d'animer son filleul, entend mademoiselle Adélaïde dire à sa mère :

— Mon futur est fort gentil ce soir !

— Je le trouve moins gai qu'à l'ordinaire, répond madame Chopard.

— Justement, maman, c'est ce que je voulais ; c'est l'amour qui le rend mélancolique et distrait... Oh ! je vais joliment le faire endêver maintenant... je vais m'amuser à mon tour...

Et mademoiselle Adélaïde va et vient en sautillant dans le salon, elle court de l'un à l'autre, pousse des éclats de rire pour une mouche qui vole, et ne clôt pas la bouche ; Jean la regarde parfois d'un air qui ne ressemble pas à de l'admiration, puis ne fait plus attention à elle, tandis que le papa Chopard dit à Bellequeue :

— Voilà ma fille dans son assiette !... de la folie !... de la coquetterie pour mieux subjuguer le futur époux !... elle connaît déjà joliment son pouvoir !... Ah ! les femmes ! quand l'amour s'en mêle, on n'y démêle plus rien... ah ! fameux le calembour... oh ! oh ! l'amour qui *s'en mêle* !... Madame Chopard, note celui-là !...

Jean ne prenait point part à la conversation et pensait toujours à son aventure de la veille : il voudrait cependant rire et causer comme à son ordinaire; mais malgré lui il est distrait, ses souvenirs le portent ailleurs. M. Chopard le plaisante en lui demandant ce qui le rend si préoccupé, et Jean conte ce qui lui est arrivé la veille dans la rue des Trois-Pavillons, parce qu'il éprouve encore du plaisir à parler de cela.

Tout le monde exalte le courage du jeune homme.

— Arrêter seul un voleur! s'écrie M. Chopard; c'est qu'il pouvait être armé!...

— Vous vous exposiez terriblement! dit madame Chopard.

Jean hausse les épaules; Bellequeue seul trouve que la conduite de son filleul a été toute naturelle.

— Dans tout cela, dit Adélaïde, vous conviendrez que ce ne pouvait pas être grand'chose que ces dames-là, qui revenaient seules le soir...

— C'est vrai, dit M. Chopard, seules... et sans un cavalier... vous avez été bien bon de vous exposer pour elles!

Jean lance un regard impatient sur sa future en murmurant : — Mademoiselle, je sais ce que j'ai à faire... Et fort mécontent de ce qu'on a dit des dames qu'il a rencontrées, il ne parle pas de sa visite chez madame Dorville, et se hâte de souhaiter le bonsoir à la famille Chopard.

Plusieurs jours s'écoulent. Jean est moins gai qu'autrefois. Il se rend, comme à son ordinaire, au café, au billard; mais il s'y ennuie et y reste peu de temps. Lorsqu'il va chez les Chopard, il est quelquefois un quard d'heure sans dire un mot. Mademoiselle Adélaïde est plus que jamais persuadée que c'est l'amour qu'il ressent pour elle qui rend son amant silencieux et mélancolique, et madame Chopard dit à sa fille :

— Ma chère amie, il sera peut-être nécessaire d'avancer ton mariage de quelques jours, sans quoi ton fiancé se mourra d'amour...

— Tant mieux! tant mieux! dit mademoiselle Adélaïde; j'ai soupiré... c'est à son tour!... laissez-moi jouir de mon triomphe!

— C'est juste, dit M. Chopard, elle a soupiré tout bas, c'est à son futur à faire des soupirs haut... Soupiraux... ah! ah! ah! c'est mon quatrième d'aujourd'hui.

Jean ne sait pas lui-même pourquoi il n'est plus aussi gai, pourquoi il s'ennuie de ce qui l'amusait; l'image de madame Dorville se présente souvent à sa pensée; puis il est de mauvaise humeur contre lui-même de s'occuper encore d'une femme qu'il connaît à peine. — Elle est bien jolie! se dit-il souvent... oh! elle est charmante... mais qu'est-ce que cela me fait, puisque je ne dois plus la voir?... Si je voulais cependant... ne m'a-t-elle pas engagé à aller chez elle?... Mais qu'irais-je faire là... dans ces beaux salons, où l'on est tout en cérémonie... où il faut parler, s'asseoir, se lever avec mesure... Bah!... n'y pensons plus!... c'est une société qui ne me convient pas du tout.

Et pourtant Jean pensait toujours à la petite-maîtresse; il brûlait en secret du désir de la revoir. Pour éloigner cette idée, il cherche à se distraire; mais ses anciens lieux de réunion ne lui offrent plus de charmes, et il se rend un matin chez Bellequeue, où depuis longtemps il n'est pas allé.

Bellequeue n'était point chez lui, il était allé faire des visites dans le quartier; n'étant plus jaloux de son filleul, qu'il croyait tout occupé de mademoiselle Chopard, le ci-devant coiffeur surveillait moins la petite bonne, et la laissait seule sans concevoir d'inquiétude.

C'est donc Rose qui ouvre à Jean, et qui fait un mouvement de surprise en le voyant.

— Comment, c'est vous, monsieur Jean!...

— Oui, Rose, c'est moi...

— Vraiment, c'est du plus loin qu'on se souvienne!...

— Pense que mon parrain n'y est pas?...

— Non, monsieur... C'est sans doute lui que vous désirez voir?...

Cette question est faite avec un petit air de dépit. Jean n'y fait pas attention il entre dans l'appartement et va s'asseoir sur un fauteuil; la petite bonne le suit en arrangeant les boucles de ses cheveux et en ajustant plus symétriquement les pointes de sonfichu.

— Savez-vous, monsieur Jean, que vous n'êtes pas venu ici depuis... depuis...

— Oh! je sais qu'il y a quelque temps, répond Jean d'un air distrait, et sans remarquer les petites mines de Rose.

— C'était le jour... où monsieur est rentré si brusquement... pendant que nous causions... Vous êtes cause que j'ai été bien grondée! Mais aussi, pourquoi allez-vous dire que vous m'embrassiez? Ces choses-là... ça ne se dit pas... et ça n'empêche pas de recommencer quand on en a envie.

Jean est quelques instants sans répondre, puis enfin il s'écrie :

— Bah! bah! ce sont des bêtises tout cela...

— Comment des bêtises!... Oh! monsieur était fâché, tout rouge... Au reste, je conçois que cela vous est bien égal!... Quand on a autre chose dans la tête, on ne pense plus... à ce qu'on pensait... Ah çà! c'est donc parce que vous allez vous marier que vous êtes si sérieux à présent?... Vraiment, je ne vous reconnais pas... vous qui étiez si gai, si farceur... Dieu! comme mademoiselle Chopard doit être fière de vous avoir rendu amoureux comme ça !

Jean regarde Rose, qui est debout devant lui, en murmurant :

— Mademoiselle Chopard m'a rendu amoureux?...

— Dame ! c'est ce qu'on dit partout... et d'ailleurs c'est bien facile à voir que vous avez quelque chose... Mais vous devez être bien content, puisque vous allez épouser votre belle !... C'est drôle que ça m'a étonnée, moi, ce mariage-là... Oui, je ne sais pas pourquoi, mais je n'aurais pas cru... Je sais bien que mademoiselle Adélaïde est belle femme... un peu trop grande pourtant... Quant à la figure, tout dépend du goût; il y a des gens qui prétendent qu'elle a l'air d'un homme : un gros nez, des yeux de bœuf, un menton carré, des sourcils de sapeur... Mais c'est égal !... on peut être bien avec tout ça !

Jean ne semble pas écouter ce que dit Rose, mais tout à coup il s'écrie :

— Ah ! si tu savais comme elle est jolie !...

— Mon Dieu ! monsieur, je vous dis que je la connais, répond Rose avec humeur; mais je ne vois pas qu'il y ait tant de quoi s'extasier !...

— Tu la connais ! dit Jean en regardant Rose avec surprise.

— Certainement.

— Non, Rose, tu ne la connais pas...

— Allons, voilà que je ne connais pas mam'zelle Chopard à présent !

— Et qui diable te parle de mademoiselle Chopard ! s'écrie Jean en frappant du pied.

Rose regarde à son tour Jean avec surprise en disant :

— Comment? monsieur... ce n'est donc pas d'elle que vous parliez, quand vous me disiez qu'elle était si jolie?

— Non, Rose, non... c'est d'une autre personne... d'une jeune dame...

— Une jeune dame?...

— Oui... Et c'est celle-là qui est charmante !...

— Qu'est-ce que c'est donc que cette jeune dame-là?...

— Je vais te conter cela, Rose.

En disant ces mots, Jean prend la petite bonne par son tablier, et la fait asseoir sur ses genoux.

— Eh bien ! monsieur... qu'est-ce que vous faites donc?... Pourquoi me faire asseoir comme ça ?... Un homme qui va se marier !...

— Allons, Rose, tiens-toi tranquille et écoute-moi... Mon Dieu ! il n'est pas question de plaisanter !

— Oh ! je le vois bien !

Mademoiselle Rose fait une petite moue en disant cela; mais elle reste sur les genoux de Jean, qui lui conte fort en détail son aventure nocturne et sa visite chez madame Dorville.

Rose a écouté avec attention. Rose est fine; elle voit tout le plaisir que Jean éprouve à parler de madame Dorville, et elle lui fait mille questions à son sujet.

— C'est donc une bien jolie femme, monsieur?

— Oui ! oui, Rose ; une figure... qui plaît tout de suite. Et tu sais que je ne suis pas galant, moi, et que d'ailleurs je remarque peu tout cela... à moins que...

— Oui, à moins qu'on ne soit vraiment bien. Et elle est jeune?

— Mais vingt ans, je suppose...

— Grande?

— Une taille ordinaire... mais si bien faite !... si bien tournée !...

— Elle était bien mise?

— Oui... elle est élégante.

— Quelle robe avait-elle?

Jean fait un mouvement d'impatience, qui fait sauter Rose, en s'écriant :

— Est-ce que tu crois que je me suis amusé à tâter l'étoffe de sa robe?... Je te dis que c'est une dame... à la mode enfin !...

— Vous n'avez pas parlé de votre visite chez cette dame aux Chopard ?

— Ma foi non... Pourquoi faire?

— Certainement vous êtes le maître de vos actions... et vous seriez bien bon de vous gêner... Et êtes-vous retourné chez cette dame?

— Non... Est-ce que tu penses que je puis y retourner, Rose?

— Pourquoi pas? Cette dame ne vous y a-t-elle pas engagé?... Vous lui avez rendu service; elle sera bien aise de vous revoir, c'est tout simple... et il me semble que ce serait pour vous une connaissance très agréable.

— Tu crois, Rose, comment, tu crois?

Et Jean enchanté serre Rose dans ses bras et l'embrasse à plusieurs reprises, et la petite bonne se laisse embrasser en s'écriant :

— Voulez-vous finir... Si monsieur revenait... il croirait encore que... et Dieu sait pourtant que nous sommes bien sages !

Mais Jean, après avoir embrassé Rose encore une fois, se lève brusquement en s'écriant :

— Ma foi, tu as raison... et je vais aller voir madame Dorville.

— Allez, allez, monsieur, dit Rose à Jean qui s'éloigne en courant.

Puis la petite se dit en se frottant les mains :

— Oh ! que je suis contente de savoir cela !... J'y vois de loin !... Ah ! monsieur Bellequeue, vous faites des mariages sans me consulter... c'est bon... nous verrons... M. Jean n'est pas plus amoureux de mademoiselle Chopard que de mon pouce! C'est bien fait... Je ne puis pas sentir ces Chopard qui ont l'air de me regarder comme une domestique...

Jean est rentré chez lui; lorsqu'il avait résolu quelque chose, il fallait qu'il l'exécutât sur-le-champ. Il est décidé à se rendre le jour même chez madame Dorville; mais il se rappelle l'élégance de la maîtresse de la maison, et, pour la première fois de sa vie, Jean songe à faire de la toilette. Lorsqu'il est allé rue Richer, il était, selon sa coutume, dans un grand négligé; cette fois il veut être bien mis.

— Car enfin, se dit-il, je suis à mon aise, et je ne vois pas pourquoi je m'habille comme un cuistre... Je veux que cette dame voie que je puis m'arranger tout aussi bien qu'un autre.

Jean met un pantalon neuf, des bottes bien cirées, un gilet blanc, et veut faire un joli nœud à sa cravate. Comme il n'en a pas l'habitude, il ne peut parvenir à former quelque chose de bien; il se dépite, frappe du pied, déchire trois cravates, et sa mère entre dans son appartement pour savoir après qui il en a.

— Je ne puis pas venir à bout de mettre ma cravate, s'écrie Jean d'un air désespéré.

— Attends, mon ami, attends, dit madame Durand, ne t'impatiente pas... Je vais t'arranger cela.

La bonne maman fait assez convenablement une rosette à son fils; malheureusement les rosettes ne sont plus à la mode, mais Jean ne sait pas cela et il se trouve bien. Il met un joli habit bleu, et, ce qui ne lui était jamais arrivé, s'arrête devant la glace, passe ses doigts dans ses cheveux, les boucle un peu sur le côté, puis prend son chapeau et sort, laissant sa mère dans l'extase s'écrier :

— Certainement il est amoureux, ce pauvre Jean!... Mademoiselle Chopard peut se flatter d'être la première pour laquelle il ait fait une semblable toilette.

Jean a pris un cabriolet afin de ne point se crotter et d'arriver plus tôt. Le voilà rue Richer, devant la demeure de madame Dorville; il paye le cocher, saute lestement hors du cabriolet et entre dans la maison. Alors le cœur lui bat, il se sent tout ému, il éprouve un trouble dont il ne peut se rendre compte, et c'est en tremblant qu'il demande au portier madame Dorville.

— Montez, monsieur, madame est chez elle, répond le concierge.

— Elle est chez elle! se dit Jean en montant l'escalier; il lui semble qu'il en est presque fâché, et cependant c'est pour la voir qu'il est venu.

— Comment cette dame va-t-elle me recevoir? se dit Jean en montant lentement l'escalier. Peut-être trouvera-t-elle singulier... Cependant elle m'a engagé à revenir... Que vais-je lui dire?... Je lui demanderai d'abord comment elle se porte... C'est tout simple... Il me semble que je suis assez bien mis pour me présenter dans son salon... D'ailleurs je saurai bien... Ah! sacrebleu!... que c'est bête d'être tout sens dessus dessous pour entrer chez quelqu'un! Ne soyons pas comme ça, gauche et embarrassé... Après tout, est-ce que je ne vaux pas cette dame et toutes ses connaissances!... Allons, en avant.

Jean est devant la porte, il sonne. La domestique vient lui ouvrir.

— Madame Dorville... dit Jean en grossissant sa voix pour se donner de l'assurance.

— Madame y est, monsieur... Votre nom, s'il vous plaît?

— Jean Durand.

La bonne ouvre la porte du salon et annonce M. Jean Durand. Il était deux heures de l'après-midi. C'est l'heure où les gens du monde font et reçoivent des visites; il y avait alors chez madame Dorville, madame Beaumont, deux jeunes femmes fort élégantes, et un petit-maître, assez joli garçon, mais qui avait trop l'air de le savoir.

En attendant annoncer M. Jean Durand, Caroline semble chercher à se rappeler quelle est la personne qui porte ce nom; le petit-maître se lève, et les dames tournent toutes la tête vers la porte pour voir ce monsieur qu'elles ne connaissent pas, et dont le nom et le prénom piquent leur curiosité.

Tout en voulant se donner un air d'assurance, Jean était rouge comme un coq; il tenait d'une main son chapeau, de l'autre ses gants, qu'il croyait plus distingué de ne pas mettre, et il ne savait plus quelle jambe avancer. Il se décide et s'avance d'un pas brusque; mais à l'aspect de toutes ces figures qui ont les yeux sur lui, Jean ne sait plus où il en est; il se recule de côté, ne voit pas madame Dorville, veut saluer et sent qu'il cogne un guéridon; en s'éloignant du guéridon, il renverse une chaise, puis ses pieds s'accrochent sous un tapis; pour se tirer du tapis, il l'entraîne avec lui, et, par suite, les meubles qui sont dessus vont tomber dans l'appartement, lorsque le petit-maître court à lui en s'écriant :

— Ah! monsieur, arrêtez-vous, de grâce... ne bougez pas... je vais vous démêler.

Jean n'était plus en état de bouger, il était anéanti, son chapeau et ses gants s'étaient échappés de ses mains, il ne se baissait même pas pour les ramasser, il entendait les rires étouffés des dames, mais il ne voyait plus rien.

Tout ceci a été l'affaire d'un moment; Caroline, qui a reconnu Jean, se lève et va au-devant de lui; le petit-maître a pris le jeune homme par la main, et lui a fait abandonner le tapis; madame Dorville va d'un air aimable saluer Jean et lui demander des nouvelles de sa santé.

Jean tâche de se remettre et salue en balbutiant :

— Mon Dieu, madame, je vous demande bien pardon... si j'ai bouleversé...

— Oh! monsieur, tout cela n'est rien... Donnez-vous donc la peine de vous asseoir.

Caroline avance une chaise à Jean, qui se jette dessus comme un pauvre naufragé qui vient enfin de gagner le rivage. Cependant son chapeau et ses gants l'embarrassent encore, et il se les passe alternativement de la main gauche à la main droite.

— C'est bien aimable à vous, monsieur, de vous être rappelé ma demeure, dit Caroline qui cherche à dissiper l'embarras de Jean en engageant la conversation.

— Madame, je ne l'ai jamais oubliée, répond Jean, et je serais venu plus tôt si j'avais cru... si j'avais pensé...

— Vous êtes peut-être allé à la campagne, dit vivement Caroline, qui s'aperçoit que Jean ne sortira pas de sa phrase.

— Non, madame, je suis resté ici...

— Et vous, ma chère amie, quand allez-vous à votre terre? dit madame Dorville à une des jeunes dames, afin de généraliser la conversation, car elle s'aperçoit que les dames examinent Jean avec curiosité, et que M. Valcourt, c'est le nom du petit-maître, ne peut se lasser de le considérer.

— Je ne sais vraiment pas quand je partirai, répond la jeune dame en minaudant. J'ai tant à faire encore à Paris... et pas un moment à moi... tant de visites à rendre... d'emplettes, de préparatifs; et mon mari qui ne se mêle de rien absolument!... Oh! c'est cruel!...

— C'est madame de Walen, qui était furieuse hier! Figurez-vous que son mari lui amène douze personnes à dîner sans la prévenir... et des gens marquants, des académiciens, des hommes en place!... c'est vraiment très mal... Deux ou trois personnes, passe, mais douze!

— M. Beaumont n'en faisait jamais d'autres, mais alors savez-vous ce que je faisais, mesdames? je sortais, et je le laissais recevoir seul sa société...

— Ah! c'est bien méchant!...

— Madame Beaumont a toujours eu du caractère, dit le petit-maître en se balançant sur sa chaise. Elle jouerait bien les Athalie, les Agrippine!...

— Oh! non!... j'ai les nerfs trop délicats...

Pendant cette conversation, Jean regarde tantôt en l'air, tantôt à ses pieds; il croise et décroise les jambes, et ne sait quelle figure faire. Tout en se balançant, M. de Valcourt examine la mise, la tournure et surtout la grosse rosette de Jean; et les dames se lancent de temps à autre des regards significatifs.

Caroline seule, toujours bonne, toujours disposée à l'indulgence, voudrait trouver moyen de remettre Jean à son aise; cependant elle craint aussi qu'en se mêlant à la conversation, il ne lui échappe quelques expressions inconvenantes. De son côté, Jean voudrait parler, et ne sait que dire, mais il regarde Caroline toutes les fois qu'on n'a pas les yeux sur lui.

— Vous n'êtes pas venue à la dernière soirée de madame Dorsan, dit une des dames à Caroline.

— Ah! ma bonne, vous qui êtes si excellente musicienne; vous avez perdu... On a chanté de jolis morceaux?

— Ma foi! je n'ai rien entendu d'extraordinaire! dit le petit-maître; quoi donc?... Est-ce cette grande demoiselle qui a faussé si cruellement l'air de *la Gazza*?... Est-ce ce monsieur qui se croit une voix de basse-taille, parce qu'il prend beaucoup de tabac et a un enrouement perpétuel?... Est-ce madame Quinville avec son jeune frère, auquel elle veut faire une réputation de chanteur pour se faire écouter elle-même, en chantant avec lui?... Et mademoiselle Herminie sur la harpe!... Ah! c'est d'un ennui mortel! toujours les variations de *Robin des Bois*, et vous savez le goût qu'elle y met... Pas de style, pas de brillant!... Quant à ce monsieur qui a pincé de la guitare, vous conviendrez qu'il chante comme du temps du roi Pepin le Bref.

— Ah! monsieur Valcourt! que vous êtes méchant!...

— Il emporte la pièce!...

— Moi, pas du tout. Je dis ce que tout le monde voit... c'est qu'il n'y a rien d'assommant comme la mauvaise musique... Je gage que monsieur est de mon avis?

Cette question est adressée à Jean, qui, depuis son entrée, écoutait et ne soufflait mot. Il se tourne vers Valcourt et répond :

— La mauvaise musique?... Ma foi, je ne connais ni la mauvaise, ni la bonne... je suis très godiche pour tout ça!...

Le petit-maître laisse errer sur ses lèvres un

sourire moqueur; les dames se regardent, et Caroline s'empresse de dire :

— Il y a des gens qui n'aiment pas la musique... tout le monde n'a pas le temps de s'y livrer... A propos, qui est-ce qui a vu la pièce nouvelle au Vaudeville? On dit que c'est très bien.

— Oui, c'est pas mal... il y a des couplets bien tournés... Je n'aime pas beaucoup le dénouement... L'avez-vous vu, monsieur?

C'est le petit-maître qui adresse encore cette question à Jean, qu'il semble avec malice vouloir faire parler.

— Je ne vais presque pas au spectacle, répond Jean en tâchant de prendre de l'assurance. Il faut rester assis... se tenir à sa place, et je trouve que c'est *embêtant!...*

Les dames font toutes un mouvement de surprise. M. Valcourt les regarde en se pinçant les lèvres; et Jean, qui pense que c'est le bon genre de se balancer sur sa chaise, se jette en arrière, et se dandine en fredonnant quelques petits airs pour se donner de l'aplomb. Mais, peu habitué à ce genre d'exercice, il se laisse aller avec trop d'abandon, et tombe avec sa chaise dans un carreau de croisée qu'il brise en éclats.

Cet accident augmente l'embarras de Jean, tandis que les dames et Valcourt murmurent entre eux :

— Voilà un monsieur qui paraît décidé à tout briser... C'est un personnage bien aimable dans un salon ! Quelle singulière tournure !...

— Et sa mise !... Mesdames, faites-moi le plaisir d'admirer sa rosette !...

— C'est qu'il a des expressions tout à fait déplacées !...

— Où diable madame Dorville, qui a un excellent ton, a-t-elle fait une semblable connaissance !

Caroline reçoit les excuses de Jean au sujet du carreau, et lui répond :

— C'est moi, monsieur, qui aurais dû vous avertir qu'il y avait du danger à vous balancer ainsi... mais vous n'êtes pas blessé, c'est l'essentiel.

Jean est allé mettre sa chaise loin de la fenêtre, et il se trouve alors près des dames. Caroline, qui devine quelle est la cause des chuchotements qui ont lieu, se tourne vers madame Beaumont en lui disant :

— A propos, ma chère amie, il faut que je vous présente monsieur. Vous lui devez aussi quelques remerciements pour le service qu'il nous a rendu, lorsque nous avons été attaquées un soir par un voleur; car, quoique je fusse seule volée, vous étiez bien alors de moitié dans ma frayeur.

— Quoi! c'est monsieur?... dit madame Beaumont, tandis que les autres personnes, pour qui ces paroles sont une explication, regardent Jean avec plus de bienveillance.

— Oui, ma chère amie, reprend Caroline, c'est monsieur qui, seul, a arrêté le voleur et nous a ensuite donné le bras jusqu'à une voiture... Vous devez vous rappeler qu'alors nous étions bien tremblantes, et que nous nous estimâmes très heureuses, de la protection que monsieur voulut bien nous accorder.

Caroline a légèrement appuyé sur ces derniers mots. Madame Beaumont incline la tête en proférant quelques remerciements auxquels Jean répond :

— Ça n'en vaut pas la peine, madame; j'aurais agi de même pour la première venue...

Et M. Valcourt sourit encore d'un air moqueur.

— Mon Dieu! qu'est-ce qu'il y a donc chez toi, ma chère Caroline? dit bientôt une des jeunes dames assises près de Jean. Est-ce que vous ne sentez pas?... Si nous étions en hiver, je croirais que c'est la cheminée qui fume...

— En effet... je sens aussi comme une odeur de fumée, dit madame Beaumont.

— Ce n'est pas cela précisément, mesdames, dit Valcourt; ce que vous sentez est une odeur de pipe, tout bonnement.

— De pipe! s'écrient les trois dames en faisant un mouvement de dégoût.

— Ah! parbleu! il n'y a pas de doute, s'écrie Jean, c'est moi qui sens comme cela; cette *sacrée* odeur de pipe pénètre dans les habits... Je n'ai pourtant pas encore fumé aujourd'hui.

On ne répond rien, on se regarde en se faisant des mines. Caroline elle-même semble partager l'humeur générale. Bientôt les deux jeunes dames se lèvent vivement, vont embrasser madame Dorville en lui disant :

— Adieu, ma chère, il faut que nous nous sauvions... nous sommes pressées, et elles s'éloignent sans jeter un regard sur Jean.

Celui-ci est resté sur sa chaise; il ne se dandine plus, il se tient bien roide; mais il suit des yeux tous les mouvements de Caroline.

Le petit-maître ne tarde pas à se lever aussi; il fait quelques tours dans le salon, se regarde dans une glace, dit quelques mots à demi voix à madame Beaumont; puis va baiser la main de madame Dorville, lui présente ses hommages en souriant de la manière la plus gracieuse, et s'éloigne en pirouettant.

Jean a regardé tout cela en restant sur sa chaise, sur laquelle il semble cloué. Madame Dorville revient s'asseoir près de madame Beaumont. La conversation languit; ces dames ne font qu'échanger quelques mots, et Jean n'ose pas se mêler à ce qu'elles se disent. Il regarde toujours Caroline, parce qu'il ne peut se lasser de la voir; mais il se dit en lui-même :

— Si tout le monde s'en va, il faut pourtant que je m'en aille aussi.

Et tout en disant cela, il ne peut se décider à partir; mais au bout de cinq minutes madame de Beaumont s'écrie :

— Cette odeur de pipe fait horriblement mal à la tête et au cœur!

— Oui... c'est vrai, répond faiblement madame Dorville, quand on n'y est pas habituée...

Ces mots font l'effet de la foudre sur Jean; il se lève brusquement et va saluer Caroline en murmurant :

— Pardon, madame. Si j'avais deviné plus tôt que cette odeur vous déplaisait, il y a longtemps que je serais parti.

— Mais, monsieur, il ne faut pas que cela vous renvoie, répond Caroline d'un ton froid, mais poli.

— Oh! pardonnez-moi, madame, je vois bien... je comprends bien que chez vous... il faut...

Tout en parlant, Jean reculait vers la porte et regardait encore madame Dorville. Tout à coup des miaulements plaintifs se font entendre; c'est un joli chat dont Jean écrase la queue sans s'en apercevoir.

— Ah! je suis b..... maladroit aujourd'hui! s'écrie Jean désespéré; et pendant que la jolie femme se baisse pour prendre son chat dans ses bras, il se jette dans l'antichambre, manque de renverser la bonne en courant vers la porte, et sort enfin de chez madame Dorville.

Jean rentre chez lui de mauvaise humeur, il s'assied, se lève, ne sait ce qu'il veut faire; puis apercevant sur sa table la pipe dont il se sert habituellement, il la prend avec colère et la brise à ses pieds.

CHAPITRE XVIII

JEAN EST AMOUREUX

Bellequeue était allé voir madame Durand, et celle-ci lui avait appris la toilette extraordinaire que son fils avait faite pour sortir, et le soin qu'il avait mis à arranger sa cravate. Pour le coup Bellequeue ne doute plus que son filleul ne soit en effet très amoureux.

— Vous voyez dit-il, quelle bonne idée j'ai eue de songer à ce mariage. Jean va devenir un homme charmant.

— Il l'était déjà.

— Oui, mais il le sera davantage. Il se plaira bien plus en société. Déjà j'ai cru voir qu'il négligeait le billard, les cafés, les guinguettes.

— C'est ce qu'il me semble aussi.

— Effet de l'amour!... Vous verrez que Jean deviendra galant!

— Ça me surprendrait!

— Pourquoi donc? Mademoiselle Adélaïde a dit en secret à son père et à sa mère, qui me l'ont redit, qu'elle voulait avant peu voir son futur à ses pieds.

— Je ne veux pas non plus qu'elle fasse trop soupirer ce cher enfant...

— Soyez donc tranquille! vous savez bien que le mariage apaise vite tous ces soupirs-là...

— Beaucoup trop vite même.

— Il n'y a plus que trois semaines d'ici à l'époque fixée par la belle fiancée... ce temps passera en œillades, en serrements de mains, en soupirs... C'est si gentil le temps où l'on se fait la cour! Ah! ma chère commère, ça n'est pas la lune de miel, mais il y a des gens qui assurent que c'en est le soleil.

Bellequeue retourne chez lui en songeant déjà à la toilette qu'il fera le jour des noces de Jean, où il se propose bien de danser encore, et en rentrant il va se mettre devant une glace, et cherche à se rappeler quelques-uns des jolis pas qu'il a vu faire aux bals de M. Mistigris.

Mademoiselle Rose regarde son maître d'un air malin, et lui demande ce qu'il fait là.

— Je cherche à me rappeler un petit pas pour le jour de la noce de Jean.

— Ah!... c'est donc bientôt la noce?

— Dans trois semaines...

— Alors vous avez le temps de faire vos battements!

— Pas trop; on ne sait pas... Jean devient tellement amoureux qu'on pourrait bien avancer l'époque...

— Ah! M. Jean est amoureux... de mam'zelle Chopard?

— Oui, ma chère... amoureux au point que ça le change... que ça le rend mélancolique... que ce matin enfin il a fait une toilette extraordinaire... Sa mère croit même... cependant elle ne me l'a pas assuré, que Jean a mis de la pommade dans ses cheveux... Ça te fait rire?

— Oh! ce n'est pas de ça, c'est une idée qui me passait.

— Oh! tu es vexée de voir que les jeunes gens se conviennent si bien, lorsque tu prétendais que ce mariage n'était pas assorti...

— Moi? oh! je vous assure que je ne suis nul-

On m'a tapé bien autre chose, à moi, et je n'étais jamais fiancée pour ça.

lement contrariée... Qu'est-ce que cela peut me faire?...

— Amour-propre de femme qui veut toujours avoir raison. Allons, je vais me rendre chez mon tailleur.

— Pourquoi donc faire?

— Pour lui commander un pantalon de casimir noir collant, et boutonné par en bas, pour la noce de Jean.

— Monsieur, si vous m'en croyez, attendez encore un peu avant de commander votre pantalon collant.

— Pourquoi cela ?

— Attendez, vous dis-je... Sait-on ce qui peut arriver?

— Ah! friponne, tu voudrais encore me faire penser que Jean n'adore pas Adélaïde Chopard... Je vais commander mon pantalon.

Après avoir cassé sa pipe, Jean est sorti de chez lui, il marche au hasard, n'ayant pas de but déterminé, et tout occupé de sa visite du matin chez madame Dorville.

— Elle ne m'a pas dit de revenir, se dit Jean en soupirant. Ah! sans doute ma société ne lui plaît pas... Ai-je fait assez de sottises chez elle! Quelle singulière chose... je voulais avoir de l'assurance... je ne pouvais plus avancer ni reculer... je ne savais que faire de mes bras, de ma bouche, de mon nez... Je suis sûr que je faisais des grimaces épouvantables en voulant me donner un air posé. Mes yeux seuls... Ah! je savais bien où les porter... Elle m'a semblé encore plus jolie ce matin que la dernière fois... Et cependant elle ne m'a pas souri souvent... Il y avait dans ses manières quelque chose de froid qui me faisait mal... mais sa voix est toujours douce... J'aurais du plaisir à l'entendre, même si elle me grondait... Mon Dieu... que je suis bête!... toujours penser à cette dame que je ne reverrai plus maintenant; car je n'ai plus de raison pour y retourner... elle ne me l'a pas dit... Oh! c'est fini... pensons à autre chose... A quoi bon m'occuper de quelqu'un que je connais à peine... d'une femme coquette?... Sans doute elle se sera moquée de moi avec ses connaissances... et ce mirliflore qui ricanait en dessous... Si j'avais été sûr que ce fût de moi, je l'aurais joliment rossé... Au fait, j'ai commis tant de gaucheries!... Quand je voulais parler, je ne savais rien trouver de bien... On m'aura jugé bête comme une oie... Qu'est-ce que cela me fait?... je ne reverrai pas tous ces gens-là... J'aurais bien aimé à voir quelquefois madame Dorville; mais, après tout, à quoi cela m'avancerait-il?... D'ailleurs je n'ai plus de motifs pour y aller... et chez elle je me sens si mal à mon aise... Ah! si elle était seule, il me semble que j'y serais mieux... que je saurais mieux lui parler...

Après avoir longtemps marché, Jean se rend chez un restaurateur, il se fait servir à dîner; mais il n'a pas d'appétit, il ne peut toucher à rien. En sortant il entre dans un spectacle pour se distraire; mais peu habitué à écouter les jeux de la scène, il ne fait aucune attention à ce qui se passe sur le théâtre, et reste plongé dans ses pensées; mécontent de lui-même, il sort du spectacle en se disant :

— Allons chez les Chopard; là, au moins, je ne serai pas seul; on me parlera, je répondrai, et il faudra bien que je ne pense plus à cette dame... de laquelle je sens que j'ai grand tort de m'occuper.

Jean arrive chez les Chopard à près de dix heures du soir. Il y avait du monde; on l'avait attendu toute la soirée; Bellequeue s'y était rendu, croyant y voir Jean dans sa grande toilette, qu'il avait annoncée à mademoiselle Adélaïde; et celle-ci, en voyant le temps s'écouler sans que son futur arrivât, ne savait que penser.

Enfin Jean se présente au moment où la société se disposait à s'en aller.

— Voilà une belle heure pour venir! dit mademoiselle Adélaïde avec dépit et en prenant un air boudeur.

— Nous étions inquiets de toi, mon cher ami, dit Bellequeue.

— Nous avons fait sauter les abricots sans lui! s'écrie M. Chopard, mais le gaillard a dit : — Je trouverai toujours un petit coin... un *petit coing*... Oh! oh! oh!... il est bien amené celui-là!

— D'où donc venez-vous, monsieur? reprend mademoiselle Adélaïde!...

— Du spectacle, mademoiselle.

— Du spectacle!... Quelle idée d'aller ainsi seul au spectacle!... Est-ce que c'est pour aller au spectacle que vous aviez fait une si belle toilette?

— Non, je vous assure!...

— Voyez-vous, dit Bellequeue à Adélaïde, la toilette n'était pas pour le spectacle.

— C'est vrai qu'il est magnifique ce soir! dit le papa Chopard en admirant Jean. Il a une tournure... chevaleresque.

— Et qu'avez-vous vu de si beau au spectacle, monsieur?

— Ma foi, mademoiselle, je serais fort embarrassé pour le dire? J'étais tellement distrait, tellement préoccupé d'autre chose, que j'en suis sorti sans savoir ce qu'on avait joué.

Un sourire de satisfaction reparaît sur la figure de mademoiselle Adélaïde, tandis que Bellequeue dit tout bas aux Chopard :

— Eh bien, dites donc... l'est-il? hein... l'est-il d'une fameuse force?...

— Ma foi oui... j'ai été très amoureux de madame Chopard, c'est vrai, mais j'avoue que la veille de nos noces ça ne m'a pas empêché d'aller voir le *Pied de Mouton* et de retenir la romance de : *Gusmann ne connaît plus d'obstacles*, que j'ai chantée pour mon hymen... Te rappelles-tu, ma femme, comme je mis de l'intention en chantant :

Tu dois t'attendre à des miracles,
Car pour toi qui n'en ferait pas?

Ça faisait presque un calembour?

— Monsieur Chopard, taisez-vous donc... Adélaïde nous écoute!

— Eh ben, quel mal... ne va-t-elle pas se marier?... Ça sera ben une autre chanson... oh! oh! oh!

Jean fait son possible pour être gai; il se mêle à la conversation, dit tout ce qui lui passe par la tête, répond de travers aux questions qu'on lui adresse, et n'a pas trop l'air de savoir ce qu'il fait; mais la société le trouve charmant. A chaque distraction qu'il commet on rit aux éclats, on se regarde, on chuchotte, et mademoiselle Adélaïde décide que M. Jean n'a jamais été si aimable.

En sortant de chez les Chopard, Bellequeue propose à Jean d'entrer fumer quelques cigares dans un estaminet.

— Je ne fume plus, répond vivement Jean.

— Tu ne fumes plus! s'écrie Bellequeue en regardant son filleul avec étonnement, et depuis quand cela?

— Depuis... aujourd'hui.

— Comment! toi qui aimais tant à fumer...

— Je ne l'aime plus...

— Est-ce que tu as été malade de la pipe?... Est-ce que...

— Non... ce n'est pas cela... mais j'ai remarqué qu'en général les femmes n'aimaient point l'odeur du tabac... et... je ne veux plus fumer.

Bellequeue se sent presque attendri de cette marque d'amour, et après avoir tendrement serré la main à son filleul, il entre chez lui en disant :

— Ma foi, je n'aurais pas cru qu'il irait si vite... l'amour le retourne comme un gant!... Il ne fume plus! Peut-on faire un sacrifice plus délicat!... Il ne fume plus! J'ai joliment bien fait de commander mon pantalon collant.

Quelques jours s'écoulent. Jean fait son possible pour écarter de son souvenir l'image de madame Dorville, mais cette image séduisante revient toujours se mêler à ses pensées. Il ne veut plus aller chez Caroline, et cependant il soigne davantage sa toilette; il tâche de se mettre comme les jeunes élégants qu'il rencontre, il se dandine moins en marchant, il voudrait avoir une tournure plus posée. Ce n'est plus dans les estaminets, dans les billards qu'il passe son temps; c'est dans le quartier des petits-maîtres, des petites-maîtresses, qu'il va maintenant se promener. Lorsqu'il voit de loin une femme élégante, de la taille, de la tournure de madame Dorville, il court de son côté, dans l'espérance que c'est elle qu'il va rencontrer; mais son espoir a toujours été déçu. Souvent il se rend dans la rue Richer; il passe et repasse plusieurs fois devant la demeure de madame Dorville; il regarde ses fenêtres, puis s'éloigne en soupirant, et retourne tristement dans son quartier.

Le changement qui s'est opéré dans l'humeur de Jean; la recherche de sa toilette, qui contraste si fort avec son laisser-aller d'autrefois; enfin la différence qu'on remarque dans ses goûts, dans ses manières, augmentent chaque jour l'erreur des Chopard et de madame Durand. Mademoiselle Adélaïde trouve, à la vérité, que l'amour rend son prétendu un peu trop mélancolique; mais elle si est fière du changement qu'elle croit avoir opéré, qu'à chaque soupir du jeune homme, elle lance un regard de triomphe à ses parents, tandis que madame Chopard dit à son mari :

— Le pauvre garçon me fait de la peine!... Qu'est-ce qu'il deviendrait donc s'il n'épousait pas notre fille?...

— Il s'évaporerait en soupirs comme l'esprit-de-vin quand il n'est pas bien bouché.

Bellequeue a dit un soir à Jean : Il ne faut plus qu'un peu de patience; encore dix jours, et tu seras l'heureux possesseur de la belle Adélaïde... Sois tranquille... je me charge de tous les préparatifs... de tous les détails... Ne t'occupe pas de ton costume, et ça ira bien...

Jean est rentré chez lui, en réfléchissant sérieusement au mariage qu'on va lui faire faire, et pour lequel il ne se sent plus que de la répugnance. Mais comment rompre une affaire si avancée... Sa mère, les Chopard, tout le monde compte sur sa promesse.

— Dans dix jours!... c'est beaucoup trop tôt, se dit Jean. Si du moins j'avais le temps de réfléchir... d'oublier... Ah! peut-être en me mariant, je ne songerai plus à... Mais je ne veux pas me marier si vite. Demain j'irai dire cela à mon parrain...

Et le lendemain matin Jean se rend chez Bellequeue; mais celui-ci était déjà sorti, parce que les préparatifs de la noce l'occupaient beaucoup.

Rose était seule; Jean ne l'avait pas revue depuis le jour de sa visite chez madame Dorville ; il savait bien qu'en la voyant, il ne pourrait que l entretenir de celle qu'il voulait oublier.

Rose est enchantée de revoir Jean, car elle entend toujours dire par son maître que le mariage va se faire, et elle n'y conçoit rien.

— Eh bien ? monsieur Jean, qu'y a-t-il de nouveau ? Contez-moi cela, je vous en prie, dit la petite bonne en suivant le jeune homme dans le salon. On dit toujours que vous allez épouser mademoiselle Chopard... Je ne peux pas le croire... car je sais très bien, moi, que vous n'êtes pas amoureux de mademoiselle Adélaïde, vous avez trop bon goût pour cela. Cependant M. Bellequeue fait toutes ses dispositions pour le jour du mariage ; il se fait faire un pantalon collant... A son âge, c'est un peu risquer... Mais il dit que c'est la mode, et puis au fait, il est encore très bien fait...

Jean ne répondait rien, il s'était assis et semblait réfléchir.

— Eh bien ! monsieur, vous ne me dites rien... moi, qui suis votre confidente... moi, qui vous aime... de bien bonne amitié !...

— Que veux-tu que je te dise, Rose ?

— S'il est vrai que vous épousez dans dix jours mamz'elle Chopard ?

— On le veut... mais je ne m'en soucie guère.

— Eh bien, alors pourquoi l'épouseriez-vous ? Est-ce à votre âge, avec votre figure, votre fortune, qu'il faut prendre quelqu'un qui ne vous convient pas ?

— Mais, Rose, on dit que nous sommes fiancés, parce qu'un soir j'ai tapé dans la main de mademoiselle Adélaïde.

— Oh! quel conte! Ah ben, par exemple, être fiancé à une demoiselle parce qu'on lui a tapé dans la main... On m'a tapé bien autre chose à moi, et je n'étais jamais fiancée pour ça... C'est M. Bellequeue, ce sont les parents qui vous auront dit cela pour mieux vous enjôler.

— Tu penses donc que je suis encore libre, Rose?

— Certainement, et vous seriez bien bon d'aller vous sacrifier pour le plaisir des autres... Le mariage, c'est pour la vie, ça... il faut prendre garde à ce qu'on fait... Et cette dame si jolie, est-ce que vous ne l'avez pas revue?...

Jean pousse un soupir et répond :

— Si fait... je l'ai revue... une fois, le jour où je t'ai quittée si vite...

— Et vous n'y êtes pas allé depuis?

— Non...

— Vous sembliez la trouver si charmante...

— Ah! je n'ai pas changé de sentiment...

— Pourquoi donc n'y allez-vous plus? Est-ce qu'elle vous a mal reçu?

— Non... pas précisément... mais j'ai cru voir... Si tu savais combien chez elle j'étais gauche, embarrassé... Je ne savais comment me tenir.

— Bah! bah! on est gauche les premières fois, et puis on s'accoutume...

— Non, Rose... non... Je croyais aussi que partout j'aurais la même assurance... Je ne me figurais pas que rien pût m'intimider, et cependant je me suis aperçu que... dans le grand monde, dans ce qu'on appelle la bonne société, j'ai l'air d'un imbécile ou je ne dis que des sottises...

— Allons donc, ce n'est pas possible, vous êtes trop modeste...

— Il y avait là des dames qui me regardaient, puis se faisaient des signes, souriaient d'un air moqueur... Un jeune homme qui n'ôtait pas ses yeux de dessus la rosette que j'avais à ma cravate...

— Est-ce qu'il faut s'occuper de tout cela?

— Dans le monde, Rose, je vois bien que l'on s'occupe beaucoup d'une foule de riens!... que j'aurais bien de la peine à me mettre dans la tête.

— Est-ce que vous n'êtes pas bien comme cela?

— Je commence à m'apercevoir que je pourrais être beaucoup mieux... Je sentais la pipe... j'ai vu que cela déplaisait...

— Ces gens du monde sont aussi quelquefois bien ridicules...

— Enfin je m'en suis allé... et elle ne m'a pas engagé à revenir...

— On ne peut pas redire cela chaque fois! quand on l'a dit une c'est pour toujours...

— Oh! non... son air froid en me reconduisant... Il est vrai qu'après avoir marché sur son chat, je me suis sauvé si vite...

— Ah dame! si vous marchez sur les chats, aussi...

— C'est fini, Rose; je ne la reverrai plus...

— Ne la revoyez plus si vous voulez, mais ce n'est pas une raison pour épouser mam'zelle Chopard que vous n'aimez pas.

— Ce mariage me distraira peut-être.

— Se marier pour se distraire!... Voilà une jolie idée! Et si ça ne vous distrait pas, vous n'en serez pas moins l'époux d'une femme que vous n'aimez point, puisque vous en aimez une autre...

— J'en aime une autre! mais, Rose, je ne t'ai jamais dit cela...

— Est-ce que j'ai besoin que vous me le disiez pour le savoir... Je vois mieux que vous ce que vous avez; vous êtes amoureux de cette belle madame Dorville, mais amoureux... comme un fou; c'est cela qui vous rend tout autre depuis quelque temps.

— Moi... amoureux!... oh! tu te trompes, Rose! Tu sais bien que je ne l'ai jamais été...

— Raison de plus pour que cela vous fasse tant d'effet la première fois.

— Je trouve cette dame jolie... parce qu'elle l'est réellement... mais je n'ai jamais eu l'idée...

— Je vous dis que vous en êtes amoureux, extrêmement amoureux... Je ne dis pas, par exemple, que vous le serez longtemps, parce que chez les hommes ordinairement cela passe vite; mais enfin vous éprouvez pour elle autre chose que pour mademoiselle Adélaïde?

— Ah! Rose... quelle comparaison! mademoiselle Chopard m'ennuie... m'impatiente chaque jour davantage!...

— Et vous l'épouseriez! Mais cela n'aurait pas le sens commun?

— Tu as raison, Rose; décidément je ne l'épouserai pas...

— Et vous ferez très bien.

— Demain je reviendrai voir mon parrain, et je lui apprendrai ma résolution... Mais je t'assure, Rose, que je ne suis nullement amoureux de... cette dame, chez laquelle je suis très décidé à ne point retourner...

Jean s'éloigne en disant ces mots, et la petite bonne saute dans la chambre en criant : — Il n'épousera pas mamzelle Chopard!... et monsieur en sera pour son pantalon collant.

Mais les événements ne marchent pas toujours

dans l'ordre où nous les avions prévus. En rentrant chez lui, Jean apprend que sa mère est au lit et se sent indisposée; le soir la fièvre se déclare. Jean reste près de sa mère et ne songe plus à son mariage ; en peu de jours la maladie fait des progrès rapides, et malgré tous les soins qui lui sont prodigués, madame Durand meurt neuf jours après s'être alitée.

Jean éprouve le plus profond chagrin de la perte de sa mère ; Bellequeue partage sa douleur, et pendant longtemps le deuil et la tristesse remplacent les projets d'hymen et de bonheur.

CHAPITRE XIX

CHANGEMENT DE CONDUITE

Pendant les six semaines qui suivent la mort de sa mère, Jean ne sort presque pas : toujours triste et profondément affecté de la perte qu'il a faite, il se refuse à toute distraction ; la solitude seule semble lui plaire.

Bellequeue a respecté une douleur si naturelle ; cependant, au bout de ce temps, il veut essayer de tirer Jean de sa mélancolie, et pense que pour cela le meilleur moyen est de lui parler de sa future.

— Tu n'as pas encore été voir les Chopard depuis ton deuil, lui dit-il : ils respectent ton chagrin et ne peuvent qu'être touchés des regrets que tu donnes à ta mère ; mais enfin, mon cher Jean, il n'y a point de mal à aller voir ses amis et celle que l'on aime : je sais très bien que tu ne lui parleras pas de ton amour maintenant!... Adélaïde est trop raisonnable pour l'exiger, mais elle te consolera, sa vue te fera plaisir ; et de son côté elle désire vivement te voir.

— Rien ne presse ! répond Jean froidement. Bellequeue ne sait comment expliquer cette réponse de la part d'un homme qui paraissait si amoureux.

Cependant les Chopard s'étonnent de ne point voir Jean ; mademoiselle Adélaïde l'attend chaque jour. On questionne Bellequeue, et celui-ci répond :

— Mon filleul pousse tous les sentiments à l'extrême ; je vois bien qu'il craint que la vue de sa prétendue ne lui fasse trop vite oublier sa mère, et c'est pour cela qu'il ne vient pas encore.

— Cela fait l'éloge de sa profonde sensibilité, dit madame Chopard.

— Et cela prouve la violence de son amour pour notre fille, ajoute M. Chopard.

— Avec tout cela, dit Adelaïde, ça ne m'amuse pas d'être si longtemps sans voir mon futur. Mon Dieu ! il ne me parlera pas d'amour ; je sais bien qu'à présent nous ne pouvons pas nous marier tout de suite... mais je veux le voir, monsieur Bellequeue, je le veux...

— Je vous l'amènerai bientôt, belle enfant ; vous savez que pour vous plaire il fait tous les sacrifices : il ne fume plus !...

— Il ne fume plus ! mais c'est charmant ! Je ne le lui avais pourtant pas défendu.

— C'est égal, il m'a dit qu'il s'était aperçu que cela déplaisait aux dames.

— Ah ! ma fille, tu auras un mari bien délicat.

— Ne va pas le faire fumer malgré lui quand il sera marié... Oh ! oh !... calembour !

— Ah ! mon père !

— Enfin, reprend Bellequeue, il ne va plus à l'estaminet, ne joue plus au billard, ne court plus les guinguettes avec tous ces bons sujets qui lui empruntaient de l'argent.

— C'est très bien cela...

— Oh ! il se range déjà... Quant à la mise, à la tournure, il y a un changement prodigieux ; et c'est vous, belle Adélaïde qui avez opéré ces métamorphoses.

— Comme Diane qui changeait son amant en cerf... Ah ! ah ! ah !.

— Ah ! mon papa, que vous êtes terrible avec vos jeux de mots !

— Ecoute donc, j'aime les pointes, moi, je suis pour les pointes. J'ai de l'esprit, j'en use... donne-moi une prise, ma femme... Calembour.

Bellequeue s'est éloigné en promettant d'amener bientôt son filleul, et Jean pour mettre un terme aux sollicitations de son parrain consent enfin, un soir, à l'accompagner chez les Chopard.

On reçoit Jean avec cet empressement mêlé de tristesse commandée par la circonstance. Mademoiselle Adélaïde a fait une toilette dans laquelle le noir domine, afin de prouver à son prétendu qu'elle partage sa douleur. Madame Chopard ne parle pas des fruits à l'eau-de-vie et des liqueurs faites par sa fille, et M. Chopard a promis de ne pas faire de calembours. On garde pendant toute la soirée une tenue sévère ; Bellequeue croit même qu'il est de la convenance de ne parler qu'à demi voix et de marcher dans le salon sans faire de bruit. Tout cela donne à la réunion l'aspect d'une soirée de fantasmagorie de Robertson.

Au bout d'une heure, Jean en a assez ; il se lève, salue assez froidement mademoiselle Adélaïde, qui pousse un énorme soupir en lui disant adieu, et lui tend une main qu'il ne songe pas à baiser, et qu'elle est forcée de laisser retomber en se disant :

— Il faut qu'il soit terriblement affecté !...

— Adieu, mon ami, dit M. Chopard en prenant le bras du jeune homme ; aujourd'hui nous n'avons rien pris... parce que la circonstance... c'est naturel ; mais Adélaïde a fait un certain brou de noix... auquel incessamment nous dirons deux mots...

Jean se contente de saluer tout le monde et de s'éloigner. Quand il est parti, Bellequeue dit aux Chopard :

— Ça s'est très bien passé !

— Le pauvre garçon est encore bien chagrin ! dit madame Chopard ; je suis sûre qu'il ne t'a pas dit un mot de tendresse, n'est-ce pas, ma fille ?

— Non, ma mère, pas un seul mot !

— Il se sera fait une furieuse violence! dit M. Chopard. Mais on ne peut que l'en louer, parce que enfin le devoir et la nature avant tout.

Quelques jours après cette soirée, sans en prévenir Bellequeue, sans consulter personne, Jean quitte le logement qu'il habitait rue Saint-Paul, pour en prendre un fort joli dans la rue de Provence. Il change une partie de son mobilier contre des meubles modernes et élégants, fait décorer avec soin son nouvel appartement, et prend un valet de chambre à la place de Catherine, qui a désiré s'établir, et à laquelle Jean a donné de quoi élever une petite boutique.

Quoique Jean ne fume plus, et qu'il se mette maintenant comme les jeunes gens du bon ton, sa tournure et ses manières se ressentent de ses anciennes coutumes ; on ne perd pas en quelques semaines des habitudes contractées dès l'enfance ; Jean jure encore souvent et se sert d'expressions qui ne sont point admises dans le beau monde ; mais il est jeune, il a de la fortune, il paraît confiant et généreux, c'est plus qu'il n'en faut pour qu'il lui soit facile d'être admis dans ce monde où souvent, sous le vernis brillant de la politesse et du savoir-vivre, on rencontre bien des gens qui ne valent pas un rustre en sabots.

Jean, qui jusque alors avait fui la société et se moquait des usages, des sujétions qu'elle impose, Jean désire aller dans le monde. Il ne veut pas s'expliquer à lui-même le motif du changement de sa conduite ; il ne s'amuse pas au spectacle, dans les jardins publics, à la promenade, dans les concerts ; mais il veut y aller afin de s'habituer à un genre de vie nouveau pour lui, et dans l'espoir de rencontrer une personne qu'il adore en secret, et à laquelle il pense sans cesse, sans vouloir s'avouer encore qu'il en est amoureux.

Cependant la famille Chopard attend en vain que Jean revienne la visiter ; mademoiselle Adélaïde se consume d'amour et d'ennui ; la distillation est négligée, les sciences et les arts sont abandonnés. La jeune personne est chaque jour d'une humeur insupportable. Plus d'un mois s'est écoulé depuis la triste visite que Jean lui a rendue, et on n'entend plus parler du fiancé. Une telle conduite semble extraordinaire.

— Il est très juste de pleurer la perte de ses parents, dit mademoiselle Adélaïde, mais cependant il est un milieu en tout... Si mon prétendu a toujours versé des larmes et poussé des soupirs depuis sa dernière visite, il doit être maintenant sec comme un coucou, et je ne veux pas le laisser venir à rien avant de m'épouser.

— Notre fille a raison, dit M. Chopard ; Jean est trop exalté : comme Adélaïde dit fort bien, il y a un milieu en tout, et ce jeune homme a passé à côté.

— Mon père, je veux qu'il vienne, je veux savoir ce qu'il fait, je ne puis vivre comme cela !...

— Calme-toi, ma fille, dit madame Chopard, tu sais que ce pauvre Jean était devenu tout amour !...

— Je ne sais pas s'il est tout amour, mais ça me semble très malhonnête de ne pas venir nous voir. Et M. Bellequeue dont on n'entend plus parler non plus...

— Il faut qu'il soit malade.

— Mon papa... allez-y donc, je vous en prie.

M. Chopard cède aux désirs de sa fille, et se rend chez Bellequeue. Depuis cinq semaines le parrain de Jean était retenu chez lui par une légère atteinte de goutte ; il passait son temps à jouer aux dames avec sa petite bonne, et ne voyant pas Jean, était persuadé qu'il ne sortait pas de chez les Chopard.

Mademoiselle Rose est allée ouvrir à M. Chopard ; elle a soin ensuite de ne faire qu'aller et venir pour savoir ce qu'il vient dire à son maître.

— Eh bien ! mon ami, est-ce que vous avez pris jour pour le mariage? dit Bellequeue en voyant arriver Chopard. Il y a plus de trois mois que madame Durand est morte, et je conçois que les jeunes gens qui sont fort amoureux...

— Non, mon cher ami, ce n'est pas cela. Je voulais d'abord savoir pourquoi on ne vous apercevait pas.

— Vous le voyez, une petite atteinte de goutte... Mais ce n'est plus rien... cela va beaucoup mieux, et j'espère bien être ingambe pour la noce de mon filleul... Il me néglige, ce cher Jean... mais je lui pardonne, parce que je pense bien qu'il ne sort pas de chez vous... n'est-ce pas?

— Ça n'est pas encore ça, mon ami... Je voulais au contraire vous demander ce qu'il est devenu. Nous ne l'avons pas revu depuis le soir, où vous nous l'avez amené.

— Ah ! mon Dieu !... qu'est-ce que cela veut dire?

— Je vous avoue que je crains qu'il n'ait pris cette maladie des Anglais, vous savez... le *spleen*... et ma fille le craint aussi.

— Diable!... mais vous m'inquiétez... Il est certain que s'il pleure toujours... Et ma maudite goutte qui ne me permet pas encore de sortir... Mais il faut aller le voir, vous, monsieur Chopard ; il faut absolument consoler ce pauvre garçon.

— Au fait, comme son futur beau-père, il me semble que je puis bien aller m'informer de sa santé; cela n'a rien d'inconvenant.

— C'est tout naturel au contraire, allez, et revenez me dire dans quel état vous l'avez trouvé.

M. Chopard s'éloigne, laissant Bellequeue fort inquiet de son filleul, et mademoiselle Rose riant en dessous de ce qu'elle vient d'entendre.

L'ancien distillateur se rend rue Saint-Paul, à la demeure de Jean. Il demande M. Durand, et on lui répond que depuis un mois M. Durand a déménagé, et qu'il demeure maintenant rue de Provence, Chaussée-d'Antin.

M. Chopard est un moment surpris de cette nouvelle, mais il se dit :

— Je vois ce que c'est... notre amoureux a pris un logement convenable pour quand il sera marié... Il veut loger sa femme dans le beau quartier... Chaussée-d'Antin... C'est une surprise qu'il lui préparait, mais je devine tout. Allons rue de Provence.

Et M. Chopard s'achemine vers la rue de Provence ; il trouve la demeure de Jean. Il admire la maison, l'escalier, et se dit :

— Adélaïde sera enchantée... Une rampe à dorures... C'est magnifique. A chaque étage des statues dans des niches... On pourra dire que ce n'est qu'à niches... Oh ! oh ! oh !... caniche ! il est bon ! il faudra que je m'en souvienne pour le redire à madame Chopard.

Arrivé au troisième, M. Chopard sonne et le domestique de Jean vient lui ouvrir.

— Le jeune Durand est chez lui? dit M. Chopard.

— Non, monsieur, mon maître n'y est pas.

— Ah ! il n'y est pas... diable... Il est donc sorti?

— Oui, monsieur.

— Il sort quelquefois?

— Tous les jours... Monsieur n'est presque jamais chez lui.

— C'est égal, je vais toujours entrer... Je ne suis pas fâché de voir son logement.

Le domestique laisse entrer le monsieur, dont l'air de bonhomie n'annonce point de mauvaises intentions ; mais il le suit dans chaque pièce, dont M. Chopard semble faire l'inspection.

— Peste ! quelle élégance !... c'est très joliment orné, tout cela... Quand je disais qu'il nous ménageait une surprise... Vous a-t-il parlé de la surprise qu'il ménageait?

— Monsieur ne m'a rien dit.

— Pour un amoureux, il est discret !... Voyons ; ceci est la salle à manger... On n'y tiendrait pas quinze personnes à table ; mais, au fait, quand on ne veut avoir que sa famille... Voilà le salon qui fait chambre à coucher, à ce que je vois...

— Monsieur n'a pas de salon, il ne reçoit personne...

— Oui, maintenant; mais il recevra. Qu'est-ce que c'est que ça?..

— Un petit cabinet de toilette...

— Et ensuite?...

— C'est tout, monsieur... avec une chambre que j'ai en haut.

— Comment c'est tout?... Mais c'est trop petit... Et la cuisine?

— Il n'y en a pas, monsieur.

— Pas de cuisine ! Est-ce qu'il est fou? La pièce la plus essentielle d'un ménage.

— Mais monsieur est garçon.

— Je sais bien qu'il est garçon maintenant... mais il ne le sera pas longtemps... Prendre un logement sans cuisine, à quoi diable pense-t-il?... Dites-moi, mon ami, votre maître est toujours bien triste, n'est-ce pas ? Il ne prend aucun plaisir, aucune distraction?...

— Oh ! pardonnez-moi, mon maître, au contraire, est tous les jours dehors, il suit les spectacles, on le voit dans les promenades, il monte à cheval, fait au moins deux toilettes par jour ; il n'a pas un moment à lui.

M. Chopard ouvre de grands yeux en se disant :

— Voilà une singulière manière de se désoler... Je n'y comprends plus rien !... Mais Adélaïde, qui a tant d'esprit, trouvera la clef de cette conduite... Il faut aller lui dire tout ce que je viens d'apprendre.

M. Chopard retourne chez lui, et il fait part à sa femme et à sa fille de la conduite de Jean. Madame Chopard fait des exclamations de surprise ; mais elle attend que sa fille parle pour savoir ce qu'elle doit penser. Adélaïde est quelques instants sans répondre ; mais on voit qu'il se passe en elle quelque chose de violent. Enfin elle murmure d'une voix éteinte :

— Ma mère... délacez-moi, je vous en prie... j'étouffe...

— Ah ! mon Dieu !... ma fille qui étouffe...

— Est-ce qu'elle a fait un troisième déjeuner? s'écrie M Chopard.

— C'est la conduite de M. Jean qui me... suffoque... qui m'indigne!...

— C'est vrai!... elle a raison, dit madame Chopard, la conduite de M. Jean est affreuse.

— Elle est même fort malhonnête, dit M. Chopard en frappant du pied et se promenant dans la chambre d'un air courroucé.

— Je sais bien, reprend Adélaïde, que le trouble, le chagrin de la mort de sa mère ont pu lui faire un moment oublier bien des choses, et que son cœur peut être excusable!...

— Oh! certainement, dit madame Chopard, dans une telle circonstance... ce pauvre jeune homme... je conçois qu'il a été bien à plaindre...

— Je crois aussi que le cœur est bon, dit M. Chopard en tirant son mouchoir d'un air attendri. Je n'ai jamais douté de son cœur!...

— Mais ne pas venir depuis plus d'un mois, ne pas me donner de ses nouvelles, à moi... sa fiancée... presque sa femme... Et cela pour courir le monde, les spectacles, pour dépenser son argent avec je ne sais qui... Ah! c'est trop fort!... cela passe toutes les convenances... c'est un oubli de toutes les politesses!...

— C'est trop grossier, dit madame Chopard c'est vraiment impoli et impardonnable!...

— C'est se conduire comme un décrotteur! s'écrie M. Chopard en faisant un geste menaçant.

— Et pourtant il m'aimait... Vous avez vu tous comme l'amour l'avait changé... Il ne fumait plus... il devenait d'une coquetterie raffinée...

— Et sa mélancolie, ma fille, sa douce mélancolie qui peignait si bien sa passion naissante!

— C'est-à-dire, s'écrie M. Chopard, qu'il serait devenu imbécile, tant il t'adorait!...

— Mon papa... ça ne peut pas durer comme ça... Ce n'est pas que je m'embarrasse de M. Jean, et que je me moque bien de son amour!... Ah! Dieu! comme je m'en moque!...

— Tu fais très bien, ma fille, dit madame Chopard; toi, qui réunis tout pour séduire, tu ne manqueras jamais de mari!... Et certes tu en trouveras qui vaudront bien M. Jean Durand.

— Qui vaudront même beaucoup mieux! dit M. Chopard, car après tout, je ne vois pas que le jeune homme ait rien de si beau... et sa figure...

— Pardonnez-moi, papa, sa figure est très bien, et sa taille supérieurement proportionnée.

— Oui, il est fort bien fait, dit madame Chopard, on ne peut pas en disconvenir.

— Et il a une démarche magnifique! dit M. Chopard.

— Mais enfin, papa, il faut qu'il s'explique... qu'il revienne : je ne peux pas rester comme ça, moi, je suis dans une fausse position.

— Notre fille a raison, monsieur Chopard, sa position n'est pas tenable...

— Parbleu! je le crois bien, elle ne sait sur quel pied danser, cette chère enfant. Alors, moi, je crois qu'il faut... Qu'est-ce qu'il faudrait faire alors?

— Mon. père, il faut d'abord aller trouver M. Bellequeue, lui apprendre quelle est la conduite de son filleul, et le prier d'aller voir M. Jean, afin de le faire s'expliquer sur ses intentions... ultérieures.

— Tu as raison... il faut qu'il s'explique sur ses intentions ultérieures... n'est-ce pas?... Tiens, ultérieures... ça fait presque un calembour!... Mais, à propos, Bellequeue a la goutte, et ne marche pas encore bien.

— Eh bien! mon père, il prendra une voiture, voilà tout!

— C'est juste!... il prendra une voiture... Elle a réponse à tout, cette chère enfant... Va, ma fille, si tu n'épousais pas Jean Durand, tu trouverais bien des hommes qui seraient trop heureux...

— Oui, mon père, mais c'est M. Jean que je veux épouser.

— Alors, tu l'épouseras, ma fille, dit madame Chopard! et M. Chopard répète en retournant chez Bellequeue :

— C'est tout simple... puisqu'elle en veut, il est clair qu'il faut qu'elle l'épouse.

CHAPITRE XX

JEAN EN GRANDE SOIRÉE

Ce n'est pas sans dessein que Jean s'est logé rue de Provence; là, il est tout près de chez madame Dorville, et il espère, en demeurant dans son quartier, la rencontrer quelquefois. Il n'est pas un seul jour sans passer dans la rue Richer; vingt fois il a été tenté d'entrer chez madame Dorville; mais quelque chose l'a retenu, il ne veut point s'exposer à être mal reçu; une secrète fierté lui dit que l'amour même ne doit point supporter le mépris; pour sentir cela, il n'y a pas besoin d'éducation.

Mais on est encore dans la belle saison. Ne rencontrant Caroline ni à la promenade ni au spectacle, Jean présume qu'elle est à la campagne, et il attend avec impatience que l'hiver la ramène à Paris.

Jean s'est lié avec un jeune homme nommé Gersac, qui loge dans sa maison. Ce Gersac passe

Ils tombent tous deux. (Page 110, col. 2.)

sa vie à chercher des occasions de s'amuser, et il a déjà offert plusieurs fois à Jean de le mener en soirée, car ses mille écus de revenus n'étant point suffisants pour subvenir à son goût pour les plaisirs, Gersac ne se gêne point pour puiser dans la bourse de ses amis, et celle de Jean ne lui est jamais fermée. Mais du moins Gersac met dans ses actions de la franchise, de l'abandon. Il emprunte en commençant par dire qu'il ne sait pas quand il pourra rendre; il est le premier à avouer qu'il n'a pas d'ordre, qu'il dépense plus qu'il n'a; et convenir de ses défauts, c'est déjà un moyen de les faire excuser.

Gersac est étourdi, dissipateur; mais il a bon ton, il a de l'esprit et par sa gaieté se fait pardonner ses travers. Gersac a sur-le-champ jugé Jean, dont la franchise et l'originalité lui ont plu.

— Mon cher, lui dit-il, vous avez vécu jusqu'à présent dans un autre monde, vous êtes encore tout neuf pour celui que vous voulez connaître; mais il y a chez vous du physique, de l'étoffe et de l'argent; avec tout cela, il est impossible de ne point parvenir à être ce qu'on veut. Vous voulez aujourd'hui être un jeune homme comme il faut; pouvoir vous présenter partout, savoir vous tenir, et marcher dans un salon; comptez sur moi... je réponds de vous... je suis sûr de vous former.

Jean sourit de l'assurance de Gersac, mais il

suit ses conseils, et déjà Gersac a mené Jean dans quelques petites soirées où celui-ci, pour ne point commettre de gaucheries, n'a osé ni remuer, ni parler.

Un matin Gersac descend chez Jean, et lui dit :

— Mon ami, je vous mène ce soir dans une grande réunion... une soirée musicale, un punch... un bal, enfin on fera tout plein de choses; mais ce sera très bien. C'est chez un vieux richard célibataire qui ne sait que faire de son argent, et qui s'ennuierait à la mort, si nous n'avions la bonté de lui faire donner cinq ou six fêtes dans l'année, et de lui amener ce qu'il y a de mieux à Paris. Comme il y a dans son hôtel un fort beau jardin, nous arrangeons toujours une fête en été, parce qu'alors on jouit du jardin qui est magnifique. Vous viendrez, n'est-ce pas?

— Avec plaisir... quoique je me sente encore bien gauche... bien emprunté dans le monde...

— Non, ça commence à aller mieux... vous vous tenez déjà très bien... Vous avez perdu votre argent avec noblesse dans la maison où je vous ai mené dernièrement; mais pourquoi ne pas souffler mot, ne jamais vous mêler de la conversation?

— Je dirais quelque bêtise.

— Bah! vous êtes trop timide... et d'ailleurs est-ce que vous croyez qu'il ne s'en dit aucune dans le beau monde? On les dit seulement avec assurance, avec prétention, et cela passe pour des traits d'esprit.

— Je ne crois pas que je ferais passer les miennes pour cela...

— On chantera, on fera de la musique...

— Je n'y connais rien.

— C'est égal... il faut toujours juger les talents comme si on s'y connaissait... Il faut avoir une opinion... dire : C'est charmant, c'est divin... au risque de se tromper; cela vaut mieux que de ne rien dire...

— C'est toujours cette s... peur de mal parler qui me retient.

— Ah! par exemple! il faut supprimer les jurons!... il faut prendre garde à cela, excepté le diable m'emporte, que vous pouvez dire avec gaieté, avec enjouement; il faut aussi ne point mouiller vos doigts quand vous jouez aux cartes... Ah! fi donc!... c'est du plus mauvais genre... Heureusement que vous avez perdu cinq cents francs la dernière fois que cela vous est arrivé, sans cela, mon cher, on ne l'aurait pas pardonné. Mais ce soir, vous verrez ce qu'on appelle une brillante réunion!... des femmes charmantes!... des artistes, des banquiers... un monde fou...

— Ah! mon Dieu! vous me faites trembler!...

— Eh non! mon ami, au contraire; on est bien plus à son aise au milieu de trois cents personnes que de douze!...

Jean a promis de suivre les instructions de Gersac, et après avoir fait une toilette élégante, il se rend avec son introducteur à la brillante soirée qui se donne dans un bel hôtel du faubourg Saint-Honoré.

La réunion est nombreuse. Jean n'est pas à son aise, quoique dans la foule on soit moins remarqué. Gersac a rempli la formalité de la présentation; il a conduit Jean à un vieillard septuagénaire, qui a prononcé quelques mots de civilités, auxquels Jean a répondu par un profond salut, puis le vieillard a passé à une autre personne, et Gersac dit bas à Jean :

— C'est fini, mon cher, vous voilà de la connaissance du maître de la maison, vous pouvez maintenant prendre part aux plaisirs de la soirée, et ne plus faire attention à celui qui la donne. Ah çà! je vous quitte, parce que je ne puis être toujours à côté de vous... ça serait ridicule; mais allez, venez, jouez, promenez-vous, amusez-vous... et ne vous tenez pas roide comme un piquet... D'ailleurs nous nous retrouverons.

Gersac s'est éloigné, et Jean se trouve livré à lui-même dans des salons magnifiques, au milieu de deux ou trois cents personnes qui vont, viennent, se croisent, s'examinent, tantôt en souriant, tantôt en parlant bas à leur voisin. L'éclat des lustres, des toilettes, le bruit de cet échange continuel de paroles qui se font autour de lui, le son de la musique, les regards curieux de quelques jeunes gens, ceux plus malins de quelques jolies femmes; tout cela étourdit Jean qui ne sait plus où il en est, ni ce qu'il doit faire avec tout ce monde, au milieu duquel il n'a personne à qui il puisse parler, Gersac étant déjà perdu dans la foule.

Cependant Jean tâche de cacher son embarras sous un air d'assurance, et son chapeau à la main, parce que Gersac lui a dit que, dans les grandes réunions, il ne fallait jamais se séparer de son chapeau; il se promène dans des salons décorés avec la plus grande élégance, où le jeu, la conversation, la musique, offrent des plaisirs variés à la foule qui s'y presse.

L'appartement est au rez-de-chaussée, et plusieurs pièces donnent sur le jardin, dans lequel se promène une partie de la société. Jean a déjà fait plusieurs fois le tour des salons; toutes les fois qu'il rencontre le maître de la maison, il lui fait un profond salut, et celui-ci le regarde d'un air étonné et passe près de lui sans s'arrêter.

Jean se range avec respect ou se retire en

arrière en faisant une inclination de tête quand une dame va passer près de lui, et il s'étonne qu'on ne lui rende pas son salut, et qu'on n'ait pas l'air de s'apercevoir de sa politesse. Las de se promener dans les salons, il va dans le jardin, où différents jeux sont réunis; des balançoires, des courses de bagues sont bientôt occupées par la société; Jean regarde tout cela de loin, il n'ose prendre part à aucun divertissement, et son chapeau sous le bras, tâche de dissimuler les bâillements qui viennent le surprendre au milieu de la foule.

De temps à autre Gersac passe près de Jean, et lui dit :

— Vous amusez-vous?...

— Pas trop.

— Faites donc quelque chose; jouez, prenez part à quelque jeu.

— Je ne connais personne.

— C'est égal, on cause, on fait connaissance... Allons, mon cher, animez-vous un peu.

Gersac s'éloigne de nouveau, et Jean continue de se promener sans rien dire et sans rien faire.

Mais tout à coup l'ennui, l'embarras ont disparu; un autre sentiment s'est emparé de Jean, tout son sang s'est porté vers son cœur, il reste immobile, tremblant; il ne remarque plus ce qui se passe autour de lui; il ne voit plus qu'une femme qui vient de traverser un des brillants salons : c'est Caroline qu'il vient d'apercevoir.

— Elle est ici, quel bonheur! voilà la première pensée de Jean, et cependant il reste encore à la même place, il semble qu'il craigne de s'être trompé. Mais déjà Caroline a disparu au milieu de la société. Jean court vers le salon dans lequel il vient de la voir, il s'élance sans faire maintenant attention à la foule; il pousse, il coudoie, il faut absolument qu'il avance; il marche sur le pied d'une dame, il froisse l'habit d'un petit maître, il fait presque trébucher une vieille marquise; mais il ne songe plus à demander excuse, et ne fait pas attention à toutes les personnes qui le regardent en se disant :

— Eh! mais, mon Dieu! à qui en a donc ce monsieur?... Quelle singulière manière de se promener dans un salon... Il bouleverse tout!... On dirait qu'il veut renverser tout le monde... Qu'est-ce que c'est donc que ce monsieur-là?... Il a l'air de se croire à la queue d'un théâtre.

Jean va toujours son train, il ne s'occupe plus que d'une seule personne. Enfin il l'aperçoit dans une pièce où l'on se dispose à faire de la musique : Caroline est assise auprès d'une jeune dame, et plusieurs messieurs viennent la saluer et causer avec elle.

Jean avancera-t-il? ira-t-il saluer madame Dorville? Il ne l'ose pas. Il voudrait qu'elle l'aperçût; mais on passe et repasse sans cesse devant lui, et le cercle qui entoure Caroline dérobe Jean à ses regards. Il va tristement s'asseoir dans un coin d'où il peut du moins la contempler; et de là regarde avec envie tous ceux qui l'approchent, et s'enivre des sourires qu'elle adresse à d'autres, des grâces qu'elle déploie, du charme répandu dans toute sa personne.

Le concert a commencé; plusieurs personnes se sont fait entendre sur la harpe ou le piano; Jean ne les a pas écoutées, il n'ôte pas ses yeux de dessus Caroline, et il voudrait que tous ses sens passassent dans ses regards. Mais un jeune homme s'est approché de madame Dorville, il lui a pris la main, et l'a conduite devant le piano où une autre personne est assise. Jean a suivi tous ses mouvements; il regarde avec colère le jeune homme qui cause et rit avec Caroline; c'est bien pis lorsqu'il l'entend chanter et adresser à la jolie femme les plus tendres aveux, et que celle-ci, en faisant entendre une voix charmante, répond au jeune homme qu'elle partage son amour.

Jean sent une sueur froide couler de son visage, il serre les poings, se mord les lèvres, il est plusieurs fois au moment de courir vers le piano pour chercher dispute à celui qui ose parler de sa flamme à madame Dorville.

— Comme c'est bien chanté! dit une dame placée près de Jean. Quel goût!... quelle expression!... n'est-ce pas, monsieur?

C'est à Jean que cette question s'adresse; il ne répond rien, il n'entend que les chanteurs.

— C'est un duo des *Aubergistes de qualité*, n'est-ce pas, monsieur? dit encore la dame à Jean; et n'en obtenant pas plus de réponse, elle se persuade que le jeune homme est sourd et muet.

Le duo est terminé, madame Dorville est retournée à sa place; on l'entoure, on la complimente; Jean commence à comprendre que ce qu'il vient d'entendre n'est que de la musique; mais il sent tout le bonheur que l'on doit goûter à pouvoir chanter ainsi avec Caroline, et il regrette de n'être pas musicien. Jean ne peut plus y tenir, il faut qu'il lui parle. Il se lève, s'avance brusquement vers la chaise qu'occupe madame Dorville et s'arrête devant elle.

Caroline lève les yeux sur cette personne qui reste immobile devant sa chaise; elle reconnaît Jean, et la surprise se peint dans tous ses traits pendant qu'elle lui dit d'un ton fort aimable :

— Quoi! c'est vous, monsieur Durand?

— Oui, madame, c'est moi, répond Jean d'une

voix étouffée, vous ne vous attendiez pas à me rencontrer ici?

— Non, je l'avoue, car je crois me rappeler que vous m'avez dit que vous n'aimiez pas le monde... les soirées...

— C'est vrai, madame... J'étais comme cela... Mais j'ai *bou*... j'ai terriblement changé depuis... depuis quelque temps...

— C'est ce que je vois, répond Caroline en jetant à la dérobée un coup d'œil sur la toilette de Jean.

— Madame, vous venez de chanter divinement! s'écrie un jeune homme en s'approchant de madame Dorville, devant laquelle Jean reste planté. D'honneur, c'est enchanteur!... c'est ravissant!... c'est le fini, le moelleux de la perfection!...

— Ah! vous êtes trop indulgent, monsieur, répond Caroline en souriant.

— Non!... je ne suis que l'écho de tout le salon... Je suis sûr que monsieur vous en disait autant.

Jean regarde le jeune homme et murmure :

— Non, monsieur... Je ne parlais pas de ça à madame.

— Vous n'aimez pas beaucoup la musique, je crois? dit Caroline à Jean.

— Si, madame, je l'aime beaucoup à présent.

— Il faudrait être un sauvage! un welche! pour ne pas aimer à vous entendre, dit le petit-maître en faisant une pirouette, puis il va plus loin porter ses hommages.

Jean est enchanté que ce monsieur se soit éloigné, et quoiqu'il reste devant Caroline sans rien lui dire, il ne voudrait pas que d'autres personnes vinssent lui parler.

Caroline regarde Jean et semble attendre qu'il lui dise quelque chose; mais celui-ci se contente de la regarder, de soupirer et de retourner de tous les sens son chapeau qu'il tient dans ses mains.

— Il me semble que je vois un crêpe à votre chapeau, dit tout à coup Caroline. Auriez-vous perdu quelqu'un de vos parents?

— Oui, madame... j'ai perdu ma mère il y a près de quatre mois.

— Votre mère! Ah! je vous plains... Je conçois que vous cherchiez dans le monde des distractions à votre douleur!...

— Oh! ce ne sont pas des distractions que j'y cherchais... mais je...

— Eh! c'est madame Dorville! vous êtes donc à Paris maintenant?

Cette question est adressée à Caroline par un monsieur décoré qui vient se placer entre elle et Jean : celui-ci regarde avec humeur une personne qui l'empêche de causer avec Caroline, mais il ne quitte pas sa place.

— Je suis revenue hier de la campagne pour passer seulement huit jours à Paris, et plusieurs dames de mes amies m'ont presque forcée de venir à cette soirée... car j'étais si fatiguée...

— Ces dames ont rendu la fête complète en vous y amenant. Vraiment, on vous voit trop peu dans le monde... Quand on réunit vos talents, c'est faire un vol à la société que de ne point l'embellir plus souvent de votre présence.

Caroline sourit à ce compliment, le monsieur lui baise galamment la main, et s'éloigne; Jean fait une horrible grimace et ne bouge pas.

— Êtes-vous déjà venu ici? dit au bout d'un moment Caroline à Jean.

— Non, madame, c'est la première fois... Aussi je commençais à *membê*... à m'ennuyer quand je vous ai aperçue...

— Je le conçois, quand on ne connaît personne dans un salon... Vous ne jouez pas?

— Ah! je trouve assez peu amusant le jeu d'écarté; cependant j'y ai joué il y a quelques jours...

— Mais au moins vos yeux ont dû être flattés par la réunion des toilettes, des jolies femmes... Il y en a beaucoup ici.

— Beaucoup... ah! je n'en ai vu qu'une... mais celle-là...

— Madame Dorville, vous chanterez encore quelque chose, n'est-ce pas? dit un petit monsieur qui tient un lorgnon, et vient saluer Caroline, tandis que Jean murmure entre ses dents :

— Que la peste étouffe tous ces maudits bavards!...

Caroline s'excuse de ne pouvoir chanter de nouveau, et le petit monsieur va plus loin chercher une virtuose; madame Dorville reporte alors ses regards sur Jean, qui fait la moue en balbutiant :

— Il paraît qu'ici il est impossible de se dire deux mots de suite!

— Dans le monde, répond Caroline, on échange beaucoup de paroles, mais on se dit bien peu de chose!...

Plusieurs dames s'approchent en ce moment de madame Dorville, et cette fois Jean est obligé de céder la place; mais il va prendre une chaise et revient s'asseoir derrière Caroline, paraissant décidé à lui servir de sentinelle.

Un cercle nombreux s'est formé de nouveau devant la femme aimable qui sait répondre à chacun avec grâce, avec esprit, et que l'on aime à entendre presque autant qu'on aime à la voir. Plusieurs personnes approchent leur chaise de celle occupée par madame Dorville. La conversation s'engage; on parle beaux-arts, nouvelles, littérature, théâtres; des hommes de mérite sont venus se placer près de Caroline, parce que les gens d'esprit se recherchent. La conversation est vive, spirituelle, enjouée; Caroline est aimable sans paraître s'en douter, et si quelques traits de malice lui échappent, du moins elle ne cherche point à briller en déchirant ses meilleures amies.

Jean ne prend point part à la conversation. Assis à quelques pas derrière Caroline, il écoute ce qu'on dit, et n'ouvre point la bouche. Quelques personnes le regardent avec étonnement; c'est un observateur, se dit-on, car beaucoup de gens prennent le silence pour de l'observation. Caroline jette de temps à autre sur Jean un regard qui indique qu'elle est peinée de sa situation, car seule elle ne se trompe pas sur la cause de son silence.

Mais l'orchestre de la danse se fait entendre, c'est *Tolbecque* qui le dirige, et ses quadrilles délicieux font venir en foule les danseurs. Caroline est un moment seule, elle se tourne alors vers Jean, et lui dit d'une voix touchante :

— Vous n'avez pas voulu causer avec nous?...

— Moi, causer avec tout le monde! s'écrie Jean qui ne peut plus se soutenir. Ne suis-je pas un animal, un *sac*... un malheureux ignorant?... Aurais-je été mêler mon mot à ce qu'on vous disait, pour lâcher quelque balourdise?... Est-ce que je puis parler de choses auxquelles je ne connais goutte, pour me faire moquer de moi par tous vos gens du monde?... Ah! que je bisque d'être aussi bête... Depuis que je vous connais, madame, je m'aperçois de tout ce qui me manque!... Autrefois je me trouvais bien... très bien même... Je croyais que l'argent suffisait... qu'un homme qui n'est ni bossu ni bancal et qui a du cœur au ventre, en savait toujours assez; mais aujourd'hui...

— Comment, belle dame, vous ne venez pas à la danse? dit un jeune merveilleux en présentant sa main à madame Dorville. Mais à quoi songez-vous?... On vous demande... on vous réclame... Oh! il faut absolument venir...

Caroline cède aux instances du jeune homme, elle se lève, lui donne la main et s'éloigne, après avoir jeté encore un coup d'œil sur Jean.

Celui-ci regarde Caroline s'éloigner en frappant du pied avec impatience. Il reste donc dans le salon, où il n'y a plus que quelques couples isolés qui ne font aucune attention à lui.

— Quel supplice! se dit Jean qui est resté de dépit sur sa chaise. Ne pouvoir lui parler un moment sans être interrompu... Ah! elle aime mieux danser que de m'écouter... Allons... soyons homme, et ne nous occupons plus d'elle.

Dans ce moment Gersac traverse le salon où Jean est seul dans un coin, assis sur une chaise, et plongé dans ses réflexions.

— Que diable faites-vous là? dit-il en s'approchant de Jean.

— Mais je réfléchis.

— On ne vient point ici pour réfléchir, on vient s'y étourdir au contraire... Pourquoi ne prenez-vous point part aux plaisirs de la soirée? Il faut danser.

— Je ne danse pas.

— Il faut jouer, il faut faire quelque chose enfin, et ne pas rester là comme un ours. Le punch, les glaces circulent avec profusion... En avez-vous pris?

— Non... je ne veux rien.

— Et moi, je veux que vous preniez du punch, je veux égayer votre figure rembrunie... Que diable avez-vous ce soir, mon cher? apprenez qu'en bonne compagnie, le premier point est d'avoir l'air gai; il est du plus mauvais ton de faire la moue en société; on garde ces choses-là pour chez soi.

Gersac passe son bras sous celui de Jean, il l'entraîne avec lui, lui fait boire plusieurs verres de punch, lui fait remarquer les jolies femmes, lui conte quelques anecdotes du jour, et le place enfin à une table d'écarté en lui disant :

— Vous êtes du bon côté, vous êtes beau joueur, allez votre train, la fortune va vous sourire.

Jean se met au jeu pour faire quelque chose; mais il n'a pas la tête à ce qu'il fait; ne songeant qu'à Caroline, il joue de travers et n'écoute pas les personnes qui ont parié pour lui et qui lui disent :

— Monsieur, prenez donc garde à ce que vous faites, vous compromettez la partie... Ça n'est pas ça du tout.

Jean perd; il parie, il perd de nouveau; il s'entête, et laisse à l'écarté tout ce qu'il a sur lui. Il quitte alors le jeu avec humeur. Gersac revient à lui.

— Eh bien! mon ami, lui dit-il.

— J'ai perdu vingt louis.

— C'est une misère... Vous les regagnerez une autre fois.

— Je ne chercherai pas à les regagner, parce que votre écarté m'ennuie; non seulement je perds mon argent, mais il me faut encore recevoir les reproches de ceux qui pariaient pour moi.

— C'est l'usage.

— Si je ne m'étais retenu, j'aurais envoyé promener tous vos parieurs...

— Vous auriez eu l'air d'un rustre... d'un

homme sans éducation. Allons boire du punch... Il est délicieux... Moi, j'ai gagné cinq cents francs.

— Ah! je ne m'étonne plus que vous trouviez le punch si bon!

Jean prend encore un verre de punch, et le bruit, la chaleur, la vue de ce monde qui circule dans les salons, commencent à échauffer son sang; il se sent moins embarrassé en se promenant au milieu de la foule, et Gersac lui dit de temps à autre :

— C'est bien, mon ami, voilà de l'aplomb... de la tournure... Oh! je savais bien que je ferais quelque chose de vous... Allons, faites le galant, lancez-vous.

Jean s'est dirigé vers le salon où l'on danse; il aperçoit bientôt Caroline, un grand nombre de jeunes gens l'entourent; on admire la grâce de sa danse; c'est à qui aura le bonheur d'être son cavalier. Jean suit des yeux Caroline; il l'admire aussi, mais il souffre de ne pouvoir comme les autres lui offrir sa main; il tourne autour du quadrille, il est jaloux de tous ceux qui approchent Caroline; il les regarde avec colère, il est prêt à les provoquer, mais de temps à autre Caroline le regarde; il lui semble qu'il y a dans ses yeux quelque chose de tendre, de consolant, qui l'empêche de céder aux mouvements tumultueux qui l'agitent; ces doux regards le calment, et alors il a la force de se contenir.

Plusieurs contredanses se sont succédées; Caroline n'a pas été libre un moment; quand elle ne danse pas, un essaim de jeunes gens fait cercle autour d'elle; Jean n'ose plus l'approcher, il se tient à l'écart, mais ne la perd pas de vue. Sa figure contraste avec celle des danseurs que le plaisir anime. Gersac passe près de Jean et lui dit à l'oreille :

— Faites donc quelque chose... N'ayez pas l'air de don Quichotte aux noces de Gamache! Pourquoi ne dansez-vous pas?

— Je ne sais pas danser...

— Qu'est-ce que ça fait? On ne fait plus de pas, on marche, c'est reçu.

Gersac s'éloigne, Jean hésite... Pendant ce temps une anglaise se forme, on appelle les cavaliers. Jean aperçoit Caroline qu'un jeune homme vient de prendre par la main. Il se monte la tête, et court chercher une danseuse en se disant :

— Allons, sacrebleu! ne restons pas là comme un imbécile... Je saurai bien faire comme les autres.

Les jolies danseuses sont prises, il ne reste plus qu'une dame d'une cinquantaine d'années qui s'est surchargée de fleurs, de rubans, et depuis le commencement du bal, attend en vain qu'on vienne l'inviter. Jean court offrir la main à cette dame; peu lui importe avec qui il dansera, pourvu qu'il puisse parfois se trouver en face de Caroline.

La dame a donné sa main à Jean en lui jetant le plus aimable regard, auquel celui-ci ne fait aucune attention.

— J'ai un peu oublié l'anglaise, dit la dame en se plaçant en face de Jean.

— Et moi, madame, je ne l'ai jamais sue.

— Oh! c'est bien facile, il ne s'agit que de faire comme les autres...

— Alors ça ira tout seul.

Cependant cela ne va pas tout seul, parce que Jean, dont les yeux cherchent toujours Caroline, n'entend pas ce qu'on lui dit de faire; il brouille les figures, marche sur les pieds de ses voisins, prend la dame d'un autre pour la sienne, et quand c'est à son tour de descendre avec sa danseuse, l'entraîne avec tant de précipitation et entortille si bien ses pieds avec les siens, qu'ils tombent tous deux au milieu du salon.

On jette des cris d'effroi; la danseuse de Jean, qui sait qu'à cinquante ans les chutes n'ont point un côté gracieux, se décide à se trouver mal afin de se rendre intéressante. On emporte la dame; cet accident met fin à la danse. Chacun songe à la retraite, et Jean, qui ne s'est pas trouvé mal, mais qui est furieux de s'être laissé tomber au milieu du salon et devant Caroline, se relève en lâchant un juron énergique que dans sa colère il n'a pu contenir, et quitte le salon en repoussant à droite et à gauche tous ceux qui se trouvent sur son passage.

CHAPITRE XXI

JEAN SE PRONONCE

Bellequeue, loin de se douter de la conduite de son filleul, dont il ignore même le changement de domicile, craint que la mélancolie de Jean n'ait pris un caractère plus alarmant, et tout en jouant aux dames avec Rose, ne lui dissimule pas les inquiétudes que lui cause la misanthropie du jeune homme et son éloignement pour la société.

La petite bonne sourit avec malice pendant que son maître parle, puis elle lui répond :

— Qui est-ce qui vous dit que M. Jean est devenu misanthrope?

— Comment, Rose, mais tu ne sais donc pas ce que Chopard vient de me dire?...

— Si fait, j'ai bien entendu.

— Depuis plus de cinq semaines que la goutte

me retient ici... c'est à toi de jouer, mon enfant; e pensais, moi, que mon filleul ne sortait pas de chez les Chopard, et que la vue d'Adélaïde avait apaisé ses regrets. Eh bien ! pas du tout... Jean n'a pas remis le pied chez Chopard...

— Je vous souffle, monsieur, vous aviez quelque chose à prendre là...

— C'est vrai... tu as raison... Ne pas aller voir sa prétendue, une femme qui l'a rendu si amoureux, que son caractère, ses goûts en ont changé du noir au blanc !...

— Si M. Jean ne va pas chez vos Chopard, ça ne dit pas qu'il n'aille point ailleurs...

— Où veux-tu qu'il aille?... il n'aimait plus le billard, ni l'estaminet... ni le jeu de siam...

— Il aime peut-être autre chose que vous ne connaissez pas.

— Et moi, qui me réjouissais d'être rétabli... qui espérais mettre bientôt le pantalon collant... Il me va bien, n'est-ce pas, Rose?

— Je vous souffle, monsieur, parce que vous pouviez en prendre trois et que vous n'en avez pris que deux.

— Ah ! c'est ce diable de Jean qui me trotte dans l'esprit... Tu deviens très forte aux dames, Rose..

— Non, c'est vous qui ne jouez plus si bien depuis quelque temps.

La partie est encore interrompue par la sonnette. Rose va ouvrir, et voit M Chopard dont, cette fois, la figure effarée annonce quelque chose d'extraordinaire.

— Eh bien, mon cher Chopard ! s'écrie Bellequeue en voyant l'ancien distillateur; qu'y a-t-il de nouveau?... Vous avez vu Jean sans doute; que vous a-t-il dit? pourquoi ne va-t-il pas chez vous?

— Pour du nouveau, certainement qu'il y en a ! dit M. Chopard en s'essuyant le front. Puis il regarde Rose qui reste là, et fait un signe à Bellequeue pour lui faire entendre qu'il désire être seul avec lui. Alors Bellequeue dit à sa petite bonne d'un ton mielleux :

— Rose, laissez-nous un moment, ma chère amie.

Rose jette un regard de colère sur Chopard et sort du salon en fermant sur elle la porte de manière à faire trembler les cloisons.

— Voyez-vous ce Chopard, qui ne veut pas parler devant moi, se dit-elle; un méchant vendeur de ratafia !... Mais ça ne m'empêchera pas de les entendre.

En faisant le tour de l'appartement, mademoiselle Rose va se placer contre une porte vitrée qui donne dans le salon. Les vitres sont couvertes d'un rideau vert; de derrière cette porte on entend tout ce qui se dit dans le salon, parce qu'il y a un carreau cassé que mademoiselle Rose n'a jamais voulu faire remettre.

— Mon ami, dit Chopard, je vous ai prié de renvoyer votre bonne parce qu'il s'agit d'affaires de famille... et que cela touche les sentiments de ma fille... Vous sentez bien...

— C'est juste... mais j'allais le lui dire de moi-même...

— Ça n'est pas vrai, se dit Rose ; il ne me l'aurait pas dit.

— Mon cher Bellequeue, je suis allé chez notre jeune homme...

— Eh bien?

— D'abord, il ne demeure plus dans ce quartier-ci.

— Comment ! Jean est déménagé sans m'en prévenir !...

— Il loge rue de Provence... Chaussée d'Antin...

— Le quartier des petits-maîtres ; le gaillard se lance...

— Oh ! certainement qu'il se lance !

— C'est encore l'amour qui lui aura donné cette idée-là...

— Je ne sais pas si c'est l'amour, mais je sais qu'il n'y a pas de cuisine dans son nouveau logement... et l'amour sans cuisine, mon ami, c'est... ma foi.... c'est un feu sans flamme.. joli, hein?

— Et très vrai... c'est-à-dire que c'est un feu qui fume.

— Je suis donc allé rue de Provence trouver notre jeune homme... La maison est belle... décente... J'avais même fait sur son escalier un certain calembour... Je ne m'en souviens plus.

— Vous me le direz une autre fois, continuez...

— Enfin j'arrive chez Jean Durand... Il n'y était pas.

— Diable ! c'est contrariant.

— Oui, mais moi, je suis fin, je fais causer le domestique...

— Est-ce qu'il a un domestique mâle ?

— Tout à fait mâle... un jockey en forme de valet de chambre.

— Peste ! quel ton !

— Je fais donc causer le domestique, tout en examinant l'appartement où, comme je vous disais, il n'y a pas de cuisine. Savez-vous, mon cher, à quoi notre jeune homme passe son temps?

— A pleurer?

C'est pas ça du tout... A courir les spectacles,

SCEAUX. IMP. CHARAIRE ET FILS

les promenades, les soirées, à monter à cheval... et à faire plusieurs toilettes par jour.

— Ah! mon Dieu!... se pourrait-il?...

— Oui, mon cher Bellequeue, votre filleul... Qui est-ce qui rit donc comme ça?... On dirait que c'est derrière cette porte vitrée...

— Je n'ai rien entendu... Vous vous serez trompé.

— Eh bien! mon ami, ne trouvez-vous pas comme nous que la conduite de M. Jean est bien extraordinaire?...

— Je vous avoue que cela me passe...

— Cela nous passe aussi, à ma femme et à moi; mais, comme dit ma fille, ça ne peut en rester là.

— Oh! soyez tranquille, mon ami, dès demain je vais aller trouver le jeune homme.

— C'est cela... D'abord ma fille est dans une fausse position... c'est elle qui l'a dit.

— Elle a parfaitement raison.

— Il faut que ce garçon s'explique; de deux choses quatre : ou il veut épouser ma fille, ou il ne le veut pas... hein?

— C'est très juste.

— Il me semble que c'est de là qu'il faut partir.

— Mon cher Chopard, il n'est pas possible que Jean ne veuille point épouser la belle Adélaïde, car enfin vous avez remarqué comme moi combien il en était amoureux...

— Certainement je l'ai remarqué...

— Un jeune homme qui d'abord ne songeait nullement à la galanterie et que nous avons vu en si peu de temps devenir coquet... mettre de la pommade... se boucler... renoncer à fumer, porter des gants...

— Et pousser des soupirs donc!...

— Or, qui a fait tous ces changements? l'amour; qui allait-il épouser? votre fille; eh bien! il n'est pas possible, que cet amour se soit ainsi évaporé sans motifs!...

— Non, cela n'est pas possible, c'est mon avis.

— Jean est un peu original, un peu étourdi...

— Tous les savants le sont.

— Il se sera mis à courir les spectacles, le monde, pour se distraire du chagrin que lui causait la perte qu'il avait faite.

— C'est ce que j'ai dit à Adélaïde.

— Il n'aura peut-être voulu reparaître à ses yeux qu'avec des manières plus élégantes, un ton plus recherché.

— Je crois que vous avez mis le doigt sur la chose.

— Mais dès demain j'irai le trouver... je lui parlerai... et je ne le quitterai pas que nous n'ayons fixé l'époque de son mariage.

— C'est cela... Et vous viendrez nous dire ce qu'il aura répondu.

— Il est même probable que je ramènerai l'étourdi dans vos bras.

— Dans nos bras... c'est bien, ça fera tableau... Allons, mon cher Bellequeue, je m'en rapporte à vous... Jean connaît les grâces, les talents, l'amabilité de ma fille... Il me semble qu'il ne peut pas se flatter de rencontrer deux femmes comme elle... Ah! je crois que ça ne ferait pas mal de lui dire qu'elle vient de trouver le moyen de conserver des groseilles à l'eau-de-vie... les grappes entières, ce qui ne s'était jamais vu.

— Je lui glisserai ça dans la conversation.

— Je vais retrouver ces dames... Cette chère Adélaïde est dans une agitation... Elle est extrêmement nerveuse...

— Calmez-là, mon ami; je réponds de mon filleul...

— Ça suffit, alors; nous pouvons compter sur lui... Ah! à propos, ma fille qui a toujours de l'esprit, même quand elle n'y pense pas, m'a dit de vous dire que si votre goutte vous empêchait de sortir, vous n'auriez qu'à prendre une voiture.

— C'est bien ce que je compte faire.

— Adieu donc... A demain.

M. Chopard retourne chez lui, Bellequeue prépare dans sa tête ce qu'il dira le lendemain à son filleul.

Jean était désespéré en quittant le bal; il ne doute pas que madame Dorville ne le trouve sot, gauche et complètement ridicule dans un salon; il croit entendre encore les rires étouffés qui sont partis de tous les points de la salle lorsqu'il est tombé avec sa danseuse; il a vu les regards moqueurs qu'on lui lançait, les chuchotements dont il était l'objet. Tout cela lui serait fort indifférent si Caroline n'avait pas été là; mais sentir son amour-propre humilié devant la personne à qui l'on voudrait plaire, c'est un supplice dont on garde longtemps le souvenir.

Jean est rentré chez lui; il s'est enfermé dans sa chambre sans dire un mot à son domestique, qui juge à l'humeur de son maître, que le bal ne l'a pas amusé. Pendant la nuit entière, Jean, qui ne peut trouver le sommeil, ne cesse de penser à Caroline; il ne cherche plus à se cacher ce qu'il éprouve.

— Rose a raison, se dit-il, je suis amoureux!... Ah! je n'avais jamais aimé avant d'avoir vu Caroline... J'ignorais ce que c'est que l'amour... Je croyais le connaître, je croyais ne pouvoir aimer davantage... Ce n'est que d'à présent que

Sans même s'apercevoir qu'il a encore son chapeau sur sa tête. (Page 116, col. 1.)

je sens tout ce qu'on éprouve près d'une femme qu'on adore... Je ne pense qu'à elle, je ne puis m'occuper que d'elle... tout ce qui ne tend pas à me rapprocher d'elle m'ennuie, me déplaît, m'est insupportable!... Il me semble avoir entendu dire qu'à mon âge l'amour était le sentiment le plus doux!... et depuis que je le ressens je suis comme un fou, je n'ai pas un moment de calme... de bonheur. Hier cependant, en l'apercevant, je me suis senti hors de moi, il me semblait que mon cœur volait près du sien... mais ce bonheur a peu duré... Ces hommes qui l'entouraient, qui lui parlaient... son air aimable en leur répondant... tout cela me faisait mal... Moi, devenir amoureux d'une femme du grand monde!... d'une petite-maîtresse... qui me regarde comme un rustre! qui ne m'aimera jamais! sacré mille... Allons, voilà que je jure encore!... et pour causer avec elle il ne faut plus jurer!...

Gersac vient voir Jean le lendemain du bal, et lui demande s'il s'est amusé à la soirée de la veille.

— Amusé!... répond Jean en regardant Gersac avec humeur. En effet je m'y suis si bien conduit!...

— Comment! qu'avez-vous donc fait? Est-ce parce que vous avez perdu à l'écarté?

— Oh! non, je n'y songe plus... J'ai joué pour faire quelque chose, cela ne m'occupait guère... Mais ma tournure gauche, empruntée...

— Bah! vous êtes trop modeste, vous commenciez à vous tenir très bien... Il y a mille personnes qui ne vous valent pas, et qui ne passent dans le monde qu'à force d'assurance et de suffisance; cela sert de voile à leur nullité ou à leur sottise.

— Et ce que j'ai fait en voulant danser l'anglaise?... Direz-vous encore qu'on ne s'est pas moqué de moi!

— Eh! non vraiment; on n'a ri que de votre danseuse, si vous aviez eu pour partner une jeune et jolie femme, tous les torts auraient été de votre côté; mais heureusement pour vous que vous dansiez avec un demi-siècle surchargé de fleurs et de plumes... Elle est tombée si drôlement... Ah! ah! vraiment, mon cher, il n'y avait pas moyen de garder son sérieux... On n'a vu qu'elle et on n'a pas songé à vous. Je vous ai cherché après l'anglaise, mais vous êtes parti si brusquement!

— Il me semblait que tous les yeux étaient fixés sur moi!... Je me suis sauvé!...

— Il est unique! venez ce soir avec moi, je vous mène encore dans une grande soirée... Vous ne danserez pas l'anglaise, voilà tout.

— Non, je vous remercie... Je ne veux plus aller dans le monde que lorsque je me sentirai capable d'y tenir ma place, et en état de me mêler à la conversation, sans crainte de dire quelque balourdise.

— Quelle folie! mais ce n'est qu'en allant en société que vous vous formerez.

— Je vous le répète, j'ai beaucoup de choses à apprendre avant d'y retourner...

— Eh! mon ami, vous êtes jeune et riche; que vous ayez le vernis du savoir-vivre, c'est tout ce qu'il faut.

— Mon cher Gersac, je voudrais avoir quelque chose de plus que le vernis.

Voyant que ses instances sont inutiles, Gersac quitte Jean qui se livre à ses réflexions, lorsqu'on sonne de nouveau, et bientôt Bellequeue est introduit chez son filleul.

— Quoi! c'est vous, mon cher ami! dit Jean en courant au-devant de Bellequeue, qui regarde avec admiration l'appartement.

— Oui, sans doute, c'est moi... Il faut bien que je vienne, car, Dieu merci, tu me laisserais mourir sans t'en inquiéter!...

— Ah! pardonnez-moi... J'ai tort, je l'avoue... mais tant de choses m'occupaient... Auriez-vous été malade?

— Un petit accès de goutte, rien que ça, mais je n'y pense plus... Je me sens très leste aujourd'hui... et ma jambe n'est plus enflée du tout, n'est-ce pas?...

— Je n'y vois rien.

— Il faut que je m'asseye cependant... Ouf!... Je suis venu en voiture... Tu me coûtes de l'argent, mauvais sujet; mais je me flatte que je ne le regretterai pas. Pourrait-on savoir d'abord pourquoi monsieur a déménagé?...

— Mon cher parrain, le logement que j'occupais me rappelait trop la perte que je venais de faire... et puis... ce quartier-ci me convenait mieux...

— Le quartier est beau, j'en conviens, mais il me semble que le nôtre n'est pas non plus à dédaigner..,

— Je ne le dédaigne pas, mais...

— N'importe, passons l'article du logement, ce n'est pas le plus essentiel; je suis venu pour quelque chose de plus important. Dis-moi un peu comment il se fait que tu ne sois pas retourné chez les Chopard depuis le soir où je t'y ai conduit... On assure que tu cours les spectacles, les promenades, le monde, et tu ne vas pas voir ta prétendue? Je t'avoue, mon ami, qu'on ne conçoit rien à ta conduite, et la belle Adélaïde elle-même en est alarmée. Cependant il y a plus de quatre mois que ta mère est morte... Tu ne peux tarder à reparler de mariage, à fixer l'époque de votre union... Tu sais bien que tous les préparatifs étaient faits avant la maladie de madame Durand... J'avais tout disposé... J'avais mon costume tout prêt... Est-ce que tu veux me faire attendre que les vers se mettent dans mon pantalon collant?...

Jean ne répond rien, il s'est levé, il se promène dans la chambre avec agitation. Bellequeue, qui est assis dans un fauteuil, suit des yeux le jeune homme.

— Mon cher parrain, dit enfin Jean en s'arrêtant devant Bellequeue, j'ai un aveu à vous faire...

— Un aveu!... Quelque cadeau que tu veux faire à ta prétendue, je gage, et tu ne sais comment le présenter?...

— Ce n'est pas ça du tout... Tenez... cela me coûte à vous dire... car cela va vous fâcher... mais il faut pourtant bien que je vous avoue...

— Quoi donc? mon garçon, explique-toi, ne me tiens pas deux heures entre le ziste et le zeste...

— Décidément je ne veux pas épouser mademoiselle Chopard.

Bellequeue a fait un mouvement en arrière dans lequel il manque de tomber avec son fauteuil; cependant il se replace en s'écriant:

— Tu ne veux pas!... Qu'est-ce que tu as dit? J'ai sans doute mal entendu.

Jean répète d'un ton décidé et très distinctement:

— Je ne veux pas épouser mademoiselle Chopard.

Cette fois Bellequeue se lève et se frappe le front d'un air de désespoir en s'écriant :

— Voilà qui passe toute croyance! voilà de ces choses qui vous suffoquent!... Tu ne veux pas épouser ta prétendue... ta future... la belle Adélaïde avec qui tu es fiancé!...

— Oh! pour fiancé, mon cher parrain, c'est vous qui avez fait de votre propre chef cette cérémonie-là; je sais qu'on n'est pas engagé avec une demoiselle pour lui avoir serré la main.

— Pardonnez-moi, monsieur, on est très engagé au contraire. Et qu'est-ce que vous voudriez donc lui avoir serré, s'il vous plaît?... Et quand on a pris jour pour un hymen, quand les parents vous regardent déjà comme leur fils, quand la demoiselle compte sur vous, pensez-vous encore qu'on ne soit pas engagé?... pensez-vous qu'on puisse se jouer ainsi d'une famille et d'un cœur de dix-neuf ans?...

La colère avait presque donné de l'éloquence à Bellequeue; il se promenait dans la chambre et ne sentait plus qu'il venait d'avoir la goutte. Jean s'approche de lui et lui prend la main en lui disant :

— Mon cher parrain, je conviens de mes torts... et je sens parfaitement que j'en ai beaucoup avec la famille Chopard...

— A la bonne heure; alors épouse leur fille, et il n'en sera plus question...

— Non, je n'épouserai pas leur fille... parce que je ne la rendrais pas heureuse, et que moi-même je serais malheureux avec elle.

— Tu serais malheureux avec une femme que tu adores!...

— Moi! j'adore mademoiselle Chopard!... Je vous assure bien que je n'y ai jamais songé.

— Et moi, monsieur, je vous dis que vous l'avez adorée... Est-ce que nous ne l'avons pas tous remarqué? est-ce que l'amour ne t'a pas changé à vue d'œil?... Et ta nouvelle manière de te mettre... et le jeu, la pipe, que tu n'aimais plus; et les soupirs, ton air mélancolique... était-ce pour te moquer de nous que tu faisais tout cela?...

— Oh! non, je vous le jure!...

— Que ton amour se soit passé si vite, c'est ce que je ne conçois pas... mais celui de la demoiselle ne s'est pas éteint comme cela... Tu l'as enflammée, cette jeune fille, c'est bien naturel; elle s'est éprise de toi... et un cœur neuf, ça prend fort, vois-tu!...

— Oh! je le sens aussi!...

— Certainement mademoiselle Adélaïde Chopard ne manquerait pas de mari!... Une fille superbe!... si bien découplée... qui sait tant de choses!... qui conserve des groseilles à l'eau-de-vie sans pépin... et qui fait de l'eau de noyau, comme si elle n'avait jamais habité que la Forêt-Noire... Ça ne se rencontre pas tous les jours, cela, monsieur!...

— Eh, mon cher parrain! qu'elle mette à l'eau-de-vie tout ce qu'elle voudra... mais je ne puis pas l'épouser... Je conviens que j'aurais dû le lui dire plus tôt... mais... je ne savais comment m'y prendre.

— Je vous dis, monsieur, que vous l'épouserez; vous êtes trop avancé pour reculer... Et moi, monsieur, moi, qui me suis mis en avant pour vous, est-ce que vous ne sentez pas que je suis compromis dans cette affaire-là... C'est moi qui ai été demander pour vous la main de la superbe Adélaïde...

— Je ne vous en avais pas prié.

— Non, mais vous n'en avez pas été fâché alors...

— Parce qu'alors... je n'avais pas réfléchi..

— Et pourquoi diable as-tu réfléchi? Il fallait te marier, et voilà tout... on réfléchit après.

— Je crois qu'il vaut beaucoup mieux réfléchir avant.

— Vous n'avez rien dû apprendre sur le compte de la demoiselle qui ait pu effleurer sa réputation... Elle est pure comme une glace!

— Non certainement, je rends justice à mademoiselle Chopard, mais je vous dis que c'est moi qui ne me sens pas capable de faire son bonheur.

— Mais quand je te dis qu'elle t'adore, cette fille, qu'elle ne rêve qu'à toi, qu'elle te trouve galant, savant même.

— Savant!... moi... savant!... Ah! que n'est-ce la vérité! mais non... je n'ai rien voulu faire, rien voulu apprendre... J'en suis bien puni maintenant... Je suis un âne!... et voilà tout...

— Tu es un âne?

— Oui, mon parrain, je suis un âne.

— Écoute, mon garçon, que tu sois un âne ou non, ça n'empêche pas la belle Adélaïde de t'aimer et de te trouver très bien comme tu es. Allons, mon ami, reviens à la raison... Ne me brouille pas avec la famille Chopard, avec des gens chez lesquels j'ai toujours mon couvert mis... quoique je n'en profite pas souvent maintenant, parce que Rose n'aime pas que je dîne en ville; mais songe que ce mariage était arrangé, décidé du vivant de ta mère.

— Ma mère aurait été la première à le rompre si elle eût pensé qu'il me déplût.

— Je te dis qu'on compte sur toi, et qu'il faut que tu épouses... On ne va pas pendant si longtemps chez les gens faire la cour à leur fille... on ne boit pas leurs liqueurs pour ensuite les planter là... Ça ne se fait pas, cela, monsieur... Et que voulez-vous que j'aille dire à Chopard, à sa femme... à la tendre Adélaïde, qui m'ont envoyé savoir pourquoi on ne vous voyait pas?

— Dites tout ce que vous voudrez!... Faites-leur mes excuses; épousez leur fille même si cela vous fait plaisir...

— Il y a quinze ans, monsieur, on ne m'aurait pas dit cela deux fois!... monsieur Jean... Pour la dernière fois... tu ne veux pas épouser mademoiselle Chopard?

— Non, mon parrain.

— C'est décidé?

— Très décidé.

— Adieu, tu n'es plus mon filleul.

Jean veut retenir et calmer Bellequeue, mais celui-ci est furieux, il a enfoncé son chapeau à trois cornes jusque sur ses sourcils, et, descendant l'escalier aussi vite que sa jambe le lui permet, il se jette dans le fiacre qui l'attendait et se fait reconduire chez lui, où il arrive en se disant :

— Que vais-je aller annoncer à la famille Chopard? Comment porter un tel coup à la tendre Adélaïde?... Il n'y a que Rose qui puisse me dire de quelle manière je me tirerai de là... Si j'avais écouté ses conseils, je ne me serais point occupé de ce mariage. Décidément un garçon ne devrait rien faire sans avoir consulté sa gouvernante.

CHAPITRE XXII

LE PÈRE AMBASSADEUR

Bellequeue est rentré chez lui ; il s'est jeté dans son fauteuil sans demander sa robe de chambre, sans s'apercevoir même qu'il a encore son chapeau à trois-cornes sur la tête; Rose se doute bien qu'il s'est passé quelque chose d'extraordinaire entre le parrain et son filleul, et tout en accourant d'un air empressé avec la robe de chambre et la toque écossaise dont elle avait fait cadeau à son maître au jour de l'an, elle lui dit :

— Qu'avez-vous donc, monsieur? comme vous voilà tout bouleversé... est-ce votre goutte qui vous est remontée?

— Ah! Rose!... si tu savais... je suis désolé, ma chère amie!...

— Qu'est-ce qu'il y a?... vous faites peut-être une grande affaire de rien... Voyons... contez-moi cela.

— C'est Jean!... c'est ce perfide Jean! qui me met sens dessus dessous...

— D'abord, je ne crois pas que M. Jean soit un perfide!... Ensuite, qu'a-t-il donc fait de si mal, ce pauvre jeune homme?...

— Pauvre jeune homme!... tu prends toujours son parti... il se conduit d'une façon indigne!...

— Comment? est-ce qu'il joue? est-ce qu'il fait le diable?

— Bien pis que tout cela... il refuse la main de mademoiselle Adélaïde Chopard!...

Rose recule de quelques pas et se met à rire aux éclats en s'écriant :

— Et c'est pour cela, monsieur, que vous revenez avec la figure renversée!... que vous êtes comme un désespéré!...

Bellequeue regarde la petite bonne d'un air mécontent en murmurant :

— Je ne croyais pas, Rose, que vous ririez d'une chose qui me met dans une position fort désagréable!... C'est très mal... Vous me faites beaucoup de peine, Rose!...

Bellequeue paraissait tellement affecté que Rose ne rit plus, mais elle se rapproche de son maître et lui dit :

— Monsieur, si vous aviez voulu m'écouter, rappelez-vous d'abord que vous n'auriez pas proposé ce mariage-là.

— C'est vrai, Rose, je me rappelle très bien... mais...

— Mais! mais!... je ne vois pas maintenant de raison pour vous rendre malade, parce que votre filleul change d'avis...

— C'est que, Rose...

— Est-ce vous qui deviez épouser mademoiselle Chopard?...

— Non sans doute...

— Est-ce votre faute, si un jeune homme de vingt et un ans s'aperçoit qu'il n'aime pas celle qu'il allait épouser?

— Je ne dis pas....

— Faut-il, après tout, que pour les beaux yeux de mademoiselle Adélaïde, M. Jean se rende malheureux pour le reste de ses jours en épousant une femme qu'il n'aime pas...

— Il est certain...

— Est-ce que vous n'aimez pas mieux votre filleul... un garçon que vous avez vu naître, que cette grande Adélaïde, qui a toujours l'air de porter des socques par-dessus des patins?

— Sans doute j'aime mieux mon filleul... mais...

— Enfin, en vous rendant malade pour ces Chopard, qui ne vous en auront aucune obligation, en serez-vous plus avancé, et cela changera-t-il rien à la détermination de M. Jean?...

— Ma foi non... au fait... tu m'ouvres les yeux, Rose.

— C'est bien heureux...

— Comme tu dis, quand je me ferais du mal... ça ne fera pas épouser Adélaïde à Jean... mais ce qui me tourmente... c'est de savoir comment je dirai cela aux Chopard...

— Vous direz tout simplement ce que M. Jean vous a répondu.

— Cela va porter un coup affreux à la jeune fille!

— Bah! laissez donc!... elle est de force à supporter cela!... Tenez, vous avez encore votre habit, votre chapeau, il ne faut jamais remettre au lendemain les choses désagréables; allez sur-le-champ chez les Chopard, et que ce soit une affaire terminée.

Bellequeue se lève d'un air résolu en s'écriant:

— Tu as raison, Rose, il faut en finir!... Je vais chez les Chopard... Aïe!... ma jambe!... je ne suis pas encore bien leste, et j'ai congédié mon fiacre... je ne pourrai jamais aller à pied...

— Il ne manque pas de fiacres dans le quartier... descendons, monsieur, j'irai vous en chercher un pendant que vous serez en bas...

— Je dépense terriblement d'argent aujourd'hui, Rose...

— Voilà ce que c'est que de vouloir faire des mariages... Allons, venez, je vais vous donner le bras.

La petite bonne ne laisse pas à son maître le temps de changer d'avis, elle l'entraîne aussi vite qu'il peut aller. Arrivés au bas de l'escalier, Rose court chercher une voiture qu'elle ramène bientôt devant Bellequeue. Au moment de monter dans le sapin, celui-ci sent faiblir son courage, il se gratte l'oreille en disant:

— Rose, si je n'allais que demain chez les Chopard... Je crois que c'est l'heure de leur dîner... et il n'est peut-être pas convenable...

— Non, non, monsieur, répond Rose, il n'est qu'une heure et demie; on ne dîne pas à cette heure-là... Allons, tâchez donc d'être ferme... et finissez cette affaire. Il semble que les Chopard soient des sultans, et qu'on ne puisse pas leur parler. Fi! que c'est vilain d'être mou comme cela!...

Et en disant ces mots, Rose poussait son maître sur le marchepied. Le cocher a refermé la portière; la petite bonne lui donne l'adresse en lui disant:

— Allez bon train, et vous aurez pour boire.

Le cocher monte sur son siège et fouette ses chevaux, si bien que le pauvre Bellequeue arrive devant la porte des Chopard, balançant encore s'il irait ou non.

— Ah! mon Dieu!... me voilà arrivé! se dit Bellequeue en voyant le fiacre s'arrêter.

Cependant, se souvenant des conseils de Rose, il se monte la tête, descend de voiture, ordonne au cocher de l'attendre, en laissant toujours la portière de son fiacre ouverte: parce qu'il veut être certain que rien ne le retardera pour s'en aller; puis, après avoir mis son chapeau à cornes presque sur ses sourcils, au risque de déranger toute sa coiffure, Bellequeue monte chez les Chopard.

La famille était rassemblée: on attendait Bellequeue avec impatience. Mademoiselle Adélaïde avait déjà pris trois verres d'eau sucrée à la fleur d'oranger; madame Chopard ne cessait de lui répéter:

— Calme-toi, mon enfant, notre ami Bellequeue a dit à ton père qu'il ramènerait ton futur dans tes bras...

— Oui, certainement, disait Chopard en se promenant dans le salon. Bellequeue a pris la chose à cœur... c'est naturel... parce que quand il s'agit d'une affaire d'amour... le cœur est à tout.

Ici Chopard se retourne et se mord les lèvres en se disant:

— Ah! mon Dieu!... le cœur *atout!*... J'ai fait un calembour malgré moi!... Certainement ce n'est pas le moment, mais l'habitude d'avoir de l'esprit, ça vous emporte!...

Enfin on a sonné.

— Les voilà! s'écrie madame Chopard, pendant que mademoiselle Adélaïde cherche quelle mine elle doit faire et si dans sa physionomie la colère doit le céder à l'amour.

Mais avant qu'elle soit décidée, la porte s'ouvre; Bellequeue paraît seul, il tient son mouchoir à la main, et sa physionomie n'annonce rien de bon.

— Vous êtes seul... monsieur Bellequeue? dit madame Chopard avec surprise.

— Oui... oui, madame... je suis seul... répond Bellequeue du ton d'un homme qui a joué toute sa vie les confidents dans la tragédie.

— M. Jean n'a point jugé à propos de vous accompagner? dit Adélaïde d'une voix étouffée.

Bellequeue, qui a tiré d'avance son mouchoir, parce qu'il espérait pleurer en entrant, se décide à se moucher et à le remettre dans sa poche, en balbutiant avec embarras:

— Le jeune Durand... mon filleul... Jean autrement dit... n'est pas venu avec moi... C'est vrai... et cependant j'avais un fiacre à l'heure... j'en ai même encore un dans ce moment-ci... car ma jambe... je sens que ma goutte... le temps changera, il n'y a pas de doute.

— C'est demain nouvelle lune, dit M. Chopard en prenant une prise de tabac d'un air de satisfaction, parce qu'il a toujours trois ou quatre calembours sur le premier quartier. Mais mademoiselle Adélaïde se lève avec vivacité en s'écriant :

— De grâce, mon papa, ce n'est pas pour parler de la lune et des fiacres que M. Bellequeue est venu... Je ne puis rester plus longtemps dans cette situation. Que vous a dit M. Jean? Pourquoi ne vient-il pas? Pourquoi n'entend-on plus parler de lui?... Parlez, monsieur Bellequeue, je vous en supplie...

— C'est vrai, dit alors M. Chopard en prenant un air mécontent, il ne s'agit pas de plaisanter.. Qu'a dit le jeune homme?

Bellequeue, se voyant pressé ainsi, tire de nouveau son mouchoir en clignant des yeux de toute sa force pour tâcher de les rendre humides, et dit enfin :

—Il m'est bien pénible... il m'est même bien cruel d'être chargé d'un message désagréable... mais enfin, mes chers amis, je ne suis pas mon filleul... si je l'étais, certainement...

Bellequeue s'interrompt pour se moucher très longuement de manière à faire croire qu'il pleure, tandis que mademoiselle Chopard s'écrie :

— Allez au but, monsieur Bellequeue, je vous en conjure... je suis préparée à tout.

— Ma fille vous dit d'aller au but, mon cher Bellequeue, dit madame Chopard.

— Du moment qu'elle est préparée à tout, dit M. Chopard, je ne vois pas en effet, mon ami, ce qui vous empêche de toucher le but.

— Je vais donc, vous dire ce qu'il en est, répond Bellequeue en remettant son mouchoir dans sa poche. Il faut qu'un esprit follet... que le diable plutôt se soit emparé de ce jeune homme... Jean rend justice aux vertus... aux charmes... aux qualités solides de la belle Adélaïde ; il m'en a dit un bien... oh !... un bien !...

— Enfin, monsieur Bellequeue...

— Enfin, après avoir fait son éloge, il m'a annoncé qu'il ne pouvait plus l'épouser...

— Il ne veut plus...

— Je ne dis pas qu'il ne veut plus !... mais il ne peut plus... parce qu'il ne se sent plus digne d'un si grand bonheur...

— Maman ! je me trouve mal !... dit Adélaïde en se jetant sur un fauteuil.

— Ma fille perd ses sens ! s'écrie madame Chopard en courant près d'Adélaïde. Monsieur Chopard... quelque chose, je vous en prie...

— Voilà, dit M. Chopard en courant d'un endroit à un autre. Qu'est-ce qu'il faut?... un abricot... une prune... une cerise?...

— Je vais chercher un médecin, s'écrie Bellequeue, et profitant de la circonstance, il sort précipitamment du salon, descend l'escalier double au risque de trébucher, et se jette dans son fiacre en criant au cocher : Chez moi. d'où.. nous venons... ventre à terre... et en arrivant je m'entortille la jambe de flanelle et je fais dire aux Chopard que ma goutte m'a repris en route.

Au moment où madame Chopard s'avançait avec un flacon et son mari avec un bocal. Adélaïde se relève brusquement et marche à grands pas dans le salon en s'écriant :

— Cela ne peut pas s'arranger ainsi... M. Jean a dû dire des raisons... ou du moins il doit en dire...

— Certainement ! il faut qu'il en dise... s'écrie M. Chopard en suivant pas à pas sa fille.

— Eh bien ! dit Adélaïde, où est donc M. Bellequeue? Est-ce qu'il serait parti comme cela?

— Il est allé chercher un médecin, ma fille, dit madame Chopard, tiens, mon enfant, respire ce flacon...

— Je ne veux rien respirer, je n'ai pas besoin de médecin... je ne veux que Jean... c'est lui seul qu'il me faut !... Je meurs si je ne l'épouse pas !...

— Chère enfant comme son cœur est pris! s'écrie madame Chopard en soutenant sa fille, Ah! monsieur Chopard, voilà de la passion !...

— C'est de l'essence d'amour! répond le papa en se frappant le front. Elle aurait mis son mari dans du sirop !... Cet homme-là ne sait pas ce qu'il refuse.

— Mon papa, je vous en supplie, allez sur-le-champ trouver M. Jean, dit Adélaïde en tâchant de reprendre un air plus calme. Vous sentez bien qu'il me fait un affront qui rejaillit sur vous...

— Elle a raison, monsieur Chopard, cela rejaillit sur nous. Il faut au moins que M. Jean vous donne des motifs... de bonnes raisons, et M. Bellequeue ne nous a dit que des bêtises...

— C'est la vérité, dit Chopard, Bellequeue n'a pas dit autre chose !...

— Je trouve d'ailleurs qu'il s'est fort mal conduit dans toute cette affaire !...

— Fort mal !...

— Vous n'avez nullement besoin de lui pour parler à M. Jean... Allez, papa, allez trouver ce jeune homme... qui m'adorait... et dont la conduite est affreuse... Si j'étais un garçon, certainement cela ne se passerait pas ainsi... Et M. Jean me ferait raison... Allez, papa, soyez homme... je ne vous en dis pas davantage !...

Adélaïde serre la main de son père et rentre dans sa chambre pour se livrer à tous les sentiments qui l'agitent. M. Chopard est resté avec sa femme, qu'il regarde d'un air indécis en murmurant :

— Oui... je ferai voir que je suis un homme...

et si le gaillard n'épouse pas ma fille... il dira pourquoi...

— Point trop d'emportement, monsieur Chopard, je vous en prie !

— Ah ! c'est que j'ai la tête montée... Si je portais à Jean les nouveaux essais de ma fille... les groseilles en grappes et les prunes sans noyaux...

— Cela pourrait ouvrir les yeux à cet étourdi, et en tous cas, c'est un procédé qui ne peut que le toucher.

— J'ai toujours des idées excellentes !... Madame Chopard, mettez-moi ces deux bocaux sur chaque bras. Je pars avec cela ; si le jeune homme ne se rend pas, ce ne sera pas de ma faute. Je vais l'attaquer dans tous les sens !...

M. Chopard se met en route avec un bocal sur chaque bras, et arrive tout en nage chez Jean, qui, depuis la visite de Bellequeue, était resté livré à ses réflexions.

Le domestique est allé pour annoncer cette nouvelle visite à son maître, mais Chopard marche sur ses pas et se trouve devant Jean avant que celui-ci ait répondu à son valet.

— C'est moi, mon cher ami, dit M. Chopard fort embarrassé de ses bocaux et regardant autour de lui où il pourra les placer. Jean fait signe au domestique de s'éloigner, et s'empresse de présenter un fauteuil à Chopard, qui vient enfin de mettre chaque bocal sur une console, et s'assied en s'essuyant le front.

— Ouf! c'est encore lourd!...

— Comment, monsieur Chopard, est-ce que vous êtes venu à pied avec cela?

— Oui, mon ami... j'étais si préoccupé, que je n'ai pas même songé à prendre une voiture...

— Vous avez bien chaud, voulez-vous prendre quelque chose?

— Ma foi, oui... au fait... un petit verre de kirsch... à condition que vous me tiendrez compagnie!

Jean fait apporter deux petits verres ; il mouille ses lèvres pour faire plaisir à M. Chopard, qui avale le kirsch en s'écriant :

— C'est bon, le kirsch !... c'est très bon, mais depuis que j'ai des maux de reins, je bois plutôt du rhum... vous ne devinez pas pourquoi?

— Non, monsieur.

— C'est que j'ai du *romarin*, oh ! oh ! oh ! fameux celui-là... rhum à reins !... hein?

Jean tâche de sourire, et M. Chopard se rassied en disant :

— Ah ça, un instant, diable ! je ne suis pas venu ici pour faire des calembours. Mon garçon, nous venons de voir votre parrain Bellequeue... Il nous a dit que vous ne vouliez plus épouser notre fille... Il faut qu'il y ait erreur là-dedans, ça n'est pas possible autrement... D'abord de son côté, Adélaïde est toujours très disposée à vous épouser... vous ne pouvez pas vous fâcher tout seul !... Je me suis dit, moi : Je vais aller trouver Jean, et je suis sûr que nous nous entendrons... parce que c'est un bon garçon... qui buvait sec jadis !... et j'ai profité de l'occasion pour vous apporter ces deux essais nouveaux de ma fille !... Vous m'en direz des nouvelles, mon ami... Voulez-vous que nous les goûtions?

— Non, monsieur, dit Jean en s'approchant d'un air peiné de M. Chopard, qui semble plus occupé de ses bocaux que du sujet de sa visite. Je suis vraiment désolé, monsieur, que vous vous soyez donné la peine de venir chez moi... c'était à moi à me rendre près de vous... Je sens tous mes torts, j'en ai beaucoup envers vous et envers mademoiselle votre fille...

— Bah ! est-ce que nous tenons aux formes, nous autres... Venez dîner demain avec nous... nous ferons sauter les bouchons... et nous prendrons jour pour la noce.

— Je ne le puis, monsieur ; ce que mon parrain vous a dit est le résultat de mûres réflexions... C'est avec chagrin que je me vois forcé de vous le répéter. Je rends justice aux charmes, aux talents, aux qualités précieuses de mademoiselle votre fille... Mais je ne puis plus être son époux... car... je ne ferais pas son bonheur...

— Si, mon cher ami, vous le feriez, je vous en réponds, elle me l'a encore dit tout à l'heure. Que diable ! il ne vous manque rien pour être un bon mari : vous êtes grand, bien bâti, joli garçon...

— Ah ! monsieur, je pense qu'il faut autre chose encore pour captiver le cœur d'une femme !...

— De quelle autre chose voulez-vous parler, mon garçon... Est-ce que?...

— Je veux dire, monsieur, qu'il faut s'aimer... car, sans amour, il me semble qu'il est bien triste de s'engager pour la vie...

— Ah ! vous voulez parler d'amour !... C'est là où je vous attendais, mon cher ami, vous êtes justement faits l'un pour l'autre. Adélaïde est prise !... elle ne s'en cache pas, vous avez vaincu sa fierté... aussi ne cesse-t-elle plus de chanter : *Tu triomphes, bel Alcindor*... vous savez, avec les roulades... elle la sait tout entière celle-là. Quant à vous, mon garçon, nous vous avons vu... nous avons remarqué tous les changements que la passion opérait en vous... c'était aussi visible que les prunes qui sont dans ce bocal... sans noyaux celles-là, et vous ne pouvez pas nier...

— Je vous le répète, monsieur, on s'est trompé

sur les sentiments que j'éprouvais... j'ai agi fort inconsidérément... Je suis très blâmable sans doute... mais à mon âge convenez, monsieur, qu'il vaut mieux avouer franchement ses torts que de les aggraver en compromettant son bonheur et celui d'une autre.

M. Chopard, qui s'aperçoit que Jean n'en veut pas démordre, se lève d'un air très mécontent, enfonce son chapeau sur sa tête et fait quelques tours dans la chambre en regardant toujours ses bocaux du coin de l'œil. Enfin il s'arrête devant le jeune homme... se pince les lèvres et dit :

— Tout cela, monsieur, prouve donc que décidément vous ne voulez pas épouser ma fille?

— Il n'est que trop vrai, monsieur.

— Alors, monsieur, je dois vous avertir que je suis venu ici pour vous demander raison... Oh! c'est que je ne suis pas de ces pères sans caractères qui prennent ces choses-là comme un verre d'huile de roses... Non, monsieur, je ne suis pas de ces pères-ci!... Ah!... Dieu! persil!... murmure Chopard en se retournant; celui-là s'est fait tout seul.

Jean regarde Chopard avec surprise: cependant il lui répond d'un air soumis :

— Je sens, monsieur, que vous avez le droit d'en agir ainsi... Si vous l'exigez absolument.. si l'assurance de mes regrets ne vous suffit pas, ordonnez, monsieur, je suis à vous quand vous le désirerez, et vous ferai raison avec les armes que vous choisirez, l'épée... le pistolet... ce qui vous plaira enfin.

M. Chopard recule de quatre pas, et prend un air plus affectueux en s'écriant :

— Vous ne m'entendez pas, jeune homme; vous confondez, mon cher ami ; je vous ai dit que je vous demandais raison... Il n'est pas question d'épée, ni de pistolet... Ce sont de très mauvaises raisons que celles-là!... Mais pour ne plus vouloir épouser ma fille... il faut que vous ayez quelque motif... plausible... enfin, quelque bonne raison à donner... Voilà ce que je vous prie de vouloir bien me dire, et il me semble que vous ne pouvez pas me refuser cela.

— Pardon, monsieur... pardon, si j'ai cru...

— Il n'y a aucun mal, mon cher ami...

— Vous voulez que je vous dise...

— Oui, mon garçon, ça me fera plaisir... Au moins on sait à quoi s'en tenir.

— Eh bien! monsieur Chopard, si vous l'exigez .. Oui, je le sens, je vous dois toute la vérité... Apprenez donc... ce que je n'ai pas dit à mon parrain! Si je n'épouse point mademoiselle Adélaïde, c'est que... j'en aime une autre, monsieur...

— Vous en aimez une autre, mon garçon?

— Oui, monsieur, oui, et c'est en vain que j'ai voulu combattre cette passion qui fera peut-être le malheur de ma vie... Je ne puis en triompher.. Cet amour est venu... je ne sais comment... et j'ai sans cesse devant les yeux celle qui l'a fait naître... Eh bien! monsieur, voudriez-vous encore que je devinsse l'époux de votre fille? Irai-je lui offrir un cœur brûlant pour une autre?...

— Non, mon ami, non certainement je ne le voudrais plus, quand même vous m'en prieriez en pleurant comme un veau!... Eh bien! au moins, voilà une raison... une très bonne raison... et je suis sûr qu'Adélaïde en sera satisfaite... Mon garçon, il ne me reste plus qu'à vous souhaiter le bonjour... Quant à ces bocaux... je crois que je puis... Dans ce moment-ci vous ne seriez pas en état d'apprécier ce qu'ils contiennent.

— Oh! non, monsieur.

— Je vais donc les remporter... Plus tard nous pourrons... Adieu, mon cher ami, je vais retrouver ma fille, qui attend impatiemment mon retour.

M. Chopard reprend les bocaux dans ses bras et sort de chez Jean, qui le reconduit jusque sur l'escalier. Mais lorsque M. Chopard est éloigné, Jean dit à son domestique :

— Préparez mes effets... Dès demain je déménage, je quitte ce logement...

— Quoi! monsieur... demain... Et vous n'avez pas encore donné congé...

— N'importe! je ne veux pas rester ici davantage... Je veux être seul... ne pas être dérangé à chaque instant, ne plus recevoir de visites; et pour qu'on ne sache pas ma nouvelle adresse, vous direz dans la maison que je pars pour... l'Italie... que je vais voyager pendant quelque temps.

Le domestique s'incline, et Jean sort pour chercher un autre logement qui puisse le recevoir sur-le-champ.

Cependant M. Chopard est arrivé sans accident avec ses bocaux. Adélaïde, qui, dans son impatience, s'était mise à la fenêtre pour apercevoir plus tôt son père, court au-devant de lui sur l'escalier, tandis que madame Chopard la suit en disant :

— Voilà M. Chopard... nous allons savoir comment il a traité M. Jean.

— Eh bien! mon papa?... vous l'avez vu?...

— Oui certes, je l'ai vu, dit M. Chopard en continuant de monter son escalier; et je me flatte que je n'ai pas fait une course inutile... Ouf! c'est très lourd, ça...

— Mon papa... un seul mot, je vous en prie... Est-il vrai qu'il ait changé de sentiments?...

M. Chopart semble pétrifié. (Page 121, col. 2.)

— Je vais te détailler tout cela, ma chère amie... Celui-ci pèse beaucoup plus que l'autre... Oh! j'ai parlé au jeune homme de la bonne manière... D'abord je ne sortais pas de là... Il épousera ma fille, où il dira pourquoi... Et j'ai réussi.

— Ah! mon cher père!... que je vous embrasse! s'écrie Adélaïde en se jetant au cou de M. Chopard.

— Prends garde, ma chère amie, tu vas me faire casser quelque chose.

— Il veut donc bien m'épouser à présent?

— Non... il ne le veut pas... mais il m'a dit pourquoi.

A cette réponse mademoiselle Adélaïde se laisse aller sur la rampe de l'escalier et en voulant la soutenir, M. Chopard, oubliant ce qu'il tient, étend le bras droit, et le bocal aux prunes tombe et se brise sur les marches de l'escalier.

A la vue de la liqueur renversée, du vase brisé, des fruits qui roulent le long des marches, M. Chopard semble pétrifié, tandis que madame Chopard soutient sa fille en s'écriant :

— Ah! mon Dieu! c'est sa onzième faiblesse d'aujourd'hui. Pauvre petite, elle y succombera!... Mais aussi, monsieur Chopard, vous revenez avec un air triomphant!...

— Madame, j'avais l'air que je devais avoir, répond M. Chopard d'un ton désespéré, et suivant de l'œil les prunes qui dégringolent l'escalier. J'avais rempli ma mission très honorablement, je m'en flatte... et certainement si j'avais su casser ce bocal... je l'aurais laissé à ce jeune homme... parce qu'on peut changer d'avis... de manière de voir... mais ce n'est pas une raison pour... Dieu! quelle odeur!... quel parfum elles avaient!... Ça va embaumer la maison pour huit jours!

Adélaïde reprend sa fermeté et rentre dans l'appartement; ses parents la suivent; M. Chopard, après avoir dit à sa domestique d'aller réparer le malheur qui vient d'arriver, et de tâcher de sauver quelques fruits du naufrage, se rend près de sa fille qui le prie de lui rapporter ce que M. Jean a pu dire pour excuser son indigne conduite.

— Ma chère amie, il m'a donné une raison... et même une assez bonne raison, dit M. Chopard.

— Ce n'est pas possible, mon père... on n'a point de bonne raison quand on agit ainsi... Mais enfin... voyons donc cette raison...

— Eh bien, ma chère, s'il ne t'épouse plus, c'est... qu'il en aime une autre...

— Il en aime une autre! s'écrie Adélaïde en devenant dans le moment rouge, blême et verte, il en aime une autre!

— Ah! Dieu! elle va avoir une douzième faiblesse! s'écrie madame Chopard en s'avançant vers sa fille.

— Non, ma mère, dit Adélaïde en faisant les yeux furibonds, et se levant en fermant les poings. Non... je n'aurai point de faiblesse pour un monstre... un ingrat, un homme indigne d'inspirer un véritable amour... comme il est incapable de le connaître.!...

— Délicieusement parlé! dit M. Chopard; certainement qu'il ne connaît pas l'amour, ce garçon-là!... et que jamais...

— Vous a-t-il nommé l'objet de sa flamme, mon papa?...

— Non... ma foi, je n'ai pas même songé à lui demander qui c'était... mais si tu veux que j'y retourne... sans bocal cette fois...

— C'est inutile, papa, je saurai qui... je saurai tout... je découvrirai cette noire perfidie... je connaîtrai celle pour qui on me fait un si sanglant outrage... mais il aura beau dire... ce n'est pas elle... c'est moi qu'il épousera... je l'ai mis dans ma tête, et je serai sa femme, aussi vrai que je brise ce flacon.

En disant ces mots, Adélaïde renversait sur le parquet un flacon de vieux cognac; après cet exploit, elle court s'enfermer dans sa chambre. M. et madame Chopard se regardent et restent quelque temps ébahis. Enfin la maman s'écrie :

— Je n'y comprends plus rien... elle trouve que c'est un monstre, et elle en veut toujours!...

— Ce que je vois, moi, c'est que cette journée a été bien funeste!... Il est fort heureux que nous n'ayons qu'une fille à marier, car la maison y passerait.

— Ah! monsieur Chopard, il faut lui pardonner, à cette chère enfant! elle a tant de chagrin!... elle savait si bien aimer!...

— Parbleu! en voilà des preuves!... O amour, amour!... tu nous pousses à de terribles mouvements de vivacité!

— Ah! monsieur Chopard! dans une telle circonstance, il faudrait avoir la patience d'un ange pour ne point se fâcher.

— C'est vrai, madame Chopard, il faudrait la patience d'un ange pour ne point se fâcher.

— C'est vrai, madame Chopard, il faudrait la patience d'un ange... et encore n'est-il pas certain que les anges l'eurent... Ah! Dieu!... les *engelures*, qu'il est joli, celui-là!... Madame Chopard, vous me le demanderez quand nous aurons du monde.

CHAPITRE XXIII

L'EMPLOI D'UN AN

Plusieurs mois se sont écoulés depuis la grande soirée à laquelle madame Dorville a rencontré Jean. Les beaux jours sont passés; l'hiver est revenu, il a rencontré à la ville les femmes à la mode, les petites-maîtresses, qui reviennent y chercher des plaisirs, des hommages, des bals et du bruit. Pour quelques-unes de ces dames, la campagne n'offre que peu d'attraits; mais il est du bon ton d'être éloignées de Paris pendant quatre ou cinq mois, et il vaut mieux s'ennuyer que de manquer à l'étiquette.

Pour Caroline, la campagne avait des charmes; elle aimait à s'y retrouver, libre d'être à elle-même, éloignée du tumulte du monde et à l'abri pendant quelque temps de ces compliments, de ces fadeurs dont la continuelle répétition ennuie même celles à qui on les adresse. Sans doute Caroline était flattée de plaire, d'être recherchée, écoutée avec plaisir; cependant, pour un esprit juste et délicat, ces jouissances sont peu de chose; on les goûte par habitude, mais elles tiennent peu de place dans une âme aimante, et en laissent encore beaucoup pour le bonheur. Ce n'est que chez une coquette que les jouissances de l'amour-propre sont le premier des biens.

L'hiver a aussi ramené Caroline à Paris, elle retourne dans le monde, plutôt par habitude que par un goût réel. On lui fait de nouveau la cour car une jeune veuve, riche et jolie, est l'objet continuel des hommages des hommes. Mais

Caroline, tout en accueillant avec grâce, avec enjouement le nombre toujours croissant de ses adorateurs, ne montre à aucun d'eux une préférence marquée. Chacun de ces messieurs est charmé du sourire aimable avec lequel on a reçu ses compliments, de la gaieté avec laquelle on a écouté les jolies choses qu'il croit avoir dites, mais nul ne peut encore se flatter d'avoir touché le cœur de la jeune veuve, et de l'avoir fait soupirer en secret, ce qui est bien plus difficile que de faire sourire devant le monde.

Cependant madame Dorville est parfois rêveuse. A vingt et un ans un cœur tendre éprouve le besoin d'aimer, et au milieu des plaisirs, du tourbillon du monde. entouré même d'un essaim d'adorateurs, il ressent un vide, un ennui secret dont quelquefois il ne peut pas se rendre compte.

Parmi les jeunes gens qui faisaient une cour assidue à Caroline, Valcourt était un de ceux qui semblaient le plus épris et qui se montraient le plus empressés, le plus galants près de la jeune veuve. Valcourt avait de la fortune, de la naissance, une jolie figure. Il avait reçu une éducation brillante et n'était point dépourvu d'esprit. Il ne pensait pas que l'on pût lui résister, et cependant c'était cette persuasion qui le faisait toujours échouer près des femmes; car la fatuité jette un voile sur nos avantages au lieu de les faire ressortir, et laisse toujours présumer peu d'esprit chez ceux qui sont entachés de ce défaut.

Valcourt avait trouvé facilement l'occasion de se faire présenter chez madame Dorville, qui recevait toutes les semaines. Madame Beaumont, qui connaissait la famille de notre élégant, avait été son introductrice. Valcourt était bon musicien, il avait une jolie voix, mais il défigurait son chant par les grâces qu'il voulait y mettre, par la prétention de ses manières; et son cou tendu, son sourire affecté lorsqu'il chantait un morceau, détruisait tout le plaisir qu'aurait pu faire sa voix. Cependant Valcourt était fort recherché dans le monde, où les prétentions sont bien moins critiquées que le manque d'usage.

Madame Dorville paraissait recevoir Valcourt avec plaisir, elle riait des aveux qu'il lui adressait; elle répondait par quelques plaisanteries aux déclarations qu'il lui faisait, et traitait légèrement ce qu'il semblait vouloir terminer très sérieusement; car Valcourt était devenu amoureux de la jolie veuve, autant du moins qu'un fat puisse être amoureux; mais il était piqué de voir Caroline recevoir en riant ses hommages, et ne concevait point qu'elle pût résister à ses regards, à ses soupirs; le désir de faire la conquête de madame Dorville devenait chaque jour plus vif chez Valcourt, qui aurait voulu être sans cesse chez Caroline; mais il avait assez d'esprit pour ne point s'y rendre importun, et trop d'usage du monde pour abuser de la permission d'aller quelquefois lui faire sa cour.

Au milieu des plaisirs, accablée d'hommages, et à même par sa fortune de satisfaire toutes ses fantaisies, bien des femmes eussent été entièrement heureuses. La femme de chambre de Caroline, jeune fille assez simple, mais fort attachée à sa maîtresse, s'étonnait quelquefois de la voir soupirer, et lorsque cela arrivait devant elle, Louise s'écriait :

— Mon Dieu! madame, est-ce que vous avez du chagrin?

Caroline alors regardait sa femme de chambre en souriant et lui répondait :

— Non, Louise, je n'ai aucun chagrin. Pourquoi me demandes-tu cela?

— C'est que madame soupirait...

— Eh bien! est-ce que tu crois qu'on ne peut soupirer que lorsqu'on a quelque peine?

— Sans doute, madame.

— Tu te trompes, Louise, on soupire souvent... sans savoir pourquoi...

— Ah! c'est drôle! A coup sûr, madame ne doit pas s'ennuyer. Quand on peut faire tout ce qu'on veut... quand on est aimée de tous ses amis, comme madame; quand on se met bien, comme madame, et qu'on peut chaque jour aller au bal ou au spectacle, ou au concert, on ne doit pas avoir un moment d'ennui!

— Tu crois cela, Louise... Ah! ma chère, on s'habitue à tout!... Ces plaisirs qui se renouvellent sans cesse, mais qui sont au fond toujours les mêmes, cessent bientôt de nous séduire. Il doit en être de plus vrais... de plus doux!... Quand ma mère vivait, je n'éprouvais jamais auprès d'elle un seul instant d'ennui, nous causions, et souvent de choses bien peu importantes; mais avec les personnes qui nous sont chères les moindres paroles ont du charme; les mots semblent avoir une autre valeur... Il y a dans l'intimité de ceux qui s'aiment tant de choses qui s'entendent sans se dire... Ah! Louise... combien je regrette ces simples conversations avec ma mère!

Les yeux de Caroline se mouillaient de larmes; alors Louise sentait aussi les siens humides, puis elle ajoutait au bout d'un moment:

Ah! certainement... quand on a sa mère... c'est bien agréable... Mais enfin... quand on est jeune et belle comme madame, on peut encore avoir... un autre sentiment... et sans doute que madame ne restera pas toujours veuve.

A cela Caroline ne répondait rien, elle semblait

rêver encore, et Louise n'osait pas se permettre un mot de plus.

Déjà une partie de l'hiver s'est écoulée sans apporter aucun changement dans la situation de la jolie veuve. Valcourt est toujours assidu près d'elle, il voudrait faire croire dans le monde qu'il l'a emporté sur ses concurrents, et que c'est lui que madame Dorville préfère ; quelques-unes de ces personnes comme il y en a tant, qui ne jugent que sur l'apparence, pensent en effet que le séduisant petit-maître ne tardera pas à devenir l'heureux époux de Caroline ; mais celles qui voient plus particulièrement madame Dorville ne remarquent encore rien qui puisse faire croire au triomphe de l'avantageux Valcourt.

Jean ne s'était plus présenté chez madame Dorville. Les personnes de sa société n'avaient point reparlé de lui. Caroline elle-même n'avait pas une seule fois prononcé son nom, et le pauvre Jean semblait totalement oublié, lorsqu'un soir que Caroline avait du monde chez elle, on vint à parler de la fête magnifique donnée l'été d'auparavant par le vieillard du faubourg Saint-Honoré.

— C'était fort brillant, dit une jeune dame. Comment n'y étiez-vous pas, monsieur Valcourt ?

— Moi, madame, je crois que j'étais alors à Boulogne, où j'ai pris les bains de mer. J'ai fort regretté de ne point m'être trouvé à Paris à cette époque, car j'ai su que rien ne manquait pour que la fête fût charmante.

Un coup d'œil lancé à Caroline veut dire que l'on sait qu'elle était à la fête, et que c'est à elle que ce compliment s'adresse ; mais elle ne semble pas y faire attention.

— Oh ! ce qui m'a surtout amusée, reprend la jeune dame, ce que je n'oublierai jamais, c'est ce monsieur qui s'est jeté par terre avec sa danseuse en dansant l'anglaise !...

— Bah ! d'honneur ? Ça devait être délicieux...

— Tu as dû le remarquer aussi, Caroline... Il m'a semblé que c'était ce même jeune homme que j'ai vu un matin chez toi...

— Qui ?... dit madame Beaumont, celui qui sentait si horriblement la pipe ?...

— Justement.

— Était-ce lui, ma chère ?

Caroline répond avec un peu d'embarras.

— Oui... oui... c'était lui.

— Eh ! mon Dieu ! s'écrie Valcourt, comment diable se trouvait-il dans une si brillante réunion !

— Il me semble, monsieur, répond Caroline d'un air piqué, que puisqu'il s'est trouvé chez moi, on a bien pu sans se compromettre le recevoir ailleurs.

— Ah ! pardon ! mille pardons, madame, reprend Valcourt, qui sent qu'il a commis une faute. Je n'ai pu avoir l'intention de vous offenser !... Mais enfin si ce monsieur est venu chez vous, nous savons tous par quel motif ; nous connaissons l'obligation que vous lui aviez... mais vous me permettrez de croire que, sans cela, vous ne vous seriez jamais trouvée en relation avec quelqu'un qui est entièrement hors de votre sphère ?...

— Sans doute, dit madame Beaumont, ce jeune homme est fort honnête, je n'en doute pas ; il a de la fortune, à ce que tu m'as dit, mais tout cela n'empêche pas qu'il ne soit fort mal placé dans un salon.

— Mais... il m'y a semblé beaucoup moins gauche lorsque je l'ai aperçu à cette fête, dit Caroline ; peut-être est-ce la timidité qui lui donnait cet embarras que vous avez remarqué ici... Mais alors je lui ai trouvé plus d'usage... de maintien...

— Ah ! ma bonne !... ce n'est pas la timidité qui lui faisait sentir la pipe !...

— Et ces mots de corps de garde qui lui sont échappés !

— Oh ! décidément, s'écrie Valcourt, madame Dorville a pris monsieur... Ah ! mon Dieu ! j'ai oublié son nom, enfin ce monsieur sous sa protection... Mais cela devait être bien drôle de le voir danser l'anglaise... s'il dansait comme il a marché en entrant dans ce salon... ah ! ah ! ah !

Caroline rougit ; cette conversation semble l'impatienter, et elle répond à Valcourt avec un peu d'aigreur :

— S'il fallait, monsieur, relever les ridicules que l'on a sans cesse sous les yeux, on n'aurait pas dans le monde un seul instant à soi.

Valcourt ne répond rien, mais il est très piqué de voir Caroline prendre la défense d'un homme qu'il trouve tellement au-dessous de lui. Cependant la conversation a changé, il n'est plus question de Jean. Madame Dorville s'empresse de redevenir aimable pour tout le monde, même pour Valcourt, et on sort de chez elle enchanté de la grâce avec laquelle elle en fait les honneurs.

Jean est-il donc de nouveau totalement oublié ? Si Caroline est rêveuse, est-ce à lui qu'elle pense? Est-il présumable qu'une femme du monde, accablée d'hommages, s'occupe d'un homme qu'elle n'a vu que quatre fois, qui ne lui a pas adressé un mot galant et qui ne saurait tourner un compliment d'une manière convenable ? Mais que sait-on ? Il se passe au fond de notre cœur des choses si bizarres, que nous serions souvent fort embarrassés de nous expliquer nos sentiments.

Lorsque, après une courte absence, madame Dorville rentrait chez elle, dans la journée ou le soir, elle ne manquait jamais de demander à son portier s'il lui était venu du monde. Lorsque c'était quelques jeunes gens qui étaient venus lui rendre visite, elle se faisait répéter leur nom, puis disait encore :

— C'est bien tout ? Il n'est pas venu d'autres personnes ?

— Non, madame, répétait le concierge.

Et Caroline rentrait chez elle en roulant dans sa main les cartes de visite.

Enfin l'hiver a passé ; il a semblé cette fois bien long à Caroline, qui parle souvent du désir qu'elle éprouve de retourner à sa campagne. Déjà les jours sont plus longs, les matinées plus belles, les arbres reprennent leur parure, et Louise dit à sa maîtresse :

— Nous allons bientôt retourner à Luzarche, n'est-ce pas, madame?

— Oh ! oui, bientôt, dit Caroline.

Cependant la semaine s'écoule, et on ne part point. Au bout de quelques jours, Louise dit encore :

— Voilà le beau temps qui est revenu... Madame, qui désirait si vivement retourner à la campagne, va sans doute partir avant peu ?

— Oui, la semaine prochaine, répond Caroline.

Mais la semaine s'écoulait encore sans que Caroline donnât ses ordres pour les apprêts du départ, et Louise ne concevait pas que sa maîtresse ne fît point au printemps ce qu'elle semblait tant désirer l'hiver.

On est arrivé à la fin de juin et on est encore à Paris, lorsque ordinairement à cette époque on est aux champs depuis deux mois. La femme de chambre n'ose plus demander à sa maîtresse si l'on partira bientôt pour Luzarche, mais un matin Caroline ordonne enfin que l'on fasse tous les préparatifs pour aller à la campagne.

La veille du jour fixé pour son départ, Caroline a eu beaucoup d'emplettes à faire, car les champs sembleraient un peu monotones si on n'y emportait pas mille choses de la ville. Après avoir recommandé aux marchands de lui envoyer dans la soirée ce qu'elle a choisi, Caroline retourne chez elle. Mais à quelques pas de sa maison, un jeune homme l'aborde timidement. Caroline lève les yeux et reconnaît Jean.

— Quoi... c'est vous, monsieur ! dit la jeune femme avec une expression de surprise qui n'avait rien de désagréable pour celui qui la causait.

— Oui, madame, pardonnez-moi si je prends la liberté de vous arrêter, mais je n'ai pu résister au désir de vous dire adieu... avant votre départ pour la campagne.

— Mais, monsieur, si vous aviez ce désir, qui vous empêchait de vous présenter chez moi ?

— Je voulais, madame, avant d'y aller de nouveau, me sentir digne de ce bonheur... Je voulais ne plus être déplacé dans votre société, afin que vous n'eussiez plus à rougir de m'y admettre.

— A rougir !... Ah ! monsieur, avez-vous pensé que jamais...

— Oh ! non pas vous, madame, je vous crois trop indulgente pour cela, mais dans le monde on ne l'est pas, et en vérité je méritais bien que l'on s'étonnât de m'y rencontrer.

Caroline regarde Jean avec étonnement. Le changement de son langage répond à celui de ses manières ; ce n'est plus cet homme brusque, déhanché, au ton commun, à la voix perçante ; c'est un jeune homme qui semble encore timide, mais dont l'embarras même n'a plus rien de gauche, et qui joint à des formes polies une voix douce qui ne fatigue plus ceux qui l'écoutent.

— En vérité, dit Caroline, je ne vous reconnais plus... vous n'êtes plus le même... non, il s'est fait en vous un changement prodigieux !... mais il est tout à votre avantage...

— Ah ! madame, s'il était vrai...

— Il me semble, monsieur, que vous ne devez plus craindre de vous trouver dans le monde.

— Oh ! pardonnez-moi, madame, j'ai encore tant de choses à apprendre !...

— Comment ! est-ce que maintenant vous avez pris goût à l'étude ?

— Oui, madame...

— Par quel miracle !... car vous étiez ennemi de tout travail à ce que vous m'avez dit...

— En effet, madame, mais je ne le suis plus, mes goûts, mes désirs ne sont plus les mêmes, depuis...

Jean n'achève pas, il rougit, et Caroline reprend au bout d'un moment :

— On ne vous a pas aperçu de l'hiver, ni dans le monde ni au spectacle.

— Non, madame, depuis près d'un an... depuis cette fête où je vous ai rencontrée, je me suis livré à l'étude sans relâche... J'aurais voulu en peu de temps regagner tout celui que j'ai perdu.

— Dans l'âge où l'on peut trouver mille distractions, l'étude doit sembler plus pénible.

— Non, madame, elle a maintenant du charme pour moi ! Je m'y livrais avec ardeur... Il me semblait que cela me rapprochait de... de ce monde que maintenant je veux connaître.

— Et vous êtes resté à Paris tout ce temps ?

— Oui, madame, j'étais là.

Jean montre à madame Dorville les fenêtres de l'entre-sol d'une maison qui est devant eux.

— Quoi! vous demeurez dans ma rue... et je ne vous ai jamais rencontré!...

— Mais, moi, madame, je vous voyais tous les jours... Assis près de cette fenêtre, tout en travaillant mes yeux se portaient souvent sur votre demeure... C'est le seul délassement que je me suis permis. Lorsque je me sentais fatigué par quelques heures d'étude, lorsque des difficultés nouvelles, quelques recherches arides me rendaient le travail plus pénible, je portais mes yeux sur vos fenêtres, et il me semblait retrouver un nouveau courage, un nouveau désir d'apprendre; quelquefois aussi je vous voyais sortir... passer à quelques pas de moi... Alors ma retraite s'embellissait, mon logement avait pour moi un prix inestimable, et je ne désirais plus sortir, heureux de penser que le lendemain je pourrais peut-être vous apercevoir encore.

Caroline est émue; elle a écouté Jean avec un intérêt que chaque mot qu'elle entend rend plus vif. Elle éprouve un trouble qui l'étonne. Jean ne dit plus rien, elle attend qu'il parle encore... Tous deux oublient qu'ils sont dans la rue... Quand on a tant de choses à se dire, le temps passe si vite... et les moments d'oubli sont toujours les plus heureux.

Enfin Jean reprend d'un air craintif :

— Ce que je viens de dire vous fâche peut-être, madame, et vous trouvez mauvais que je me sois dermis de connaître ainsi tous les moments où vous sortiez...

— Pourquoi donc, monsieur? vous êtes bien le maître de loger où bon vous semble.., de vos fenêtres vous apercevez les miennes... il n'est pas étonnant que vous les ayez regardées quelquefois... En travaillant contre votre croisée vous m'avez vue passer... tout cela est très naturel... Il n'y a rien là-dedans dont je puisse me fâcher... Mais un an de retraite, de travail... à votre âge! voilà ce qui me paraît le plus surprenant!...

— Je vous assure, madame, que cette année a passé bien vite, et je voudrais...

— Mais, mon Dieu... je ne pense plus que nous causons là dans la rue... Il me semble qu'il serait plus convenable d'être chez moi...

— Je vais vous dire adieu, madame.

— Vous ne voulez donc plus venir chez moi, monsieur?

— Oh! pardonnez-moi, madame, mais vous avez presque toujours du monde... On ne peut vous parler un instant... et je ne suis pas encore préparé à cette contrainte qu'il faut s'imposer dans la société...

— Quel enfantillage! c'est donc pour lui seul que monsieur s'est livré au travail, à l'étude, qu'il a pris ces manières... polies... aimables... qu'il s'est donné la peine enfin de se changer entièrement?

— Ce changement, madame, si j'osais vous dire à qui j'en suis redevable...

— Mon Dieu! il faut que je rentre... tout le monde nous regarde... Il y a si longtemps que nous sommes là...

— Il me semble qu'il n'y a qu'un moment.

— Pour les passants, deux personnes qui causent!... il y a de quoi leur faire dix fois retourner la tête.

— Les imbéciles! qu'ont-ils à nous regarder?... ils mériteraient...

— Ah! point d'emportement! Songez que vous n'êtes plus le jeune homme d'autrefois!...

— Vous avez raison!... mais j'aurais encore bien besoin de leçons, et demain vous partez pour la campagne...

— Sans doute, nous voici bientôt en juillet; il y a longtemps que je devrais être dans ma petite maisonnette. A propos, qui vous a appris que je partais demain?...

Jean rougit en répondant :

— Ah! c'est mon domestique... qui demandait quelquefois... dans le voisinage... si vous étiez bientôt disposée à partir.

Caroline sourit, puis dit au bout de quelques instants :

— Oui, je pars demain pour Luzarche... c'est à sept lieues d'ici; connaissez-vous cet endroit-là?

— Non, madame.

— C'est fort joli. Les environs surtout sont charmants... des promenades si agréables, des sites ravissants... Aimez-vous la campagne?

— Je n'y suis point allé depuis longtemps... mais je crois que je m'y plairais beaucoup... avec certaines personnes...

— Si vous voulez bien me sacrifier quelques moments... et que vous pensiez ne pas trop vous ennuyer avec moi...

— M'ennuyer près de vous!... ah! madame, est-ce possible?... lorsque vous voir une minute suffisait au bonheur de toutes mes journées.

— Eh bien, monsieur, il faut venir à Luzarche... Vous pourrez d'ailleurs y étudier aussi bien qu'à Paris; à la campagne, liberté tout entière, c'est un de ses premiers agréments...

— Vous me permettez donc, madame, d'aller vous y offrir mes hommages?

— Oui, monsieur, et j'espère que là ce ne sera pas comme à Paris, et que vous voudrez bien passer le seuil de la porte.

— Ah! madame, que vous êtes bonne, que je suis heureux de...

— Oh ! pour cette fois il faut que je vous quitte On finirait par se mettre aux fenêtres pour nous regarder... Adieu, monsieur Durand.

— Adieu, madame.

Caroline fait un aimable sourire à Jean, qui la salue et reste à sa place pour la regarder s'éloigner et la voir plus longtemps. Caroline atteint la porte, elle n'a pas retourné la tête pour voir encore Jean... Mais peut-être en a-t-elle eu grande envie. Enfin elle est rentrée, et Jean, le cœur ivre de joie, retourne lestement à son entre-sol.

CHAPITRE XXIV

TENTATIVES INFRUCTUEUSES

Nous savons maintenant que depuis près d'un an, c'est-à-dire le lendemain de la visite que M. Chopard lui a faite, Jean a quitté son logement de la rue de Provence. Jean n'avait d'abord pour but, en déménageant, que de se soustraire pendant quelque temps aux visites importunes, étant résolu à se livrer à l'étude, et voulant essayer de réparer le temps perdu dans sa jeunesse. Mais en sortant de chez lui pour chercher un autre domicile, les pas de Jean se sont naturellement portés vers la rue Richer; là, il a trouvé le précieux entre-sol d'où il peut apercevoir la maison occupée par madame Dorville.

On juge avec quel transport il s'y est établi; et là réalisant le plan qu'il a conçu, et aussi impatient de s'instruire qu'il a été jadis ennemi du travail, Jean fait venir chez lui un maître de langues, un professeur de géographie, d'histoire, de littérature, et un maître de musique. Son temps est partagé également avec chacun d'eux, et souvent cédant à l'ardeur nouvelle qui le domine, Jean passe une partie des nuits à se pénétrer de ce que ses professeurs lui ont enseigné dans la journée.

On trouvera que c'est bien peu d'un an pour connaître tant de choses, mais lorsqu'on en a la ferme volonté, et que la nature nous a doués d'un entendement facile, on apprend bien plus vite à vingt et un ans qu'à dix ; car on comprend et l'on raisonne sur ce que l'on étudie, tandis que les enfants n'apprennent pendant longtemps que comme des perroquets.

Malgré cela, comme en un si court espace il est difficile d'approfondir beaucoup de choses, Jean est loin encore d'être en état de parler une autre langue que la sienne, mais du moins il s'exprime purement en français ; il ne raisonnera pas sur la littérature, mais les noms de nos grands auteurs et leurs ouvrages ne lui sont plus étrangers ; il ne prendra plus pour une scène de carnaval les noces de Thétis et Pélée; enfin il n'est pas encore capable de faire sa partie sur le violon, mais il connaît la musique vocale, la valeur des notes, et saura chanter en mesure lorsqu'on l'accompagnera ; il s'est surtout beaucoup appliqué à l'étude de la musique, car il se souvient toujours du charmant duo chanté par madame Dorville à la grande soirée, des choses si tendres qu'un jeune homme lui adressait en musique, et Jean s'est promis d'être en état de lui chanter aussi de ces choses-là.

En quittant son ancien domicile, Jean a dit qu'il partait pour l'Italie et qu'un ami lui achetait ses meubles ; par ce moyen il a évité toute visite importune. Bellequeue, qui, en sortant de chez les Chopard, est allé entortiller sa jambe de flanelle, pour ne plus avoir à se mêler du mariage de mademoiselle Adélaïde, Bellequeue ne tarde pas à sentir se dissiper la colère qu'il ressentait contre Jean ; et cédant petit à petit aux insinuations de sa jeune bonne, il finit, par convenir qu'il a parlé très durement à son filleul dans leur dernière entrevue.

— Eh bien! dit Rose, il faut vous raccommoder, car enfin il serait bien ridicule que vous restassiez brouillé avec M. Jean, votre filleul, un jeune homme que vous regardiez comme votre fils, et tout cela pour mademoiselle Chopard !

— C'est vrai, Rose, ça serait très désagréable... Mais tu vois bien qu'il ne vient plus me voir, ce diable de Jean.

— Pardi ! si vous lui avez dit des choses dures, désobligeantes, comment voulez-vous qu'il vienne?... Ah ! c'est que vous êtes très sec quand vous vous y mettez.

— Oui... j'avoue que je suis quelquefois bien imposant !...

— Il faut aller le voir, ce jeune homme...

— Mais il me semble, Rose, qu'il serait plus convenable que ce fût lui qui fît la première démarche pour se raccommoder avec moi.

— Et s'il n'ose pas... ça fait que comme cela on ne finit rien. Ecoutez, si vous voulez, j'irai, moi, chez M. Jean, au moins comme ça...

— Non, Rose, non, s'écrie Bellequeue en ramenant sur ses oreilles sa toque écossaise. Décidément j'irai... Tout cela est un enfantillage, et je puis bien...

— Pourquoi ne pas me laisser le voir d'abord, ça serait bien mieux... N'avez-vous pas peur de me laisser aller seule chez M. Jean !... N'avez-vous pas encore des idées biscornues dans la tête !...

— Non, ce n'est pas cela !... je connais ta

sagesse... mieux que personne!... mais les mœurs avant tout, ma chère enfant.

Rose se retourne en souriant, et ce sourire semblait dire bien des choses; Bellequeue, qui craint que sa petite bonne ne persévère dans l'idée d'aller rendre visite à son filleul, se décide à aller sur-le-champ trouver celui-ci. Bellequeue ne se ressent plus de son attaque de goutte, il est leste comme à quarante ans, et presque en état de marcher sur ses pointes. Il part donc pour la rue de Provence; il pouvait y avoir alors deux mois d'écoulés depuis la visite qu'il avait faite à son filleul.

Mais Bellequeue éprouve un véritable chagrin lorsque, arrivé à la maison de la rue de Provence, le portier lui dit :

— M. Jean Durand ne loge plus ici depuis deux mois, et à cette époque il partait pour l'Italie; j'ignore s'il en est revenu, mais je ne puis vous donner aucune adresse.

Bellequeue s'éloigne tristement; il rentre chez lui dire à Rose :

— Jean est parti pour l'Italie! il est parti sans me faire ses adieux... Il est vrai que nous étions brouillés... Mais enfin il devait bien me connaître et savoir que mon cœur ne se fâchait pas comme ma tête!

— Comment! il est parti pour l'Italie! s'écrie Rose, c'est bien drôle!... Ah! peut-être qu'il aura suivi là quelqu'un... de ses amis...

— Qui donc cela, Rose!

— Dame! je ne sais pas!... Mais enfin, s'il est allé en Italie, il en reviendra, et je suis bien sûre, moi, qu'il s'empressera de venir vous voir, et qu'il ne restera pas fâché avec vous.

Cependant Rose doute un peu de la réalité de ce voyage, et elle regrette beaucoup de n'avoir pas demandé à Jean où demeurait la jolie dame, parce qu'elle présume que par là elle aurait retrouvé les traces du fugitif. Rose était femme, elle était fine, et en amour les femmes devinent presque juste.

On n'était pas non plus resté oisif chez les Chopard. Mademoiselle Adélaïde, après avoir dans sa colère brisé le flacon de cognac, en jurant que le perfide serait son époux, avait paru reprendre de l'empire sur elle, et feint pendant quelque temps de ne point songer à l'ingrat qui l'oubliait. Le papa et la maman étaient enchantés de voir leur fille redevenue raisonnable.

— Elle avait trop d'esprit pour ne point triompher de sa passion, disait la maman Chopard, et son époux lui répondait :

— Elle commence à ouvrir les yeux sur ce Jean... qui s'est conduit comme un Jean... Ah! comme ça prête au calembour! Malgré cela, Adélaïde ne s'est pas encore remise à la distillation, et je ne la croirai entièrement guérie de son amour que quand je la retrouverai à l'eau-de-vie ou à l'esprit-de-vin.

En effet, le calme de la demoiselle n'était qu'apparent. Au bout de quelques semaines, Adélaïde prend un matin le bras de sa maman, elle l'entraîne rue de Provence, elle s'est fait indiquer la demeure de Jean, et elle dit à sa mère :

— Entrez, je vous en supplie, chez le portier, et informez-vous de ce que fait ce jeune homme, de ce qu'il devient, de sa conduite enfin.

— Quel jeune homme? ma fille, dit la maman avec surprise.

— Comment! quel jeune homme? s'écrie Adélaïde en lâchant le bras de sa mère, est-ce que nous ne sommes pas devant la demeure de l'ingrat, du malhonnête, du monstre... qui s'est joué de mon cœur!...

— Quoi! ma fille, tu penses encore à ce Jean!...

— Si j'y pense!... Ah! ben par exemple... si j'y pense! Je ne fais que ça toute la journée et toute la nuit!...

— Je croyais, ma chère amie, que la raison avait enfin...

— Ah! il n'est pas question de raison!... ça me tient plus que jamais!... Je suis décidée à mettre Paris sens dessus dessous pour l'épouser...

— Mais, ma fille...

— Allez donc parler au portier, maman, je vous attends là.

La bonne maman cède aux désirs d'Adélaïde, elle va trouver le portier, qui lui répond comme à Bellequeue, que M. Jean Durand est parti pour l'Italie; et la maman vient dire cela à sa fille.

— Parti pour l'Italie! s'écrie Adélaïde en faisant un geste qui fait aller son poing sous le nez d'un petit monsieur qui passait alors près d'elle, lequel trouve très singulier qu'une dame (car Adélaïde n'a pas l'air d'une demoiselle) gesticule ainsi en plein air. Mais sans songer à demander excuse au petit monsieur qui s'éloigne en murmurant et en se tâtant le nez, Adélaïde reprend :

— Parti pour l'Italie!... C'est peut-être un mensonge... Ma mère, allez demander au portier si ce n'est pas une feinte, et donnez-lui quinze sous pour qu'il ne vous cache rien.

Madame Chopard tire une pièce de quinze sous de son sac et va l'offrir au portier, puis elle revient dire à sa fille :

— Ma chère amie, c'est la pure vérité.

Adélaïde fait quelques pas dans la rue avec humeur, puis elle s'écrie :

83

Il part enfin pour Luzarche.

— Maman, est-ce que vous n'avez pas demandé quand il reviendrait ?...

— Mais il ne m'a pas...

— Allez donc lui demander s'il doit bientôt revenir.

Madame Chopard retourne chez le portier et revient vers Adélaïde en disant :

— Le portier n'en sait absolument rien !

— Ce portier-là est une fameuse bête !...

On fait encore quelques pas pour s'éloigner, puis Adélaïde s'écrie :

— Je m'en vais lui parler moi-même, à ce portier... car il n'est pas possible... il se sera moqué de vous... et pour quinze sous... il devait vous en dire plus long que ça... Attendez-moi là.

Adélaïde laisse sa mère dans la rue et court jusqu'à l'ancienne demeure de Jean. Mais, malgré ses questions, ses prières, ses demandes cent fois répétées, elle ne peut en savoir plus. Elle va enfin rejoindre sa mère, lui prendre le bras et s'en retourne avec elle, en faisant une mine affreuse. Madame Chopard dit tout bas, en rentrant, à son mari :

— Voilà son amour qui s'est rallumé plus fort que jamais !

— J'étais sûr qu'il était mal éteint... répond M. Chopard. Je vous l'ai dit : elle néglige ses bocaux, c'est qu'elle pense à autre chose.

— Il faut lui pardonner, un premier amour est bien difficile à effacer de notre mémoire.

— Comment savez-vous ça, madame Chopard? Je pense que vous n'avez rien eu à effacer depuis que vous êtes mon épouse?

— Ah! monsieur Chopard, voilà une question qui me fait de la peine!...

— C'était un jeu de mots, ma chère amie.

Depuis qu'Adélaïde a passé ses vingt ans, elle a bien l'air d'en avoir vingt-cinq, et ses parents la considèrent comme une femme forte, bien capable de se conduire elle-même; aussi la laisse-t-on sortir seule le matin, soit pour faire des emplettes dans le quartier, soit pour quelques détails de ménage. Les Chopard ont trop bonne opinion de la vertu de leur fille pour craindre qu'elle abuse de la liberté qu'ils lui laissent.

Quelques jours après sa course rue de Provence avec sa mère, Adélaïde y retourne seule, et demande au portier s'il a des nouvelles de M. Jean. Le portier fait sa réponse ordinaire; la grande fille s'éloigne, puis elle y retourne deux jours après; elle n'en apprend pas davantage; mais elle ne se rebute pas, et tous les deux jours le portier voit arriver la grande demoiselle dont les visites l'ennuieraient beaucoup si Adélaïde ne lui glissait de temps en temps une pièce blanche pour se conserver ses bonnes grâces.

— Ne pas même dire dans quelle ville d'Italie il est allé! s'écrie parfois Adélaïde, car au moins on aurait pu... Mon papa, est-ce bien loin l'Italie?

— Ah! Dieu! si c'est loin! répond M. Chopard, qui craint qu'il ne prenne envie à sa fille de l'envoyer y chercher Jean.

— C'est un pays perdu!... c'est-à-dire que c'est immensément loin!... c'est au delà de... toutes les montagnes!...

— Bien plus loin que Rouen où vous m'avez menée une fois?

— Ah! cent fois plus loin!... et puis un climat horrible! on y étouffe toute la journée! et on ne mange que du macaroni pour se rafraîchir. Et les voleurs!... Beaucoup de voleurs sur les routes; il est très rare qu'on y arrive sans avoir été dépouillé cinq ou six fois en chemin.

— Ce n'est pas encore ça qui me ferait peur, dit Adélaïde; mais on ne sait pas de quel côté se diriger... Il aura suivi là sa nouvelle conquête!... C'est peut-être d'une Italienne qu'il est devenu amoureux... Ces femmes-là sont si coquettes... elles emploient tant de manèges pour séduire les hommes...

— Elles emploient même des philtres, dit M. Chopard.

— Alors je suis sûre qu'on aura fait usage de quelque chose comme ça, pour m'enlever le cœur de M. Jean, car certainement il était trop amoureux de moi pour changer naturellement.

— Adélaïde a raison, dit madame Chopard, on aura jeté un charme sur le jeune homme.

— Un charme... murmure M. Chopard qui cherche un calembour. Il est certain qu'avec un charme...

— Ah! si je découvrais cette femme-là! s'écrie Adélaïde. Mon papa, est-ce bien grand l'Italie?

— Quelle question!... si c'est grand!... Un pays qui contenait à la fois les Romains, les Italiens et les Latins'... C'est un pays trois fois grand comme la Chine.

Adélaïde soupire et se tait, car elle aurait été bien tentée de faire un petit voyage en Italie.

Depuis le jour où il est venu annoncer la rupture du mariage, Bellequeue n'est pas retourné chez les Chopard. Adélaïde trouve que le ci-devant coiffeur s'est très mal conduit dans toute cette affaire, et ses parents sont de son avis.

— Certainement M. Bellequeue connaissait la nouvelle conquête de M. Jean, dit Adélaïde; pourquoi ne pas avoir été le premier à nous éclairer sur les sentiments de son filleul?...

— Il a eu bien des torts, dit madame Chopard.

— A coup sûr, dit M. Chopard, il nous eût éclairés, en nous laissant apercevoir la nouvelle flamme du jeune homme...

— Il fait très bien de ne plus remettre les pieds ici!...

— Oh! oh!... qu'il ne s'avise pas d'y revenir, s'écrie M. Chopard, car je lui parlerai comme j'ai parlé à son filleul.

Mais le temps s'écoule, et, malgré ses visites presque quotidiennes au portier de la rue de Provence, Adélaïde ne peut rien apprendre sur Jean. Persuadée que Bellequeue doit avoir des nouvelles de son filleul, et ne pouvant plus résister aux sentiments qui l'agitent, Adélaïde se décide un matin à se rendre chez le parrain de Jean.

Il était onze heures, et Bellequeue était sorti depuis peu d'instants.

Alors Rose entendit sonner avec violence.

— Ah! mon Dieu! se dit-elle, on sonne, c'est comme la sonnerie de M. Jean! Et elle court ouvrir; mais au lieu de Jean, elle voit mademoiselle Chopard qu'elle connaissait fort bien, mademoiselle Adélaïde ayant quelquefois accompagné son père lorsqu'il allait voir son ami.

— M. Bellequeue est-il chez lui? demanda Adélaïde d'un ton brusque et avec l'air peu aimable qui lui était habituel lorsqu'elle ne daignait pas adoucir l'expression de sa physionomie.

— Non, mademoiselle, il n'y est pas, répond

la petite bonne en se mettant sur-le-champ au ton de la personne qui lui parlait.

— Ah ! il n'y est pas... Comment, il sort sitôt que cela !...

— Il sort quand ça lui plaît... Ça serait amusant de rester chez soi de peur qu'il ne vienne quelqu'un... D'ailleurs, j'y suis, moi, et les personnes qui viennent savent fort bien que parler à moi ou à monsieur c'est la même chose.

Adélaïde laisse échapper un sourire ironique en murmurant :

— Ah ! c'est la même chose !... Et Rose fait un léger mouvement de tête en se disant :

— Cette péronnelle !... Voyez c't embarras !

— Reviendra-t-il bientôt ? dit Adélaïde au bout d'un moment.

— Je n'en sais rien, répond Rose d'un air sec.

Adélaïde va s'éloigner. Mais la petite bonne, qui désire cependant connaître le motif de la visite de mademoiselle Chopard, se ravise et lui dit :

— Ah ! monsieur ne peut pas tarder à rentrer, car je me rappelle qu'il m'a dit qu'il attendait son tailleur vers cette heure-ci...

— Alors, je vais l'attendre, dit Adélaïde en allant s'asseoir dans le petit salon, et Rose la suit avec son plumeau à la main en se disant :

— Tu ne risques rien d'attendre, monsieur est allé visiter le cabinet d'histoire naturelle, et il reste un quart d'heure devant chaque oiseau.

Adélaïde est quelque temps assise sans rien dire, et Rose reste à épousseter, à ranger dans le salon, en se disant :

— Ah ! tu ne veux pas parler !... Je te réponds que je te ferai parler, moi.

Et au bout de quelques minutes, Rose dit avec malice, tout en ayant l'air bien occupée de son ouvrage :

— Je crois que c'est mademoiselle qui devait être l'épouse du filleul de monsieur...

— Ah ! vous savez cela ! dit Adélaïde en laissant échapper un sourire amer.

— J'ai dit à mademoiselle que je savais tout, tout ce qui intéresse M. Bellequeue... D'ailleurs j'ai déjà eu *l'honneur* de voir mademoiselle Chopard.

— Oui... en effet, je suis venue avec papa... deux ou trois fois.

— Oh ! oh ! avec *papa!* se dit Rose en se retournant pour rire. Cette petite mignonne !... de cinq pieds six pouces qui dit encore *papa*... Elle devrait tenir aussi une poupée dans ses bras.

Puis Rose reprend d'un air indifférent :

— C'est bien drôle que ce mariage soit resté là... car on disait que c'était une chose très avancée...

— Puisque vous savez tout, vous devez savoir la conduite indigne que M. Jean a tenue envers... mes parents... Je ne parle pas de moi, car je m'embarrasse de lui comme d'un Cosaque !...

— Oui ! je crois ça ! se dit Rose.

— De son côté, reprend Adélaïde, M. Bellequeue ne s'est pas conduit envers nous comme on devait l'attendre d'un ancien ami. Certainement, quand on a toute l'autorité d'un parrain... et sur un jeune homme qui n'a plus ni père ni mère, on peut bien le marier à qui l'on veut.

— Mais dam' mamzelle... après tout, pourquoi donc voulez-vous que l'on *violente* les inclinations de M. Jean ?...

— Que l'on violente !... n'aurait-il pas été bien malheureux ? D'ailleurs c'est moi qu'il adorait !...

— Ah ! c'est-à-dire que vous avez cru ça, répond Rose en souriant.

— Comment ?... Qu'est-ce à dire ? s'écrie Adélaïde en se levant. J'ai cru... Vous savez donc les secrets de M. Jean ?... vous connaissez donc le fond de son cœur ?... vous connaissez peut-être le nouvel objet qui l'enflamme !... Oui, je suis sûre que vous le connaissez... Parlez, la bonne, parlez... parlez donc...

— Oh ! mon Dieu ! comme vous vous échauffez pour un homme dont vous ne vous embarrassez plus !...

— Que je m'échauffe ou que je ne m'échauffe pas, ce sont mes affaires, et je vous prie de me répondre.

— Mais il me semble que vous n'êtes pas venue ici pour causer avec *la bonne!*... répond Rose d'un air moqueur. Et puisque ce n'est qu'à monsieur que vous voulez parler...

— Ah ! je vois bien que vous en savez long, mademoiselle. Oui, c'était au sujet de M. Jean que je voulais voir votre maître. Comme papa est très en colère, et qu'il a dit que M. Jean ne périrait que de sa main, je voulais que M. Bellequeue m'apprît où est ce jeune homme, afin de l'engager à éviter la rencontre de papa, qui lui ferait un mauvais parti.

— Oh ! si ce n'est que ça ! je crois que M. Jean n'a pas peur de la colère de M. Chopard !... D'ailleurs *mon maître* ne peut pas dire où est son filleul !... Quant à cet amour que vous avez cru qu'il avait pour vous, lorsque vous avez vu ce jeune homme devenir tout pensif, tout rêveur... oh ! c'était bien en effet l'amour qui le rendait comme ça ; mais je puis bien vous assurer que vous n'en étiez pas cause !...

— Achevez... Qui donc aimait-il ? dit Adélaïde en tortillant un mouchoir dans ses mains.

— Ah ! une bien jolie femme... à ce qu'il m'a dit... Oh ! une femme du grand genre..., élégante... bien tournée...

— Que ces hommes sont scélérats !... Vous étiez donc sa confidente, la bonne?

— Mais oui... M. Jean avait beaucoup de confiance en moi, il me disait tout ce qu'il pensait !

— Et où a-t-il connu cette femme ?

— C'est l'une de celles qu'il a sauvées un soir que des voleurs venaient de les attaquer.

— Ah ! l'horreur ! une de ces femmes qu'il a trouvées dans la rue !... quelque malheureuse !... Et c'est pour un semblable objet que je suis outragée !...

— Ça n'est pas du tout une malheureuse ! car il paraît, au contraire, que c'est une femme noble et millionnaire, qui a trois carrosses et vingt domestiques !...

Et Rose se retourne en se disant : Faut dire tout ça, parce que ça la vexe.

— C'est donc une princesse alors ! Jolie princesse ! qui se promenait seule le soir dans la rue des Trois-Pavillons !... Est-ce qu'elle est Italienne?

— Ah ! j'ignore si elle est Italienne on Turquoise, M. Jean ne me l'a pas dit ; mais ce qu'il y a de certain, c'est qu'il l'aime !... Ah ! mais il l'aime d'une force...

— Quand il l'aimerait comme un Samson, je vous réponds qu'il ne l'épousera pas !...

— Bah ! qui l'en empêcherait ?

— Moi.

— Vous !

— Oui, la bonne, moi !...

— C'est peut-être déjà fait seulement !

— Qu'il ne s'en avise pas !...

— Et le nom de cette beauté extraordinaire?

— Je n'en sais rien.

— Vous n'en savez rien ?

— Non, M. Jean ne me l'a pas dit.

— C'est bien étonnant !... et sa demeure ?

— Je n'en sais rien.

— Vous ne savez pas la demeure... vous la confidente de M. Jean ?

— Non, mamzelle, je ne la sais pas... ou si je la sais, je ne veux pas vous la dire, parce que ce serait trahir les secrets de l'amour !...

Et Rose se dit tout bas : Faut lui faire croire que je sais l'adresse.

— Mademoiselle Rose, je vous prie de me dire l'adresse de cette dame ! s'écrie Adélaïde en faisant des yeux étincelants.

— Mademoiselle, je ne vous la dirai pas, répond Rose en recommençant à épousseter.

— La bonne, prenez garde !... Je retrouverai M. Bellequeue une autre fois ; je me plaindrai de vous... et je vous ferai chasser par votre maître si vous ne me donnez pas cette adresse.

— Vous me ferez chasser ! s'écrie Rose en faisant avec son plumeau voler de la poussière sur Adélaïde. Ah ben ! il est joli, celui-là ! mais le malheur c'est que *mon maître* commencera par m'écouter avant vous, et qu'il pourra fort bien vous prier de rester tranquille chez vot' *papa*, et de ne pas venir faire ici des jérémiades pour avoir un mari.

Ces derniers mots mettent le comble à la colère d'Adélaïde, qui s'écrie :

— Je ne veux pas me compromettre davantage avec une domestique, et sort en faisant trembler le parquet sous ses pas.

Rose va fermer la porte sur elle en criant :

— Ah ! mon Dieu !... c'est pis qu'une *Danaïde !*

La visite de mademoiselle Chopard chez Bellequeue n'eut point d'autre résultat. L'année s'écoula sans que l'on eût des nouvelles de Jean, qui étudiait tranquillement dans son petit entre-sol de la rue Richer, pendant que Bellequeue s'inquiétait de lui, que Rose s'étonnait de ne point le voir arriver, et qu'Adélaïde courait tous les matins chez le portier de la rue de Provence.

CHAPITRE XXV

SÉJOUR A LUZARCHE

Jean ne tarde pas à profiter de l'invitation de madame Dorville, car le désir d'étudier ne tient pas contre celui d'être auprès de Caroline ; et d'ailleurs quand c'est pour plaire à une femme aimable et spirituelle que l'on veut refaire son éducation, c'est toujours auprès d'elle que l'on prendra les meilleures leçons. Les maîtres nous enseignent la science, les femmes nous apprennent à plaire ; nous sortons des mains des premiers tout fiers de pouvoir montrer notre érudition, nous apprenons avec les secondes à cacher la sécheresse du savoir sous les formes gracieuses de la galanterie, à aimer de jolis riens qui ont du prix parce qu'ils sortent d'une bouche charmante ! enfin auprès des femmes nous savons écouter, et dans le monde c'est le moyen de se faire rechercher ; il y a tant de gens qui ne savent que parler !

Jean, qui connaît maintenant les convenances, a laissé à madame Dorville le temps d'arriver, de s'établir dans sa maison de campagne ; mais après six jours d'attente il part enfin pour Luzarche, monté sur un joli cheval dont il vient de faire l'acquisition, et suivi de son domestique.

Les sept lieues sont franchies en moins de trois heures. En approchant de l'endroit habité par Caroline, Jean ralentit le pas de son coursier : quand nous touchons au but de nos désirs, il semble qu'une voix secrète nous dise de moins presser le moment du bonheur, car l'espérance est déjà le bonheur même.

Jean n'a point demandé à madame Dorville dans quelle partie du pays est située sa maison, mais il est persuadé qu'il devinera l'endroit qu'elle habite. En apercevant une jolie habitation, décorée avec élégance, Jean s'écrie :

— C'est là... Et il descend de cheval, frappe et demande madame Dorville. Une jeune fille vient ouvrir et lui dit :

— Monsieur, la maison de madame Dorville est plus loin, au bout du second sentier à gauche.

Jean remercie et remonte à cheval, fort étonné que son cœur ait pu le tromper; mais si le cœur était toujours sorcier, cela exposerait à beaucoup de désagréments.

Enfin on aperçoit la maison tant désirée; elle est moins élégante que celle où Jean s'est adressé, mais sa simplicité est de bon goût. Sur le devant est une cour fermée par une grille; cette cour est ornée d'arbustes et entourée d'un treillage en chèvrefeuille; la maison a un rez-de-chaussée, deux étages et des greniers, et le vestibule du milieu, dont la porte du fond est ouverte, laisse voir derrière la maison un jardin délicieux.

Jean n'a pas remarqué tout cela, mais il a vu une dame à une fenêtre du premier, et il a mis son cheval au galop, car cette dame est Caroline qui, par hasard sans doute, regardait alors sur le sentier qui mène à la grande route. Bientôt le jeune voyageur est auprès d'elle, et Caroline trouve que M. Jean se tient fort bien à cheval.

Caroline est descendue pour aller recevoir la visite qui lui arrive. Jean rougit encore en l'abordant et balbutie :

— Vous voyez, madame, que je profite de votre invitation.

— C'est fort aimable à vous... Je ne vous avais pas indiqué de quel côté je demeurais, et je craignais que vous ne me trouvassiez point. Êtes-vous fatigué?

— Pas du tout.

— Alors je vais vous faire admirer toutes mes possessions, il faut se résigner à cela quand on va visiter des campagnards, je ne vous ferai pas grâce d'un rosier... Mais auparavant, je dois vous présenter aux personnes qui veulent bien me tenir ici fidèle compagnie.

Jean suit Caroline, qui le fait entrer dans un salon du rez-de-chaussée; là, est une vieille dame d'une physionomie respectable, qui s'occupe à lire les journaux; plus loin, devant un piano, est une jeune personne de douze à treize ans. La vieille dame, nommée madame Marcelin, avait été amie de la mère de Caroline; elle était peu fortunée, et Caroline profitait de son séjour à la campagne pour engager madame Marcelin à venir lui tenir compagnie, ce que la bonne dame acceptait avec plaisir. La jeune personne, nommée Laure, était fille de gens honnêtes, que des malheurs avaient ruinés et qui ne pouvaient donner à leur fille aucun talent agréable; Caroline amenait Laure avec elle à sa campagne, et là, se plaisait à lui enseigner le piano, pour lequel la jeune fille avait de grandes dispositions.

Grâce à cette société, madame Dorville pouvait aussi recevoir à sa campagne qui bon lui semblait, sans donner prise à la médisance, ce qu'elle n'eût point osé faire si elle l'eût habitée seule.

Jean a salué la vieille dame, qui a ôté ses lunettes et quitté un moment ses journaux à son entrée dans le salon. La petite Laure a salué aussi, puis elle continue d'étudier sa musique.

— Voilà, dit Caroline à Jean, mes fidèles compagnes dans cette maisonnette. Quand vous voudrez augmenter notre société, vous me ferez plaisir. Sans avoir un château, on peut encore loger ceux qui veulent bien nous donner quelques jours. Du reste, ici, liberté entière : on travaille, on lit, on va se promener, on fait ce qu'on veut... A l'heure des repas, seulement, on doit être exact. Ensuite on reste avec nous, quand cela plaît; et comme les causeries des dames n'amusent point toujours les messieurs, eh bien, on souhaite le bonsoir, et l'on rentre chez soi.

Jean est enchanté de l'aimable réception de Caroline; il aurait cependant préféré la trouver seule dans sa maison de campagne; mais être auprès d'elle, c'est déjà beaucoup, et madame Dorville l'a engagé à lui donner quelques jours, bonheur qu'il n'osait point espérer.

— Venez voir mes domaines, dit Caroline en prenant elle-même la main de Jean.

Celui-ci se laisse conduire, tout ému de sentir la jolie main de Caroline tenir la sienne, et charmé que les manières de la bonne compagnie permissent cette douce familiarité.

On parcourt le jardin, qui est très vaste. On visite un petit bois de noisetiers, une grotte, un pavillon, une prairie. En revenant Caroline montre sa laiterie et jusqu'au pigeonnier, en s'écriant :

— Je vous ai prévenu que je ne vous ferais grâce de rien.

Jean trouve tout admirable, quoiqu'il ne fasse pas toujours attention à ce qu'on lui montre, mais il voit partout son aimable conductrice, et pense qu'habiter auprès d'elle lui rendrait l'étude bien plus facile.

Caroline conduit son hôte dans une petite pièce où sont plusieurs tablettes garnies de livres et de cartons de dessin.

— C'est ici, monsieur, où l'on vient travailler, étudier, ou lire, dit la jeune veuve en souriant. Comme j'habite quelquefois cette campagne pendant cinq mois de l'année, j'aime à retrouver les auteurs qui me plaisent. Il n'y a là qu'une centaine de volumes, mais lorsqu'ils sont bien remplis, convenez qu'ils peuvent encore apprendre bien des choses. C'est aussi le salon de dessin, j'y donne tous les jours une leçon à Laure. Il n'y a que la musique que nous n'ayons pas ici. Maintenant, monsieur, vous voilà de la maison, et lorsque vous me ferez l'amitié d'y venir, vous pourrez tant que vous voudrez travailler dans cette pièce, que j'ai décorée du beau nom de bibliothèque.

— Ah! j'y viendrai souvent!... si vous me le permettez, madame... et si ma présence ne vous est point importune... dit Jean en regardant Caroline. Celle-ci détourne ses regards des siens en lui répondant :

— Si votre présence m'était importune, vous aurais-je engagé à venir me voir?...

— Mais dans le monde... on dit que l'on se voit sans... sans avoir de l'amitié l'un pour l'autre.

— Ici, nous ne sommes pas dans le monde; j'y reçois bien parfois des visites dont je me passerais volontiers, mais ces personnes-là... je ne les engage jamais à venir étudier chez moi.

— Que je suis heureux, madame, d'être du nombre de celles que vous voulez bien admettre dans votre intimité!... Comment ai-je mérité ce bonheur?

— Votre franchise m'a toujours prévenue en votre faveur... Il y a si peu de gens sincères dans le monde!... Je souffrais cependant de votre ton... un peu libre... de vos expressions parfois communes... Cela me faisait de la peine pour vous... Pardon... je vous fâche peut-être.

— Bien loin de là, madame. N'est-ce pas de vous que je puis recevoir les meilleures leçons?... N'est-ce pas à vous que je dois...

En ce moment le son d'une cloche se fait entendre.

— Voilà l'heure du dîner, s'écrie Caroline, cette cloche nous l'annonce. Oh! tout se fait chez moi comme dans un château. Allons, monsieur, ne nous faisons pas attendre.

Jean suit sa jeune hôtesse. La vieille dame et la petite Laure étaient déjà dans la salle à manger. On se met à table. D'abord Jean est encore un peu embarrassé; mais bientôt l'amabilité, la gaieté de Caroline, lui font perdre cette contrainte qui l'empêchait d'être lui-même. Il se sent peu à peu entièrement à son aise, il s'exprime avec plus de facilité, il ose dire ce qu'il pense, il ose causer enfin, parce qu'il sait bien qu'on ne se moquera pas de lui; pour la première fois, devant Caroline, il est gai, il est aimable, il a de l'esprit; et cependant Caroline n'en paraît pas étonnée : elle avait deviné que Jean pouvait être tout cela.

Après le dîner on va se promener dans le jardin. Jean est tout surpris d'être déjà avec Caroline comme avec une ancienne connaissance.

Cependant il ne se permettrait avec elle aucune liberté, aucune familiarité que la plus stricte décence n'autorisât. Mais l'amabilité, la franchise, l'enjouement, ont un abandon qu'il ne connaissait pas; et il est tout étonné de voir que l'on peut être très aimable dans le monde, sans cesser de respecter toutes les convenances qu'il impose. Quand la nuit vient on retourne au salon. La jeune Laure se remet au piano, et Caroline dit à Jean :

— La musique va vous ennuyer? Vous ne l'aimez pas?

— Pardonnez-moi, répond Jean, je l'aime beaucoup à présent, et je commence même à... à chanter un peu.

— Comment! monsieur, vous avez aussi appris la musique? Oh! voyons... voyons sur-le-champ votre talent... Je vais vous accompagner... Oh! nous avons là de quoi chanter.

Caroline se met au piano, Jean se place derrière elle, il choisit un morceau qu'il connaît, et il chante, en tremblant d'abord, puis beaucoup mieux et avec expression, parce qu'étant placé derrière la chaise de Caroline, ses regards ne le troublent pas. Mais au-dessus du piano est une glace, et bientôt Jean y voit les traits de celle qui l'accompagne, et ses beaux yeux qui se portent sur lui. Alors il se perd... il s'embrouille... il ne peut plus se retrouver.

— Eh bien! pourquoi donc vous arrêtez-vous? dit Caroline. Cela allait si bien!... Allons, monsieur, continuons... Songez qu'ici il faut travailler.

Jean achève le morceau. Caroline s'écrie à chaque instant :

— C'est étonnant... en si peu de temps... savoir déjà si bien chanter... suivre la mesure!... sentir la musique!...

Et la jolie femme se retourne et regarde le jeune homme; il y avait dans ce regard quelque chose qui payait Jean de tout ce qu'il avait fait depuis un an.

— Je sais aussi quelques duos, dit Jean qui a déjà moins peur de chanter.

— Des duos!... Lesquels?...

— Mais... d'abord celui que vous avez chanté... à cette grande soirée où... je vous ai rencontrée.

— Ah! je me rappelle : le duo des *Aubergistes de qualité*. Le voilà; nous allons l'essayer ensemble.

Jean se sent tout ému en entendant la jolie voix de Caroline, il ose à peine unir ses accents aux siens; mais on l'encourage, on le gronde, on le reprend quand il fait mal; enfin on fait semblant de ne point s'apercevoir de l'expression de ses yeux, du tremblement de sa voix lorsqu'il parle d'amour.

— Nous ferons quelque chose de vous, dit Caroline; Laure chante bien, elle vous donnera des leçons... Ce serait vraiment dommage de ne point faire de vous un bon musicien.

Jean s'incline; il ne trouve pas encore tout ce qu'il voudrait dire, ou peut-être sent-il qu'il ne doit pas encore dire tout ce qu'il pense.

Mais déjà la vieille madame Marcelin a fermé son livre et pris sa lumière pour se retirer. Jean ne sait pas encore positivement s'il doit se permettre de rester, si on l'a en effet engagé à passer quelques jours. Dans son incertitude, il se lève, prend son chapeau, et regarde Caroline avec embarras.

— Eh bien! monsieur, qu'allez-vous donc faire? lui dit la jeune femme en allant à lui. Est-ce que vous partez?

— Mais, madame... je ne sais...

— Mais non, monsieur, vous restez avec nous quelques jours... à moins que vos affaires ne vous permettent pas...

— Oh! pardonnez-moi, madame!... je suis entièrement libre!... Mais je craignais... Je ne savais pas si je devais...

Caroline sourit encore, puis elle sonne sa femme de chambre. Louise paraît, et on lui ordonne de conduire Jean à une des chambres d'amis.

Jean fait un profond salut à la compagnie, et suit la domestique qui le conduit à une jolie pièce du second étage où elle le laisse, et Jean se met au lit encore tout étourdi de son bonheur, et la pensée qu'il couche sous le même toit que Caroline, qu'il est chez elle, qu'il peut y rester plusieurs jours, le tient éveillé toute la nuit... Mais on ne peut pas avoir tous les bonheurs à la fois; et d'ailleurs en est-ce un de dormir lorsque nos idées sont couleur de rose?...

Quand on n'a pas dormi de la nuit, il est naturel de se lever de bonne heure. Au point du jour, Jean était sur pied; il commence par donner ordre à son domestique de retourner à son logement à Paris, car il ne voit pas la nécessité de le garder avec lui chez madame Dorville. Ensuite Jean se rend dans les jardins; il parcourt avec délices ces allées, ces bosquets, ces ombrages embellis chaque jour par la présence de Caroline. Il semblait à Jean que l'air qu'il respirait était plus doux, que la nature était plus belle partout où la femme charmante avait porté ses pas. Qui de nous n'a connu cette influence causée par l'objet aimé, cette magie dont l'amour entoure les amants!... ici il y a des gens qui osent dire qu'il n'y a plus de sorciers, de lutins!... lorsqu'un enfant transforme pour nous une chaumière en un boudoir délicieux; un bois sombre, une grotte obscure en un séjour enchanteur; et que lui faut-il pour cela? de beaux yeux... un pied mignon... un petit nez retroussé!... Les Armide, les Circé, les Médée, n'en savaient pas plus que cet enfant-là.

Jean était absorbé dans ses pensées, arrêté devant un groupe d'arbres près duquel était un banc de verdure. Il regardait ce banc avec attention... ou peut-être il ne le voyait pas, car les amoureux sont comme les myopes; leurs pensées sont quelquefois bien loin de ce qu'ils semblent examiner. Tout à coup une voix bien connue se fait entendre près du jeune homme et lui dit :

— Que regardez-vous donc là avec tant d'attention?...

Jean se retourne et dit à Caroline :

— Je regardais ce banc de gazon...

— Ce banc de gazon! Mais je ne lui vois rien d'extraordinaire...

— Je pensais que plus d'une fois, sans doute, vous aviez été assise à cette place.

Jean ne dit rien de plus; mais Caroline est émue de cet aveu si simple, si naïf, qui en disait plus que des compliments arrangés avec art et débités avec prétention. Pendant quelques minutes elle reste pensive aussi, et Jean ne lui en demande pas le motif.

Mais la petite Laure accourt annoncer que le déjeuner est servi. Déjà Caroline a repris sa gaieté, et l'on retourne à la maison. Après le déjeuner, madame Marcelin développe avec délices les journaux dont la lecture va l'occuper une grande partie de la journée. Caroline et Laure montent à la bibliothèque. Jean les suit. Il lit pendant que ces dames dessinent, mais de temps à autre ses yeux ne sont plus sur son livre; ils se portent sur son aimable hôtesse, et par hasard, sans doute, les regards de Caroline rencontrent souvent ceux de Jean. Alors elle lui dit en souriant :

— Eh bien! monsieur, est-ce que vous ne lisez pas?

— Pardonnez-moi, madame, c'est que je... méditais sur ce que je viens de lire...

— Ah! c'est très bien cela, monsieur.

Le jeune homme mentait alors; mais quand on prend l'usage du monde, il faut nécessairement apprendre à mentir.

Quand Caroline et son écolière ont terminé leur leçon de dessin, elles laissent Jean dans la bibliothèque, et c'est seulement alors qu'il étudie réellement, et qu'il sait ce qu'il lit. Il redescend ensuite au salon, et la jeune Laure lui donne une leçon de solfège. Après le dîner, on se promène dans le jardin ou dans les environs; puis le soir on rentre, et l'on fait encore de la musique.

Plusieurs jours s'écoulent ainsi; Jean est trop heureux pour oser davantage. Cependant il adore Caroline, mais il craindrait, en lui faisant l'aveu de son amour, qu'elle ne se fâchât, et ne lui permît plus d'habiter auprès d'elle. Cette crainte le rend muet; mais si sa bouche ne dit point le secret de son cœur, ses yeux doivent le faire connaître. Lorsque par hasard Jean se trouve un moment seul avec Caroline, ses regards cherchent les siens, il y voit toujours une expression bienveillante, mais peut-être n'est-ce que de l'amitié; Caroline est bonne, aimable, mais aura-t-elle jamais de l'amour pour lui? Jean ne se croit pas digne de posséder son cœur; il se voit encore ce qu'il était autrefois.

Huit jours se sont écoulés rapidement; en restant plus longtemps, pour sa première visite, Jean craindrait d'être indiscret, et le matin du neuvième il fait ses adieux.

— Vous nous quittez! lui dit Caroline. Et sa voix semble encore plus douce; l'air de reproche dont elle accompagne ces mots enchante Jean, qui est prêt à lui répondre qu'il va rester. Cependant il reprend sa résolution, et annonce que quelques affaires l'appellent à Paris.

— Si vous êtes longtemps sans revenir, dit la petite Laure, vous oublierez tout ce que je vous ai appris.

— Vous l'entendez, dit Caroline, votre maîtresse de musique veut que vous reveniez bientôt...

La jolie femme n'en dit pas plus, mais ses regards semblaient d'accord avec les désirs de Laure. Jean prend timidement la main de Caroline, il la presse dans la sienne, il n'ose pas la porter à ses lèvres... Il y a encore tant de choses qu'il n'ose pas faire!... Et pourtant autrefois il était hardi, entreprenant; mais les extrêmes se touchent, et ce n'est plus le Jean d'autrefois.

Il s'est enfin arraché du séjour enchanté, et il se dit en retournant à Paris :

— Je ne suis pas resté plus longtemps cette fois par bienséance... Mais lorsque j'y retournerai, j'y resterai jusqu'à ce qu'elle-même me dise de partir.

CHAPITRE XXVI

VISITES, DUEL ET SES SUITES

Jean trouve son petit entresol triste, car madame Dorville n'est plus à quelques pas; il ne peut espérer de la voir passer dans la rue, les journées lui semblent d'une longueur mortelle, l'étude même ne saurait le distraire. Après huit jours, qui lui paraissent éternels, Jean n'y tient plus, il part pour la campagne de madame Dorville.

— Si elle paraît mécontente de me revoir sitôt, si elle me reçoit froidement, se dit-il, eh bien! je lui avouerai que je ne puis exister loin d'elle; si ma présence l'importune, qu'elle me laisse au moins respirer l'air qu'elle respire, reposer sous le toit qui l'abrite, et je ne lui parlerai jamais de mon amour.

Mais quelque chose lui disait en secret que Caroline ne serait pas mécontente de son empressement à la revoir; livré à cet espoir, il presse les flancs de son coursier, qui arrive couvert d'écume à Luzarche.

Jean est descendu de cheval, il confie son cheval au jardinier, qui sert aussi de palefrenier, et lui demande si madame Dorville est chez elle.

— J'ons vu madame tout à l'heure descendre au jardin, répond le jardinier.

Jean, enchanté, glisse une pièce d'or au domestique, et court au jardin sans s'arrêter dans la maison.

Jean connaît tous les détours du jardin, il en a déjà parcouru une partie, et n'aperçoit pas Caroline, lorsqu'enfin, au bout d'une allée, il voit la jeune femme assise sur le banc de gazon devant lequel elle l'a surpris en contemplation quelques jours auparavant.

Jean s'arrête; Caroline ne peut le voir; il avance doucement la tête pour connaître ce qui l'occupe; mais Caroline ne tient ni livre, ni ouvrage, ni dessein; sa tête est appuyée sur une de ses mains, ses yeux sont fixés sur le gazon, son sein se soulève doucement, elle est tout entière à ses réflexions.

Jean ne bouge pas, mais il soupire en se disant :

— A quoi... ou à qui pense-t-elle en ce moment?

Le résultat de cette rencontre fut un coup d'épée.

Quelques minutes se passent ainsi, lorsqu'en sortant de sa rêverie, Caroline tourne subitement la tête, et voit Jean immobile à quatre pas d'elle.

— Comment!... c'est vous!... vous ici! dit Caroline avec surprise.

— Oui, madame. Je viens d'arriver; on m'a dit que vous étiez au jardin et je suis venu vous y chercher...

— Et vous restiez là sans me rien dire?

— Je vous voyais... n'était-ce pas beaucoup?

— Vraiment, monsieur Jean, je vais trouver que vous prenez trop le ton du monde, car vous faites aussi des compliments.

— Des compliments... Non, madame, je n'en veux jamais faire... Je veux garder ma sincérité d'autrefois... puisque alors c'est tout ce que j'avais de bien.

— Mon Dieu! comme vous avez chaud!... Vous êtes tout en nage.

— Je suis venu un peu vite...

— Venez donc vous asseoir, au moins.

Jean ne se fait pas répéter cette invitation, il s'assied près de Caroline, qui reprend en le regardant avec intérêt :

— Quelle folie! se fatiguer ainsi! Et pourquoi venir si vite?

—Mais pour vous voir plus tôt.

— Paris ne vous a donc pas fait oublier cette campagne?

— Cette campagne!... Ah! madame, je suis si heureux d'habiter près de vous qu'à Paris il me semblait ne plus exister... Je n'ai pu résister à ce que j'éprouvais... Peut-être ce désir m'a-t-il fait manquer aux convenances en me ramenant si vite en ces lieux.

— Monsieur Jean, je vous l'ai déjà dit, pour ses amis on doit se défaire de ces formes cérémonieuses... Est-ce que que vous ne voulez point être le mien?

— Votre ami! ce titre est bien doux... Cependant... il en est de plus doux encore...

Un soupir accompagne ces mots, Caroline ne fait pas semblant de l'entendre, et s'écrie en riant :

— Mais, mon Dieu! comme nous voilà sérieux!... Il semblerait que nous avons un grand sujet de tristesse et j'espère qu'il n'en est rien. Allons, monsieur, je ne veux pas que l'on ait l'air pensif comme cela.

— Eh bien! je serai gai, madame, répond Jean en poussant encore un gros soupir, et Caroline le regarde en souriant; mais les yeux de Jean rencontrent alors les siens, et ils ont une expression si tendre qu'elle ne peut s'empêcher de rougir et de soupirer aussi.

En ce moment la petite Laure accourt annoncer à sa bonne amie que des voisins viennent lui rendre visite. Caroline se lève en disant à Jean :

— Allons au salon... On se doit à la société. Et Jean la suit en se disant :

— Les convenances ont aussi leur mauvais côté.

La compagnie qui vient d'arriver se compose du mari, de la femme et de quatre enfants, qui se prétendent voisins de madame Dorville parce qu'ils ont un pied-à-terre à Chantilly, où du reste ils ne sont jamais, passant la belle saison chez les habitants des environs. Ils vont sans façon s'installer tantôt chez l'un, tantôt chez l'autre. Caroline qui se trouve souvent avec eux à Paris, est obligée de faire accueil à une famille fort ennuyeuse, dont le chef est un bavard insupportable, la femme une sotte remplie de prétention, et les quatre petits garçons des diables qui bouleversent tout dans la maison et dans le jardin, tandis que le papa ne cesse de répéter :

— Oh! vous pouvez laisser mes garçons courir partout, ils sont trop bien élevés pour toucher à rien.

Pendant que Caroline reçoit la famille Deschamps, Jean va saluer madame Marcelin, et dire bonjour à la petite Laure; puis, n'espérant plus être un moment seul avec Caroline, il va se rendre à la bibliothèque; mais déjà M. Deschamps s'est emparé de lui, et a commencé sur les plaisirs de la campagne une conversation qu'il paraît avoir l'intention de pousser fort loin, sans laisser à son interlocuteur la faculté de placer autre chose que des *oui* et des *non*. Fatigué de ce bavardage, Jean bat en retraite sur le jardin, mais M. Deschamps l'y suit, et chaque arbre, chaque buisson, chaque fleur lui fournit de quoi prolonger ses réflexions sur les plaisirs de la campagne. Le pauvre Jean ne voit pas comment il sortira de là; mais Caroline, qui s'est aperçue que depuis deux heures il est la victime de M. Deschamps, se décide à venir le délivrer en lui annonçant que Laure l'attend pour faire de la musique, Jean remercie d'un coup d'œil Caroline, et la laisse avec ce monsieur qui sait si bien détailler les plaisirs de la campagne.

Jean se flattait que la famille Deschamps partirait après le dîner; mais au dessert le chef de famille dit à Caroline :

— Madame Dorville, nous venons sans façon passer une huitaine chez vous... Ensuite nous irons à Écouen, chez M. de Grandfort, où nous resterons quinze jours... De là à Pierrefite, chez madame Duparc; puis nous passerons trois semaines à Beaumont et un mois à Louvre... On nous attend partout; nous sommes pris pour tout l'été; mais il faut venir nous voir aussi à Chantilly, madame Dorville, nous serons bien flattés de vous recevoir...

Avant d'inviter les personnes à aller chez lui, M. Deschamps avait soin de faire savoir qu'il n'y était jamais. Pendant qu'il parlait, Jean regardait Caroline, et ses yeux semblaient lui dire :

— Comment! vous allez garder pendant huit jours ces gens-là chez vous?...

Un léger sourire qui parut sur les lèvres de la jolie femme fit comprendre à Jean qu'elle devinait sa pensée. Cependant elle répondit très poliment à M. Deschamps :

— C'est fort aimable à vous d'être venu me voir; quelques jours plus tard vous ne m'eussiez point trouvée, car on m'attend aussi à une campagne voisine, et j'ai promis d'y être dans quatre ou cinq jours...

— Alors nous ne resterons que cela chez vous, reprend M. Deschamps, et nous passerons trois jours de plus chez M. de Grandfort.

— Voilà cinq jours qui seront bien amusants! se dit Jean.

En effet, tant que la famille Deschamps est

chez Caroline, il est impossible de goûter un moment de tranquillité, à moins de sortir de la maison. Le matin, M. Deschamps poursuit tout le monde, jusque dans la bibliothèque; pas moyen de lui échapper. Dans le jardin, les enfants mettent tout au pillage; ils cueillent les fruits et les fleurs, et trouvent même gentil de déraciner de petits arbres pour les planter ailleurs; et le soir, la voix du papa, se mêlant aux cris de ses quatre garçons, ne permet pas d'entendre ce qu'on fait au piano.

Enfin, le cinquième jour, la famille Deschamps prend congé, et M. Deschamps, après avoir dit : Partons pour Ecouen, ne manque pas d'engager encore madame Dorville à venir les voir à Chantilly.

Il semble qu'on respire plus librement, débarrassé de la présence de personnages ennuyeux. Après le départ des Deschamps, on reprend chez Caroline les occupations que l'on aime; on se retrouve, on peut enfin se voir, se parler et s'entendre. Jean, qui cherche plus que jamais à mériter les suffrages de la femme charmante, fait de rapides progrès dans la musique, et passe tous les matins plusieurs heures dans la bibliothèque; un regard, un mot de Caroline le payent de son assiduité au travail; être près d'elle est déjà une douce récompense, et lors même qu'on ne se dit rien, lorsque chacun semble livré à ses pensées, Jean trouve que le temps vole. Près de ce qu'on aime les heures s'écoulent si rapidement!

Mais dix jours après le départ de la famille Deschamps, un joli cabriolet s'arrête à la porte de la maison de madame Dorville, et bientôt madame Beaumont et M. Valcourt se présentent chez Caroline.

Depuis longtemps Valcourt désirait aller à la campagne de la jeune veuve, il avait prié madame de Beaumont de l'y conduire, et celle-ci y avait consenti.

Les dames étaient dans le salon du rez-de-chaussée lorsque les nouveaux venus arrivèrent. Caroline les reçoit avec sa grâce habituelle; Valcourt demande pardon de la liberté qu'il a prise d'accompagner madame Beaumont; on l'excuse avec politesse, et l'on s'empresse de faire les honneurs de chez soi.

Valcourt examine tout, admire tout, et pendant qu'il s'écrie :

— C'est un séjour délicieux, enchanteur, je voudrais passer ici ma vie! madame Beaumont annonce à Caroline qu'elle vient lui tenir compagnie pour quelques jours.

— C'est bien aimable à vous, répond Caroline en souriant; mais alors ce sourire n'est pas bien naturel, et quelqu'un d'observateur pourrait n'y voir que de la politesse.

Jean travaillait dans la bibliothèque pendant que madame Beaumont et Valcourt s'installaient dans la maison; mais la petite Laure est montée dire à Jean :

— Il vient encore de nous arriver du monde, des gens de Paris. C'est contrariant! On ne peut pas si bien chanter quand il y a du monde.

Jean trouve aussi que c'est très contrariant, non pas seulement parce que cela empêche de chanter. Mais il faut bien prendre son parti, et ce monsieur et cette dame ne peuvent être aussi ennuyeux que les Deschamps.

Jean va faire une toilette plus soignée avant de descendre au salon, puis il se présente avec cette aisance, cette grâce qu'il acquiert chaque jour près de Caroline. Tout le monde était réuni, madame Beaumont regarde Jean, car sa tournure, ses manières sont tellement différentes d'autrefois, que d'abord elle ne le remet pas; mais Valcourt a sur-le-champ reconnu le jeune homme dont il a tant ri, et ses traits expriment la surprise, le dépit qu'il éprouve en le retrouvant chez madame Dorville.

Jean salue avec politesse, puis va causer avec madame Marcelin, tandis que madame Beaumont dit tout bas à Caroline :

— Ma chère amie, quel est donc ce monsieur?... Il me semble l'avoir vu quelque part.

— C'est M. Durand...

— Comment!... celui qui avait si mauvais ton?

— Oui, ma chère amie.

— Mais il me fait l'effet de n'être plus le même.

— C'est qu'en effet il est entièrement changé... Vous verrez, ma bonne amie, qu'on peut maintenant le recevoir sans se compromettre.

Ces mots sont accompagnés d'un sourire un peu ironique. Pendant que ces deux dames se parlent, Valcourt ne cesse point d'examiner Jean. Il est désolé de ne rien pouvoir trouver à critiquer dans sa toilette.

La cloche du dîner se fait entendre; Jean présente sa main à madame Beaumont. On va se mettre à table : d'abord on y parle peu, chacun semble s'observer; mais madame Beaumont ne tarde pas à conter les nouvelles de Paris, et Valcourt, qui pense que Jean doit au moins être fort emprunté dans la conversation, cherche à le faire causer. Mais au grand étonnement du jeune fat, Jean répond fort bien, et s'il ne fait pas de périphrases, de métaphores, s'il n'emploie pas avec affectation des termes recherchés, il sait parfaitement soutenir la conversation.

Valcourt se mord les lèvres avec colère; ses yeux se portent, tantôt sur Jean, tantôt sur Caroline, et déjà il a glissé dans ses discours quelques observations malignes qui n'ont point échappé à la jeune veuve, mais auxquelles Jean n'a point fait attention.

Le dîner est terminé, et l'on se rend dans le jardin. Valcourt ne quitte pas une minute Caroline, il fait l'aimable, le galant, et quoique sa gaieté paraisse un peu forcée, elle n'en fait pas moins mal à Jean, qui s'éloigne en soupirant et va se promener dans une allée solitaire en se disant :

— J'aimais encore mieux la famille Deschamps.

La nuit ramène tout le monde au salon. En y entrant, Caroline dit tout bas à Jean.

— Pourquoi donc n'êtes-vous pas resté avec nous au jardin?

— Je craignais... d'être importun...

— C'est très mal, monsieur... Dorénavant je vous prie de vouloir bien aussi me tenir compagnie.

Ces mots ont rendu le bonheur à Jean, et Valcourt, qui le voit sourire, fait une grimace horrible, puis va se mettre au piano.

On engage Valcourt à chanter; après s'être fait prier longtemps, il y consent et gazouille deux romances; ensuite il supplie Caroline de chanter un nocturne avec lui. Elle accepte, et Valcourt semble triompher en mariant sa voix à celle de madame Dorville. Jean ne dit rien, il est assis dans un coin, il écoute; mais après le nocturne, Caroline le prie de chanter avec elle un duo. Jean ne se fait pas répéter cette invitation, il court au piano, et Valcourt se jette dans un fauteuil en murmurant :

— Nous allons voir comment il chante !

Au grand regret du jeune présomptueux, Jean chante fort bien; s'il ne fait point de cadences, de roulades, il a du goût et de l'expression, ce qui vaut beaucoup mieux.

— C'est vraiment très bien ! dit madame Beaumont, monsieur a une fort jolie voix...

— N'est-ce pas, ma chère amie, dit Caroline, qu'il eût été dommage que M. Durand n'apprît pas la musique?

— C'eût été une perte horrible ! s'écrie Valcourt avec ironie; il paraît que monsieur a mis le temps à profit... car je me rappelle qu'il m'a dit, il n'y a pas fort longtemps, que la musique l'*embêtait*.

Caroline est piquée de l'observation inconvenante de Valcourt, mais Jean se contente de répondre avec beaucoup de tranquillité :

— En effet, monsieur, depuis peu de temps j'ai appris beaucoup de choses, car je voulais mériter la bienveillance de madame et ne point me conduire chez elle de manière à la faire repentir d'avoir bien voulu m'y recevoir.

Valcourt se mord les lèvres et ne répond rien. Caroline s'empresse de parler campagne, fleurs, jardinage, mais la conversation languit et l'on se retire de bonne heure, Valcourt en baisant la main à madame Dorville, et Jean en lui jetant un regard auquel les yeux de Caroline ont répondu.

Le lendemain, de grand matin, Jean est dans le jardin, il espère y rencontrer Caroline seule un moment; mais Valcourt a été aussi matinal que lui, il vient parcourir les allées, admirer les fleurs, la volière, et lorsque Caroline descend au jardin, il se trouve le premier près d'elle. La jolie veuve, qui aperçoit Jean, dirige ses pas de son côté, mais Valcourt ne la quitte pas un moment, il l'accable de compliments, de fadeurs. Caroline rit, et Jean se tait.

Le déjeuner rassemble la société. Caroline est aimable avec tout le monde; Jean est pensif, et Valcourt a repris son ton de persiflage. Persuadé que Jean parle peu parce qu'il craint de commettre quelques bévues, le jeune fat entame tous les sujets de conversation, il parle littérature, politique, modes, peinture, et sourit d'un air moqueur en voyant Jean ne point prendre part à la conversation.

— Je vais lire dans le jardin, dit madame Beaumont.

— Après le déjeuner, moi, je vais aller me promener dans les environs, dit Valcourt.

— Moi, je vais étudier à la bibliothèque, dit Jean.

— Étudier? reprend Valcourt d'un air moqueur.

— Oui, monsieur, étudier.

— Apprenez-vous par hasard à danser l'anglaise?

Cette question en rappelant à Jean son aventure à la grande soirée, lui fait monter le rouge au visage; la colère brille dans ses yeux, mais Caroline le regarde et il se contient, tandis que Valcourt, qui est enchanté de le mystifier, reprend en ricanant :

— C'est qu'on m'a dit que vous n'étiez pas heureux à cette danse-là... Et puisque vous êtes en train d'apprendre tant de choses, il ne vous en coûtera pas plus d'apprendre à danser.

Jean ne répond rien; il sort de la salle en saluant froidement les dames. Caroline prend aussitôt le bras de Laure, Valcourt l'arrête et lui demande en souriant si elle va aussi se livrer à l'étude.

— Je suis chez moi, monsieur, je n'ai, je pense, aucun compte à vous rendre... Je vous prie de ne pas l'oublier.

Ces mots, et le ton dont Caroline les a prononcés, prouvent à Valcourt qu'elle est blessée de ce qu'il a dit à Jean.

Le jeune fat est resté seul, il retourne au jardin en se disant :

— Est-ce que madame Dorville me préférerait ce... Durand !... Allons ! ce n'est pas possible ! madame Dorville a trop bon goût... Ce grand dadais aura beau étudier, aura-t-il jamais ce bon genre... ce fini... Ah ! ah ! il a été bien sot quand je lui ai parlé de l'anglaise !...

Il s'est sauvé sans trouver un mot à me répondre...

En ce moment Valcourt lève les yeux et voit Jean qui sortait d'une allée voisine et venait droit à lui.

— Monsieur, dit Jean avec beaucoup de calme, j'attendais l'occasion de vous trouver seul pour m'expliquer avec vous.

— Qu'est-ce que c'est, monsieur? dit Valcourt d'un ton impertinent, quoiqu'il commençât à croire que Jean avait trouvé quelque chose à lui répondre.

— Monsieur, en me conseillant d'apprendre à danser l'anglaise, votre intention a-t-elle été de m'insulter?

— Ma foi ! prenez-le comme vous voudrez !... Est-ce que je vous dois compte de mes intentions?... C'est fort plaisant !

— Je ne sais pas si cela est plaisant, monsieur, mais je vois avec étonnement qu'un homme qui se pique d'avoir bon ton se conduise comme vous venez de le faire... Si je n'avais été retenu par la présence de ces dames, je n'aurais pas attendu ce moment pour vous répondre.

— Ah çà ! monsieur, est-ce que vous prétendez me donner des leçons, par hasard?

— Justement, monsieur, je veux vous en donner une de savoir vivre...

— Insolent !

— Point de propos, monsieur, et surtout point de bruit, ou vous me feriez croire que pour vous battre il faut que vous vous montiez la tête. Je pense d'ailleurs qu'il faut cacher cette affaire à madame Dorville, et que ce n'est point près des lieux qu'elle habite qu'il est convenable de la terminer. Je vais partir pour Paris; demain matin à cinq heures j'espère vous rencontrer à la barrière de l'Étoile.

— Oui, monsieur, j'y serai.

Jean salue Valcourt, et va prier le jardinier de seller son cheval; puis il monte à la chambre qu'il occupe, fait ses préparatifs de départ et descend en réfléchissant s'il doit s'éloigner sans dire adieu à madame Dorville; mais en traversant le vestibule Jean rencontre Caroline qui vient à lui.

— Où donc allez-vous? Je viens de voir Pierre qui prépare votre cheval.

— Je vais... à Paris...

— Vous partez... Eh! pourquoi me quitter si brusquement?... Est-ce ce M. Valcourt dont la présence vous fait abandonner ces lieux?... Ah! vous ne pouvez penser que je préfère la société d'un fat, d'un étourdi, à la vôtre... S'il vous a dit ce matin des choses qui vous ont déplu, de grâce, n'y faites pas attention... je vous en prie... Ah! mon ami, il y a dans le monde tant de gens que l'on regrette d'être forcé d'entendre!

Caroline n'avait jamais eu avec Jean un ton si tendre, si affectueux; c'était la première fois qu'elle l'appelait son ami, et ce mot, dans sa bouche avait tant de douceur, que Jean, ému, transporté de plaisir, est un moment indécis et ne sait plus ce qu'il doit faire. Mais le rendez-vous est donné, y manquer serait une lâcheté. Il lui répond au bout d'un moment :

— Je me suis rappelé que j'avais ce soir absolument affaire à Paris... Mais je reviendrai bientôt, je l'espère... demain peut-être... Ah ! Madame, ai-je besoin de vous dire que je ne suis bien qu'auprès de vous?

Caroline tend sa main à Jean en lui disant :

— Partez donc,... et revenez bientôt.

Jean prend cette main charmante qu'on lui abandonne, pour la première fois il la couvre de baisers, puis rappelant tout son courage, il monte à cheval et s'éloigne de Luzarche.

Caroline est retournée tristement au salon, elle y cause quelque temps avec les dames. Valcourt vient bientôt se joindre à la société. Il fait encore l'aimable, le sémillant, cependant il est moins gai que le matin.

Au dîner, madame Beaumont demande ce qu'est devenu M. Durand.

— Il nous a quittés, dit Caroline, il avait affaire ce soir à Paris.

On n'en demande pas davantage. Mais, le soir, après avoir fait quelques tours de jardin, Valcourt annonce aussi qu'il va retourner à Paris.

— Quoi! vous nous quittez déjà? dit madame Beaumont.

— Oui, belle dame, j'ai affaire à Paris... Mais j'espère revenir incessamment vous revoir, mesdames...

— Vous ne me retrouveriez point à cette campagne, monsieur, dit Caroline, ne prenez donc plus la peine de vous y rendre.

Ces mots étaient un congé formel, Valcourt le sent, il est furieux, et il s'éloigne en disant :

— Adieu donc, madame... mais si vous attendez incessamment monsieur... Jean Durand!... je crains que vos plaisirs n'éprouvent quelques contrariétés.

— Que veut dire M. Valcourt, s'écrie Caroline dès que le jeune fat est éloigné. Ce ton persifleur en me quittant...

— Ma foi, ma chère amie, dit madame Beaumont, Valcourt a bien sujet d'avoir de l'humeur, et la manière dont vous venez de lui parler...

— Eh! madame! comment M. Valcourt s'est-il conduit depuis qu'il est chez moi?... Il persifle... il offense même une personne dont il n'avait nullement à se plaindre... Dites lequel de lui ou de M. Durand s'est le mieux comporté ce matin... Mais ce départ subit de tous deux... Ces mots échappés à Valcourt... O mon Dieu!... quelle affreuse pensée!... S'ils allaient...

— Allons, ma chère! ne croyez-vous pas qu'ils vont se battre... pour une plaisanterie sur la danse!

— Le ton de M. Valcourt ne permettait pas que l'on souffrît une telle plaisanterie.

— Vous avez bien vu que M. Durand ne lui a rien répondu.

— Non... devant nous... Mais peut-être...

— Allons! voilà de ces idées qui n'ont pas le sens commun.

Caroline est triste toute la soirée; on se sépare de bonne heure, et le lendemain matin, madame Beaumont, mécontente de ce qui s'est passé avec son protégé, dit adieu à madame Dorville et retourne à Paris.

Caroline passe la journée dans la plus grande agitation, se plaçant à chaque instant à l'une des fenêtres qui donnent sur la route; elle oublie la musique, le dessin. La bonne madame Marcelin, surprise de sa tristesse, lui demande si elle est indisposée; la petite Laure fait ce qu'elle peut pour la faire sourire.

— Je n'ai rien... rien absolument, répond Caroline; mais le ton dont elle prononce ces mots ne satisfait pas celles qui l'entourent.

Avec la nuit, la tristesse, l'inquiétude de Caroline ont augmenté, car Jean n'est pas revenu et n'a pas donné de ses nouvelles.

La jeune femme se retire de bonne heure dans sa chambre. Sa fidèle Louise la suit. Elle a remarqué aussi le changement d'humeur de sa maîtresse.

Louise, quoique fort simple, en devine en partie la cause. Les filles les plus simples ont du tact pour certaines choses, et Louise, qui voudrait faire parler sa maîtresse, dit en la déshabillant :

— Mon Dieu! comme monsieur Durand s'en est allé brusquement hier... sans rien dire à personne... Je croyais, moi, qu'il n'était allé que se promener dans les environs.

— Non, Louise... il est retourné à Paris... Mais il devait revenir aujourd'hui... ou donner de ses nouvelles... et je suis étonnée...

— Oh! il viendra sans doute demain... Il semble tant se plaire chez madame...

— Tu crois, Louise! ah! je voudrais déjà être à demain...

— Madame paraît bien agitée... Est-ce qu'il doit arriver quelque chose à M. Durand?

— Quelque chose? J'espère que non... Cependant les hommes se battent quelquefois pour un mot.

— Mon Dieu! est-ce que M. Durand est allé se battre?...

— Je ne vous dis pas cela, Louise... vous êtes d'une curiosité!

— Pardon, madame.

La femme de chambre avait fini son service, elle s'éloignait, sa maîtresse la rappelle.

— Louise... attendez... J'ai encore besoin de vous...

— Oui, madame.

— Tenez... serrez cette robe... Rangez ce tiroir où tout est en désordre.

Louise s'approche du tiroir, où il n'y avait rien de dérangé, mais elle fait semblant d'y être très occupée, parce qu'elle voit bien que sa maîtresse veut qu'elle reste là. Au bout de quelque temps Caroline lui dit :

— Louise... j'ai oublié à Paris bien des choses dont j'ai besoin... plusieurs livres... un ouvrage en tapisserie... est-ce que vous ne pourriez pas aller me chercher tout cela?

— Si, madame, quand vous voudrez...

— Mais le plus tôt possible... demain peut-être... Je vous donnerai la note de ce que je veux...

— Oui, madame.

— Si, par hasard... vous passiez devant la demeure de M. Durand... il est, je crois, notre voisin, rue Richer...

— Oh ! alors, madame, je passerai naturellement devant chez lui.

— Vous pourriez... Il serait peut-être convenable de vous informer... si ce jeune homme n'est point malade... blessé... s'il ne lui est rien arrivé.

— Certainement, madame, que je peux demander tout ça...

— Sans dire... qui vous envoie... ?

— Oui, madame, ce sera de moi-même... Mais si en effet il était arrivé quelque chose à ce monsieur ?

— Oh ! alors vous iriez le voir, Louise, vous vous assureriez vous-même...

— Oui, madame !...

— Et vous reviendrez ici le plus promptement possible !

— Soyez tranquille.

Caroline congédie sa femme de chambre un peu plus satisfaite par ce qu'elle vient de lui ordonner. Cependant elle passe la nuit sans trouver le repos, et le lendemain, n'ayant pas de nouvelles de Jean, elle donne à Louise ses commissions pour Paris.

Jean, accompagné seulement de son domestique, s'était rendu au rendez-vous qu'il avait indiqué à Valcourt, et celui-ci ne s'était point fait attendre. Le résultat de cette rencontre fut un coup d'épée que Jean reçut dans le côté ; car, comme élève de Bellequeue, quoiqu'il maniât très bien cette arme, tout en se battant, il ne songeait qu'à Caroline ; Valcourt, au contraire, ne pensait qu'à attaquer, et il fut vainqueur ; mais aussi poli qu'on doit l'être en pareille circonstance, et trouvant à Jean un meilleur ton depuis qu'il s'était battu avec lui, Valcourt aida le domestique à placer son maître dans une voiture, puis le salua en le quittant.

La blessure de Jean n'était point dangereuse ; mais, dans le trajet, il avait perdu beaucoup de sang, il en résulta une grande faiblesse, et malgré tout son désir de donner de ses nouvelles à Caroline, le lendemain de son duel, il n'était point encore en état de conduire une plume ; le médecin lui avait même recommandé beaucoup de calme, s'il voulait être plus tôt guéri.

Mais le calme n'est pas compatible avec l'amour, surtout lorsque l'amour n'est point satisfait. Jean se désolait d'être retenu sur son lit, et il songeait à envoyer son domestique à Luzarche, lorsque Louise parut dans son appartement.

Jean fit un mouvement de joie... puis il devint pâle comme la mort et eut une faiblesse, parce qu'il n'était pas encore en état de supporter la moindre émotion. La femme de chambre courut lui porter secours en s'écriant :

— Ah ! mon Dieu ! ce pauvre jeune homme !... Madame avait bien raison d'être inquiète, de craindre pour lui....

Malgré sa faiblesse Jean avait entendu ces mots, et en revenant à lui, il dit en souriant à Louise :

— Quoi !... votre maîtresse a eu la bonté d'être inquiète de moi ?

Certainement, monsieur... c'est-à-dire je dois avoir l'air d'être venue de moi-même, mais c'est elle qui m'a envoyée... Vous vous êtes donc battu, monsieur ? Vous êtes donc blessé ?

— Ce n'est rien, bonne Louise ! je serai bientôt guéri, je le sens... Je suis si heureux de savoir que Caroline... que madame Dorville a pensé à moi... Louise, dites-lui bien que sitôt que je serai en état de sortir, c'est près d'elle que je me rendrai...

— Oui, monsieur ; mais il ne faut pas faire d'imprudence pour retomber malade ensuite... D'ailleurs, je suis bien sûr que madame m'enverra savoir de vos nouvelles... ou que je viendrai de moi-même... comme aujourd'hui. Adieu, monsieur, je retourne bien vite près de madame, car elle est bien pressée de savoir de vos nouvelles.

Louise s'éloigne, et Jean se sent déjà beaucoup mieux, car la certitude que Caroline pense à lui a versé un baume sur sa blessure.

On attendait avec impatience à Luzarche le retour de la jeune fille ; Caroline avait avoué le sujet de son inquiétude à ses compagnes fidèles, et celles-ci la partageaient, car madame Marcelin et la petite Laure aimaient beaucoup Jean, qui était avec elles aimable et sans prétention.

Louise revient ; on l'entoure, on l'accable de questions. La jeune fille dit tout ce qu'elle sait, et Caroline devient pâle et tremblante en apprenant que Jean est blessé, tandis que madame Marcelin s'écrie :

— Quand donc les hommes cesseront-ils de se battre pour des misères ?

Et la petite Laure dit :

— Il ne devrait être permis de se battre qu'à

la guerre... Et encore on ne devrait jamais se faire du mal.

Lorsque Louise a rassuré ces dames en leur disant que le médecin a déclaré que la blessure n'est point dangereuse, Caroline fait signe à sa femme de chambre de la suivre dans son appartement, et là elle se fait répéter les moindres détails de son entrevue avec Jean, interrompant à chaque instant Louise en s'écriant :

— Pauvre jeune homme!... Il t'a dit que j'étais trop bonne... comme si ce n'était pas tout naturel... je suis presque cause de ce duel... Ce Valcourt!... Ah! jamais, je l'espère, il ne se présentera chez moi...

— Ah! j'aime bien mieux M. Durand, moi, madame...

Il t'a donc remerciée, Louise... de ce que j'avais... de ce que tu étais allée savoir...

— Oui, madame... il prétend que cela le guérira plus vite d'avoir de vos nouvelles...

— Si je le savais... si je pensais...

Caroline ne dit rien de plus, mais le surlendemain elle réfléchit qu'elle a encore des commissions pour Paris, et en y envoyant Louise, elle l'engage à aller s'informer de la santé du jeune blessé, et à lui faire connaître l'intérêt que tout le monde prend à son rétablissement.

Jean se sentait déjà plus fort, et malgré la défense de son médecin, il avait passé une de ses journées à écrire à Caroline. Il ne voulait pas la remercier de l'intérêt qu'elle daignait lui témoigner; mais son cœur conduisait sa plume, sa lettre était brûlante, et à chaque mot il parlait de son amour, tout en ne croyant parler que de son respect.

La visite de Louise enchante le malade. Il lui remet sa lettre en la priant de la donner à sa maîtresse, une bourse accompagne sa missive. Il n'en était pas besoin pour que la femme de chambre se chargeât du billet; cependant une bourse donnée avec grâce ne gâte jamais rien, et à son retour à la campagne, Louise ne manque pas de s'acquitter de sa commission.

Le billet de Jean porte un trouble nouveau dans l'âme de Caroline, elle le lit cent fois en cachette; elle le porte sur elle pour le relire encore dans le jardin; sa tristesse a disparu; si elle est parfois rêveuse, sa rêverie même semble donner à ses traits une expression plus séduisante. Femme qui pense à l'amour doit être encore plus jolie.

Caroline n'ose pas répondre à la lettre de Jean; mais bientôt Louise reçoit de nouvelles commissions pour Paris, et on l'engage à ne point oublier d'aller voir le jeune blessé. Jamais Louise n'a fait si souvent le trajet de Paris à Luzarche. Mais elle ne s'en plaint pas, car à son arrivée et à son retour, elle fait toujours des heureux.

Louise a revu Jean qui commence à se lever, mais ne peut encore sortir. Jean a remis à la jeune fille une autre lettre pour sa maîtresse, et cette fois il ose y dire à Caroline qu'il mourra s'il n'obtient pas son cœur. En recevant cette seconde lettre, Caroline, qui serait sans doute bien fâchée que Jean mourût au lieu de guérir, se décide à lui répondre deux mots.

Ces deux mots forment douze lignes, car les amants emploient quelquefois des mots bien longs. En recevant ce billet, que Louise ne tarda pas à lui apporter, Jean fit un bond de joie; en lisant la lettre il manqua de se trouver mal de plaisir, car Caroline y disait à Jean : Qu'elle serait bien fâchée de faire son malheur; qu'elle attendait avec impatience le moment où ils pourraient se revoir ; mais qu'elle ne voulait pas qu'il fît d'imprudence, parce que sa santé était bien chère à toutes ses amies de Luzarche. Et tout cela se trouvait dans les deux mots que la jolie main avait tracés.

On conçoit l'ivresse, le délire de Jean en recevant ce billet qu'il baise et relit cent fois. Il remercie Louise, il remercierait volontiers Valcourt de l'avoir blessé, car c'est à cet événement qu'il doit son bonheur. Enfin il a chargé la jeune fille d'une nouvelle lettre pour sa maîtresse, dans laquelle il marque à Caroline que sous trois jours il espère être assez bien pour se rendre auprès d'elle.

La femme de chambre a pris la lettre; elle a fait ses adieux à Jean, puis elle est retournée prendre la voiture qui doit la ramener près de sa maîtresse, sans remarquer que dans toutes ses courses elle a été suivie par une grande femme qui l'a regardée d'une façon singulière, et qui est montée avec elle dans la voiture de Luzarche.

CHAPITRE XXVII.

ADÉLAÏDE CHEZ CAROLINE. — LES VOLEURS

On n'a point oublié que mademoiselle Chopart se rendait régulièrement tous les jours rue de Provence, à l'ancienne demeure de Jean, et qu'elle y demandait au portier s'il avait des nouvelles de son ancien locataire. Quoique les réponses ne fussent jamais satisfaisantes, Adélaïde ne perdait pas courage. D'ailleurs c'était une occasion

Présente à chaque voleur le bout d'un pistolet.

de parler de son perfide, et cela fait toujours plaisir, même quand cela fait du mal.

L'année s'était écoulée, et on n'en savait pas plus sur le sort du jeune homme. On commençait à croire que Jean faisait le tour du monde. Bellequeue pensait que son filleul, qui lui avait témoigné tant de regret de n'être qu'un âne, s'était décidé à voyager pour revenir ensuite très savant. Rose présumait que Jean était dans quelque château auprès de la jolie femme qui l'avait séduit, et mademoiselle Chopard pensait que son perfide courait l'Italie sur les traces de cette femme qui lui avait jeté un charme ou un sort.

Malgré les tourments que lui causait son amour malheureux, Adélaïde était encore grandie et engraissée. Ses parents la regardaient avec admiration et assuraient qu'on ne trouverait point sa pareille dans tout Paris ; les amis disaient :

— C'est une superbe femme ! mais il faut qu'elle en reste là.

Les jeunes filles s'écriaient :

— C'est un colosse ! Quel malheur de devenir comme cela !

Et Rose prétendait que bientôt mademoiselle Adélaïde serait forcée de se baisser pour passer sous la porte Saint-Denis.

Les Chopard laissaient à leur fille liberté entière, pensant qu'une demoiselle aussi bien taillée doit savoir se conduire d'elle-même dans le monde et ne faire jamais de faux pas. Cependant une femme de cinq pieds six pouces peut avoir le cœur aussi tendre qu'une nabote, et nous voyons tous les jours que l'embonpoint du corps ne le garantit pas des faiblesses humaines.

Quelquefois la maman Chopard proposait à sa fille un nouvel époux, Adélaïde lui répondait :

— Je n'en veux pas... Je ne veux épouser que Jean!

Mais plus mademoiselle Chopard devenait grande et forte, et moins il se présentait d'aspirants à sa main; car il y a des hommes qui veulent pouvoir faire sauter leur femme sur leurs genoux, et en considérant Adélaïde, on devait craindre que cela ne fût difficile ou extrêmement fatigant. Madame Chopard se désolait de l'entêtement de sa fille et désirait la voir mariée, mais M. Chopard lui répondait :

— Elle a le temps, il n'y a pas de mal de la laisser se développer... Je veux ensuite lui trouver un gaillard bâti en Hercule... parce qu'il faut des époux assortis... sans quoi nous pourrions voir un nœud brouillé... Oh! un *œuf* brouillé!... pas mauvais, celui-là!

Quand on va presque journellement du Marais à la rue de Provence, on peut passer par la rue Richer. Un jour que mademoiselle Chopard revenait par ce chemin, qui n'est pas le plus court (mais on était à la fin d'août, le temps était superbe, et Adélaïde aimait à se promener), elle aperçut à la fenêtre d'un entre-sol celui qu'elle cherchait depuis si longtemps. C'était en effet Jean, qui, alors retenu chez lui par sa blessure, prenait un moment l'air contre sa croisée, se transportant en imagination à Luzarche.

Adélaïde s'est arrêtée sous une porte cochère; elle s'est assurée que ses yeux ne l'ont point trompée; puis, quand le jeune homme a quitté sa fenêtre, elle se glisse lestement dans la maison qu'il occupe, et prenant son air aimable, va suivant sa coutume trouver le portier.

— C'est ici que demeure M. Jean Durand?

— Oui, madame, c'est ici.

— Il est chez lui dans ce moment, à ce que j'ai cru voir...

— Oui, madame. Oh! il ne peut pas sortir... Il vient d'être malade... c'est-à-dire blessé... A la suite d'une affaire... d'une affaire... d'épée... Oh! il paraît que M. Durand est solide! qu'il est bon là...

— Comment! M. Durand vient d'avoir un duel!...

— Oh! un duel... Après tout, moi... je ne sais pas trop... C'est son domestique qui m'a dit à peu près ça...

Adélaïde voit que ce portier-là est un bavard, qui ne demande pas mieux que de jaser; pour se le rendre favorable, elle lui met dans la main deux pièces de cent sous, et entre dans sa loge, pendant qu'il y cherche une chaise de disponible pour la lui offrir.

— Mon cher monsieur, je suis amie intime... d'un parent de M. Durand, qui s'intéresse beaucoup à lui; ce parent m'a chargée de prendre des informations... J'espère que vous voudrez bien me servir. Vous devez penser que ce n'est que dans un but honnête!

— Oh! madame, ça se voit tout de suite, ça!...

— Combien y a-t-il de temps que M. Jean Durand habite votre maison?

— Mais, madame... attendez donc... C'était peu de temps après la mort de ma défunte... Il y a déjà plus d'un an... un an et queuque chose... Dieu! comme le temps passe depuis que je suis veuf!...

— Et il n'y a avec lui que son domestique?

— Absolument que ça.

— Sort-il souvent?

— Sortir!... Ah! pendant un an il a vécu comme un ermite... Il ne bougeait pas de chez lui!

— En êtes-vous certain?

— Est-ce que ce n'est pas moi qui ouvre la porte?... Si ma défunte vivait encore, elle vous dirait même à quelle heure se lèvent et se couchent tous nos locataires.

— Quand il ne sortait pas, il recevait du monde... des visites de femmes, sans doute?

— Non... Oh! pour ça... je vous assure qu'il ne venait chez lui que trois hommes... Des professeurs, des hommes dans les arts, à ce que m'a dit son domestique... Mais pour des femmes, *néante*.

— Quoi! pas une dame en carrosse... avec des laquais? On vous aura trompé, portier!

— Oh! ça serait difficile... je ne bouge pas de ma loge... Du temps de ma défunte, c'est différent, je sortais queuqu'fois... J'allais même au spectacle, à la grande Opéra... Nous avions un monsieur qui était employé dans les nuages, pour tirer les cordes... Mais à c-t'heure, c'est fini... *néante*.

— Enfin ce duel, cette blessure... Il ne s'est pas fait cela en restant chez lui?...

— Ah! c'est différent... j'vais vous dire... Depuis c't'été M. Durand est sorti beaucoup... Il a même été parfois huit... dix jours sans revenir...

— Il a découché ?...

— Il couchait à la campagne... à Luzarche, à ce que m'a dit son domestique, qui y est allé une fois avec son maître.

— Il va à Luzarche... Chez qui ?

— Chez une jolie dame... qui est not' voisine, qui demeure là-bas... quatre portes plus loin... J'ai su ça parce que j'ai reconnu la femme de chambre de madame Dorville, quand elle est venue il y deux jours voir M. Durand..

— Une dame... ici près... Et il va à sa campagne ! murmure Adélaïde en se levant avec agitation. Ah ! je tiens le fil, enfin !

— Vous avez trouvé mon fil ?.. dit le portier en regardant à terre.

— Vous dites que cette dame s'appelle madame Dorville ?

— Oui... Oh ! je connais les voisins... Pas si bien que ma défunte pourtant.

— C'est une femme immensément riche, et qui a trois voitures ?

— Ah ! laissez donc !... Elle n'a pas seulement un cabriolet. Ah ! par exemple, il paraît qu'elle a à Luzarche une propriété *conséquente.*

— Et M. Durand a passé plusieurs jours à sa campagne ?

— Oh ! il n'en sort presque plus... Et dès qu'il sera guéri, il paraît qu'il va y retourner...

— Et ce duel ? Pourquoi s'est-il battu ?

— Ah ! quant à ça, *néante.* Je l'ai bien demandé au domestique, mais il n'en savait pas plus que moi...

— Et la bonne vient savoir des nouvelles de monsieur ?

— Elle est déjà venue deux fois... Mais je ne crois pas qu'elle vienne aujourd'hui... son heure est passée.

— A quelle heure vient-elle ordinairement ?

— Le matin... c'est-à-dire vers onze heures et demie.

— Il suffit. Demain je reviendrai vous voir... Monsieur le portier, je n'ai pas besoin de vous recommander le plus grand silence sur tout ceci !

— Oh ! soyez tranquille !... *Néante !*... C'est mort !... Vous entendez bien que je suis usé sur tout ça !

Adélaïde regagne à grands pas sa demeure ; elle arrive tout effarée, et s'écrie en entrant :

— Mes peines ne sont pas perdues... Enfin je suis sur la voie !...

— Qu'est-ce que c'est donc, ma fille ? demande madame Chopard. Tu parais émue ?

— Je vous dis, maman, que je vais connaître tout le fond de l'intrigue... Je suis sur la voie...

— Quelle voie ? dit M. Chopard ; car enfin, ma chère amie, il y a voie et voix.

— Vous ne comprenez pas, papa, que j'ai découvert M. Jean... que je sais où il demeure, et tout ce qu'il a fait depuis quatorze mois que vous avez été chez lui...

— Se pourrait-il ?

— Dieu ! qu'elle a d'esprit !

— Mais ce voyage !..

— C'était un mensonge !.. Il était en Italie, rue Richer. Oh ! j'en sais long.. Je sais quelle est la femme pour qui il m'a abandonnée... Monsieur va passer des quinze jours à sa campagne... Il paraît même qu'il vient de se battre pour elle... Il a eu une affaire d'épée. Une femme pour qui on se bat, ça ne peut pas être grand'chose ! Cette insolente Rose, qui voulait me faire croire que c'était une princesse !... Elle n'a pas seulement un cabriolet.. Mais c'est égal, je verrai cette madame Dorville.. Je lui parlerai...

— Comment ! ma fille, tu veux...

— Maman, j'ai mon plan : d'abord il faut que je me venge... Vous pensez bien que je ne vais pas depuis quatorze mois tous les jours chez des portiers pour que ça se passe en compliments.

— Mais, ma chère amie...

— Mon papa, ne me contrariez pas, je vous en prie, ou je vais me trouver mal.

— Il faut la laisser suivre ses idées, dit madame Chopard, c'est le plus sage. D'ailleurs, elle a trop d'esprit pour faire des sottises.

— Je suis de cet avis-là, répond M. Chopard. Après tout, une femme de sa taille doit savoir se conduire.. On ne peut faire naufrage quand on a un si beau port.. Joli, celui-là !

Le lendemain Adélaïde rôdait à neuf heures du matin dans la rue Richer, de crainte de manquer l'arrivée de la femme de chambre. A dix heures elle va s'installer dans la loge du portier, et les pièces blanches de M. Chopard glissent encore chez le concierge bavard. Enfin à onze heures et quart Louise entre dans la maison ; elle salue, demande M. Durand, et monte.

— Vous ne lui parlez pas ? dit le portier à Adélaïde.

— Non... J'aime mieux qu'elle ne me voie point.

— Ah !... alors... *néante !*.. A votre place j'aurais un peu jasé avec elle dans ma loge... Vous l'auriez fait causer... C'est ma défunte qui savait joliment entamer les conversations !

Adélaïde laisse cette fois le portier parler tout

seul, elle attend avec impatience que la femme de chambre descende de chez Jean. Louise ne tarde pas à reparaître, elle sort de la maison. Adélaïde quitte la loge et suit la domestique, qui, après être entrée un moment à la demeure de Paris, va prendre la voiture de Luzarche, et nous avons vu que mademoiselle Chopard y est montée avec elle.

Pendant la route, Louise, placée derrière Adélaïde, ne l'a point remarquée, et mademoiselle Chopard a gardé le silence, ne parlant à aucun des voyageurs. On arrive bientôt à Luzarche, Louise se hâte de se rendre près de sa maîtresse, et Adélaïde va dans l'endroit tâcher d'avoir des renseignements sur la conduite de madame Dorville.

Caroline ouvre avec empressement la lettre de Jean. Elle ne cherche plus à cacher ce qu'elle éprouve, et laisse éclater sa joie apprenant que sous peu de jours il sera près d'elle. Elle questionne Louise sur l'effet qu'a produit son billet, elle lui fait cent fois répéter les moindres détails sur le plaisir que sa lettre a causé à Jean ; puis Caroline se dit :

— Oui, il m'aime ! Oh ! il m'aime réellement, je n'en saurais douter !... Tout ce qu'il a fait depuis un an... Son désir de me plaire... pauvre jeune homme ! Je serais bien ingrate de ne point le payer de retour ! Mais pourquoi me cacher que je l'aimais aussi en secret... que malgré moi je pensais à lui ? Ne suis-je pas ma maîtresse, et maintenant n'est-il pas digne d'être mon époux ?...

Caroline s'est livrée à ces douces pensées, elle se répétait encore que c'était pour elle que Jean s'était adonné à l'étude, et avait perdu ces manières communes, ces habitudes de mauvaise compagnie qui gâtaient les heureux dons qu'il avait reçus de la nature. Elle s'était retirée dans son appartement pour y rêver à son aise à son amour, lorsque Louise vint dire à sa maîtresse qu'une grande dame demandait à lui parler.

Quoi ! encore une visite de Paris ?

— Je ne crois pas, madame, que ce soit de vos connaissances de Paris... Je l'aurais bien reconnue... Elle est si énorme, cette dame... Et pourtant on voit bien qu'elle est jeune... Je crois qu'elle était dans la voiture avec moi en revenant.

— Voyons donc cette dame.

Caroline descend et trouve mademoiselle Chopard que l'on avait fait entrer dans le salon où étaient Laure et madame Marcelin. Le premier soin d'Adélaïde est de toiser sa rivale de la tête aux pieds... Le résultat de l'examen est un air de très mauvaise humeur, car on ne pouvait pas trouver Caroline laide.

— Que désire madame ? demande la jolie femme avec ce ton doux et cette voix charmante qu'elle ne saurait changer.

— Je désire, madame... vous parler en particulier, répond Adélaïde en fronçant les sourcils et montrant le bout de sa langue.

Caroline est surprise du ton de la grande dame mais elle lui répond :

— Je suis avec mes bonnes amies, madame. Je n'ai aucun secret pour elles, et je pense que ce que vous avez à me dire n'est point un mystère...

— Pardonnez-moi, madame, c'est très mystérieux.

Caroline ne peut s'empêcher de sourire, mais elle fait passer mademoiselle Chopard dans une autre pièce, tandis que la petite Laure dit à madame Marcelin :

— On dirait que cette dame-là est un homme habillé en femme !

Caroline présente un siège à Adélaïde et s'assied en attendant qu'elle s'explique. Adélaïde est plus embarrassée qu'elle ne le pensait devant madame Dorville, car on ne lui en a dit que du bien dans tous les environs, et les gens honnêtes imposent beaucoup plus que les autres ; cependant elle a formé son plan d'après ce qu'elle a appris, et elle commence.

— Madame est madame Dorville ?

— Oui, madame.

— Moi, madame, je suis demoiselle, et j'ai eu vingt et un ans à la Saint-Jean.

— Pardon, mademoiselle, mais on peut se tromper.

— Il est vrai que je suis très formée pour mon âge, mais aussi je resterai vingt ans comme cela.

— Je n'en doute pas, mademoiselle.

— Au reste, madame, si je ne suis pas mariée, je devrais l'être... depuis longtemps déjà !... et c'est vous, madame qui êtes cause que je suis encore fille.

— Moi, mademoiselle ?

— Oui, madame, vous-même. Vous connaissez M. Jean Durand ?

— Monsieur... Durand !... Oui, mademoiselle, répond Caroline en rougissant malgré elle, et commençant à prendre beaucoup plus d'intérêt à la conversation.

— Vous avez là, madame, une bien mauvaise connaissance !

— Comment, mademoiselle ? Expliquez-vous, je vous en prie.

— Oui, madame, je vais m'expliquer. C'est pour ça que je suis venue. Vous saurez, madame, que je me nomme Adélaïde Chopard, fille de gens avantageusement connus, je m'en flatte ; mon père est un ancien distillateur retiré au Marais... et quand je veux me mêler de mettre quelque chose à l'eau-de-vie, ça pourrait s'y conserver comme les momies d'Égypte...

— Mademoiselle, ce n'est pas de cela, je pense que vous voulez m'entretenir?

— Non, madame, mais on est bien aise de faire savoir en passant qu'on a eu de l'éducation, et qu'on peut raisonner souvent avec aplomb.

— J'en suis persuadée, mademoiselle.

— Enfin, madame, pour en revenir à M. Jean Durand, vous saurez que nous étions amis intimes de ses parents... et que... dès l'âge le plus tendre on avait résolu de nous unir.

— De vous unir... vous, mademoiselle, avec M. Durand?

— Oui, madame, moi-même.

— Mais souvent les projets formés par des parents ne plaisent nullement à leurs enfants.

— Oh ! madame, cela nous plaisait très fort au contraire... Nous étions toujours ensemble... Nous jouions tous deux au *papa* et à la *maman*... M. Jean ne pouvait pas être un jour sans me voir; c'est au point que dans le quartier on nous appelait *Paul et Virginie*.

Caroline a peine à cacher l'impression que lui fait le récit d'Adélaïde, et celle-ci, qui s'aperçoit du trouble qu'elle lui cause, jouit déjà de sa vengeance, et se décide à sacrifier même sa réputation pour perdre Jean dans l'esprit de sa rivale. Mademoiselle Adélaïde avait une manière d'adorer les gens bien agréable pour l'objet de sa passion; mais les femmes qui aiment ainsi sont rarement payées de retour. L'amour véritable ne ressemble jamais à la haine.

— Enfin, mademoiselle?... dit Caroline en s'efforçant de cacher son agitation.

— Enfin, madame, nous avons grandi, et notre amour se développait de plus en plus. M. Jean m'adorait, il ne cessait de me le répéter... Il devenait si brûlant... que nos parents jugèrent qu'il était temps de nous marier. Quand la mère de mon futur mourut, nous étions fiancés depuis six semaines ; cet événement retarda notre mariage, mais je pensais que ce n'était reculé que pour mieux sauter... Je regardais déjà M. Jean comme mon mari... Il était souvent seul avec moi... Il était si pressant... si tendre... et moi, je suis si faible, que...

— Je vous comprends, mademoiselle... il est inutile de m'en dire davantage, dit Caroline, qui respire à peine.

— Eh bien ! madame, croiriez-vous qu'après tout cela... lorque je devais regarder M. Jean comme ma propriété... lorsque mes parents avaient fait des dépenses et tous les préparatifs de notre union... cet ingrat, ce perfide, a tout à coup cessé de revenir chez nous, et fait dire à mon père qu'il ne pouvait plus m'épouser parce qu'il était amoureux de vous et que vous comptiez sur sa main?

— M. Jean a dit cela, mademoiselle?

— Oui, madame ; oh ! il est bien capable de le nier sans doute !... Mais demandez-lui s'il connait Adélaïde Chopard... s'il a dû l'épouser; si le jour de notre mariage n'a pas été fixé... si son parrain ne s'était point fait faire un pantalon collant pour le bal, et à moins qu'il ne soit le plus fourbe des hommes... ce qui serait possible, vous verrez, madame, s'il ose me démentir.

Caroline s'est levée, elle marche avec agitation dans la chambre; Adélaïde la suit des yeux et reprend au bout d'un moment :

— Certainement, madame, si je suis venue vous trouver, c'est à l'insu de mes parents. Mais enfin j'aime M. Jean... Après tout ce que j'ai fait pour lui, je pouvais me croire sa femme... S'il ne m'épouse point, je suis résolue à me porter aux plus grandes extrémités. Je sais que c'est pour vous qu'il m'a abandonnée... Mais je sais aussi, madame, que vous êtes excessivement vertueuse, et capable des plus grands sacrifices !... J'ai pensé que vous seriez touchée de mon amour... de ma situation... que vous ne voudriez point m'enlever un volage que j'aime encore malgré sa perfidie... et c'est pour cela, madame, que je me suis décidée à venir vous trouver... et à vous avouer avec candeur ma malheureuse position.

— Vous avez bien pensé de moi, mademoiselle... répond Caroline en cherchant à surmonter son émotion. Je serais désolée d'être cause de votre malheur... D'abord je ne sais pourquoi M. Durand a pu supposer que j'accepterais sa main. Il n'a même pas été question d'amour entre nous... J'avais de l'amitié pour M. Durand... mais je n'avais rien que cela... Je vous le répète, mademoiselle, si M. Durand... veut retourner à vous, bien loin d'y mettre obstacle, je serai la première à l'y engager... Au point où en sont les choses... un homme d'honneur ne peut revenir sur ce qu'il a promis.

— Ah ! madame ! je n'attendais pas moins de vous ! s'écrie Adélaïde, et ma reconnaissance...

— Vous ne m'en devez nullement, mademoiselle, je vous assure que cette résolution me coûte peu... et que vous vous trompiez beaucoup en me supposant de l'amour pour M. Durand.

— En ce cas, madame, je vais m'éloigner légère comme une plume! J'ai tout lieu de croire que l'inconstant reviendra à moi dès qu'il n'espérera plus séduire madame. Du reste, voici mon adresse, et si madame doutait de la vérité de tout ce que je viens de lui dire, je la prie de venir prendre des informations dans le quartier... Elle saura que les Chopard...

— Oh! je vous crois, mademoiselle!... Cette adresse m'est inutile...

— Pardonnez-moi, madame, montrez-la seulement à M. Jean, et vous verrez quelle grimace cela lui fera faire. Madame, je ne veux pas abuser plus longtemps de vos moments; je retourne à Paris, dans le sein de ma famille, qui pourrait être inquiète de mon absence. Rappelez-vous, madame, que de vous dépend le bonheur d'une victime de l'amour et des promesses d'un fiancé.

— Il ne dépendra pas de moi, mademoiselle, que M. Durand fasse son devoir.

Adélaïde fait à Caroline une profonde révérence; celle-ci la reconduit jusqu'au vestibule. Là, après une nouvelle révérence, encore plus profonde que la première, Adélaïde s'éloigne et va prendre une petite voiture qu'il faut qu'elle paie fort cher pour retourner le soir même à Paris. Mais Adélaïde est trop contente du succès de sa démarche pour regarder à l'argent, et elle fait sauter les écus de papa Chopard en se disant :

— Les voilà brouillés... brouillés à mort, j'en suis sûre!... Cette femme-là aura trop d'amour-propre pour pardonner, et Jean, qui au fait n'est pas aussi coupable que je l'ai dit, ne sollicitera pas son pardon... D'ailleurs, j'aurai l'œil sur eux... Je ne suis pas brouillée avec les portiers, moi.

Lorsque mademoiselle Chopard est partie, Caroline, cédant à la douleur qu'elle s'est efforcée de contenir, va s'enfermer dans son appartement et là donne un libre cours à ses larmes.

— Comme il m'a trompée! se dit-elle, moi qui le croyais la franchise même... Avoir abusé de cette femme... de cette demoiselle!... Après une promesse de mariage... se jouer ainsi des parents... de toute une famille... C'est bien mal... Mais si cela n'était pas... oh! cela n'est que trop vrai... Il faut que cette demoiselle l'aime bien pour s'être décidée à un pareil aveu... Et lui, Il l'a aimée aussi... J'avoue que je lui aurais cru un meilleur goût... Mais je suis injuste... peut-être Cette femme peut paraître fort bien... Elle est d'une taille superbe... Ah! Jean!... comme vous m'avez trompée!... Cependant tout ce qu'il a fait pour me plaire depuis un an... N'importe, je ne puis plus estimer un homme qui a abusé d'une femme sur la foi d'une promesse de mariage..., et je n'épouserai jamais un homme que je n'estime pas.

On s'aperçoit bientôt dans la maison du changement qui s'est fait dans l'humeur de Caroline. Madame Marcelin et la petite Laure lui en demandent la cause; mais Caroline assure que l'on s'abuse, et qu'elle n'a nul chagrin. Pour ramener le sourire sur les lèvres de sa maîtresse, Louise croit devoir lui parler de Jean. Mais alors la jeune femme prend un ton plus sévère, et lui défend à l'avenir de l'entretenir de M. Durand. Louise, tout étonnée, se tait, mais elle se dit :

— C'est depuis la visite de cette grande dame que ma maîtresse n'est plus la même... Cette grosse femme-là aurait bien dû rester à Paris.

Deux jours se sont écoulés depuis la visite d'Adélaïde à Luzarche. Caroline est toujours triste; mais à chaque instant elle semble plus agitée, car, d'après ce que Jean lui a écrit, le moment approche où elle va le revoir; et cette entrevue doit la convaincre si mademoiselle Chopard lui a dit la vérité. Les personnes qui habitent avec madame Dorville désirent aussi avec ardeur l'arrivée du jeune homme, car elles pensent que sa présence dissipera la tristesse de Caroline.

On dit que le bonheur est le meilleur médecin, et en effet la satisfaction de l'esprit, le contentement de l'âme sont d'excellents baumes pour les blessures du corps. Le billet de Caroline avait hâté la guérison de Jean, et trois jours après l'avoir reçu, il part de Paris, brûlant d'amour, et se livrant aux plus doux rêves que puisse se créer un amant qui vient d'apprendre qu'il est aimé.

Jean n'est cependant pas allé au grand galop cette fois, car il est encore trop faible pour se tenir à cheval. Un cabriolet l'amène jusqu'à sa destination. Louise, qui le voit descendre de voiture, court au-devant de lui en s'écriant :

— Ah! que je suis contente de vous voir, monsieur!...

— Merci, ma bonne Louise... Et ta maîtresse!...

— Elle est au salon... Ah! j'espère que vous allez lui rendre sa gaieté d'autrefois!...

— Que veux-tu dire?

— Que madame n'est plus la même depuis quelques jours... Nous ne pouvons deviner ce qu'elle a!

Jean n'écoute plus Louise; pressé de revoir Caroline, il se hâte de se rendre au salon. Madame Dorville y est assise près de madame Marcelin et Laure. A l'aspect de Jean elle ne peut se défendre d'un trouble violent; cependant elle se remet, et le reçoit avec politesse. Mais le ton froid dont elle s'informe de sa santé, l'expression réservée de ses traits, ses manières qui ne sont plus les mêmes, tout glace Jean, qui la regarde avec surprise et ne sait à quoi attribuer le changement qu'il remarque en elle.

La petite Laure et madame Marcelin témoignent au jeune homme beaucoup d'amitié, il les remercie de leur tendre intérêt pour sa santé. Mais tout en leur parlant, ses regards sont toujours attachés sur Caroline; il voudrait lire dans ses yeux, mais la femme adorée ne daigne pas porter ses beaux yeux sur lui. Jean s'aperçoit qu'elle est vivement émue, que sa respiration est entrecoupée, qu'une peine secrète semble avoir altéré ses traits charmants. Il est sur le point de se jeter aux genoux de Caroline et de la supplier de lui apprendre le sujet de sa froideur à son égard. Mais Caroline qui désire elle-même mettre fin à une incertitude qui la tue, sort vivement du salon pour se rendre au jardin, et bientôt Jean est auprès d'elle.

— Au nom du ciel... qu'avez-vous contre moi, madame? Qu'ai-je fait pour mériter d'être reçu de la sorte? s'écrie Jean en arrêtant Caroline dans le jardin.

— Il me semble, monsieur... qu'il n'y a rien d'extraordinaire dans l'accueil que je vous fais aujourd'hui... Je vous ai témoigné le plaisir que j'avais de vous voir rétabli!... et...

— Non, madame, vous n'êtes pas la même avec moi; pardonnez-moi d'exiger davantage, mais vous ne m'avez pas habitué à ce ton glacé, à cette politesse cérémonieuse... Et pourquoi vous cacherais-je encore tout ce que j'osais espérer? Mes lettres vous ont appris le secret de mon cœur!... Oui, madame, je vous aime... Je vous ai aimée dès le premier jour où je vous ai vue! Cet amour a changé tout mon être... C'est dans l'espoir de parvenir à vous plaire que je me suis livré à l'étude... que j'ai cherché à connaître le ton, les usages de ce monde dont vous faites l'ornement. Si je suis quelque chose maintenant, c'est à vous que je le dois; et lorsque vous sembliez me voir avec bonté... lorsque votre lettre a fait naître en mon âme le plus doux espoir et que j'accours ivre d'amour... je vous retrouve tout autre; la froideur, l'indifférence, voilà les seuls sentiments que vous me témoignez!...

— Vous avez pu, monsieur... vous abuser sur l'intérêt que je vous portais, répond Caroline, comme j'ai pu me tromper aussi sur... les sentiments que je vous supposais.

— Comment, madame?

— Si cependant vous avez quelque amitié pour moi, jurez-moi de répondre avec franchise aux questions que je vais vous adresser?

— Je vous le jure, madame.

— Connaissez-vous une demoiselle nommée Adélaïde Chopard?

— Adélaïde Chopard!... répond Jean tout surpris d'entendre Caroline prononcer ce nom. Oui, madame... oui... sans doute.

Le trouble de Jean achève de convaincre Caroline, qui s'écrie en le regardant fixement :

— Vous rougissez, monsieur!... Je vois qu'on ne m'a pas trompée... Vous avez dû épouser cette demoiselle?

— En effet, madame...

— L'époque de ce mariage était même fixée... Mademoiselle Chopard vous regardait déjà comme... comme son mari... Est-ce la vérité, monsieur?

— Oui, madame, je ne puis le nier.

— Je n'ai pas besoin d'en savoir davantage, monsieur; un homme d'honneur doit remplir ses engagements... surtout lorsqu'il a... Mais vous me comprenez, monsieur. Je vous quitte... Je ne vous cacherai pas que désormais votre présence ne peut que m'être pénible... Retournez près de celle... qui vous regarde à si juste titre comme son époux... Adieu, monsieur, adieu pour toujours.

Caroline s'est éloignée, car les larmes la suffoquaient; si ses pleurs eussent coulé devant Jean, il serait tombé à ses pieds, et peut-être une explication plus franche eût-elle dérangé le plan de mademoiselle Adélaïde; mais malheureusement Caroline n'est plus là, et Jean anéanti, mais blessé de se voir traiter de la sorte, lorsque sa conscience ne lui reproche rien, Jean, après être resté quelques minutes immobile dans le jardin, reprend sa fierté naturelle, et quitte la demeure de madame Dorville en maudissant les femmes et l'amour.

Louise rencontre le jeune homme au moment où il s'éloignait.

— Où donc allez-vous, monsieur? lui dit-elle.

— Je pars, répond Jean d'une voix étouffée, je m'éloigne de ces lieux, où je n'aurais jamais dû venir!

Louise est restée toute saisie : elle ne conçoit rien au brusque départ de celui dont on désirait tant l'arrivée, et elle est encore dans la cour à en chercher la cause, que Jean est déjà bien loin de la demeure de Caroline.

Jean est revenu à Paris, accablé par l'accueil de Caroline et ne concevant point que la connaissance de ce qui s'est passé entre lui et la famille Chopard lui ait fait perdre son cœur. Jean est loin de se douter de ce qu'a dit Adélaïde :

— Ma conduite a pu être légère, se dit-il; j'ai sans doute blessé l'amour-propre de mademoiselle Chopard... Mais devais-je lui sacrifier le bonheur de ma vie, et madame Dorville doit-elle me faire un crime de ce dont elle est seule la cause? C'est elle qui m'a appris à connaître mon cœur. Je n'avais nul amour pour Adélaïde et j'adorais Caroline! C'est pour cela qu'elle ne veut plus me voir, qu'elle me bannit de sa présence!... Suis-je donc si coupable? Non, c'est qu'elle ne m'a jamais aimé, et que, fâchée de m'avoir écrit une lettre trop tendre, elle a ensuite saisi ce prétexte pour rompre avec moi.

Jean est rentré chez lui, il s'enferme dans son appartement. Il regrette ses goûts, ses penchants et son indifférence d'autrefois.

— Alors, se dit-il, j'étais plus heureux! Qu'avais-je besoin de chercher à m'instruire?... On me trouvait bien dans le monde que je voyais... J'ai acquis quelques connaissances, mais j'ai perdu cette insouciance qui suffisait à mon bonheur. C'est pour elle que j'ai voulu me changer... Et voilà comme elle m'en récompense.

Dans son dépit, Jean jette au loin ses livres, ses cahiers, puis il se met sur son lit en jurant de ne plus penser à Caroline. Mais son image est toujours devant ses yeux, il croit la voir, il lui parle, il l'entend sans cesse.

La nuit n'a point éloigné de sa pensée cette image chérie. Il est une heure du matin, et Jean ne peut trouver le repos, lorsqu'un bruit sourd frappe son oreille : il écoute ; le bruit part de sa croisée, il semblerait que l'on force son volet. Jean a laissé une chandelle brûler sur la cheminée, il va se lever, lorsque sa fenêtre s'ouvre entièrement. Ne doutant point que des voleurs ne se soient introduits chez lui, Jean a saisi des pistolets qui sont toujours placés dans sa table de nuit; puis feignant de dormir, il tient ses armes cachées et attend l'événement.

Deux hommes paraissent à la fenêtre.

— Il y a de la lumière! dit l'un d'eux. C'est singulier. On nous avait dit que le bourgeois couchait ce soir à la campagne.

— C'est égal, en avant, puisque nous y v'là... Tant pis pour lui s'il y est.

Et les deux misérables enjambent la croisée et s'avançent dans l'appartement. Ils se dirigent vers le lit qui est au fond de la chambre.

— Il y a quelqu'un de couché... Allons-nous-en, dit l'un.

— Non... non... Il y a de l'argent à gagner ici... Il faut en finir... Et de peur qu'il ne s'éveille... Il faut...

— Ah!... tu avais dit que nous n'en viendrions pas là...

— Je croyais que nous ne trouverions personne... Mais pour forcer le secrétaire nous ferons du bruit, ça l'éveillerait, il crierait... et je veux l'en empêcher.

En disant ces mots, le malheureux s'approche du lit tenant un poignard à la main. Il va lever le bras sur Jean, lorsque celui-ci, se relevant par un mouvement aussi prompt que l'éclair, présente à chaque voleur le bout d'un pistolet.

Les deux misérables sont frappés de terreur. Cependant ils vont fuir, lorsque Jean lui-même laisse tomber ses armes en s'écriant :

— O mon Dieu!... n'est-ce point un songe? C'est vous... Démar!... Gervais!...

— C'est Jean! s'écrièrent les deux brigands en se rapprochant du lit. Et pendant quelques secondes, tous trois se regardent sans pouvoir dire un mot de plus.

— C'est vous! reprend enfin Jean, vous... que je retrouve ainsi!... Démar! tu allais m'assassiner!...

— Ma foi oui... Mais je ne savais pas que c'était toi...

— Malheureux! voilà donc où vous en êtes venus! Au dernier degré du crime!... Voilà où vous ont conduits l'oisiveté!... le goût de la débauche, et cette haine pour le travail, que vous appeliez amour de la liberté!...

Gervais semble anéanti, mais Démar s'écrie :

— Ah çà! mon petit, est-ce que tu crois que c'est pour entendre de la morale que nous sommes montés chez toi?... il nous faut de l'or... Tu en as... Te rappelles-tu que tout devait être commun entre nous?

Jean regarde quelques instants Démar avec indignation : puis se levant, il va poser ses pistolets sur une table, ouvre son secrétaire, et en tire deux sacs d'argent; il en présente un à Démar et l'autre à Gervais en leur disant :

— Je pourrais vous livrer à la justice, mais je préfère vous donner encore les moyens de changer de conduite. Chacun de ces sacs renferme douze cents francs. Avec cela vous pouvez quitter la France, et aller dans un autre pays chercher du travail et renoncer à votre infâme métier!

— Tu as bien plus d'argent ici, peut-être? dit Démar, qui s'est placé entre Jean et la table sur laquelle sont les pistolets, et nous pourrions te forcer...

C'est pour avoir l'honneur de célébrer le mariage.....

— Je ne vous donnerai rien de plus... Je n'ai plus d'armes... tu peux maintenant m'assassiner!...

— Non! non... jamais! dit Gervais en se plaçant au-devant de Jean. Allons, Démar... fuyons... il est temps... Je crois entendre du bruit dans la rue!...

La rue était calme, mais déjà Gervais a repassé par-dessus la croisée. Après un moment d'hésitation, Démar se décide à le suivre, et bientôt les voleurs ont disparu. Alors Jean va se rejeter sur son lit en se disant :

— Et ce sont mes camarades de pension! les compagnons de ma jeunesse!... Faites donc des serments! Faites donc des projets!

CHAPITRE XXVIII

ENCORE LA PETITE BONNE. — DOUBLE MARIAGE

La vue de ses anciens compagnons de plaisir n'a point fait regretter à Jean d'avoir suivi dans le monde une autre route qu'eux; le lendemain de l'aventure nocturne, Jean ramasse ses livres, ses cahiers et se dit :

— Si elle ne m'aime pas, je lui devrai au moins de n'être pas resté toute ma vie un sot et un ignorant, et je sens qu'il m'est encore doux de lui devoir quelque chose.

Et Jean reprit goût à l'étude, trouvant que

seule elle pouvait lui faire supporter ses ennuis, car depuis qu'il n'allait plus à Luzarche, il ne sortait pas de chez lui. Il pensait sans cesse à Caroline, il sentait bien qu'il ne pourrait cesser de l'adorer, et ne faisait plus de vains efforts pour la bannir de son souvenir; mais elle lui avait défendu de chercher à la revoir, et Jean avait trop de fierté pour braver cette défense. Tout en ne concevant point que Caroline le bannit de sa présence parce qu'il avait dû épouser mademoiselle Chopard, tout en espérant peut-être au fond de son cœur que la jolie femme ne l'avait pas totalement oublié, car les amants ont toujours une arrière-pensée, Jean ne voulait faire aucune démarche pour se rapprocher de celle qu'il adorait.

De son côté, Caroline, après son entrevue avec Jean, s'était bien promis, bien juré de ne plus penser à un homme qu'elle ne croyait plus digne de son amour. Mais le cœur est-il toujours d'accord avec les efforts de l'esprit, avec les projets de la raison? Caroline essayait en vain d'être gaie, vive, enjouée comme autrefois; un soupir trahissait sa peine secrète lorsqu'elle affectait de sourire. Autour d'elle on ne prononçait jamais le nom de Jean, parce qu'on s'était aperçue que lorsqu'on en parlait cela redoublait sa tristesse. Caroline commençait à trouver que l'on respectait trop bien sa défense... Elle éprouvait un secret désir de parler de celui à qui elle pensait toujours, mais elle n'osait entamer elle-même cet entretien; elle se disait:

— Il ne reviendra plus, car il a de la fierté... Et je lui ai dit que je ne voulais plus le voir... Cependant il fallait qu'il m'aimât bien pour devenir depuis un an si différent de ce qu'il était autrefois!... J'aurais peut-être dû m'en souvenir lorsqu'il était là... Et ce duel... N'est-ce pas en quelque façon moi qui en suis cause? C'est par jalousie que ce Valcourt l'a insulté... Si Jean eût été tué, j'en aurais donc été la cause?... Et j'ai oublié tout cela... Mais cette Adélaïde Chopard... ce qu'elle m'a dit m'a fait un mal!... Et il n'a pas même cherché à excuser sa conduite envers elle... Ah! c'est qu'il sentait bien qu'il ne le pouvait pas!...

Caroline se disait tout cela à elle-même depuis qu'elle n'osait plus parler de Jean; mais elle ne se consolait pas, elle ne reprenait point sa gaieté. Cependant elle ne pouvait non plus faire aucune démarche pour voir Jean, qui de son côté restait enfermé dans son entre-sol. Voilà donc deux êtres qui s'aiment, qui brûlent de se revoir, et qui peut-être resteront toujours éloignés l'un de l'autre, parce qu'il a plu à une grande fille, méchante et jalouse, de débiter force mensonges et calomnies! Mais on dit qu'il est un dieu pour les amants... Voyons ce qu'il fera en faveur de Jean.

Il y avait trois semaines d'écoulées depuis que Jean était revenu de Luzarche. Trois semaines passent vite quand on s'amuse, elles sont éternelles quand on soupire, qu'on regrette et qu'on n'espère plus. Caroline avait trouvé la campagne monotone, et quoiqu'on ne fût encore qu'à la fin de septembre, elle était revenue habiter Paris. Peut-être aussi pensait-elle qu'elle serait mieux en demeurant tout près de celui qu'elle ne voyait plus; mais Jean, qui croyait Caroline à la campagne, ne pensait point à se mettre à la fenêtre.

Pendant ces trois semaines, mademoiselle Chopard avait fait de fréquentes visites à son cher ami, le portier de Jean, et elle avait appris que le jeune homme était revenu de la campagne le même jour qu'il y était allé; que depuis ce temps-là il ne sortait plus de chez lui, et paraissait être toujours de fort mauvaise humeur. Adélaïde, enchantée, s'était frottée les mains en se disant :

— J'ai réussi!... Ils sont brouillés... Ils ne se verront plus!... Je vais encore laisser Jean se désoler quelque temps; puis un beau jour je m'offrirai à ses regards, et je lui dirai : Vous êtes un grand perfide! mais je vous aime toujours, quoique papa et maman me l'aient défendu; épousez-moi et je vous pardonne. Alors il m'épousera... Et cette jolie femme, que je trouve affreuse, en desséchera de chagrin!

Et pour être toujours au courant de ce qui se passe, Adélaïde va souvent rue Richer; elle s'informe s'il ne vient point une femme pour le jeune monsieur de l'entre-sol, et le portier lui répond :

— *Néante*... Ni femme... ni bonne... ni domestique.

Et pour prix de ces *néante* la grande demoiselle lui glisse des pièces blanches.

Un matin que mademoiselle Chopard revenait, suivant son habitude, de prendre des informations qui étaient satisfaisantes, et qu'elle pensait à avoir bientôt une entrevue avec Jean, au coin du boulevard du Temple et de la rue Charlot elle se trouva en face de Rose qui, le panier au bras, allait faire des emplettes. La petite bonne regarde Adélaïde en faisant la grimace; la grande fille, qui est enchantée de pouvoir prendre sa revanche en mystifiant Rose, s'arrête et lui dit d'un air moqueur :

— Ah! c'est vous, mademoiselle Rose?

— Oui, mademoiselle Chopard...

— Vous voilà en course de bon matin...

— On pourrait vous en dire autant... Il est vrai que votre papa assure qu'on ne vous enlèvera pas à moins de se mettre à quatre...

Adélaïde se mord les lèvres et reprend :

— Et les amours de M. Jean... en avez-vous des nouvelles?...

— Peut-être...

— Est-il toujours en Italie?

— Non, il est en Sibérie à c't' heure!

— Ah! ah!... mademoiselle Rose qui a cru que l'on serait sa dupe!... on est aussi maligne qu'une autre!... On sait que ce pauvre jeune homme ne sortait pas de son entre-sol de la rue Richer...

— M. Jean demeure rue Richer?

— Oh! faites donc l'ignorante... Et cette grande dame!... qui avait trois voitures, qui était millionnaire... nous la connaissons aussi bien que vous maintenant, cette belle madame Dorville...

— Vous connaissez...

— Allez, mademoiselle Rose, ce n'est pas à moi qu'on cachera rien!... Je sais tout, je vois tout! Je vous ai dit que Jean serait mon mari... Il le sera... Vous connaîtrez avant peu Adélaïde Chopard.

Adélaïde s'est éloignée, et Rose, qui est restée quelques minutes toute surprise de ce qu'elle vient d'entendre, se dit bientôt :

— Comment! elle savait l'adresse de Jean... et je ne la savais pas... Il est à Paris, et j'ignore ce qui se passe... Et cette grande sournoise a l'air de se moquer de moi... Ah! ne perdons pas une minute! Courons rue Richer, il faudra bien que je le trouve aussi, ce vilain Jean qui nous oublie!.. Monsieur m'avait envoyée lui acheter une dinde aux truffes, parce qu'il voulait se régaler aujourd'hui! Mais, par exemple, on dînera ou on ne dînera pas, ça m'est égal, il faut avant tout que je voie M. Jean.

Et Rose court jusqu'à la rue Richer. Elle demande dans toutes les maisons où il y a des entre-sols; enfin elle trouve la demeure de Jean. Elle monte, elle entre, elle est chez lui avant d'avoir repris sa respiration.

— C'est Rose! s'écrie Jean en regardant la petite bonne qui entre tout essoufflée.

— Oui, monsieur... c'est moi... c'est Rose qui vous retrouve enfin... Vous voilà donc... Ah! que c'est vilain de se cacher ainsi de ses amis, de votre bon parrain qui vous aime tant!... Faire croire qu'on n'est pas à Paris, et y rester depuis quinz mois sans venir nous voir!...

— Oui, Rose, c'est vrai... je conviens que j'ai eu bien tort!

— Est-ce que vous pouviez penser que M. Bellequeue était encore fâché contre vous? lui qui vous aime tant!... Sans cette grande Adélaïde, je ne saurais pas encore votre adresse... Mais j'ai tant couru... je n'en puis plus...

— Pauvre Rose!

— Embrassez-moi donc, ça me fera oublier la fatigue!...

Jean embrasse Rose de bien bon cœur, puis la petite bonne demande au jeune homme ce qu'il a fait depuis quinze mois, et où en sont ses amours. Alors Jean lui raconte tout ce qui s'est passé entre lui et Caroline; son bonheur, son ivresse, lorsqu'il s'est cru aimé, et son désespoir depuis trois semaines qu'il ne voit plus celle qu'il adore.

Rose, qui a écouté Jean avec beaucoup d'attention, lui dit :

— D'abord, monsieur, il ne faut pas vous désoler, car madame Dorville vous aime toujours.

— Tu crois, Rose?

— Je ne le crois pas, j'en suis sûre!...

— Mais elle m'a dit qu'elle ne voulait plus me revoir.

— Parce qu'alors elle était en colère.

— Elle m'a traité avec froideur, avec indifférence.

— Tout cela ne prouve rien. Ce qui prouve bien plus, c'est cette lettre charmante qu'elle vous écrivait trois jours avant... Pour qu'elle ait changé ainsi, il faut qu'on lui ait fait sur votre compte de faux rapports, d'horribles mensonges... Oh! il y a de la Chopard là-dedans.

— Tu crois, Rose?...

— J'en suis certaine... N'est-ce pas par cette grande Adélaïde que je viens de savoir votre adresse? elle ne croyait pas alors si bien me servir!... Mais nous verrons si elle sera plus habile que moi... Et madame Dorville demeure ici près?

— Oui... mais elle est à la campagne maintenant...

— C'est bon... Adieu, monsieur Jean, vous me reverrez bientôt.

— Rose, que veux-tu faire?... Songe que je te défends d'aller de ma part chez madame Dorville... que je ne veux pas retourner chez elle.

— Oui, oui, c'est bon... ça suffit, dit Rose en sortant, et elle laisse son panier chez Jean, car elle ne songe plus au dîner de son maître, et elle est décidée à partir sur-le-champ pour Luzarche, quoiqu'elle ne sache pas encore quel prétexte elle prendra pour se rendre chez Caroline; mais en passant dans la rue, elle se dit tout à coup :

— Si madame Dorville aime toujours M. Jean, pourquoi ne serait-elle pas revenue à Paris, au lieu de rester loin de lui?... Quand on est près on peut se rencontrer.

Rose avait deviné juste; le portier lui dit :

— Madame Dorville est à Paris depuis huit jours; elle est chez elle, montez. Rose monte, mais arrivée devant la porte, elle s'arrête cependant pour chercher ce qu'elle dira, ce qu'elle demandera... pourquoi elle viendra : il était temps d'y penser : mais Rose avait beaucoup d'imagination. Après un instant de réflexion, elle a trouvé ce qu'il lui faut, elle sonne chez Caroline.

Louise vient ouvrir, et Rose lui dit :

— Mademoiselle... c'est ici chez madame Dorville.

— Oui, mademoiselle.

— Mon Dieu... je ne sais pas si je dois déranger madame... Je viens pour...

— Si vous voulez me dire ce que c'est, mademoiselle?...

— Bien volontiers : M. Durand est allé cet été voir madame votre maîtresse à sa campagne de Luzarche...

— Oui, mademoiselle.

— M. Durand... avait emporté un petit livre couvert en maroquin rouge... Mon Dieu, je ne sais plus le titre... Mais M. Durand y tenait beaucoup parce qu'il lui venait de sa mère, je viens savoir si vous l'avez trouvé à Luzarche, mademoiselle?

— Je n'ai rien trouvé, mademoiselle; je ne sais pas si madame a vu le livre dont vous parlez... Attendez un moment, je vais le lui demander.

Louise va rapporter à sa maîtresse ce qu'on vient de lui dire. Au nom de Jean, Caroline rougit, puis elle répond d'un air indifférent.

— C'est... une bonne... qui demande cela?...

— Oui, madame...

— Est-ce qu'elle est là?

— Oui, madame.

— Faites-la entrer, car vous vous expliquez si mal, que je ne comprends pas un mot à ce que vous me dites.

Louise va dire à Rose :

— Entrez, mademoiselle, et Rose sourit en dessous, car elle était bien sûre qu'on la ferait entrer.

La petite bonne se présente devant Caroline avec un air modeste et doux; Caroline la regarde avec bienveillance, puis fait signe à Louise de s'éloigner. Ensuite elle dit à Rose :

— Vous venez pour un livre, mademoiselle?...

— Oui, madame.

— Vous êtes donc au service de M. Durand?

— Non, madame, je sers depuis longtemps M. Bellequeue, le parrain de M. Jean... Oh! un bien brave homme qui aime M. Jean comme son fils...

— Je sais... M. Durand m'a parlé quelquefois de son parrain, avec qui il était, je crois, brouillé...

— Oui, madame...

— C'est donc M. Durand qui vous envoie?

— Oh! non, madame.... j'ai pris la liberté de moi-même.

— Il est... à Paris, M. Jean?...

— Oui, madame... Oh! il ne sort pas de chez lui... Il y avait bien longtemps que je ne l'avais vu, et ça m'a fait de la peine de lui trouver l'air si triste, si chagrin...

— Comment... vous croyez qu'il a du chagrin?...

— Je ne sais pas, madame...

— Y a-t-il longtemps que vous connaissez M. Jean?

— Oh! oui, madame... je suis entrée fort jeune chez M. Bellequeue, et M. Jean venait souvent voir son parrain.

— Vous avez été témoin de ses amours avec mademoiselle Adélaïde Chopard?

— Des amours... de qui, madame?

— De M. Jean avec cette demoiselle, qu'il connaît et qu'il aime depuis l'enfance...

— M. Jean!... connaître mademoiselle Chopard depuis l'enfance! Ah! quel mensonge!... Il ne l'avait jamais vue! il n'avait jamais pensé à elle avant que M. Bellequeue eût l'idée de ce mariage-là...

— Comment!... vous êtes sûre... Asseyez-vous donc, ma petite...

Caroline montre à Rose une chaise qui est près d'elle, et Rose s'assied modestement sur le bord.

— C'est donc le parrain de M. Jean qui a pensé à le marier avec mademoiselle Chopard?

— Oui, madame. Ah! c'est une idée bien sotte

que mon maître a eue là; mais alors M. Jean était un peu jeune... un peu étourdi, et on pensait que le mariage le rangerait.

— Et il a été bien amoureux de cette demoiselle?

— Amoureux de mademoiselle Chopard!... Non, vraiment! il ne l'a jamais été!...

— Jamais!... Ah! vous vous trompez!...

— Mais non, madame; j'étais bien au fait de tout... car j'étais la confidente de M. Jean; il me contait tout ce qu'il pensait; il ne consentait à ce mariage que pour plaire à sa mère... Il ne connaissait pas l'amour alors!... Mais quand il est devenu amoureux ce n'était pas de mamzelle Adélaïde, puisque au contraire c'est de ce moment qu'il s'est résolu à rompre son mariage... Et c'est cela qui a fâché son parrain contre lui.

— Il se pourrait!... Vous pensez... Ah! dites-moi tout, ma chère enfant, dites-moi bien la vérité... Je... je m'intéresse aussi à M. Jean...

En disant ses mots, Caroline mettait sa chaise tout contre celle de la petite bonne, puis ôtant d'une de ses mains une jolie bague enrichie d'une fort belle étincelle, elle la passait à l'un des doigts de mademoiselle Rose qui se laissait faire, se contentant de répéter :

— Ah! madame, comment avez-vous pu croire que jamais M. Jean ait aimé mamzelle Chopard?...

— Cependant il a dû l'épouser.

— Parce que sa mère désirait ce mariage.

— Il regardait mademoiselle Adélaïde comme sa future...

— C'est-à-dire qu'il la regardait comme toutes les autres, sans y faire attention.

— Ce n'est pas ce que cette demoiselle m'a dit... Elle m'a avoué, au contraire, qu'entraînée par sa faiblesse pour M. Jean... et lui croyant déjà avoir sur elle les droits d'un époux...

— Ah! Dieu! quelle horreur!... Elle a osé dire... Faut-il avoir un front!... Ce pauvre jeune homme, lui... avoir séduit mamzelle Adélaïde!... Non, madame, non, cela n'est pas. C'est pour se venger de ce qu'il a rompu son mariage, que mademoiselle Chopard invente de telles faussetés!... Mais si ses parents savaient qu'elle dit cela!... Ah! par exemple, je ne pense pas que M. Chopard ferait un calembour là-dessus.

Caroline croit Rose, elle a besoin de se persuader que Jean ne s'est pas conduit comme Adélaïde le lui a dit. Elle fait répéter à Rose tout ce qu'elle sait sur Jean, sur son enfance, sur son caractère, sur le mariage projeté, sur l'erreur de tous ceux qui, témoins du changement d'humeur de Jean, l'attribuaient à son amour pour sa future. Enfin Caroline est convaincue que c'est elle seule que Jean a aimée, qu'il aime encore, et elle s'écrie :

— Pour prix de son amour... de tout ce qu'il a fait pour me plaire... je l'ai renvoyé... je l'ai traité avec mépris... Ah! Rose, combien je m'en veux!...

— D'un mot, madame, vous pouvez le rendre au bonheur...

— Mais ce mot, où le lui dire... Il ne veut plus venir... et je ne puis aller le trouver...

— Eh! madame, n'y a-t-il pas mille moyens?... Tenez... si...

Et comme Louise entrait dans l'appartement, Rose parle bas à l'oreille de Caroline qui lui répond :

— Oui, Rose... oui... j'y consens. A propos... et ce livre!...

— Oh! il est retrouvé, madame, répond la petite bonne en souriant, puis elle fait à Caroline une belle révérence, et s'éloigne lestement

Rose remonte chez Jean. Témoin de la joie qui brille dans ses regards, le jeune homme veut la questionner; mais Rose est très pressée, il faut qu'elle retourne chez son maître qui l'attend, et elle se contente de dire à Jean qu'elle va prévenir son parrain de sa visite dans la journée.

— Oui, Rose; j'irai aujourd'hui.

— N'y manquez pas, monsieur!

En disant ces mots la petite bonne s'éloigne, elle retourne chez son maître que la goutte retient maintenant chez lui, et qui ne sait que penser de la longue absence de Rose. Mais en rentrant, celle-ci lui dit :

— Je l'ai trouvé... Il va venir... J'ai vu celle qu'il aime... Ah! c'est ça une belle femme!... Une figure!... et des manières! Un ange, enfin!... Et tenez, regardez comme ça brille...

Rose met sa bague sous les yeux de Bellequeue, qui ne comprend rien à la joie de sa bonne, et lui demande si elle a trouvé ce diamant dans la dinde qu'il lui a dit d'acheter. Pendant que Rose explique à son maître tout ce qu'elle a fait depuis le matin, Jean se décide à sortir pour aller chez son parrain; les paroles de Rose lui ont rendu quelque espérance; cependant il soupire encore, et en sortant de chez lui, il jette tristement les yeux sur la demeure de Caroline...

Jean est arrivé au Marais; il ne revoit pas sans

plaisir le quartier témoin des folies de son enfance; dans une grande ville, chaque quartier est une patrie. Après s'être arrêté devant la maison où il est né, Jean se rend enfin chez son parrain.

C'est Rose qui introduit le jeune homme dans un petit salon où Bellequeue est assis. Jean se jette dans ses bras en lui disant :

— Pardonnez-moi d'avoir douté un moment de votre amitié... Vous ne m'en voulez plus de n'avoir point épousé une femme que je n'ai jamais aimée?

— Non, mon cher Jean, répond Bellequeue en pressant tendrement son filleul dans ses bras, non, je ne t'en veux plus... Mais j'ai arrangé un autre mariage pour toi...

— Ah! mon cher parrain, ne parlons pas de mariage... Il n'est qu'une seule femme que je puisse aimer!...

— Il faut pourtant que tu épouses celle que je vais te présenter... et qui est là... dans la chambre voisine...

Jean regardait autour de lui avec étonnement; mais Rose, qui n'y tient plus, a ouvert une porte... et Caroline est devant les yeux de Jean... Elle lui sourit, elle lui tend la main... Et déjà Jean s'est emparé de cette main chérie... Il veut se jeter aux pieds de Caroline... mais il est bien mieux encore... il est dans ses bras.

Quand on s'aime bien il ne faut pas de longues explications pour s'entendre, en quelques minutes les deux amants en ont dit assez sur le passé; ils ne sont plus qu'au présent qui leur offre amour et bonheur.

Bellequeue regarde Caroline avec admiration, il répète avec Rose :

— C'est un ange! Quant à son filleul, il ne le reconnait plus, il trouve qu'il a de si belles manières et s'exprime si bien, qu'il ne sait pas comment parler devant lui.

— Eh bien! dit Caroline à Jean, refuserez-vous encore la femme que votre parrain vous propose!

Pour toute réponse, Jean baise la main chérie, et Caroline reprend :

— Mon ami... je puis vous l'avouer enfin, je vous ai aimé dès le premier instant où je vous ai connu... Quelque chose me disait que vous changeriez pour me plaire... N'est-il pas vrai, monsieur, que votre filleul vous plaît mieux ainsi?

Bellequeue s'incline en murmurant avec prétention :

— Il est si bien!... que je ne le reconnaissais pas.

Jean est pressé d'être heureux, Caroline n'a plus d'autres désirs que les siens; le mariage est fixé à dix jours de là. On ne fera point de noce, mais Caroline veut absolument que Bellequeue soit du repas que l'on fera chez elle, et Bellequeue accepte en baisant la main de la femme charmante.

Pendant les dix jours qui précèdent le mariage, on pense bien que Jean est plus souvent chez Caroline qu'à son entre-sol. Mais mademoiselle Adélaïde, qui continue d'aller chez le portier, apprend bientôt tout ce qui s'est passé; au lieu de lui répondre *néante*, on lui dit que M. Durand se marie dans huit jours, et qu'en attendant il passe presque toute la journée chez madame Dorville.

Adélaïde est furieuse, elle sort de la loge du portier en renversant la pie et en écrasant un pierrot; elle court chez Caroline, elle monte, elle sonne avec violence; mais Louise, après lui avoir répondu : Madame ne peut pas vous recevoir, lui ferme la porte sur le nez; et la grande fille, rouge de colère, revient chez ses parents, et s'écrie en arrivant :

— C'est fini!... M. Jean se marie dans huit jours... Ça m'est égal! C'est un polisson que je n'ai jamais aimé... mais je veux absolument me marier le même jour que lui... Mon papa... voyons vite dans la foule de mes soupirants.

La foule ne se composait alors que d'une seule personne, c'était M. Courtapatte, négociant en huiles, âgé de trente-deux ans, et haut de quatre pieds cinq pouces, qui, suivant l'usage des petits hommes, avait une prédilection marquée pour les grandes femmes, et devait, par cette raison, adorer Adélaïde.

— Nous ne pouvons t'offrir maintenant que M. Courtapatte, dit madame Chopard; il est un peu petit; mais...

— Ça m'est égal, je le prends, répond Adélaïde, j'aime mieux les petits hommes... C'est plus commode pour donner le bras.

— C'est vrai!... répond M. Chopard, d'autant plus que tu as un bras de mère... Oh! oh! bras de mer... Pas mauvais.

— Mais songez, papa, qu'il faut que je me marie dans huit jours aussi.

On va prévenir M. Courtapatte de son bonheur, et pour complaire à Adélaïde, on presse tellement les choses, que son hymen a lieu en effet le même jour que celui de Jean. Mais comme la célébration n'a pu se faire à la même église, madame Courtapatte se fait promener en calèche avec son mari et sa famille, et la voiture a ordre de passer plusieurs fois dans la rue Richer, et on paye la musique de la loterie pour qu'elle s'arrête sous les fenêtres de madame Dorville, devenue alors madame Durand, et le gros tambour s'écrie en frappant sur sa caisse :

— C'est pour avoir l'honneur de célébrer le mariage de mademoiselle Adélaïde Chopart avec M. Courtapatte!

Et la mariée jette alors des regards fulminants sur les fenêtres de Caroline, et son époux, en voulant lui baiser la main, se trouve presque entièrement caché dans les plis de la robe de sa femme. Et M. Chopard est enchanté de se promener en calèche suivi par la musique, et il s'écrie :

— J'espère que ma fille ne se marie point sans tambour ni trompette! Mais aussi quand on a un mari dans les huiles, on peut faire les jours gras toute l'année... Oh! oh! encore un fameux!

Quand aux autres mariés, ils s'occupent peu de ce qui se passe dans la rue; tout à leur bonheur, tout à leur amour, ils repartent pour Luzarche le lendemain de leur union. Bellequeue remercie Caroline qui l'engage à venir passer quelque temps à sa campagne, mais Bellequeue n'est plus ingambe, il reste maintenant près de son foyer, heureux de faire encore de temps à autre sa partie de dames avec sa petite bonne.

Marié à celle qu'il adore, Jean jouit du bonheur le plus doux, tandis que Démar et Gervais, ses deux amis d'enfance, vont finir aux galères une carrière flétrie par tous les vices.

Jean donne quelquefois un soupir à ces malheureux, puis il embrasse sa Caroline en lui disant :

— C'est toi qui m'as fait ce que je suis.

Et la femme charmante lui répond en passant doucement son bras autour de son cou :

— Mon ami, on voit des hommes de fort bon ton aimer à fumer, à jouer, à jurer même quelquefois; mais, du moins, quand ils le veulent ils reprennent près des dames ces manières aimables qui font le charme de la société. On excuse mille choses chez les gens qui ont de l'éducation; mais celui qui ne veut rien faire, rien apprendre, reste isolé au milieu du monde, et pour n'avoir pas voulu prendre un peu de peine, il se prive de beaucoup de plaisirs.

FIN DE JEAN

TABLE DES MATIÈRES

FIN DE LA TABLE DES MATIÈRES.

SCEAUX. — IMPRIMERIE CHARAIRE ET FILS.